ÖSTERREICHISCHE AKADEMIE DER WISSENSCHAFTEN
PHILOSOPHISCH-HISTORISCHE KLASSE
SITZUNGSBERICHTE, 367. BAND

VERÖFFENTLICHUNGEN DES INSTITUTS FÜR MITTELALTERLICHE REALIENKUNDE ÖSTERREICHS NR. 3

KLÖSTERLICHE SACHKULTUR DES SPÄTMITTELALTERS

INTERNATIONALER KONGRESS KREMS AN DER DONAU 18. BIS 21. SEPTEMBER 1978

MIT 57 ABBILDUNGEN

VERLAG
DER ÖSTERREICHISCHEN AKADEMIE DER WISSENSCHAFTEN
WIEN 1980

Vorgelegt von w. M. HEINRICH APPELT
in der Sitzung am 27. April 1979

Gedruckt mit Unterstützung durch den
„Verein der Freunde der Österreichischen Akademie der Wissenschaften“

— ISBN 3 7001 0350 6

Druck: Ernst Becvar, A-1150 Wien

INHALTSVERZEICHNIS

ADRESSENVERZEICHNIS DER AUTOREN

ANGERER JOACHIM OPraem, Univ. Doz. DDr., 2093 Stift Geras

APPUHN HORST, Direktor Dr., Museum für Kunst und Kulturgeschichte der Stadt Dortmund, Schloß Cappenberg, D-4714 Selm

ÉRSZEGI GÉZA, Dr., Magyar Országos Levéltar, H-1250 Budapest Pf. 3

D'HAENENS ALBERT, Univ. Prof. Dr., Baertlaan 11, B-3009 Winksele

HLAVÁČEK IVAN, Doz. Dr., Šmeralova 28, CS-170 00 Prag 7

HOGG JAMES, Dr., Institut für Anglistik und Amerikanistik der Universität Salzburg, Akademiestraße 24, 5020 Salzburg

HOLTER KURT, Prof. Dr., Maria-Theresia-Straße 3, 4600 Wels

HUNGER HERBERT, Univ. Prof. DDr., Institut für Byzantinistik der Universität Wien, Postgasse 7—9, 1010 Wien

JARITZ GERHARD, Dr., Institut für mittelalterliche Realienkunde Österreichs, Körnermarkt 13, 3500 Krems/Donau

KÜHNEL HARRY, Univ. Prof. Dr., Institut für mittelalterliche Realienkunde Österreichs, Körnermarkt 13, 3500 Krems/Donau

PERSOONS ERNEST, Dr., Halewijnlaan 3, B-3060 Bertem

PITTIONI RICHARD, Univ. Prof. Dr., Institut für Ur- und Frühgeschichte der Universität Wien, Universitätsstraße 7, 1010 Wien

RÖHRIG FLORIDUS Can. Reg., DDr., 3400 Stift Klosterneuburg

SCHNEIDER REINHARD, Univ. Prof. Dr., Institut für mittelalterliche Geschichte der Universität Marburg, Am Krummbogen 28, Gebäude C, D-355 Marburg/Lahn

SCHWARZ DIETRICH W. H., Prof. Dr., Belsitostraße 20, CH-8044 Zürich

SEVERUS EMMANUEL VON OSB, P. Dr., Abt-Herwegen-Institut, D-5471 Maria Laach

ZIMMERMANN GERD, Univ. Prof. Dr., Universität Bamberg, Am Kranen 12, Postfach 1549, D-8600 Bamberg

GELEITWORT

In der Zeit vom 18.—22. September 1978 veranstaltete das Institut für mittelalterliche Realienkunde Österreichs an seinem Sitz in Krems wieder einen internationalen Kongreß, der diesmal die klösterliche Sachkultur des Spätmittelalters zum Gegenstand hatte. Wie zwei Jahre vorher hatte sich wieder eine stattliche Reihe angesehener in- und ausländischer Fachleute zusammengefunden, um über einen Kreis von Themen zu referieren, die mit der Tätigkeit des Instituts zusammenhängen. So vermittelte die Tagung ein anschauliches Bild von der Vielfalt interdisziplinärer Zielsetzungen, die von unserem Institut angeregt und betreut werden. Um das Dargebotene festzuhalten, werden die Vorträge in dem vorliegenden Band publiziert. Wer ihn aufschlägt, dem kommt erneut zu Bewußtsein, welch hohe Verdienste sich der Direktor des Instituts, Univ.-Prof. Dr. Harry Kühnel, über seine eigenen Spezialforschungen hinaus gerade auch auf organisatorischem Gebiet erworben hat. Die Idee, derartige Kongresse zu veranstalten, geht auf seine Initiative zurück und die Arbeit, die mit ihrer Organisation verbunden ist, ruht auf seinen Schultern.

Unser besonderer Dank für die Förderung unserer Anliegen gilt wie immer auch diesmal einerseits dem Bundesministerium für Wissenschaft und Forschung, andererseits dem Lande Niederösterreich und der Stadt Krems, vor allem aber der Österreichischen Akademie der Wissenschaften.

Wien, im Mai 1980 HEINRICH APPELT

Harry Kühnel

BEITRÄGE DER ORDEN ZUR MATERIELLEN KULTUR DES MITTELALTERS UND WELTLICHE EINFLÜSSE AUF DIE KLÖSTERLICHE SACHKULTUR *

Eine zu Beginn des 13. Jahrhunderts verfaßte Beschreibung von Clairvaux hebt unter anderem die besonderen Leistungen der Cistercienser auf dem Gebiet des Wasserbaus hervor. Es heißt hier im vierten Absatz: „Doch in die Abtei eingelassen, soweit es die Mauer, die die Funktion des Pförtners innehat, erlaubt, stürzt er (der Fluß Aube) sich zuerst mit Ungestüm in die Mühle, wo er sehr beschäftigt ist, und sich viel Bewegung verschafft, sowohl, um den Weizen zwischen den Mühlsteinen zu zerstoßen, als auch, um das feine Sieb anzutreiben, das das Mehl von der Kleie trennt. ... Aber der Fluß sagt sich noch nicht los. Die Walker, die sich nahe der Mühle nieder gelassen haben, rufen ihn zu sich. Er ist in der Mühle damit beschäftigt, die Nahrung für die Brüder zu bereiten, man ist also wohl ermächtigt zu fordern, daß er sich jetzt um ihre Kleidung kümmert ... Er hebt und senkt abwechselnd diese schweren Stampfer, die Holzschlegel, wenn ihr wollt, oder besser gesagt: diese hölzernen Füße, er erspart den Walkern eine große Strapaze. ... Wie er mit beschleunigtem Wirbeln so viele schnelle Räder dreht, so verläßt er sie schäumend, damit er sozusagen sich selbst besänftige und weicher werde.

Dort herausgehend tritt er in die Lohgerberei, wo er, um die notwendigen Materialien für das Schuhwerk der Brüder zu bereiten, ebensoviel Aktivität wie Sorgfalt zeigt; dann teilt er sich in eine Menge kleiner Arme, besichtigt während seines willfährigen Laufes die verschiedensten Arbeiten und sucht überall aufmerksam jene, die seinen Dienst benötigen, welches Objekt es auch sei, ob es sich darum handelt zu kochen, zu sieben, zu zermalmen, zu begießen, zu waschen oder zu mahlen ... Schließlich ... entfernt er den Müll und läßt alles sauber hinter sich ...“[1].

---

* Dieser Aufsatz wurde beim internationalen Kongreß in Krems 1978 nicht vorgetragen.

[1] Wolfgang Braunfels, *Abendländische Klosterbaukunst.* Köln 1969, 306.

Die für diesen Zeitraum erstaunlich detaillierte Schilderung des Einsatzes der Wasserkraft zum Betreiben einer Mühle, einer Walke und Lohgerberei sowie zum Entfernen der Fäkalien läßt bereits die außergewöhnlichen Fähigkeiten der Weißen (oder Grauen) Mönche im technisch-handwerklichen Bereich erkennen. Da ihre Ordensniederlassungen in den Niederungen und im Flachland angelegt wurden, waren zuweilen schwierige Ent- und Bewässerungsanlagen zu bauen oder es mußten dem Meer Ackerland und Weideplätze abgewonnen werden. Solche Meliorationen sind allenthalben vorgenommen worden. Die ausgedehnten Moorgebiete im Thüringer Becken wurden innerhalb weniger Jahre um die Mitte des 12. Jahrhunderts in ertragreiches Weideland umgewandelt[2]. Die Cistercienserabteien Pforta und Neuzelle haben sich um die Regulierung der Saale und der Oder besonders verdient gemacht[3]. Beispielhaft für eine künstliche Bewässerungsanlage in der Poebene war der Bewässerungskanal der Abtei Chiaravalle bei Mailand. Ein um 1153 gezeichneter und in der Trinity College Library in Cambridge verwahrter Plan der Benediktinerabtei Christ Church in Canterbury läßt ein geniales Be- und Entwässerungssystem erkennen, das von Prior Wibert (1151 bis 1167) entworfen wurde. Das Wasser wurde dem Fluß Stour entnommen und in Bleileitungen in das Kloster geführt; es versorgte das Herbarium zum Besprengen des Rasens, das Cellarium zum Kühlen des Weines, den Fischkalter und die Latrine. Der gewölbte Wasserturm ist bis heute erhalten geblieben. Das Cistercienserkloster Fountains Abbey in Yorkshire besaß nicht minder ein hochentwickeltes Wasserversorgungssystem, das aus dem Fluß Shell gespeist wurde und mit dessen Hilfe Mühlen, Fischteiche, Obstgärten und der Brunnen Fließwasser erhielten. Hiebei gab es aber sicher Probleme mit der Wasserverschmutzung[4]. Gegen Ende des 13. Jahrhunderts hat die Abtei Les Dunes ca. 25000 Morgen Sand- und Moorland an der flandrischen Küste in fruchtbaren Ackerboden umgewandelt und durch 25 Grangien bewirtschaftet[5].

---

[2] Ludwig Lekai — Ambrosius Schneider, *Geschichte und Wirken der Weißen Mönche*. Köln 1958, 234.

[3] Peter Josef Hasenberg — Adam Wienand [Hrsg.], *Das Wirken der Orden und Klöster in Deutschland* 1. Köln 1957, 50.

[4] Madeleine Pelner Cosman, *Fabulous Feasts. Medieval Cookery and Ceremony*. New York 1976, 96, 99, Plan 19.

[5] Lekai — Schneider, *Weiße Mönche* 233f.; zu den österreichischen Verhältnissen vgl. Harry Kühnel, Das Alltagsleben in Österreich zur Babenbergerzeit. *Schriften des Institutes für Österreichkunde* 33 (1978) 99f.

Diese mit Unterstützung der Laienbrüder (*fratres barbati*) oder Konversen und unter Heranziehung von Lohnarbeitern geschaffenen Grangien waren landwirtschaftliche Musterbetriebe. In Burgund legten wie anderswo die Mönche Fischbehälter an, wobei die Fische nach Alter und Arten in den einzelnen Vivarien getrennt untergebracht wurden. Die Cistercienser kannten und praktizierten auch schon die künstliche Befruchtung der Fische und besetzten die Teiche mit Fischbrut. Die Abtei Waldsassen hatte bereits seit dem zweiten Drittel des 12. Jahrhunderts ihre weithin berühmten Fischbrutanstalten angelegt und die Fische von drei Jahren wurden en gros verkauft[6]. Große Erfahrung besaßen die Cistercienser auch in der Viehzucht. Mehrere Laienbrüder Clairvaux' wurden 1153 nach Italien entsandt, um dort eine besondere Rasse von Zuchtstieren zu erwerben und mühsam über die Alpen in ihre Abtei zu bringen. Nach einem Jahrhundert verfügte Clairvaux bereits über eine Herde von 900 Stück Rindvieh[7]. Die englischen Abteien Fountains, Rievaulx und Jervaulx hatten sich auf die Schafzucht spezialisiert und exportierten von der Mitte des 12. bis zum 14. Jahrhundert jährlich ca. 50 bis 70 Sack (1 Sack = 165,1 kg) Wolle nach den Niederlanden und Italien[8]. Dieser Jahresertrag läßt auf eine Herde von 10000 Schafen und ein Jahreseinkommen von 400 bis 500 Pfund schließen. Verschiedene Abteien in anderen Ländern betrieben gleichfalls Schafzucht, freilich in bescheidenerem Ausmaß[8]. Eine führende Position nahmen die Cistercienser in einigen Landstrichen in der Salzgewinnung und im Bergbau ein. Der größte innerösterreichische Salzbergbau in Aussee ist den Weißen Mönchen des Stiftes Rein zu danken (1147)[9]. Die Salzgewinnung um Lüneburg und Goslar war eine cisterciensische Domäne. Das Kloster Rauden in Schlesien machte sich durch Goldgewinnung einen Namen und die schottische Abtei Newbattle betrieb seit der Mitte

---

[6] LEO MOULIN, *La vie quotidienne des religieux au Moyen Age. X^{e}—XVe siècle*. Paris 1978, 85; LEKAI — SCHNEIDER, *Weiße Mönche* 237.

[7] JOHANN JAEGER, *Klosterleben im Mittelalter*. Würzburg 1903, 22; LEKAI — SCHNEIDER, *Weiße Mönche* 237; über den ungemein reichen Viehbestand der Klöster vgl. etwa HERBERT PAULHART, Die Kartause Gaming zur Zeit des Schismas und der Reformkonzilien (*Analecta Cartusiana* V) 1972, 101; MOULIN, *Les Religieux au Moyen Age* 170ff.

[8] DOM DAVID KNOWLES, *The Monastic Orders in England* 1. Cambridge ^{2}1976, 352ff.; COBURN V. GRAVES — E. POWER, *The Wooltrade in English Medieval History*. Oxford 1949.

[9] AMBROS GASPARITZ, Rein im 12. Jahrhundert. *Mitteilungen des Historischen Vereines für Steiermark* 38 (1890) 16.

des 12. Jahrhunderts ein Klosterbergwerk, wobei die Kohle zunächst im Tagbau, später im Abbau unter Tag gewonnen wurde[10].

Ein weiterer Schwerpunkt der zivilisatorischen Tätigkeit der Cistercienser war der Weinbau. An Rhein und Main und in Burgund haben sie außergewöhnliche Leistungen erbracht. Die älteste Cistercienserabtei in der Schweiz, Notre-Dame-de-Bonmont in Cheserex, Kanton Waadt, führte in der zweiten Hälfte des 12. Jahrhunderts in der Region La Côte am Genfer See den Weinbau ein und ließ sich dessen Kultivierung besonders angelegen sein[11].

Im Rahmen ihres strengen und einheitlichen Planschemas für die Anlage eines Klosters hatten die Cistercienser auch einen Wärmeraum vorgesehen. Es war dies das einzige geheizte Gebäude im Kloster. „Dort sollten die Mönche sich aufwärmen können, dort Pergament und Tinten für den Gebrauch herrichten, ihre Schuhe einfetten, sich nach dem Regen trocknen. Dort wurden ihnen in der Frühzeit siebenmal, später zwölfmal im Jahr Haare und Bart geschnitten, dort wurden sie viermal im Jahr zur Ader gelassen" (W. BRAUNFELS). Die solchen Räumen gegebene Funktion führte zum Bau der ersten Kamine. Die Cistercienserabtei Senanque, östlich von Avignon, hatte im 12. Jahrhundert sogar zwei solcher Kamine, von denen einer noch erhalten ist, der von zwei kleinen Säulen flankiert wird und in einen über Dach geführten Schornstein mündet. Der Kamin im Calefactorium der Abtei Silvacane stammt aus dem 13. Jahrhundert[12]. Auch die regulierten Domherren der Kathedrale von Vaison-la-Romaine besaßen im 12. Jahrhundert kaminbewehrte Zimmer um den Kreuzgang. Die Klosterküche von Fontevrault (Aquitanien), im 12. Jahrhundert in Form eines Oktogons erbaut, hat den Innenraum durch Strebepfeiler unterteilt, so daß Nischen entstanden, in denen einst die Herdfeuer brannten. Das kegelförmige Dach ist übersät von geschickt eingebauten Kaminen, eine Meisterleistung klösterlicher Baukunst. Nicht überall wurde jedoch das Calefactorium durch einen Kamin erwärmt. In der Abtei Zwettl erfolgte die Wärmezufuhr durch einen von außen zugänglichen, jedoch unterirdischen Heizraum, ähnlich einer backofenförmigen Kammer, in deren tonnenförmigem Gewölbe durchlochte Steine eingemauert waren, die verschlos-

---

[10] HASENBERG — WIENAND, *Wirken der Orden und Klöster* 50; LEKAI — SCHNEIDER, *Weiße Mönche* 239f.

[11] FRANÇOIS BUCHER, Notre-Dame de Bonmont und die ersten Zisterzienserabteien der Schweiz. *Berner Schriften zur Kunst* 7 (1957) 26f.

[12] BRAUNFELS, *Klosterbaukunst* 126; PAUL PONTUS, *L'Abbaye de Silvacane*. Paris 1978, 44.

sen werden konnten[13]. Im 12./13. Jahrhundert entstanden aus klimatischen Gründen auch in den Burgen Kamine; im viergeschossigen romanischen Turm der Burgruine von Hohenrätien in Graubünden blieb z. B. im dritten Geschoß ein eingetiefter Kamin, der von zwei Säulchen mit Würfelkapitellen flankiert ist, erhalten. Der Kamin besitzt einen flaschenförmigen Rauchabzug[14].

Umstritten ist die Frage, ob die Cistercienser die in Italien — etwa bei der Abtei Chiaravalle — schon verwendeten Backsteine nach Deutschland und Dänemark transferiert haben. Wohl sind die Abteien von Chorin in Brandenburg, Sorø in Dänemark und Pelplin im Bereich des Deutschen Ritterordens aus Ziegeln erbaut, jedoch sind dies nicht die einzigen und auch nicht die frühesten Bauwerke aus diesem Material[15].

Die Mönche des Mittelalters beschäftigten sich viel und eingehend mit dem Problem der Zeitmessung, war diese doch für den streng geregelten Tagesablauf von größter Wichtigkeit. Einem Brief der Kartause von Portes um 1150 entnehmen wir, daß im Moment, wo man genügend Licht hatte, um zu lesen, eine Uhr in Gang gesetzt wurde, die 18½ Stunden lief! Räderuhren, die mit Gewichten versehen waren, sind erst ab dem 13. Jahrhundert nachzuweisen, und es waren vor allem die Klöster und Stifte, die zuerst Gewichtsuhren aufstellten, ohne daß das primitive Verfahren, die Tageszeit aus der Länge des menschlichen Schattens zu bestimmen, vergessen wurde. Zwischen 1232 und 1370 lassen sich im Abendland neununddreißig Uhren nachweisen[16], in Österreich stammen bislang die frühesten Nachrichten aus dem 14. Jahrhundert, besaß doch am Ende dieses Säculums beispielsweise das Chorherrenstift Vorau eine Räderuhr[17].

---

[13] Kühnel, *Alltagsleben in Österreich* 104.

[14] Otto Piper, *Burgenkunde*. Ndr. Frankfurt/München 1967, 481; *Kunstführer durch die Schweiz*. Bern [5]1971, 189; Franz Maria Feldhaus, *Die Technik der Vorzeit, der geschichtlichen Zeit und der Naturvölker*. München 1965, Sp. 753.

[15] George Zarnecki, *The Monastic Achievement*. London 1972, 79; Ambrosius Schneider, Adam Wienand u. a. [Hrsg.], *Die Cistercienser. Geschichte — Geist — Kunst*. Köln 1974, 214f., 564.

[16] Moulin, *Les Religieux au Moyen Age* 58; Horst Fuhrmann, Das Mittelalter — Lebensformen und Leitideen. Udo Reiter [Hrsg.], „. . . *keiner, dem Geschichte nicht etwas Wichtiges zu sagen hätte*" (München 1977) 31; Stephen F. Mason, Geschichte der Naturwissenschaft (*Kröner Taschenausgabe* 307) Stuttgart 1961, 133.

[17] Gerhard Jaritz, Zur materiellen Kultur der Steiermark im Zeitalter der Gotik. *Katalog Gotik in der Steiermark* (St. Lambrecht 1978) 39.

Die Orden haben sich die Destillation von Wein oder Bier zu Alkohol besonders angelegen sein lassen und solcherart der materiellen Kultur einen nicht unwesentlichen Impuls gegeben. Schon der 1167 verstorbene Magister Salernus erwähnt dieses Verfahren. Seit dem 13. Jahrhundert wurde der Alkohol das „Wasser des Lebens" genannt und seine „Eigenschaften scheinen von den Mönchen ausführlich untersucht worden zu sein" (ST. MASON). Dies muß auch zu Mißbrauch und Ausschweifungen geführt haben, weil z. B. den Mitgliedern des Ordenskapitels der Dominikaner zu Rimini im Jahre 1288 der Besitz von Apparaturen zur Destillation von Alkohol untersagt wurde. Die einzelnen Orden ließen sich jedoch nicht beirren, sie setzten ihre Studien fort und entwickelten dabei ihre bekannten Liköre: Die Cistercienser von Orval *la trappistine*, die Cistercienser von Aiguebelle *l'eau d'arquebusade*, die Prämonstratenser ihr Elixier *père Gauchez*, die Mönche von Senanque den *senancol*, die Benediktiner von Fontgombault den *Kirsch* und die Kartäuser der Grand-Chartreuse den *Chartreuse*. Die Kamaldulenser von Casamari wurden von den Venetianern etwas spöttisch *I padri dell' acquavita* tituliert[18].

Da die Ordensgeistlichen Lebensmittelvorräte verschiedener Art anlegen mußten, lag es nahe, Konservierungsmethoden zur Haltbarkeit, etwa von Käse, Wein u. a. zu entwickeln.

Wahrscheinlich kannten die Mönche bereits das Marzipan, *tartara*, eine Art Teig aus Mandeln und Zucker, der zu besonderen Festtagen oder als Fastenspeise gereicht wurde. Der Einfluß der Orients macht verständlich, daß den Templern schon Marmelade aus Damaskus, Ingwerdragees und kandierte Früchte geläufig waren[19].

GERD ZIMMERMANN hat in seinem überaus instruktiven und auf weitläufigem Quellenstudium basierenden Werk „Ordensleben und Lebensstandard" die *cura corporis* bei verschiedenen Orden im Hochmittelalter dargelegt. Für den Zeitraum des Spätmittelalters seien dazu zwei bedeutsame Nachrichten hinzugefügt. Da die Kartäuser in Einzelzellen lebten und jeglicher Kontakt untersagt war, sah man sich gezwungen, in jede der Zellen Fließwasser einzuleiten, vom Standpunkt der Körperhygiene war dies ungemein fortschrittlich, blieben doch zum allgemeinen Erstaunen die Ordensmitglieder von Wanzen ver-

---

[18] MOULIN, *Les Religieux au Moyen Age* 127; MASON, *Geschichte der Naturwissenschaft* 142.

[19] MOULIN, *Les Religieux au Moyen Age* 74, 94.

schont[20]. Caesarius von Heisterbach weiß zu berichten, daß dies bei anderen Orden keineswegs der Fall war und ein angesehener Ritter sich lange wegen des Ungeziefers in den Mönchskutten sträubte, dem Cistercienserorden beizutreten[21]. Es muß schon als Zeichen des Luxus angesehen werden, wenn ein Dokument von 1305 bezeugt, daß die Kartäuser ein aromatisches Wasser, eine Art „After shave", das aus Salbei, Majoran, Basilikum, Minze und Rosmarin gewonnen wurde, verwendeten![22]

Ohne Zweifel sind die Mönche aber auch die Urheber guter Tischsitten und von Anstandsregeln, bedurfte doch eine Gemeinschaft von Ordensgeistlichen gewisser Umgangsformen, die Reibungen möglichst hintanhielten, außerdem wurde die Disziplin dadurch gefördert. Diese in den Klöstern üblichen Gepflogenheiten waren sicher auch die Anstandsregeln der gehobenen Gesellschaftsschichten. „Manches davon mögen die Laien von den Mönchen gelernt haben"[23]. Mehr noch: Das Mönchtum hat in seinen Ordensvorschriften „ein Beispiel für die mittelalterliche Lebensordnung und den mittelalterlichen Lebensstandard gegeben. Berufen war das Mönchtum dazu, da es bis dahin wie kein anderer Stand in sich geschlossen war oder diese Geschlossenheit wenigstens anstrebte und da es wie kein anderer Stand als Gemeinschaft organisiert war. Auch das Rittertum konnte diese Geschlossenheit und festgefügte Ordnung nicht erreichen. Doch erinnern die bald niedergeschriebenen ritterlichen Standeslehren und -vorschriften trotz aller durch die andere Berufung und Aufgabe bedingten Unterschiede der Einzelforderungen in vielen . . . an die Ordenskonstitutionen, die wohl auch zum Teil als Vorbild gedient haben mögen" (Gerd Zimmermann)[24].

Die weiblichen Orden haben in erster Linie Textilien hergestellt und solcherart nicht unwesentlich die Sachkultur beeinflußt. Die niedersächsischen Frauenklöster, allen voran Lüne und Wienhausen,

---

[20] Moulin, *Les Religieux au Moyen Age* 150, 152. Über die Errichtung von Wasserleitungen zur allgemeinen Versorgung der Klöster siehe: Die Kunstdenkmäler des Zisterzienserklosters Zwettl (*Österreichische Kunsttopographie* 29) Wien 1940, 257 (1327) und Albin Czerny, Zwei Aktenstücke zur Culturgeschichte Oberösterreichs im 14. Jahrhundert. *Bericht über das Museum Francisco-Carolinum* 37 (1879) 29 (Kostspielige Wasserleitung für St. Florian 1404).

[21] Jaeger, *Klosterleben* 38f.

[22] Moulin, *Les Religieux au Moyen Age* 156.

[23] Gerd Zimmermann, Ordensleben und Lebensstandard (*Beiträge zur Geschichte des alten Mönchtums und des Benediktinerordens* 32) Münster 1973, 238; Moulin, *Les Religieux au Moyen Age* 97ff.

[24] Zimmermann, *Ordensleben* 240.

sind als Zentren der Stickereikunst anzusehen, wo Nonnen, unterstützt von jungen Mädchen, Töchtern des Adels und reicher Bürger, diese Kunst pflegten. Der berühmte Knüpfteppich aus Quedlinburg, der in der Klosterwerkstatt der Äbtissin Agnes von Meißen angefertigt und um 1200 vollendet worden ist, stellt ein frühes Beispiel der Textilkunst dar. Die Ausführung des einzigartigen Gösser Ornates, bestehend aus Kasel, Pluviale und Antependium, oblag den Nonnen des steirischen Stiftes Göß. Die Inschrift erwähnt die Stifterin, die Äbtissin Kunegundis, so daß aus ihrer Regierungszeit auf den Zeitpunkt der Herstellung zwischen 1239 und 1269 geschlossen werden kann[25]. Die Zisterzienserinnen-Abtei Wienhausen in der südlichen Lüneburger Heide hat durch ihre textilen Erzeugnisse einzigartige Kunstwerke geschaffen. Die Tristan-Teppiche mit der überaus lebendigen Schilderung der Geschichte Tristans und der Prophetenteppich, beide aus der Zeit um 1300, sind Werke der Nonnen, ebenso die spätgotischen Teppiche mit der Darstellung der in Wienhausen verehrten Heiligen Elisabeth, Anna und Alexander[26]. Die Äbtissin Clementia zu St. Stephan in Straßburg hat in der Zeit zwischen 1440 und 1450 zwei Wirkteppiche im eigenen Kloster in Arbeit gegeben, zunächst den St. Attala-Teppich im Ausmaß von 0,85 cm × 400 cm und geraume Zeit später den St. Odilia-Teppich von gleicher Größe, die in der Klosterkirche als „Dorsalia“, als Rückentücher, aufgehängt wurden[27]. Mittelpunkt der fränkischen Textilkunst war das Dominikanerinnenkloster St. Katharina in Nürnberg. Die klösterliche Werkstätte wird auch in einer Stadtrechnung von 1458 erwähnt, hatten doch die Klosterfrauen um 42 fl. einen gewirkten Teppich geliefert[28]. Das Germanische Nationalmuseum in Nürnberg

---

[25] *Katalog Die Zeit der Staufer* 1 (Stuttgart 1977) 610, Nr. 807a und b; *Katalog Romanische Kunst in Österreich* (Krems 1964) Nr. 178; HERMANN SCHMITZ, *Bildteppiche. Geschichte der Gobelinwirkerei.* Berlin [3]1919, 60, Abb. 25.

[26] HORST APPUHN, *Kloster Wienhausen.* Hamburg 1955, 30f.; DERS., *Kloster Wienhausen.* Hamburg 1965, 20ff.; MARIE SCHUETTE — SIGRID MÜLLER-CHRISTENSEN, *Das Stickereiwerk.* Tübingen 1963, Abb. 181, 193.

[27] EMIL MAJOR, *Straßburger Bildteppiche aus gotischer Zeit.* Basel o. J., 14—20.

[28] BETTY KURTH, *Die deutschen Bildteppiche des Mittelalters.* Wien 1926, 176ff.; Anweisungen zur Herstellung priesterlicher Gewänder, zum Zeugdruck und Stoffärben u. a. m. wurden von einer Schwester des Dominikanerinnenklosters St. Katharina in Nürnberg im sogenannten „Nürnberger Kunstbuch“ zusammengefaßt. Siehe PETER ASSION, Altdeutsche Fachliteratur (*Grundlagen der Germanistik* 13) Berlin 1973, 83.

verwahrt drei Wirkteppiche mit der Wiedergabe des „Lebens des hl. Sebaldus", 1410, der „hl. Katharina", 1455/60, und der „Jungfrau Maria", 1480, die in Klosterwerkstätten entstanden sind. In der Bordüre des aus dem späten 15. Jahrhundert stammenden Passionsteppichs des Bamberger Domes sind zwei webende Nonnen dargestellt. Eine von ihnen sitzt vor einem Hochwebstuhl (Hautelisse), auf dem man die gespannten Kettenfäden erkennen kann, überdies ist ein schon fertiger Streifen des Teppichs dargestellt. Die zweite Nonne prüft, ob das gewebte Bild mit dem Karton übereinstimmt. Die Nonnen des Altmünsterklosters in Mainz haben nach einer Vorlage eines mittelrheinischen Meisters um 1500 den „Sippenteppich" gewirkt, der von Johannes Hilchen von Lorch und Ehefrau Agnes Diez gestiftet worden war. Die Nonnen des Klosters Lüne in Niedersachsen stickten zwischen 1492 und 1508 zehn große Bildteppiche im traditionellen, flächenfüllenden Klosterstich für den eigenen Gebrauch. Das Museum für Kunst und Gewerbe in Hamburg verwahrt aus diesem Kloster den prächtigen, aus vielfarbiger Wollstickerei auf Leinen hergestellten „Osterteppich" von 1504/05[29]. Solche Arbeiten sind jedoch nicht in allen Frauenklöstern vorgenommen worden, sondern als Ausnahme zu betrachten. Von den Petersfrauen in Salzburg ist überliefert, daß sie sich neben Sticken nur auf kleinere Ausbesserungsarbeiten an Paramenten und Teppichen beschränkten[30].

Die Orden haben demnach einen nicht unerheblichen Anteil an Innovationen der materiellen Kultur des Mittelalters oder haben wesentlich zu deren Verbreitung beigetragen. Nicht hoch genug können die Leistungen der Benediktiner, aber vor allem der Cistercienser, bei Rodung und Kolonisation unerschlossener Räume veranschlagt werden. Wie bereits erwähnt, waren die Weißen Mönche insbesonders im Obst- und Weinbau, in der Pferde- und Fischzucht sowie im Bergbau und Wollhandel erfolgreich.

Die Sorge um die Gesundheit ließ auch in gewissem Grade eine

---

[29] Schmitz, *Bildteppiche* 88, Abb. 41; Kurth, *Deutsche Bildteppiche* 154; *Museum für Kunst und Gewerbe Hamburg. Handbuch* (München 1980) 74, Nr. 137; Major, *Straßburger Bildteppiche* Abb. 9: Nonne beim Teppichwirken auf einem um 1475 entstandenen oberdeutschen Tafelbild.

[30] Maurus Schellhorn, Die Petersfrauen. Geschichte des ehemaligen Frauenkonvents bei St. Peter in Salzburg. *Mitteilungen der Gesellschaft für Salzburger Landeskunde* 65 (1925) 146.

ärztliche Vorsorge für geboten erscheinen[31]. Bei dem im allgemeinen großen Viehbestand und dem damit verbundenen Milchüberschuß waren die Klöster zur Käseherstellung genötigt und so verdankt man den Mönchen eine lange Liste von Käsespezialitäten[32]. Ungewollt stehen die Mönche am Beginn der Gastronomie, weil Menschen, die unter Kälte leiden und ständigen psychischen Spannungen ausgesetzt sind, viel essen. Die Eintönigkeit der Speisen brachte es mit sich, daß große Feste des Kirchenjahres kulinarisch hervorgehoben wurden[33]. Um auch im Winter die große Zahl von Ordensmitgliedern und Laien mit Lebensmitteln versorgen zu können, wurden Fisch und Fleisch mit Salz sowie Gemüse und Obst mit Essig konserviert.

GERD ZIMMERMANN hat nachgewiesen, daß bereits im 12. Jahrhundert die Homogenität des Mönchsstandes Auflösungserscheinungen zeigte. Der höhere Lebensstandard, teilweise ausgelöst durch die Kreuzzüge[34], erhöhte die Ansprüche an die *vita monastica*, aber auch die Opposition gegen sie. „Der Geist des beginnenden Individualismus begnügte sich nicht mehr mit den durch die Tradition vorgezeichneten Wegen[35]." Diese beiden Faktoren, der gestiegene Lebensstandard und der wachsende Individualismus, sind als wesentliche Ursachen des weltlichen Einflusses auf die klösterliche Sachkultur und des im Gefolge davon auftretenden Niedergangs des Mönchtums im Spätmittelalter anzusehen.

---

[31] HANNO CRAPEZ, Die ärztliche Tätigkeit der Benediktiner und Zisterzienser. *Ciba Zeitschrift* 11, Nr. 124 (1952) 4585—4588; Die Heilkunde im Dominikaner- und im Franziskanerorden. Ebd. 4593—4595. Vgl. aber auch die strenge Auffassung von Bernhard von Clairvaux, daß die Krankheit der Seele mehr zu fürchten sei als die Krankheit des Leibes. „Spezereien zu kaufen, Ärzte aufzusuchen, Tränklein zu nehmen, widerspricht der Reinheit und Ehrbarkeit des Ordens" (ZIMMERMANN, *Ordensleben* 470, 518).

[32] MOULIN, *Les Religieux au Moyen Age* 86f.

[33] MOULIN, *Les Religieux au Moyen Age* 70f., 103ff.: Es wurde errechnet, daß die Mönche täglich etwa 4700 bis 6000 Kalorien zu sich genommen haben, jedoch Proteine und Vitamine fehlten. Der Menschentyp war daher fett, rotbäckig und dickbäuchig, verdaute nur langsam, litt unter Blähungen und wegen des Vitaminmangels unter Zahnausfall und hatte einen Hang zur Melancholie; NORMAN FOSTER, *Schlemmen hinter Klostermauern*. Hamburg 1980, 76—164. Über das aus dem Kloster Tegernsee stammende Kochbüchlein s. ANTON BIRLINGER, Kalender und Kochbüchlein aus Tegernsee. *Germania* 9 (1864) 192ff.

[34] KÜHNEL, *Alltagsleben in Österreich* 98.

[35] ZIMMERMANN, *Ordensleben* 220, 240.

Pitanzen und Generale, Zusatzgerichte bei Benediktinern, Cluniazensern und Cisterciensern, wurden zwar nach Orden unterschiedlich, doch ursprünglich im wesentlichen Kranken und Mönchen, die zur Ader gelassen worden waren, gewährt. Es war zuweilen gebräuchlich, an Jahrtagen verstorbener Äbte oder bei Rückkehr eines Abtes von einer Reise solche Zusatzgerichte zu verabreichen. Es blieb jeweils dem Abt vorbehalten, Aufbesserungen in Form von Pitanzen zu verteilen, doch war es bei den Cisterciensern verboten, diese an drei aufeinander folgenden Tagen zu geben[36]. Die Freigebigkeit mancher Stifter, die Schenkungen unter der Bedingung machten, daß der Abt an bestimmten Tagen seinen Mönchen eine Pitanz zu reichen habe, zeigt deutlich die Einflußnahme von außen. Es nimmt weiter nicht wunder, wenn zu Beginn des 14. Jahrhunderts das Recht auf Pitanzen bereits formell anerkannt worden ist und sogar im Regelbuch oder im Martyrologium eingetragen war, damit die Mönche bei der Lektüre des bestimmten Tagesabschnittes informiert wurden, ob sie Anspruch auf ein Zusatzgericht hatten oder nicht[37].

Ein weiterer schwerwiegender Einfluß der profanen Welt waren die Präbenden, die Erträgnisse aus Anniversarien, Einkünfte aus Dotationen, die zur Verbesserung der Nahrung und Kleidung herangezogen wurden. Die Ursache dieser Schenkungen lag in der Überzeugung der Laienwelt, daß die jeweiligen Klosterheiligen zugunsten des Spenders wirksam bei Gott intervenieren und die Mönche mit ihren Gebeten korrekt und pünktlich zum Seelenheil der Stifter beitragen. Die Klöster erlangten auf diesem Wege einen gewissen Reichtum und die Folge war eine Aufteilung der Einnahmen und des Vermögens[38]. Im Benediktinerkloster Brauweiler im Niederrheinischen erfolgte bereits 1255 zwischen Abt und Konvent eine Vermögenstrennung, in der Benediktinerabtei St. Paul im Lavanttal wurde die Gütertrennung unter den Äbten Weriand (1311—1314) und Nikolaus (1314—1325) vorgenommen, während es im Chorherrenstift St. Florian im ersten Drittel des 14. Jahrhunderts zur Aufteilung der Einkünfte zwischen dem Propst und dem Konvent und schließlich zur Verteilung der Einzelpfründen

---

36 Zimmermann, *Ordensleben* 47ff., 259ff.

37 Jaeger, *Klosterleben* 34f.

38 Hermann Watzl, Über Pitanzen und Reichnisse für den Konvent des Klosters Heiligenkreuz. *Analecta Cisterciensia* 34 (1978) 47, Nr. 1—132.

gekommen war[39]. Das Salzburger Domkapitel, das 1122[40] die Augustinerregel angenommen hatte, besaß seit 1243 einen *oblaiarius*, der alle Einkünfte zu verwalten hatte. Im 14. Jahrhundert bestanden in der Benediktinerabtei St. Peter in Salzburg vier Verwaltungsstellen: die Oblay des Abtes, die der Mönche, die Oblay der Petersfrauen und die gemeinsame Camera, die dem Cellerarius anvertraut war[41]. In einzelnen Klöstern wurden Verbesserungen der Speisen und der Kleidung durch die Klosteroberen vorgenommen. Propst Ainwich von St. Florian hat 1312 den Chorherren für jeden Montag, Mittwoch und Samstag das „Schmalzkoch", eine Speise aus feinstem Weizenmehl, Milch, Schmalz oder Butter zugestanden[42]. Bedenklich waren solche Zuwendungen, wenn sie, wie am Niederrhein, nur jenen Mönchen als Belohnung gewährt wurden, die am Gottesdienst teilnahmen. Propst Georg I. vom Augustinerchorherrenstift Reichersberg beeilte sich am Tage seiner Wahl im Jahre 1412, die Präbenden, die Propst Dietmar († 1386) in seiner durch vierzig Jahre dauernden strengen Regierungszeit den Chorherren in geschmälerter Form gereicht hat, wieder voll auszufolgen, damit sie bei Tag und Nacht wieder emsiger dem Chorgebet und Gottesdienst nachkämen[43]. Im Chorherrenstift Klosterneuburg wurden 1398 die Präbenden in Geldbeträgen ausbezahlt. Der Propst empfing aus der Rechenkammer den Betrag von 7 ß 14 d, was dem Wert von zwei Präbenden entsprach, die übrigen 22 Chorherren jeweils 3 ß 22 d,

---

[39] ERICH WISPLINGHOFF, Die Benediktinerklöster des Niederrheins im 13. und 14. Jahrhundert. *Festschrift für Hermann Heimpel* 2 (Göttingen 1972) 286; WALTHER FRESACHER, Das Benediktinerkloster St. Paul in Kärnten (*Österreichische Kunsttopographie* 37) Wien 1969, 21; JOSEF LENZENWEGER, Das Stift St. Florian und die Päpste von Avignon. *Mitteilungen des Oberösterreichischen Landesarchivs* 10 (Wien 1971) 168. In Hirsau sind im Jahre 1341 kraft päpstlichen Privilegs die Einkünfte zwischen Abt und Konvent geteilt worden. KLAUS SCHREINER, Sozial- und standesgeschichtliche Untersuchungen zu den Benediktinerkonventen im östlichen Schwarzwald (*Veröffentlichungen der Kommission für geschichtliche Landeskunde in Baden-Württemberg* Reihe B, 31) Stuttgart 1964, 62.

[40] STEFAN WEINFURTER, Salzburger Bistumsreform und Bischofspolitik im 12. Jahrhundert (*Kölner Historische Abhandlungen* 24) Köln—Wien 1975, 175.

[41] SCHELLHORN, *Die Petersfrauen* 143; STEPHAN HILPISCH, *Geschichte des benediktinischen Mönchstums*. Freiburg/Breisgau 1929, 255.

[42] CZERNY, *Zwei Aktenstücke* 70.

[43] WISPLINGHOFF, *Benediktinerklöster des Niederrheins* 287; BERNARD APPEL, *Geschichte des Chorherrenstiftes Reichersberg in Oberösterreich*. Linz 1857, 158, 182.

insgesamt 9 Talente 80 d, während die drei Konversen je 84 d erhielten[44]. Königin Agnes von Ungarn, die Tochter Albrechts I., hat um 1318 das Frauenkloster Königsfelden gegründet und mit reichem Besitz ausgestattet. Agnes erließ am 23. Jänner 1330 eine Klosterordnung für die Klarissinnen, wobei sie für eine vielfältige und abwechslungsreiche Nahrung, für Gewänder und Pelze sorgte und beispielsweise den kranken Schwestern, die das Bett hüten mußten, Hühner, verschiedene Fleischsorten, Reis, Mandeln, Weinbeeren, Feigen und Zucker zugestand. Doch auch Agnes hat den Schwestern zusätzliche Präbenden ausgesetzt, nämlich 3 Mark Silber für gute Fische im Advent und 5 Mark Silber zum gleichen Zweck in der Fastenzeit sowie für Reis, Mandeln und Feigen *nach ir getrost*[45].

Von der Präbende zum vollständigen Privatbesitz war nur ein kleiner Schritt, und zahlreich sind die Nachrichten aus dem 13. und 14. Jahrhundert, die erkennen lassen, daß persönliches Eigentum der Mönche als selbstverständlich betrachtet wurde. Die von Erzbischof Friedrich II. von Salzburg einberufene Provinzialsynode des Jahres 1281 faßte bereits einen diesbezüglichen Entschluß, wurden doch die Mönche verpflichtet, innerhalb von vierzehn Tagen den gesamten Privatbesitz abzuliefern. Als das Kloster Altenberg 1307 vom Ritter Dietrich Vleck von Holstein eine größere Erbrente kaufte, wurde die Zustimmung seiner Söhne Heinrich und Gottfried, die Mönche in Brauweiler und Gladbach waren, für notwendig erachtet. Die Beschlüsse der Kölner Synode von ca. 1329 lassen erkennen, daß der Großteil der Mönche persönlichen Besitz gehabt haben muß. Kurz nach 1350 wurden einige Mönche von Gladbach exkommuniziert, weil sie unter anderem Geldbeträge, die aus ihrem Privatbesitz stammten, gegen hohe Zinsen

---

[44] Hartmann Zeibig, Urkundenbuch des Stiftes Klosterneuburg (*FRA* II/28) Wien 1868, 290.

[45] Georg Boner, Die Königsfelder Klosterordnungen der Königin Agnes von Ungarn. *Schaffhauser Beiträge zur vaterländischen Geschichte* 48 (1971) 64f., 66, 69, 86. Der hohe Lebensstandard der Klarissinnen von Königsfelden wird ersichtlich, wenn im Rechnungsbuch von St. Florian zum Jahr 1404 unter der Rubrik „Spezereien“ (Safran, Rosinen, Mandel, Feigen, Reis, Lebkuchen und Konfekt) Ausgaben nur für den Propst vermerkt sind (Czerny, *Zwei Aktenstücke* 26, Anm. 1). Im Chorherrenstift Klosterneuburg wurden 1317 nur geringe Mengen an Spezereien angekauft: ½ Pfund Mandeln um 12 d, 1 Pfund Reis um 10 d und 1 Talent Feigen um 6 d (Zeibig, *Urkundenbuch Klosterneuburg* 255f.).

ausgeliehen hatten[46]. Um die Mitte des 14. Jahrhunderts erhielt Bruder Otto aus dem Wiener Augustinerkloster durch dessen Mutter eine Stiftung, um eine Besserstellung *in vestitu et libris* zu sichern. Zachreis der Ponichner übergab seiner Tochter Agnes, Klosterfrau zu St. Peter in Salzburg, sein Gut *ze Hegtmann, gelegen in Halbinger gericht* zur lebenslänglichen Nutzung, und zwar mit Einverständnis des Abtes. Nach dem Tode der Ordensschwester sollte das Gut wieder an den Vater oder dessen Erben zurückfallen[47]. Die Klosterangehörigen kauften persönlich zur Besserung ihrer Pfründe und der Kleidung Grundbesitze und Grundrechte, über die sie sich auf Lebenszeit die Verfügungsgewalt vorbehielten. Leonhard von Kärnten, Mitglied des Wiener Augustinerkonvents und Lehrer an der Universität, erwirkte 1392 vom Ordensgeneral sogar ein Privileg, wonach er über seine materielle Habe in eigener Verantwortung entscheiden könne und wegen seiner materiellen Bedürfnisse an keinerlei Vorschriften seiner Klosteroberen gebunden sei[48]. Bischof Albrecht von Passau verlieh 1371 ausdrücklich dem Propst und den Chorherren von Mattsee das Recht, über die Verlassenschaft verstorbener Kanoniker verfügen zu können, wenn keine testamentarischen Verfügungen getroffen worden sind[49]. Zwei Schwestern der Petersfrauen in Salzburg, Katharina Leiblfingerin und Osanna Fronauerin, kauften 1377 ein Pfund jährlicher Gülte von einem Haus in Hallein und waren sich offensichtlich der Tatsache nicht bewußt, gegen das Gelübde der Armut zu verstoßen. Der niederländische Reformer Geert Groote (1340—1384), aus dessen Lebenswerk die ,,Brüder des gemeinsamen Lebens" hervorgingen, tadelt in seinem Werk *De Simonia,* daß in Frauenklöstern nur Töchter von Adeligen und Reichen aufgenommen werden, und zwar nur gegen eine bestimmte Mitgift.

---

[46] KARL HÜBNER, Die Provinzialsynoden im Erzbistum Salzburg bis zum Ende des XV. Jahrhunderts. *Deutsche Geschichtsblätter* 10 (1909) 216; WISPLINGHOFF, *Benediktinerklöster des Niederrheins* 288.

[47] FRANZ VIKTOR SPECHTLER, Ein Salzburger Formularbuch von etwa 1381. *Mitteilungen der Gesellschaft für Salzburger Landeskunde* 106 (1966) 62.

[48] FRIEDRICH RENNHOFER, *Die Augustiner-Eremiten in Wien.* Würzburg 1956, 118f., 141.

[49] WILHELM ERBEN, Quellen zur Geschichte des Stiftes und der Herrschaft Mattsse (*FRA* II/49) Wien 1896, 153. Schon das Ordenskapitel der Benediktiner von 1275 in Salzburg untersagte den Mönchen, ein Testament zu errichten. PIUS SCHMIEDER, *Die Benediktiner Ordensreform des 13. und 14. Jahrhunderts.* Linz 1867, 50. Über die Verhältnisse bei den Fraterherren in St. Peter auf dem Einsiedel im Schönbuch, Kreis Tübingen, vgl. SCHREINER, *Sozial- und standesgeschichtliche Untersuchungen* 70, Anm. 90.

Bei den Nonnen von Wienhausen war es Gepflogenheit, die Brauttruhen mit der Aussteuer mitzugeben, wodurch profane Lebensverhältnisse gleichsam in das Kloster übertragen wurden[50].

In England ist teilweise eine analoge Entwicklung zu konstatieren, teilweise haben andere Ausformungen der profanen Welt Eingang in die Klöster gefunden und die Lebensausgestaltung beeinflußt. D. KNOWLES nennt als wichtigste Faktoren das „Kleidergeld", Gewinnanteile und Geschenke, dann vor allem „spicemoney", ein nicht klar abgegrenzter Begriff für eine Vielfalt von Konsumgütern, die man in den Apotheken kaufte, ferner Entschädigungen an Mönche für Arbeiten und Dienstleistungen. Das „Kleidergeld" wurde bis in die Mitte des 14. Jahrhunderts von verschiedenen Autoritäten bekämpft, schließlich aber 1421 das Recht darauf durch die Reformkommission anerkannt[51].

Der Gebrauch privaten Eigentums bei den meisten Mönchen[52] zerstörte selbstverständlich die klösterliche Zucht, und die Idee der *vita communis*. Der Individualismus führte dazu, daß beispielsweise Mönche des Salzburger und Passauer Sprengels in den Dormitorien Zellen errichtet hatten. Das Provinzialkonzil zu Salzburg von 1281 verlangte die Entfernung dieser Kammern[53]. In den Klöstern des Niederrheins wurde die Klausur nicht mehr eingehalten, die Kellereirechnungen der Jahre 1337 bis 1352 der Abtei Brauweiler beweisen, daß dort die gemeinsame Tafel mißachtet wurde[54]. Die gestiegenen Ansprüche der

---

[50] SCHELLHORN, *Die Petersfrauen* 144; SCHREINER, *Sozial- und standesgeschichtliche Untersuchungen* 69; APPUHN, *Kloster Wienhausen* 35.

[51] DOM DAVID KNOWLES, *The Religious Orders in England* 2. Cambridge 1955, 240ff.

[52] Man vergleiche die überaus aufschlußreichen Besitzverhältnisse der Mönche von St. Lambrecht vom Jahre 1408, die gleichfalls deutlich erkennen lassen, daß persönlicher Besitz (Gürtel, Ringe, darunter ein Petschaftsring, Teppich und *alique alia utensilia ad destillandum vinum et aquam et vitra*), aber auch Schulden an Uhrmeister, Zinngießer u. a. üblich waren; s. *Österreichische Kunsttopographie* 31 (Wien 1951) 166f.; vgl. auch CZERNY, *Zwei Aktenstücke* 77.

[53] SCHMIEDER, *Die Benediktiner Ordensreform* 54.

[54] WISPLINGHOFF, *Benediktinerklöster des Niederrheins* 287f. Ähnliche Klagen hört man auch aus österreichischen Klöstern, meist jedoch erst im Zusammenhang mit den Visitationen des 15. Jahrhunderts, etwa im Nonnenkloster Admont, siehe IGNAZ ZIBERMAYR, Johann Schlitpachers Aufzeichnungen als Visitator der Benediktinerklöster in der Salzburger Kirchenprovinz. *MIÖG* 30 (1909) 270. Der Niedergang der *vita communis* manifestierte sich auch in England durch die Zunahme privater Zimmer und Haushalte; KNOWLES, *The Religious Orders* 2, 244.

Mönche und der damit in engstem Konnex stehende Prozeß der Säkularisierung werden nachdrücklich als „Prestigenovationen" zur Schau getragen: in der Kleidung, die ein subtiler Gradmesser für Zeittendenzen und neue soziale Gruppierungen ist, sowie in der Haar- und Barttracht. Das Ordenskapitel der Benediktiner, das 1275 in Salzburg abgehalten wurde, läßt bereits erkennen, daß die Mönche bestrebt waren, die nach der Ordensregel erlaubte Wolle- und Zwillichkleidung durch solche aus Leinen zu ersetzen. Äbten wie Mönchen war vorgeschrieben, auf Reisen, also in der Öffentlichkeit, eine geschlossene *cappa* (Mantel) oder ein anderes erkennbares geistliches Kleid zu tragen. Noch deutlicher war die Sprache des Provinzialkonzils von Salzburg ein Jahr zuvor: Das Tragen langer Haare, nicht geschlossener Kleidung, silberner Gürtel und Schnallen sowie geschwänzter Hüte wurde den Ordensmitgliedern streng untersagt[55]. Auf dem Generalkapitel von St. Quentin im Jahre 1299 beklagten die dort versammelten Benediktineräbte der Reimser Kirchenprovinz, daß von den Mönchen bunte Kleider und modische Schuhe getragen werden[56]. Die Änderungen in der Kleidung, in den Stoffen und Farben — letzteren kam nicht nur symbolische Bedeutung zu, sondern sie führten auch die soziale Stellung vor Augen — läßt sich am Beispiel von St. Florian recht gut demonstrieren. Im 13. Jahrhundert scheinen für die Talare noch grobe Stoffe verarbeitet worden zu sein, wurden doch 1297 solche aus Barchent bereits als Wohltat angesehen[57]. Propst Ainwich ließ die weißen Talare aus dem zu Beginn des 14. Jahrhunderts allseits begehrten niederländischen Tuch, solchem aus Tournai, herstellen[58]. 1349 bestand die weiße *Tunica de panno griseo quod schartuech dicitur*, außerdem erhielten die Jungherren und Konversen zu Allerheiligen eine warme Haube, vermutlich eine Pelzmütze aus Lamm- oder Fuchsfell. Die 1419 in St. Florian tätige Reformkommission tadelte die ungleiche und kostbare Tracht der Chorherren. Friedrich Tobler ist in einem Missale des 15. Jahrhunderts

---

[55] SCHMIEDER, *Benediktiner Ordensreform* 48, 50; HÜBNER, *Provinzialsynoden im Erzbistum Salzburg* 212.

[56] HILPISCH, *Benediktinisches Mönchtum* 241.

[57] *Urkundenbuch des Landes ob der Enns* 4. Wien 1867, 258, Nr. CCLXXXIII.

[58] HEKTOR AMMANN, Deutschland und die Tuchindustrie Nordwesteuropas im Mittelalter. *Die Stadt des Mittelalters* 3 (Darmstadt 1973) 101, 106. Im Chorherrenstift Klosterneuburg kaufte man im Jahre 1353 bzw. 1373 Tücher aus Löwen, Tournai und Maastricht (ZEIBIG, *Urkundenbuch* 273f., 276).

in einem weißen Talar und mit grünem, hellrot gefüttertem Mantel dargestellt. In einem Missale des 14. Jahrhunderts trägt ein Chorherr in weltlicher Manier seitlich einen Dolch[59]. Die Petersfrauen von Salzburg, die nach der Ordensregel einen schwarzen Schleier aus einfachem Stoff, keinesfalls aus Seide, verwenden sollten, trugen im 14. Jahrhundert Schleier aus kariertem Stoff, und zwar von heller Grundfarbe oder von weißem Stoff. Überdies ließen sich die Nonnen nach weltlicher Art die Haare wachsen und huldigten dem Haarputz[60]. Dieses Streben und Verlangen nach wertvollen Stoffen kann überall beobachtet werden. Die Kartäuser von Dijon kauften 1389 für die Anfertigung ihrer Kukullen weißen Serges in Caen, England und Arras. Gelegentlich kam es auch zu Exzessen, speziell, wenn modische Extravaganzen von den Mönchen nachgeahmt wurden. So trugen sie im romanischen Sprachraum beispielsweise kleine Schuhe, weitausladende Mäntel, die *huques*, nach Art der Mädchen von Flandern, die übrige Kleidung in lebhaften Farben, die Kapuzen gehörnt, außerdem saßen sie öffentlich zu Pferd, mit einem Degen umgürtet. Unter solchen Umständen ist eine gerichtliche Verurteilung wie die der Franziskaner von Cappuciola 1434 durchaus verständlich[61].

Ungefähr zur gleichen Zeit verfaßte der Prior von Melk, Martin von Senging, seit 1433 Notar beim Konzil von Basel, seine Schrift *Tuitiones pro observantia Regulae S. Benedicti*, in denen er die Zustände in den österreichischen Klöstern schildert. Viele Mönche des Benediktinerordens trugen Kukulle und Skapulier mit angehängter Kapuze und wieder andere hatten das Innere der Kapuze mit Zendal oder Seide gefüttert. Ihre feinen Schafspelze glichen jenen der Kardinäle. Es gab auch Mönche, die nicht nur Schuhe mit Spangen, sondern auch nach Sitte der Ritter Stiefel mit Schnallen und enganliegende Schnabelschuhe trugen. Verbreitet scheint die Gepflogenheit gewesen zu sein, Taschen mit Schnallen und anderen Silber- oder Messing-

---

[59] Czerny, *Zwei Aktenstücke* 67f. Der Weltklerus hat in ähnlicher Weise modische Eigenheiten des Adels und der Bürger, aber auch der Prälaten übernommen, vgl. Hübner, *Provinzialsynode im Erzbistum Salzburg* 223. H. Grisar, Ein Bild aus dem deutschen Synodalleben im Jahrhundert vor der Glaubensspaltung. *Historisches Jahrbuch der Görres-Gesellschaft* 1 (Münster 1880) 622, Anm. 1; Johannes Heller, Eine Passauer Diöcesansynode vom Jahre 1435. *Zeitschrift für katholische Theologie* 14 (Innsbruck 1890) 146f.

[60] Schellhorn, *Die Petersfrauen* 152.

[61] Moulin, *Les Religieux au Moyen Age* 139.

beschlägen zu benützen. Manche Prälaten verwendeten sogar aus dem gleichen Metall Sporen und Steigbügel, zudem hatten sie Trinkschalen und Becher aus Silber anhängen und schmückten die Finger mit kostbaren Ringen[62]. Welch unglaublicher Aufwand getrieben wurde, beweist die Tatsache, daß Propst Berthold I. von Klosterneuburg, der eigentliche Überwinder der wirtschaftlichen Krise des Stiftes, im Jahre 1314 mit einem Gefolge von 40 Pferden reiste, hingegen der Propst von St. Florian im Jahre 1360 nur mit 11 Pferden. Die gesellschaftliche Stellung wurde damit nachdrücklich der Öffentlichkeit vor Augen geführt, war doch ein Graf gewöhnlich mit 24 und ein Ritter mit 4 Pferden unterwegs[63].

Äbte und Mönche waren aber offenbar auch sonst weltlichen Vergnügungen nicht abhold, wenngleich einzelne Nachrichten keinesfalls verallgemeinert werden dürfen. Neben dem Waffentragen, selbst im Kloster[64], tendierten einige Äbte dazu, der Haltung von Falken und Jagdhunden mehr Aufmerksamkeit zu schenken als ihren geistlichen Aufgaben, und Abt Wilhelm der Benediktinerabtei Ensdorf wurde 1413 abgesetzt, weil er dem Waidwerk wesentlich mehr Zeit widmete als seinen Verpflichtungen als Oberhirte[65]. Als im 15. Jahrhundert im Bürgertum die Vorliebe für Haustiere und Singvögel weit verbreitet war[66], mußten den Petersfrauen 1431 ausdrücklich aufgetragen werden, in den Zellen keine Hunde, Katzen oder Vögel zu halten[67]. Besonders beliebt war das Würfelspiel, und schon die Salzburger Provinzialsynode

---

[62] BERNHARD PEZ, *Bibliotheca ascetica* VII. Regensburg 1725, 532, 541.

[63] CZERNY, *Zwei Aktenstücke* 37; GERHARD RILL, Die Pröpste des Stiftes Klosterneuburg von der Gründung bis zum Ende des 14. Jahrhunderts. *Jahrbuch des Stiftes Klosterneuburg* NF 1 (1961) 57; HÜBNER, *Provinzialsynoden im Erzbistum Salzburg* 215: Die Salzburger Provinzialsynode von 1281 hatte den visitierenden Äbten nur acht Pferde zugestanden, damit den Klöstern nicht zu hohe Ausgaben erwachsen.

[64] JOHANNES BÜHLER [Hrsg.], *Klosterleben im deutschen Mittelalter*. Leipzig 1921, 173.

[65] HILPISCH, *Benediktinisches Mönchtum* 241, 273.

[66] GEORG WACHA, Tiere und Tierhaltung in der Stadt sowie im Wohnbereich des spätmittelalterlichen Menschen und ihre Darstellung in der bildenden Kunst. *Das Leben in der Stadt des Spätmittelalters = Veröffentlichungen des Instituts für mittelalterliche Realienkunde Österreichs* 2 (Sb. Ak. Wien, phil. hist. Kl. 325) Wien 1977, 231ff., 244ff., 249f. Aus dieser Zeit stammen auch die ersten Beobachtungen über Stubenvögel und Haustiere, s. A. MAYER, Der Freisinger Domherr Diepold von Waldeck († 1483) als Freund der Naturkunde und Raritätensammler. *Frigisinga 7* (*1930*) 331ff.

[67] SCHELLHORN, *Petersfrauen* 166.

von 1274 bestimmte, daß ein Mönch, der auf einer Reise in einer Herberge Würfel gespielt hatte, zwei Tage bei Wasser und Brot fasten muß[68]. 1299 beklagt z. B. auch das Generalkapitel von St. Quentin, daß die Benediktiner der Reimser Kirchenprovinz diesem Spiel verfallen sind[69]. In der Mitte des 15. Jahrhunderts kam das Kartenspiel hinzu, das nicht nur für die Ordensgeistlichen, sondern 1455 von Nikolaus Cusanus für den gesamten Klerus verboten wurde, freilich ohne nachhaltigen Erfolg[70]. Die in der zweiten Hälfte des 13. Jahrhunderts zunehmende Badefreudigkeit, insbesonders in den Städten, wo eigene Badestuben eingerichtet worden waren[71], griff auch auf die Mönche über. Das Ordenskapitel der Benediktiner in Salzburg 1275 verbietet das Baden außerhalb des Klosters und den Besuch von Badestuben[72]. Trotzdem scheinen diese Verbote immer wieder umgangen worden zu sein. 1434 wurde den Nonnen der Frauenklöster St. Laurenz und Maria Magdalena in Wien das Verbot des Besuches von städtischen Bädern in Erinnerung gerufen und 1451 bemängelten Visitatoren in der Benediktinerabtei Admont, daß die Mönche auswärtige Badestuben aufgesucht haben[73]. Unerwünscht war auch das Baden außerhalb der festgelegten Feiertage. In der Benediktinerabtei Michaelbeuern stellten Visitatoren 1452 fest, daß sogar in der Fastenzeit Bäder genommen worden waren[74]. Eine sehr präzise Äußerung über Badegepflogenheiten in den Klöstern und die Gründe für das Verbot, extern Bäder zu besuchen, verdanken wir Martin von Senging. Innerhalb der Klöster sei es erlaubt, an den drei festgelegten Terminen (Auferstehung, Pfingsten und Geburt Christi) ein Bad zu nehmen. Kranke und Schwache dürfen mit Erlaubnis

---

[68] HÜBNER, *Provinzialsynode im Erzbistum Salzburg* 212; GEORG HIMMELHEBER, Spiele. Gesellschaftsspiele aus einem Jahrtausend (*Kataloge des Bayerischen Nationalmuseums München* 14) München 1972, 142.

[69] HILPISCH, *Benediktinisches Mönchtum* 241.

[70] GRISAR, *Deutsches Synodalleben* 635; CZERNY, *Zwei Aktenstücke* 76. Über das Kartenspiel vgl. *Katalog Spielkarten, ihre Kunst und Geschichte in Mitteleuropa* (Wien 1974) 35f.; WILHELM LUDWIG SCHREIBER, *Die ältesten Spielkarten und die auf das Kartenspiel Bezug habenden Urkunden des 14. und 15. Jahrhunderts.* Straßburg 1937, 6ff., 33f.

[71] KÜHNEL, *Alltagsleben in Österreich* 114.

[72] SCHMIEDER, *Benediktiner Ordensreform* 48.

[73] THEODOR WIEDEMANN, *Geschichte der Frauenklöster St. Laurenz und Maria Magdalena in Wien.* Salzburg 1883, 34. RUDOLF LIST, *Stift Admont 1074—1974. Festschrift zur Neunhundertjahrfeier* (Ried 1974) 184.

[74] MICHAEL FILZ, *Geschichte des Benediktinerstiftes Michaelbeuern.* Salzburg 1833, 375.

des Abtes und wenn für die Gesundheit erforderlich, auch außerhalb dieser Termine ein Bad nehmen. Kranken steht aber auch ein Schwitzbad zu, wobei unter Anleitung eines erfahrenen Arztes verschiedene Kräuter verwendet werden können. Der Besuch eines Thermalbades ist nur über ärztliche Empfehlung und in Begleitung eines zweiten Mönches zulässig. Da in den öffentlichen Badestuben nackte Mädchen und Frauen dienen, verstoße dies gegen die Sittsamkeit und verderbe die Seelen, deshalb ist es für Mönche unstatthaft, Badestuben außerhalb der Klostermauern aufzusuchen[75].

Das Eindringen adeliger und bürgerlicher Lebensformen und -gewohnheiten in das monastische Leben hat seit dem Beginn des 15. Jahrhunderts den Ruf und das Verlangen nach Reform laut werden lassen bzw. ausgelöst. Weitgehend sollten die ursprünglichen Ordensregeln wieder Geltung erlangen. Die Melker Reform hat nach dem Vorbild von Subiaco und mit landesfürstlicher Unterstützung teilweise Wandel schaffen können[76], im Norden Deutschlands war die Bursfelder Reform recht erfolgreich[77]. Es waren jedoch nicht allein die Einflüsse profanen Lebensstandards und weltlicher Lebensgestaltung, gegen die beispielsweise von Papst Urban V. (1362—1370) angekämpft wurde, weil es in Klöstern zur Gewohnheit geworden war, von Mönchen bei ihrem Eintritt Gelage, Schmausereien, Geldsummen und Lustbarkeiten zu fordern[78], sondern auch einige andere wesentliche Faktoren, die eine Reform notwendig machten. Häufig wird in den zeitgenössischen Quellen die rein adelige Zusammensetzung der Konvente hervorgehoben, so daß bei Eintritt die soziale Herkunft entschied, nicht die Frage nach geistiger und sittlicher Qualität oder eine strenge Prüfung der Neuankömmlinge, der sie ursprünglich unterzogen worden waren. So schickte der Adel in die von ihm dominierten Klöster gerne verkrüppelte Kinder, damit die übrigen Söhne und Töchter über eine umso größere Erbschaft verfügten. Das Provinzialkapitel von Erfurt von 1456 vertrat einhellig die Meinung,

---

[75] Pez, *Bibliotheca ascetica* VII, 539f.

[76] Joseph Zeller, Das Provinzialkapitel im Stifte Petershausen im Jahre 1417. *Studien und Mitteilungen des Benediktinerordens* 41 (1922) 1—73; Franz Xaver Thoma, Petrus von Rosenheim O. S. B. Ein Beitrag zur Melker Reformbewegung. *Studien und Mitteilungen des Benediktinerordens 45* (1927) 94—222.

[77] Hilpisch, *Benediktinisches Mönchtum* 286ff.; H. Herbst, Die Anfänger der Bursfelder Reform. *Zeitschrift der Gesellschaft für niedersächsische Kirchengeschichte* 36 (1931).

[78] Schreiner, *Sozial- und standesgeschichtliche Untersuchungen* 67.

daß alle Übel der Auflösung und Vernachlässigung eines regelgetreuen Lebens, aller geistlicher und wirtschaftlicher Niedergang der Klöster daher rühre, daß nur Adelige und ritterbürtige Leute Aufnahme gefunden haben[79], eine Formulierung, die sicher ihre Berechtigung hat, wenngleich auch in Klöstern mit Mönchen überwiegend bürgerlicher Herkunft gleiche Verhältnisse herrschten, war doch die ständische Struktur der Konvente stets ein getreues Abbild der allgemeinen gesellschaftlichen Verhältnisse[80]. Die Widerstände gegen die Reform waren demgemäß zuweilen sehr groß. Die Dominikanerinnen von St. Katharina in Nürnberg verteidigten ihre „Freiheiten" buchstäblich mit Händen und Füßen, im Dominikanerkloster in Basel verließen bei Einführung der strengen Observanz mehrere Mönche das Kloster, und die adeligen Nonnen von St. Georgen am Längsee in Kärnten riefen bei der Visitation ihre Verwandten zu Hilfe[81]. Die Umwandlung eines Klosters in ein adeliges Chorherrenstift wie im Falle von Ellwangen und Comburg war ein willkommener Ausweg, sich der monastischen Reform zu entziehen. Dies gelang dem Kloster Einsiedeln durch ein Privileg Papst Pius II., worin er der Abtei den exklusiv aristokratischen Charakter bestätigte[82].

---

[79] Über die Rechtfertigung bzw. Bekämpfung der traditionellen Adelsherrschaft in Kirche und Mönchtum siehe die Auffassungen von Guilhelmus Peraldus, Johannes Gerson, Johannes Nider und Papst Pius II. bei Schreiner, *Sozial- und standesgeschichtliche Untersuchungen* 63f., 94f., 100f., 105f.

[80] Schreiner, *Sozial- und standesgeschichtliche Untersuchungen* 44f., 70, 93, 101, 103f. 128f.

[81] Hans Friedrich und Hellmut Rosenfeld, Deutsche Kultur im Spätmittelalter 1250—1500 (*Handbuch der Kulturgeschichte*) Wiesbaden 1978, 271f.; Bühler, Klosterleben 177.

[82] Schreiner, *Sozial- und standesgeschichtliche Untersuchungen* 105.

ALBERT D'HAENENS

LA QUOTIDIENNETÉ MONASTIQUE AU MOYEN AGE

Pour un modèle d'analyse et d'interpretation

En entrant au monastère, l'individu opère une conversion de vie: il renonce à certaines valeurs pour en rechercher d'autres, parfois, souvent même, opposées aux premières. La conversion est un événement unique, exceptionnel, qui s'inscrit de façon ponctuelle, à un moment précis, dans le cours d'une vie.

Comment cette conversion, qui est événement, devient-elle quotidienne ? Comment l'homme qui entre dans une abbaye, est-il transformé en moine ?

Certes, par l'application du projet de vie auquel il se soumet en même temps que les autres membres de la communauté qu'il rejoint: par la règle et par les coutumes, par la spiritualité et l'idéologie monastiques, explicitations de ses principes et finalités de vie, instruments et objets de son désir et de sa volonté.

Mais aussi, en subissant le conditionnement d'un ensemble de processus qui le travaillent comme à son insu, quoiqu'il en soit de sa volonté et de son projet.

1. Ces processus travaillent l'espace et le temps monastiques, le corps du moine et son groupe, suivant des dynamiques propres, parallèles à celles du projet et de la volonté de ceux qui constituent l'entité monastique.

Ces dynamiques propres peuvent se décrire à priori. Toutefois, ces descriptions ne sont pas du ressort de l'historien seul. Il y faut d'autres tenants de sciences humaines; l'anthropologue, l'ethnologue, le psychologue, le sociologue, notamment. Tâche importante et délicate, à laquelle je m'attèle pour l'instant. Ici on se contentera d'évoquer la plupart des processus en termes généraux et sans souci d'exhaustivité.

Etudier la quotidienneté monastique, c'est observer ces processus dans leurs conditionnements, tels qu'ils constituent l'entité monastique comme différente d'autres entités sociales, la ville, le village ou la famille, par exemple. C'est donc les identifier, décrire leurs fonctionnements, acter leurs effets, cerner leurs évolutions.

1.1 Certains processus qui travaillent l'entité monastique sont externes; d'autres sont internes.

1. Les processus externes travaillent l'abbaye comme élément de la société globale; ils sont liés à l'environnement économique et social de l'abbaye.

Les raisons de réussite d'une fondation monastique ne sont pas uniquement d'ordre religieux et moral. Elles ne sont pas non plus liées uniquement ni exclusivement à la façon plus ou moins fidèle suivant laquelle l'on vit et l'on pratique une règle. Elles sont aussi, essentiellement peut-être, liées aux besoins du groupe, de la société.

Quelles sont les fonctions de l'abbaye dans le monde dans lequel elle s'insère ? Qu'est-ce qui justifie et explique sa réussite en tant qu'élément de la société globale ?

Il est clair que la société est concernée par les initiatives fondatrices et la présence permanente d'institutions cénobitiques: elle les laisse s'implanter; souvent, elle les rend possibles, les encourage; elle va même jusqu'à leur proposer des fonctions sociales précises. Quant aux fonctions sociales implicites, absentes de l'idéologie officielle, elles se lisent et se révèlent à travers les interprétations qui rationalisent en symptômes de décadence et de tiédeur les refus des religieux, en actes de réforme les pratiques de correction.

L'institution monastique prend en charge un certain type d'individus. Lesquels ? Que signifie, pour la société, d'envoyer des hommes en ce lieu spécifique qu'est l'abbaye ? Que signifie l'abbaye pour celui qui la fonde ou y entre ?

Qui sont les porteurs de l'utopie monastique ? Qui est le fondateur ? Qui le suivent ? Des opprimés qui appartiennent à des groupes sociaux qui sont privés d'influence à la suite d'un changement de société ?

Une fois «installée», l'entité monastique évolue progressivement et en peu de temps, — en quelques années tout au plus, — de la phase utopique vers l'institutionnalisation. Qui sont ceux qui entrent dans les abbayes institutionnalisées ? Pour quelles raisons les réjoignent-ils ? Suivant quels processus externes y aboutissent-ils ?

On n'insistera guère ici sur ces processus externes. On s'en tiendra exclusivement aux processus internes.

Les processus internes travaillent l'entité monastique de l'intérieur, quoiqu'il en soit de son environnement économique et social et malgré les individus qui la constituent.

2. Certains processus internes sont permanents: ils affectent l'entité monastique de façon permanente, dès qu'elle existe, jusqu'à ce qu'elle cesse d'exister. En général, ils travaillent à assurer une seule

idéologie, un seul espace, un seul temps, un comportement unique, un seul type de réalité.

Il s'agit notamment des processus de totalitarisation, de concentration, de différance, de verbalisation.

3. D'autres processus internes sont temporaires: ils n'interviennent qu'à certains moments donnés de l'existence de l'entité monastique. Soit lors de sa mise en place: processus temporaires originaires, le processus utopique par exemple. Soit au fur et à mesure que l'entité s'éloigne de ses origines: processus temporaires d'établissement, les processus de déradicalisation, de ritualisation, d'accumulation, par exemple.

1.2 C'est l'ensemble des processus, tel qu'il travaille l'entité monastique, qui est spécifique. Non pas chacun d'eux pris isolément.

Chacun de ces processus se retrouve, effectivement, associé à d'autres, dans le conditionnement d'autres entités sociales que l'abbaye.

Ainsi le processus de totalitarisation, qui structure non seulement la quotidienneté monastique, mais aussi celle de l'internat, de la caserne, de l'usine, de la prison, de l'hopital psychiâtrique, du centre de redressement.

Ce n'est pas par hasard que vidés à la suite de la Révolution française, les bâtiments monastiques d'Ancien Régime furent spontanément aménagés en l'une ou l'autre de ces institutions.

Après la suppression de sa communauté religieuse, l'abbaye de Fontevrault est devenue prison; de même que celle de Clairvaux. Celle de Saint-Hubert (Belgique, Ardenne), centre pénitentiaire. Celle de Bonne-Espérance (Belgique, Hainaut), internat. Celle de Saint-Laurent (Belgique, Liège), caserne et hôpital. Celle de Val-St-Lambert (Belgique), usine. Celle de Prémontré (France), asile d'aliénés.

1.3 L'ensemble de ces processus est virtuellement présent dans toute entité monastique médiévale. Toutefois, bien que présent, il ne se réalise pas nécessairement dans sa totalité (virtualité latente) ni avec une intensité semblable et constante.

2. Faire l'histoire de la quotidienneté monastique c'est observer le travail de ces processus sur les éléments constitutifs de cette quotidienneté, en l'occurrence sur le temps et l'espace monastiques, le corps du moine et le groupe auquel il appartient.

En vue de concrétiser ce propos, voici quelques réflexions problématiques sur un processus temporaire et sur trois processus permanents.

2.1 Processus temporaire par excellence, le processus utopique; il travaille les débuts de l'entité monastique.

Le processus utopique consiste en un refus total du présent et du passé immédiat, au nom d'un avenir qui doit être différent. Ce refus fait appel à l'imaginaire seul (utopie écrite) ou à l'imaginaire appliqué à la pratique (utopie pratiquée) (J. SEGUY). L'utopie écrite décrit une société nouvelle de façon plus ou moins radicale. L'utopie pratiquée réalise de façon partielle seulement le projet de l'utopie écrite.

Le projet monastique est une utopie pratiquée qui passe par une phase charismatique puis institutionnelle. «Une fois passée la période ou le domaine du charisme, l'utopie monastique se pratique en institution et sa forme est celle que lui donne l'orientation générale des rapports entre l'institution et le monde» (J. SEGUY).

Au départ, l'utopie monastique s'inscrit dans la quotidienneté par une inspiration partagée et vécue spontanément par le fondateur et ses compagnons. Lorsque cette inspiration n'est plus vécue de façon évidente et en bonne partie implicite, l'utopie s'inscrit dans la quotidienneté par la norme.

1. L'utopie pratiquée structure l'espace monastique: elle conditionne le choix du site; elle travaille son organisation.

Sous l'emprise de l'utopie, le choix se porte sur un lieu recherché, perçu et à vivre comme anti-monde, comme désert.

Désert: concept symbolique défini par la négation du milieu ambiant auquel appartiennent les «fondateurs». Espace non cultivé, sauvage. Lieu non habité, ou abandonné.

Désert qui n'est pas nécessairement rural. Il peut être aux portes de la ville, comme pour St-Martin à Tournai; ou pour l'abbaye de Parc, à Louvain.

Les Cisterciens sont plus exigeants. Un statut de l'ordre stipule en 1123—1124(?): *In civitatibus, castellis, villis, nulla construenda esse coenobia.* En 1134(?), on ajoute: *Sed in locis a conversatione hominis semotis.* Un autre texte, en 1153, fixe à un minimum de dix milles la distance qui doit séparer deux fondations (J.-B. VAN DAMME, *Documenta pro Cisterciensis ordinis historiae ac juris studio.* Westmalle 1959, 26).

Lieu déserté qu'en raison de la dynamique de la société globale, on a quitté au profit de la ville, le désert devient l'objet d'une exploitation rationnelle des lieux hors la ville: «le désert au moyen âge, irrésistiblement devient cité, la cité monastique» (J. SEGUY).

Le désert est lieu de l'attente, de l'épreuve, de la lutte. Les pionniers des ordres nouveaux nourissent leur conception de l'*eremum* à la littérature sur les ermites orientaux de la fin de l'Antiquité (A ce propos: E. ZIMMERMANN, p. 222). Dans la littérature polémique, les Cisterciens en appellent explicitement à l'exemple des moines égyptiens (ID., I/8b et I/131). Bernard se plaint de ce que l'on s'est trop écarté du monachisme du temps de s. Antoine (ID., VI/56). Le Cistercien du *Dialogus* cite les règles de Pachôme et de Macaire (ID., VI/57). Les Clunisiens, par contre, estiment que les règles érémitiques sont trop sévères et ne conviennent pas aux «moines modernes» (ID., VI/58).

Cité bénédictine, juchée sur les hauteurs. Cité cistercienne des vallées humides et boisées qui se révèleront d'une fécondité comparable à celle des solitudes pétrolifères.

Il y aurait à faire l'inventaire des lieux choisis par les nouvelles communautés. Se dégagerait de la sorte une gamme variée des lieux non encore investis par l'homme et la culture aux XIe et XIIe s. Apparaîtrait le rôle éventuel des abbayes dans le changement économique. On verrait fonctionner la dynamique prospective de l'entreprise utopique régulatrice d'une société en mutation, à la recherche de nouveaux moyens de production et d'occupation.

Le projet monastique comme projet de rechange à la société où il se manifeste. Quelles situations sociales provoquent tels types de manifestation de l'utopie monastique ? Quelles situations sociales permettent ou empêchent son institutionnalisation ?

Au départ de la fondation et pendant l'ère charismatique qui dure, au plus, une dizaine d'années, l'espace monastique est sans cloison, non approprié par l'individu. C'est aussi un espace conçu de façon à favoriser le plaisir d'être ensemble, à permettre à chacun des membres du groupe de voir les autres, autant que possible en face à face. Aussi, au choeur, au réfectoire, au dortoir, l'espace central demeure-t-il vide.

Fonctionnel, l'espace monastique reflète lumineusement les préoccupations quotidiennes de la communauté, notamment en matière de pratique liturgique. Une lecture des plans clunisiens et cisterciens est, à ce propos, particulièrement suggestive.

Le plan clunisien manifeste une dynamique de prolifération bourgeonante: on y occupe l'espace progressivement, au fur et à mesure des besoins, sans trop de soucis pour la structure idéale originaire. Autre caractéristique: l'importance et la structure de l'espace ecclésial; celui-ci est conçu pour une pratique liturgique à base de déambulations processionnelles et de déploiement solennel.

Le plan cistercien est marqué de rationalité, voire de radicalisme: clarté, sobriété, abstraction, essentialité excluant les appendices et les adjonctions proliférantes. L'espace de son église est non de déambulation mais de sédentarité. Son réfectoire est perpendiculaire à l'aile du cloître, greffé sur la cuisine et parallèle à celui des convers. Son cloître est double: «nous avons dans le monastère deux monastères, celui des frères laïcs et l'autre, des clercs» (IDUNG, *Dialogus duorum monachorum*, III, 43).

L'espace monastique se prolonge hors de l'enceinte en espace extérieur vécu en termes d'exploitation, d'administration, de gestion.

Espacé géré par les convers chez les cisterciens des premières générations.

Espace qui s'étale, chez les clunisiens notamment, dans les cartulaires, dans les livres de compte et d'administration. Il est perçu notamment en termes d'archivéconomie: le classement des archives reflète l'organisation du domaine, le sens que la communauté attribue à ses biens fonciers.

2. Le processus utopique structure le temps monastique, au point d'en faire un temps spécifique, différent de celui du monde profane, fût-il ecclésiastique. «Le sens subjectif de l'organisation monastique du temps, c'est de racheter le temps, selon l'expression de l'apôtre (Eph., V, 16) et de proclamer, dans la mesure du possible, la venue imminente d'un temps qui ne sera plus morcelé, où, en particulier, il n'y a aura plus de nuit (Apoc., 21, 25)» (J. SEGUY).

C'est le sens de la Vigile, le culte de la nuit, le sens de l'escalier du dortoir qui débouche dans le transept.

«Ce serait ici le lieu d'évoquer les problèmes de l'évolution de l'office; les problèmes, parallèles, de la place du travail manuel dans le cénobitisme occidental; le problème de la dispense de l'office; le problème de la réduction du temps du choeur dans les fondations nouvelles, depuis le XIIIe siècle» (J. SEGUY).

3. L'utopie pratiquée travaille aussi le corps, notamment par les pratiques alimentaires et vestimentaires qui assument entr'autre un rôle de protestation.

Le régime diététique, «référé à une pratique primitive de l'ordre ou de l'Eglise, voire du Christ et des apôtres ou de Jean-Baptiste au désert, évoque et réalise, déjà, *in quantum fieri potest*, la Jérusalem céleste où il n'y aura plus à se nourrir» (J. SEGUY). Il a aussi un caractère de protestation socio-économique qu'il faudrait éclairer de façon précise en mettant ces pratiques alimentaires en relation avec celles du monde profane.

L'alimentation monastique constituerait de la sorte un précieux indicateur des pratiques alimentaires de la société globale, sur lesquelles on n'est pas toujours bien informé de façon directe.

Nombre de repas par jour et de plats par repas. Type d'aliments: importance respective du pain, des *pulmentaria*, des potages, des laitages, des poissons, des graisses et des huiles. G. ZIMMERMANN (p. 37 et sv.) a rassemblé à ce propos une quantité impressionnante de données intéressantes.

Comparer la cuisine et l'alimentation de Cluny et de Citeaux: dans celles de la première on laisse place au jeu des sens; elles sont plus sensuelles. Bernard y insiste dans sa lettre à Robert, lors qu'il considère que passer de Citeaux à Cluny, c'est aller *de tunicis ad pelliceas, de oleribus ad delicias*; c'est chercher son salut plutôt *in cultu vestium et in ciborium opulentia* que *in sobrio victu vestituque moderato* (G. ZIMMERMANN, VI/50).

C'est de ce point de vue également qu'il faudrait aborder la pratique vestimentaire des milieux monastiques. Tout en y intégrant ses aspects symboliques: tout un système sémiologique, — un vocabulaire, une grammaire, une syntaxe, — à laquelle il faudrait travailler notamment avec des sémiologues.

4. Le groupe monastique est, lui aussi, travaillé par l'utopie: «l'utopie se propose de créer des relations inter-humaines quotidiennes autres que celles de la société qu'elle conteste. De même le cénobitisme» (J. Seguy).

«A l'évêque, personnage hiérarchique, revêtu d'un caractère sacré, il oppose l'abbé élu et révocable, ou le prieur temporaire, en théorie, ou alors, dans les débuts au moins, le personnage charismatique. Si on lui doit des égards, c'est comme un fils à son père et non comme l'inférieur au supérieur ... Toujours aux origines, le supérieur vivra totalement la vie de tous les autres moines sans s'en distinguer, sinon fonctionnellement. Dans cette perspective, le port d'un même habit, le partage de la même table, des mêmes mets, la participation aux mêmes travaux manuels ou intellectuels, l'accès à une même tradition particulière, l'usage des mêmes meubles, des mêmes bâtiments, de tout ce qui sert de cadre et de moyens habituels de la vie monastique, revêtira signification utopique par rapport à l'Eglise dans le monde, où l'inégalité trouve justification en idéologie» (J. Seguy).

2.2 Dans une abbaye tout est centré sur un objectif à rejoindre: il ne s'agit pas d'en dévier mais de l'atteindre assidûment; ce qui réclame la mobilisation et l'économie de toutes les énergies, individuelles et collectives. L'abbaye est une institution totale; elle est travaillée par le processus permanent de totalitarisation.

Ce processus travaille l'espace monastique, au point d'en faire un espace clos qui exclut tout autre différent, limite la mobilité et permet un contrôle maximal. L'espace monastique est conçu de façon telle que chacun des membres doit pouvoir être vu à chaque instant par tous les autres.

Il structure également le temps monastique: il n'y a qu'un temps, celui du groupe, de la communauté. Temps du repos, de la prière, du travail, de la méditation, de la lecture: signalés par la cloche, mesurés et tenus par le sacristain, ils excluent le temps individuel et autonome.

Sous des formes variées, il module le corps du moine: ses cheveux, son habillement, sa gestuelle, ses désirs et ses motifications. Le religieux, dépouillé, graduellement et par le rite, de la perception qu'il en avait à l'extérieur du monastère, anime un autre corps restructuré par l'institution.

Le processus totalitaire travaille aussi le groupe monastique par les voies variées des techniques d'intériorisation, d'évaluation, de contrôle. Intériorisation des modèles d'autorité surtout, dont la clé de voûte est l'obéissance et le modèle la famille: le supérieur est vu comme père, les autres membres comme frères.

2.3 L'abbaye est lieu de concentration: il s'agit d'y vivre dans un espace restreint et de structurer la quotidienneté de façon à y rendre la vie possible. Le processus de concentration s'y exprime à travers l'organisation des territoires réels et fictifs, la répartition du temps, la maîtrise de l'expression corporelle, l'institutionnalisation des contacts interpersonnels.

Au choeur, au réfectoire, au chapitre, au dortoir, dans les ailes du cloître, les points de friction sont réduits par l'appropriation précise des espaces individuels et la territorialisation fictive (par le symbole et le mobilier) de l'espace commun.

Le temps est sévèrement réglé: tout est prévu pour chaque heure du jour et de la nuit, en chaque saison, pour les jours ordinaires comme pour les jours de fête.

Les contacts entre les membres du groupe sont strictement réglés: on prévoit, pour eux, un temps, un espace et des attitudes explicitement définis et délimités.

Aucun geste n'est laissé au hasard ou à la spontanéité. L'expression corporelle est maîtrisée à un point tel qu'elle devient langage par gestes et se substitue à la parole. Par la communication gestuelle, le corps est redéfini ainsi que sa perception et le rapport à soi, tandis que la vue se substitue à l'ouïe: toute communication peut être vue par tous et on veille à cette «transparence».

2.4 Dans l'entité monastique l'on diffère systématiquement le moment de la consommation du désir. Processus de différance qui revient notamment à réduire l'utilisation des biens de ce monde à un stricte minimum et conduit inévitablement à la capitalisation et à l'enrichissement. Différer le moment de consommation, introduire le temps, éventuellement toute sa vie, entre le moment du désir et celui de sa réalisation, c'est se donner les moyens, le temps de conserver, de thésauriser pour l'éternité.

Conserver, thésauriser pour l'éternité pose à la communauté monastique le problème des modalités d'investissement des biens non consommés. En principe, dans l'effervescence des débuts fondateurs du moins, l'abbaye est confrontée à un dilemme: ou refuser d'investir de façon productive le capital non consommé; ou situer la rentabilisation de ce capital ailleurs que dans l'accroissement du capital. Cluny et Citeaux adoptèrent, face à cette alternative, des attitudes différentes.

2.5 Structurante majeure de l'entité monastique: le processus de verbalisation. Processus à la fois de (re)production orale (déclamation chorale et lecture à haute voix) et écrite (inscription ou transcription) et de consommation (audition et lecture) d'un matériau verbal essentiellement sacré. Processus verbal de production et de consommation prioritaire et monopolisateur.

Dans le milieu monastique médiéval, la production et la consommation de la parole et du texte sont essentielles, vitales. Elles occupent une position première, privilégiée, par rapport aux autres pratiques de production et de consommation; elles subordonnent toutes les autres formes de production et de consommation; elles leur sont supérieures. Le moine pratique essentiellement la culture du verbe: il se nourrit de paroles et d'écritures qu'il produit et reproduit; la lecture, le chant choral, la rédaction, la transcription, la conservation des textes constituent son activité principale.

L'espace monastique est nettement marqué par ce processus verbal: l'église, le cloître, le scriptorium, le chapitre sont les lieux, par excellence, de la culture du verbe. Comme les champs sont ceux de l'agri-culture. L'inscription est labourage; les livres, outils agricoles; le cloître, grange industrielle. Le mobilier indispensable à la production et à la consommation verbales structure cet espace de façon explicite: stalles, lutrins, pupitres, chaires de lecteur, bancs; dans le choeur, au chapitre, au réfectoire, dans le cloître.

La pratique de la parole sacrée et de l'écriture sainte structurent le temps monastique. La répartition de la prière liturgique rythme l'existence de la communauté. En fonction des textes chantés et lus, on désigne certaines heures (laudes, collations), certains jours (le début des introïts du dimanche). Le rythme de la vie monastique est celui de la pratique liturgique: le temps de la cité monastique est un temps liturgique.

Le corps du moine participe activement à la production et à la consommation du verbe. Lire, pour lui, est un acte physique autant qu'intellectuel: même individuellement, le moine lit à haute voix, avec ses lèvres, comme s'il se nourissait de substance matérielle. Inscrire exige une participation notable de son corps, exigeante, épuisante, un effort physique qu'aujourd'hui on imagine mal: la transcription de textes est assimilée à, vécue comme, pratique ascétique; elle épuise le corps.

Le groupe monastique lui aussi est structuré par le processus de verbalisation: il y a ceux qui savent lire et ceux qui ne le savent pas, ceux qui écrivent et les autres. Ceux qui ignorent l'alphabet sont séparés des autres auxquels ils sont inférieurs. En effet, pour la liturgie chorale, production et consommation verbales collectives par excellence, la communauté monastique se scinde en deux groupes: les alphabétisés et les autres. Structuration verbale du groupe qu'on retrouve aussi au réfectoire, au cloître, au dortoir.

Soumise au processus verbal, la réalité devient progressivement verbalité et textualité, parole et texte: le monde ne se constitue comme monde que parce qu'il se déchiffre comme se décode une page écrite; en rendre compte, c'est le dé-crire; le monde se lit comme un livre. N'existe que ce qui peut être écrit et dit; le reste est inter-dit. La parole et le texte constituent la réalité première, à laquelle sont subordonnées les autres formes de réalité. Il y a d'abord le monde des mots et des textes. Les sociologues et les psychologues contemporains ont observé que la pratique de l'écriture et de la lecture engende la capacité abstractive, donne la priorité à la perception visuelle, favorise le développement de l'imaginaire auquel elle accorde une place exceptionnelle. Effets du processus de verbalisation.

3. Voici à quelles fonctions répond ce modèle d'analyse et d'interprétation.

3.1 Pour évoquer l'histoire de l'entreprise cénobitique médiévale, l'historien peut notamment se proposer de dire de la réalité monastique ce qu'en disent ceux qui en ont fait partie, reprendre au compte du récit historique ce que le groupe et ses membres prétendaient faire. Il constate alors, au terme de son opération de reconstitution, qu'il ne parvient pas à tout expliquer, à bien comprendre l'évolution interne de l'entité monastique et son insertion dans la société globale: le comportement du groupe et des individus n'est pas précisément celui qui est dit; il est souvent même contradictoire, vécu de façon inconsciente. En effet, les discours des acteurs ne sont généralement rien d'autre que la répétition inlassable de ce que leurs auteurs voudraient faire, expression de leurs désirs non (encore) réalisés, description des manques qu'ils cherchent à combler en entrant au monastère. Tandis que ce qui constitue objectivement la réalité monastique, — la vie du groupe, l'organisation de l'espace et du temps, la vie du corps, bref la quotidienneté monastique, — est travaillé par un ensemble de processus dont l'action, le travail, le conditionnement, échappent apparemment à la prise de conscience de ceux qui en sont l'objet.

L'historien doit dès lors concevoir d'autres procédures problématiques pour répondre aux questions relatives à la quotidienneté et aux fonctions monastiques. Le modèle d'interprétation du phénomène monastique qu'on vient de présenter devrait permettre de mieux appréhender ces réalités monastiques, de les structurer davantage.

Il tente d'éviter de réduire l'observation de la vie monastique à la perception qu'en ont ceux qui la vivent. Il vise à produire d'autres discours que ceux qui ne feraient que répéter les discours produits par les membres des communautés pour se décrire; à dire autre chose que les membres de la communauté, et notamment ce qui, pour eux, était interdit. Il refuse d'attribuer uniquement à la réalité observée le sens que lui donnent ceux qui vivent cette réalité. Il devrait donc aider à faire passer la description de l'évolution du phénomène monastique d'une historiographie à une historiologie, qui est mise en perspective explicative d'une évolution.

3.2 Un savant médiéviste écrivait récemment encore qu'avant de procéder à une synthèse de l'histoire des cisterciens et des prémontrés, entre 1100 et 1300, il faudrait entreprendre «quelque deux mille monographies». Exigence positiviste, à mes yeux indéfendable et pourtant encore souvent formulée, implicitement et explicitement, comme garant de la «scientificité» d'une interprétation de «synthèse» historienne. Trop souvent encore l'exhaustivité de la documentation est posée comme condition *sine qua non* pour procéder à la signification, à la donnée de sens d'une documentation sur un objet ou un thème donné. Il est temps d'y renoncer. Peut-on demander à un zoologue de ne décrire un mouton, par exemple, qu'après qu'il ait vu tous les moutons actuellement vivants ? Ou au linguiste de ne décrire une langue qu'après en avoir entendu toutes les paroles ? Ces exigences le condamneraient à ne jamais savoir ce qu'est un mouton, et à être, dès lors, incapable d'en observer un qui soit en chair et en os. Ou à ne jamais pouvoir comprendre le fonctionnement d'une langue et donc à ne pas comprendre les paroles formulées à partir d'elle. Le modèle élaboré ici cesse de postposer indéfiniment le sens, la signification globale du phénomène monastique.

3.3 Il devrait aussi nous révéler des secteurs entiers de l'histoire monastique qui jusqu'ici n'ont pas encore été abordés de façon systématique. Je songe notamment à la gestuelle, au rituel, au langage par gestes, à la symbolique, à la sexualité, à la diététique monastiques.

3.4 Il pourrait nous ménager, par ailleurs, un terrain d'entente pour un réel travail interdisciplinaire dont nous avons un urgent besoin. Il est indispensable de convier et d'associer les sociologues, les anthropologues, d'autres tenants de sciences humaines, à nos recherches.

3.5 Il pourrait enfin, *last but not least*, servir d'outil de problématique aux jeunes médiévistes qui, souvent à leurs débuts, sont attirés par une monographie monastique, mais qui ne disposent guère de fil conducteur en dehors d'une série de monographies classiques, remarquables certes mais dont la réflexion méthodologique est souvent trop implicite pour eux.

Orientation bibliographique:

G. CONSTABLE, Medieval Monasticism. A Select Bibliography (*Toronto Medieval Bibliographies* 6) Toronto 1976.

G. ZIMMERMANN, Ordensleben und Lebensstandard. Die Cura corporis in den Ordensvorschriften des abendländischen Hochmittelalters (*Beiträge zur Geschichte des alten Mönchtums und des Benediktinerordens* 32) Münster 1973.

G. DUBY, *S. Bernard. L'architecture cistercienne.* Paris 1976.

J. SEGUY, Une sociologie des sociétés imaginées: monachisme et utopie. *Annales. Sociétés. Economies. Civilisations* 26 (1971) 328—354.

J.-P. HIERNAUX et J. REMY, Rapport à l'espace, rapport au corps et intégration sociale. *Recherches sociologiques* 3 (Louvain 1975) 321—332.

E. SERVAIS et F. HAMBYE, Structure et signification: problème de méthode en sociologie des organisations claustrales. *Social Compass* 18 (1971) 27—44.

G. DESPY, Les richesses de la terre: Cîteaux et Prémontré devant l'économie de profit au XIIe et XIIIe siècles. *Revue de l'université de Bruxelles* (1975) 402.

Reinhard Schneider

LEBENSVERHÄLTNISSE BEI DEN ZISTERZIENSERN IM SPÄTMITTELALTER*

Als im Jahre 1098 Robert von Molesme mit 21 Getreuen sein burgundisches Kloster verließ und sich in Cîteaux, dem „Neukloster" niederließ, wollten die „Reformer" die Benediktsregel künftig „strikter und genauer" (*strictius et arctius*) beachten. Für den aus dieser Neugründung entstandenen Zisterzienserorden blieb die Regula Benedicti oberstes Normprinzip, obwohl mit der Carta Caritatis, den Generalstatuten und den Usus ergänzende Normvorstellungen entwickelt wurden. Unser Thema hat zunächst knapp auf diesen normativen Rahmen einzugehen, ehe spezifische Entwicklungsformen des Spätmittelalters — etwa ab Mitte des 13. Jahrhunderts und insbesondere des 14. Jahrhunderts — betrachtet werden können. Der Versuchung, plastische und dralle Entartungsformen zisterziensischen Klosterlebens im ausgehenden 15. Jahrhundert in vollem Umfang darzubieten, wird man sich weitgehend entziehen müssen, weil die Überlieferung einstweilen nicht erkennen läßt, ob diese Beispiele typisch „spätmittelalterlich" sind, ja ob sie überhaupt wenigstens für den „Spätherbst" des Mittelalters als repräsentativ gelten können.

Fernab vom Getriebe der Welt wollten die Zisterzienser ihre Klöster bauen, sich einfach kleiden und der Regel entsprechend nähren, dabei „von ihrer eigenen Hände Arbeit, von Ackerbau und Viehzucht leben"[1]. Besitz von Natural- und Geldzehnten war verpönt; zur eigenen Arbeitsentlastung durfte jedoch neben dem für Zisterzienser so typischen Konverseninstitut auf Lohnarbeiter zurückgegriffen werden. Dies galt vor allem für die agrarischen Betriebshöfe außerhalb der Klostermauern, die bekannten Grangien oder Pfleghöfe. Kontakte zur Außenwelt sollten auf das notwendigste Mindestmaß beschränkt bleiben, ebenso begrenzt hatten repräsentativer Aufwand und innerklösterliche, ja sogar die liturgische Ausstattung zu sein. Besitzlosigkeit des einzelnen sowie

---

* Für tatkräftige Hilfe und kritischen Rat bin ich Herrn Otto Volk zu besonderem Dank verpflichtet.

Schlichtheit, Selbstgenügsamkeit und äußerste Anspruchslosigkeit auch der klösterlichen Gemeinschaft waren die selbstgewählten Leitvorstellungen[2].

Wie sah das tägliche Leben in spätmittelalterlichen Klöstern dieses Zisterzienserordens aus? Unsere Quellen — neben den erwähnten normativen Satzungen vor allem die Statuten der jährlichen Generalkapitel und Urkunden, Akten sowie Rechnungsbücher hessischer Klöster — geben nur punktuellen Einblick und erschweren die systematische Betrachtung. Dies gilt es zu beachten, wenn unser Bemühen fragmentarisch bleibt. Selbstverständlichkeiten, wie es allgemeine Lebensverhältnisse nun einmal sind, finden selten bis nie schriftlichen Niederschlag. Ausschließlich auf schriftliche Überlieferung will und kann sich aber die folgende Skizze beziehen.

Der Versuch, für die hessischen Klöster Eberbach[3], Haina[4], Arnsburg[5] und auch für Marienstatt[6] im Westerwald einen Durchschnitts-

---

[1] J.-M. CANIVEZ [Hrsg.], *Statuta Capitulorum Generalium Ordinis Cisterciensis ab anno 1116 ad annum 1786*, 8 Bde. 1933—41, im folgenden abgekürzt: Stat. (mit Jahr): Nr. = Can (Bd., S.); hier Stat. 1134: V (Can. 1, 14). A. SCHNEIDER, A. WIENAND, W. BICKEL, E. COESTER, *Die Cistercienser. Geschichte—Geist—Kultur*. Köln 1974, 27 (im folgenden: SCHNEIDER, *Die Cistercienser*).

[2] SCHNEIDER, *Die Cistercienser* 16ff. Grundlegend L. J. LEKAI, *The Cistercians. Ideals and Reality*. 1977.

[3] Gegründet: 13. Februar 1136 — CHRISTIAN MOSSIG, Grundbesitz und Güterbewirtschaftung des Klosters Eberbach im Rheingau 1136—1250. *Quellen und Forschungen zur hessischen Geschichte* 36 (1978) 48ff., speziell 82; J. SÖHN, Geschichte des wirtschaftlichen Lebens der Abtei Eberbach im Rheingau, vornehmlich im 15. und 16. Jh. (*Veröff. d. Hist. Komm. f. Nassau* 7) 1914; G. SCHNORRENBERGER, Wirtschaftsverwaltung des Klosters Eberbach im Rheingau 1423—1631 (*Veröff. d. Hist. Komm. f. Nassau* 23) 1977 (im folgenden: SCHNORRENBERGER); K. ROSSEL [Hrsg.], *Urkundenbuch der Abtei Eberbach im Rheingau*, 2 Bde. 1862—65 (im folgenden: ROSSEL mit Nr.).

[4] Nach mehrfachen Versuchen 1188 endgültig gegründet — W. HEINEMEYER, Die Gründung des Klosters Haina in Hessen. *Archiv f. Diplomatik* 11/12 (1965/66) 413—467, bes. 446ff.; E. G. FRANZ, Grangien und Landsiedel. *Wege und Forschungen der Agrargeschichte. Festschrift G. Franz*. 1967, 28—50, jetzt auch in: G. FRANZ [Hrsg.], *Deutsches Bauerntum im Mittelalter* (*Wege der Forschung CCCCXVI*) 1976, 298—330; E. G. FRANZ [Bearb.], Kloster Haina. Regesten und Urkunden. Bd. 1: 1144—1300, Bd. 2, 1: 1300—1560 (1648) (*Veröff. d. Hist. Komm. f. Hessen und Waldeck 9, Klosterarchive* 5, 6) 1962, 1970 (zitiert wird aus Bd. 2, 1: FRANZ mit Nr.).

[5] Gegr. 1152, 1174 an Eberbach; 1197 selbständig. TH. MAYER, Das Diplom Friedrichs I. vom 12. Dez. 1152 (St. 3654) und die Gründung des

ansatz hinsichtlich der Personalstärke zu erarbeiten, ist zu anspruchsvoll. Ausgangspunkt muß daher die Ordensrichtschnur für Klostergründungen sein, d.h. der Abt und zwölf Mönche sind das Minimum einer Konventstärke, die im Spätmittelalter aber nicht durchgängig mehr erreicht wird. 1399 beispielsweise ist das Generalkapitel gezwungen, diese Zahl 13 ausdrücklich in Erinnerung zu rufen und gegen die weiterhin vertretene Maxime abwägend zu verteidigen, daß nur so viele Religiosen in ein Kloster gesetzt werden sollten, als dort ernährt werden könnten[7].

In Marienstatt lebten 1457 insgesamt 27 Mönche und 4 Konversen[8]. Als 1490 der dortige Abt und eine unbekannte Zahl Brüder an der Pest verstorben waren, beteiligten sich an der Wahl eines neuen Abtes immerhin noch 23 Mönche, von denen jedoch nur 7 im Kloster wohnten, während 16 Mönche auf den Westerwälder Höfen und den Besitzungen am Rhein lebten[9]. Der spärlichen Überlieferung ist weiter zu entnehmen, daß 1498 zur Abtei Eberbach im Rheingau 102 (unspezifizierte) Ordensangehörige und 17 Donaten (oder Pfründner) gehörten[10], 1506 noch 73 Mönche und 20 Donaten und schließlich 1535 54 Ordensangehörige sowie 3 Donaten[11]. Als Haina 1527 vom hessischen Landgrafen Philipp dem Großmütigen aufgehoben wurde, wohnten noch 30 Mönche und 4 Konversen in der Abtei[12]. Vergleichszahlen für Schöntal an der Jagst lauten für 1300: 40 Mönche und 32 Konversen; 1303: 36 Mönche und 31 Konversen; 1330: 45 Mönche und 34 Konversen, dazu 3 Ordensgäste und 6 Pfründner[13]. Vergleichsweise sei auch Stams in Tirol erwähnt — 1333:

Klosters Altenburg-Arnsburg. *MIÖG* Erg.Bd. 14 (1939) 235—248; B. Sauer und C. Ebel, *Die Cistercienserabtei Arnsburg in der Wetterau.* 1895; C. Ebel, *Geschichte des Klosters Arnsburg in der Wetterau.* Phil. Diss. Marburg 1892; L. Baur [Hrsg.], *Urkundenbuch des Klosters Arnsburg in der Wetterau.* 1851.

[6] Gegr. (1212)/1215 — W. H. Struck, Das Cistercienserkloster Marienstatt im Mittelalter. Urkundenregesten, Güterverzeichnisse und Nekrolog (*Veröff. d. Hist. Komm. f. Nassau* 18) 1965 (künftig zitiert als Struck mit Nr.). Ein Überblick über die Geschichte des Klosters ebd. S. XVIII—LIII.

[7] Stat. 1399: 36 (Can. 3, 725ff.).

[8] Struck, Nr. 1034.

[9] Struck, Nr. 1334.

[10] Söhn (wie Anm. 3) Beilage 8, 144f.; Schnorrenberger 14.

[11] Schnorrenberger 14.

[12] Franz, *Grangien und Landsiedel* (wie Anm. 4) 330.

[13] Paulus Weissenberger, Die wirtschaftliche Lage der Zisterzienserabtei Schöntal von der Gründungszeit bis Mitte des 14. Jh. *Zs. f. Württemb. Landesgeschichte* 10 (1951) 39—71, hier 59ff.

41 Mönche, 10 Konversen; 1345: 36 Mönche, 13 Konversen und 3 Novizen[14].

Hier sind fast überall noch die Konversenzahlen überraschend hoch, da sonst seit längerem schon ein drastischer allgemeiner Rückgang erfolgt war, der bereits 1237 das Generalkapitel bewogen hatte, die Beschäftigung weltlicher Arbeitskräfte in der Klosterküche zu gestatten, falls im Kloster weniger als acht Konversen lebten[15]. Schon 1274 fiel auch diese zahlenmäßige Beschränkung[16].

Gesindezahlen fehlen in der Regel. Aber auf den fünf um das Kloster Marienstatt gelegenen Höfen (*zom Aldencloister*, *Ibelberg*, *Vurhoff*, *zom Hoeseen*, *Geylenrode*) waren 1457 zwischen 13 und 17 weltliche Personen (Hirten, Knechte und Mägde) beschäftigt. Zu drei genannten Hofmeistern kamen auf diesen Höfen zur gleichen Zeit insgesamt 78 Personen als Gesinde[17].

Vermessen wäre ein Versuch, durchschnittliche Viehbestandszahlen nennen zu wollen. Hier gibt es große landschaftliche Unterschiede, zumindest solche zwischen dem eigentlichen Klosterhof und den Grangien. Nach der Überlieferung dominiert eindeutig das Großvieh: Rinder (Milchkühe und Zugochsen), z.T. erheblich viele Pferde, dazu Schafe, Ziegen und Schweine.

Für die soeben genannten Marienstätter Höfe lassen sich genaue Zahlen geben. 1457 betrug ihr Viehbestand insgesamt: 77 Pferde, 238 Stück Rindvieh, 427 Schafe, 152 Ziegen und 130 Schweine[18]. Bei Schafen und Schweinen sind die Stückzahlen aus Anteilen zu erhöhen; vermutlich besaß die Abtei solche Anteile an Gemeindeherden[19]. Bemerkenswert sind im übrigen die deutlichen Unterschiede in Zusammensetzung und Größe des Viehbestandes der einzelnen Höfe. Hinzu treten auch bei hessischen Zisterzienserklöstern nicht nur im Einzelfall Maulesel und offensichtlich im Mühlenbetrieb verwendete Esel[20]. Federvieh wird ganz selten verzeichnet; mit ca. 130 Hühnern ist der Bestand auf den fünf Marienstätter

---

[14] BRUNO GRIESSER, Jahresberichte über die Wirtschaftsführung im Kloster Stams. *Cistercienser-Chronik* 62 (1955) 17—30, hier 26 und 28f.

[15] Stat. 1237: 3 (Can. 2, 169).

[16] Stat. 1274: 12 (Can. 3, 128f.).

[17] STRUCK, Nr. 1037.

[18] Ebd.

[19] Ebd.

[20] SCHNORRENBERGER 36 (2 Knechte im Mauleselstall werden 1517 besoldet); FRANZ, Nr. 641 zu 1357: Der Müller ist dem Kloster „ein Besthaupt von den Eseln" pflichtig.

Höfen 1457 wohl auch gering[21]. Eberbach aber verfüttert zeitweise ein Zehntel seines Getreideertrages an Hühner und Tauben[22]. Kaum die Rede ist in den untersuchten Quellen von Gänsen, Enten und ebenfalls wenig (auffälligerweise!) von Bienen[23], dafür eher von Hunden[24]. In den Hofinventaren werden Gänse, Enten und Bienen übrigens unter der Geräteausstattung aufgeführt.

Exkursartig ist auf die Pferdehaltung einzugehen. Die Eberbacher Grangie Birkerhof verfügt 1474 über 37 Pferde, und zwar 24 Ackerpferde, 12 Wagenpferde und 1 Mühlenpferd. Auf einer weiteren Grangie stehen zur gleichen Zeit 43 Pferde, davon 39 als Ackerpferde, und in der Grangie Walheim standen 1482 45 Pferde. Auch auf den fünf Marienstätter Höfen befanden sich 1457 insgesamt 77 Pferde, davon 47 Wagenpferde, 7 *entzel perdt*, 12 *schurlinge* und 11 Fohlen[25]. Die genannten Zahlen sind hoch, obwohl Reitpferde dabei noch nicht berücksichtigt sind. Denn auf Reisen reiten selbstverständlich Äbte, Mönche, Konversen und die bewaffneten Dienstleute[26]. Aber schon 1237 schärfte das Generalkapitel ein, daß Konversen nicht innerhalb der Klosterpforte reiten dürften[27], später fällt auch diese Einschränkung[28]. Ein allgemeines Ärgernis waren Vierspänner. Klosterbediensteten und Konversen konnte man ein solches „Vorfahren" in Abteien und anderwärts verbieten; mindestens bestünde am besuchten Ort keine über das Übliche hinausgehende Verpflegungspflicht mit Hafer und Lebensmitteln[29]. Äbtische Vierspänner hingegen ließen sich ebenso wie Abtsgefolge von 3 und mehr Berittenen[30] dauerhaft nur aus dem weiteren Tagungsbereich der Generalkapitel in Cîteaux fernhalten. Einen Abglanz weltlicher Gewohnheiten, zumal solcher von ritterlichen Herren, glaubt man in Verboten der Generalkapitel zu spüren,

---

[21] STRUCK, Nr. 1037 (Tauben werden nicht erwähnt).

[22] SCHNORRENBERGER 142 zu 1566; vgl. ebd. 80.

[23] 1457 werden für die Marienstätter Höfe *zom Aldencloister* und *Vurhoff* 4 bzw. 5 Gänse und 5 bzw. 3 Enten aufgeführt. Zu drei Höfen gehören insgesamt 11 Bienenstöcke, STRUCK, Nr. 1037.

[24] Hof-, Hüte- und Jagdhunde. Vgl. zu letzteren unten bei Anm. 101.

[25] SCHNORRENBERGER 77; STRUCK, Nr. 1037.

[26] Vgl. R. SCHNEIDER, Garciones oder pueri abbatum. Zum Problem bewaffneter Dienstleute bei den Zisterziensern. *Zisterzienser Studien* 1 (*Studien zur europäischen Geschichte* 11) (1975) 11—35.

[27] Stat. 1237: 5 (Can. 2, 169).

[28] Stat. 1256: 9 (Can. 2, 423).

[29] Stat. 1265: 1 (Can. 3, 32); vgl. Stat. 1229: 10 (Can. 2, 77) und Stat. 1234: 8 (Can. 2, 127).

[30] Im Eberbacher Abtsstall „befanden sich 1502 u. a. 8 Sättel und zehn Zaumgeschirre", s. SCHNORRENBERGER 24f.

wonach — beispielsweise 1233 — keinesfalls aufsehenerregende Sättel, mit bunten Blechplättchen verziertes oder mit Eisenblech beschlagenes Zaumzeug, eiserne Steigbügel oder „kurioser“ Brustschmuck für die Reitpferde verwendet werden dürften[31]. 1294 bestimmt das Generalkapitel ferner, daß kein Ordensabt ein Reitpferd über einen Wert von 30 Pfund Turnosen, kein Mönch oder Konverse über 20 Pfund Turnosen hinaus kaufen oder irgendwie kaufen lassen dürfe[32]. Zwölf Jahre zuvor wurde den Ordensäbten auch die Benutzung von Sänften verboten, weil man darin Nachahmung weiblicher Weichheit sah[33].

Auf Hausgeräte im Kloster- und Grangienbereich soll hier nicht eingegangen werden. Überlieferte (aber sehr seltene) Inventare weisen teils auf übliche Ausstattungen, teils sind ihre mundartlichen Bezeichnungen aufgrund ausschließlich schriftlicher Angaben kaum zwingend zu entschlüsseln. Auf typisches Prunksuchtstreben einzelner Äbte und Klosterangehöriger scheinen indes Generalkapitelsverbote des 13. und 14. Jahrhunderts zu weisen. So z.B. 1250: Äbte und andere Ordensangehörige dürfen künftig keine silbernen Trinkbecher, Löffel oder andere silbernen oder vergoldeten Eß- und Trinkgefäße mit sich führen[34]; 1290 wird das Verbot auf Mönche und Konversen des Gesamtordens ausgedehnt, weil es armen und demütigen Knechten Gottes nicht zukomme, sich mit überflüssiger Ausstattung zu schmücken[35].

Naturgemäß geben schriftliche Quellen allenfalls schlaglichtartig Auskunft über das klösterliche Zusammenleben. Es vollzieht sich in strikter Trennung zwischen Mönchen und Konversen, denen die ursprüngliche Anrede als „Brüder“ vorenthalten bleibt[36]. Fast paradox ist deshalb die Anordnung des Generalkapitels von 1275, wonach in der Provence, der Gascogne und jenseits davon die Konversen nicht Konversen, sondern Brüder genannt werden sollten, weil jener Name in den genannten Regionen wegen häretischer Abweichungen als anrüchig gelte[37].

Im liturgisch bestimmten Rhythmus des Tagesablaufs, der im Sommer seit 1429 um 2 Uhr nachts, sonn- und feiertags sogar schon um 1 Uhr

---

[31] Stat. 1233: 4 (Can. 2, 111f.).
[32] Stat. 1294: 7 (Can. 3, 268f.).
[33] Stat. 1282: 16 (Can. 3, 221).
[34] Stat. 1250: 6 (Can. 2, 347).
[35] Stat. 1290: 4 (Can. 3, 246).
[36] Vgl. Stat. 1234: 4 (Can. 2, 127): *Conversi de cetero non fratres sine proprio nomine, sed conversi vocentur ...!*
[37] Stat. 1275: 5 (Can. 3, 140).

beginnt, stehen die Laienbrüder nach Beendigung der Matutin gegen 3 Uhr auf, gehen ihrer eigenen Tätigkeit nach, speisen, ruhen und nächtigen in strikter Trennung von den Mönchen[38]. Das von den Zisterziensern streng beachtete Schweigegebot gilt auch für Konversen[39]. Gewisse Ausnahmeregelungen existieren für den Bruder an der Pforte, für Reisende und für den an die Klosterpforte pochenden Ordensmann[40]. Auch die Werkmeister der klösterlichen Betriebsstätten dürfen in knappster Form reden. Das sehr häufig eingeschärfte Schweigegebot wird 1233 dahingehend ergänzt, daß Äbte, Mönche und Konversen, die zu genehmigten Kolloquien zusammenkämen, diese Kolloquien so führen sollten, daß sie Ernst und Seelenheil widerspiegelten. Für jedes *verbum otiosum* müsse dem gerechtesten Richter ja Rechenschaft abgelegt werden[41].

Direkt in die tägliche Praxis hinein führt eine Präzisierung des Generalkapitels von 1258: Das Gebot für Mönche und Konversen, an Tischen Weltlicher nur seltene und knappe Worte zu gebrauchen, bedeute, daß nur Salz, Brot und Wasser und derart Notwendiges dort, wo Zeichen nicht verstanden würden, durch das entsprechende Wort gefordert werden dürften, wie es seit altersher üblich ist[42]. Diese Angabe enthält nicht nur ein Indiz auf die zisterziensische, innerklösterlich verwendete und relativ umfangreiche Zeichensprache[43], sondern zeigt auch an, daß an weltlichen Tischen des 13. Jahrhunderts Speisen üblicherweise nachgesalzen wurden, und daß neben möglicherweise anderen Getränken auch ein Wasserkrug auf dem Speisetisch stand.

Vom klösterlichen Zusammenleben läßt sich über liturgische Gewohnheiten hinaus kaum etwas sagen. Konversen und Mönche schlafen in getrennten großen Schlafsälen[44]. In Eberbach scheint es allerdings mindestens zeitweise einen besonderen Schlafraum für ältere Mönche gegeben zu haben. Ritter Gisilbert Fuchs von Rüdesheim und seine Frau Jutta übertrugen nämlich 1251 dem Kloster 4 Ohm Wein *ad lumen, quod incessabiliter omnibus noctibus ardebit in loco in quo Eberbacensis ecclesie*

---

[38] LEKAI (wie Anm. 2) 364ff.

[39] Z. B. Stat. 1221: 3, 6 (Can. 2, 1f.); 1222: 38 (Can. 2, 20).

[40] Stat. 1224: 4 (Can. 2, 31).

[41] Stat. 1233: 6 (Can. 2, 112).

[42] Stat. 1258: 17 (Can. 2, 441).

[43] Siehe BRUNO GRIESSER, Ungedruckte Texte zur Zeichensprache in den Klöstern. *Analecta Cisterciensia* 3 (1947) 111—137. Unzugänglich war mir ROBERT BARAKAT, Cistercian Sign Language (*Cistercian Publications*) (KALAMAZOO 1975) mit einem illustrierten Katalog von etwa 400 Zeichen.

[44] LEKAI (wie Anm. 2) 373f.

monachi seniores ac debiliores dormiunt[45]. Nur der Abt hat jedoch regelmäßig ein eigenes Schlafgemach. Jeder Ordensangehörige hat ein eigenes Schlaflager mit Stroh- oder Heusack, Decke und Kopfkissen[46]. Wenn zwei in einem Bett liegen, wird dies bestraft. Federbetten sind nur im Inventar für das Nonnenkloster Herchen bezeugt[47], aber Bettwäsche ist mindestens für das ausgehende Mittelalter anzunehmen, denn in Pachtverträgen mit Beherbergungsklausel bedingt sich das Kloster Haina 1361 aus, daß Klosterbrüdern, die zum Pächter in die Stadt Grünberg kommen, „nebst ihrem Gesinde Hausbrot zum Tisch, Feuer, Lichter, Bettzeug (*betthe gewande*), Stallung und was sonst dazu gehört", gestellt werde[48]. Dem Generalkapitel war hingegen wiederholt ein Ärgernis, daß vor allem Äbte unvorschriftsmäßige Decken[49], speziell bunte teppichartige Auflagen besonderer Qualität, für ihre Betten verwendeten: Nur weiße oder schwarze Decken seien jedoch erlaubt[50]. Zunehmende Schwierigkeiten bereitete das Verbot von Schlafkojen oder Zellen im gemeinsamen (ungeheizten) Schlafsaal. Kälte und wohl häufige starke Zugluft verstärkten die allgemeine Tendenz, Zellen zu bauen. Noch die Benedictina von 1335 schärfte die alten Regelungen ein und gewährte nur für Kranke im *Infirmatorium* und für eine unspezifizierte Zahl von Amtsträgern Ausnahmen[51]. Erst als geklärt wurde, daß als Zelle ein Raum mit Tür und Schloß anzusehen sei, konnten Zwischenwände im *Dormitorium* toleriert, und als 1392 ein Präzedenzfall geliefert wurde, schließlich auch reguläre Zellen geduldet werden, so daß seit 1494 praktisch jedermann eine Zelle erlaubt war; die offizielle Erlaubnis folgte in der Mitte des 16. Jahrhunderts[52].

Sowohl das Refektorium der Mönche als auch der Konversen wurde zum Speisen gemeinsam betreten. Zuvor wusch man sich am Wasch-

---

[45] Rossel 2, Nr. 267.

[46] Gerd Zimmermann, Ordensleben und Lebensstandard. Die Cura corporis in den Ordensvorschriften des abendländischen Hochmittelalters (*Beiträge zur Geschichte des alten Mönchtums und des Benediktinerordens* 32) 1973, 143.

[47] 1468 werden bei der Visitation des Marienstätter Abtes im Zisterzienserinnenkloster Herchen unter den Gegenständen (*utensilia*) des Hauses genannt: 13 Paar Schlaflaken und sieben Federbetten ohne Flockenbetten (Struck, Nr. 1134).

[48] Franz, Nr. 672; vgl. ebd. Nr. 748.

[49] Stat. 1262: 12 (Can. 3, 3).

[50] Stat. 1272: 14 (Can. 3, 108).

[51] Lekai (wie Anm. 2) 373f.

[52] Ebd. 374.

brunnen die Hände. Der Tisch war U-förmig geordnet, die Mahlzeit bereits aufgetragen, ehe sich die Mönche nach einem lateinischen Segensspruch an die Außenseite der Tafel setzten. Das Essen begann, sobald der präsidierende Prior das Brot abdeckte. Das Schweigegebot wurde nur durch einen Vorleser biblischer Texte unterbrochen. Nachdem mit einem Dankgebet das Mahl beendet war, zog der Konvent in gemeinsamer Prozession in die Kirche[53].

Daß auch nach dem Mahl das Schweigegebot strikt einzuhalten war, erhellt auch Marienstätter Material. Denn noch 1477 schärfte der Abt von Altenberg bei der Reformation des Klosters ein: ,,Niemand soll reden, wenn es die Regel zu der Zeit nicht gestattet. Denn wenn sie sich vom Mahl oder Trunk (*a cena vel biboribus*) erhoben haben und alle an einem Ort zusammenkommen, um Gemeinschaft zu halten (*collationi intersint*), so ist dies die Zeit der Versuchung (*quando leo terruit et rugit, ut capiat, quis extra collationem capiatur*). Daher soll, wenn man die zweite Erfrischung schnell beim Zusammensein (*secundis refectis subito ad collationem*) und im Winter den Umtrunk genossen hat (*biboribus factis*), mit kurzem Zwischenraum geläutet werden. Wenn sie aus der Komplet herausgehen, darf niemand von neuem sprechen, falls nicht Gäste dazu nötigen oder der Abt jemandem etwas aufträgt. Dann soll es mit höchstem Ernst und Gemessenheit aufs ehrbarste geschehen und nicht mit den Gästen bis zur Trunkenheit (*usque ad suffusionem et ebrietatem*) zusammengesessen werden. Jedes regelwidrige Beisammensitzen, Trinken und Sprechen ist untersagt''[54].

Nähere Einzelheiten über das Zusammenwirken in den verschiedensten klösterlichen Amts- und Tätigkeitsbereichen wie auch in den Werkstätten lassen unsere Quellen nicht erkennen. Lediglich die erwähnten Lockerungen des Schweigegebots, eine entwickelte Zeichensprache mit etwa 227 bezeugten Figuren und die unabweisbare Tatsache, daß Allgemein- und Spezialkenntnisse (wozu auch hochentwickelte Formen der Rechnungslegung und Buchführung gehören) kontinuierlich tradiert wurden, liefern gewisse Anhaltspunkte.

Allein aus den Statuten des Generalkapitels wird für mich deutlich, daß die im liturgisch fest gebundenen Tagesablauf verbliebene Freizeit teilweise nur in problematischer Form bewältigt werden konnte. 1270 wird eine ältere Anordnung ergänzt, wonach neben Frauen auch Spieler (*lusores*) nicht eingelassen werden dürften[55]; 1289 wird bei Strafandrohung

---

[53] Ebd. 370.

[54] STRUCK, Nr. 1197.

[55] Stat. 1270: 8 (Can. 3, 81f.).

das Spielen mit Würfeln (*ludere ad taxillos*) verboten[56]; 1326 verbietet das Generalkapitel Würfelspiele und andere ungehörige Spiele, die ohne Beleidigung und Skandal für die Nächsten nicht gespielt werden könnten. Dazu gehören nach seiner Ansicht vor allem auch Spiele um Geld[57]. Selbst wer den methodisch anfechtbaren Schluß, Verbote würden in ihrer Wiederholung auf permanente Verbotsübertretungen weisen, nicht mitvollziehen will, wird den genannten Belegen einen Indiziencharakter nicht absprechen können. Auf liturgisch bedingtes Zusammensein und die Kapitel ist hier nicht einzugehen, wohl aber noch kurz auf die Sonderstellung der Abtei im engeren Sinne. Hier ißt der Abt an seinem eigenen Tisch, verfügt über einen gesonderten Haushalt, eigene Küche und eigenes Personal, sogar über einen eigenen Gästetrakt[58].

Oft speisen mit dem Abt weltliche Gäste, wobei Schweigegebote und andere Regelungen gelockert werden oder entfallen. Schwer in den Griff zu bekommen ist hier der Verzicht auf Fleisch und die Rationierung von Getränken. Wie freizügig das Gastmahl oft war, scheint selbst noch aus dem Generalkapitelstatut von 1232 hervorzugehen, wonach der Abt von Wilhering sich rechtfertigen sollte, weil man ihm nachsagte, er habe häufig Juden an seinen Tisch gezogen[59]. Falls keine Gäste da waren, speisten in abwechselnder Folge zwei Mönche am wohl durchweg reicher gedeckten Tisch des Abtes.

Das Thema führt hier zur Ernährungsfrage, zu klösterlicher Speis und Trank. Als Norm galten immer die Generalstatuten: „Bei der Nahrung beachte man die Bestimmungen der Regel über das Brot, Getränkemaß und die Zahl der Gerichte. Das Brot sei grob gesiebt. Wenn Weizen (*frumentum*) knapp ist, kann man Roggen (*secalium*) nehmen. Diese Regel gilt nicht für Kranke. Auch bezeichneten Gästen reiche man einen Wastel und den zur Ader Gelassenen einmal nur ein Pfund Weißbrot". Und weiter: „Die Gerichte im Kloster seien immer und überall ohne

---

[56] Stat. 1289: 7 (Can. 3, 243).

[57] Stat. 1326: 3 (Can. 3, 373).

[58] 1501 verfügte die Eberbacher Abtswohnung „u. a. über Kammer und Stube für den Mainzer Erzbischof, Kammer und Stube für einen Grafen, eine Abtskammer mit fünf Betten, eine heizbare Abtsstube, eine eigene Abtsküche und einen Keller, zwei Dienerkammern sowie eine Kammer für den Abtsschreiber. In einem Abstellraum wurde die Sonderausrüstung des Abtes für seine Schiffsreisen nach Köln aufbewahrt (z. B. lederne Kissen, Eßgeschirr)" — SCHNORRENBERGER 25.

[59] Stat. 1232: 51 (Can. 2, 110).

Fleisch und Fett zubereitet, ausgenommen für durchaus Kranke und Lohnarbeiter"[60].

Die Regel erlaubte im Winterhalbjahr eine einzige Mahlzeit, im Sommer eine weitere. In der Ernte kamen gewisse Lockerungen hinzu[61]. Die Hauptmahlzeit bestand aus einer großen Portion Brot und zwei gekochten Gemüsen. Als dritten und rohen Gang gab es Früchte der Saison. Falls eine Abendmahlzeit gereicht werden durfte, bestand sie aus grünem bzw. rohem Gemüse, Obst und Resten (vielleicht auch Ergänzungen ?) der Brotration. Während der Adventszeit und der Fasten durften kein tierisches Fett, keine Eier oder Käse genossen werden, freitags von den Mönchen nur Brot und Wasser. Als Zutaten zu den Speisen waren Salz und ausschließlich heimische Kräuter und Gewürze erlaubt. Kranken und jungen Leuten wurde vormittags gegen $^1/_2$ 11 Uhr bzw. $^1/_2$ 12 Uhr ein zusätzlicher Imbiß gereicht. Dieses Mixtum war ein Mischgetränk aus Honig und Milch, ursprünglich stippte man wohl Brot in Wein. Bei festlichen Gelegenheiten und insbesondere zu Jahrgedächtnisfeiern durften in Ergänzung zur Hauptmahlzeit Pitanzen aus Weißbrot, Fisch oder ähnlichen Delikatessen gereicht werden.

Als Getränk erhielt jeder nach der Non (also gegen 14 Uhr) einen Becher (von wohl einem Dreiviertelliter Inhalt) mit Wein, oder landschaftsbedingt mit Bier oder vergorenem Apfelmost. Drei verschiedene Bierqualitäten waren üblich: die mit dem höchsten Alkoholgehalt für den Abtstisch und bei besonderen Gelegenheiten für das Refektorium, die zweite Qualität für die Mönche, die niedrigste für Konversen, Lohnarbeiter und Gesinde[62]. Da wohl auch der Wein in unterschiedlicher Qualität und sogar Menge gereicht wurde[63], lag hier eine Quelle innerklösterlichen Ärgernisses, das bis zu mehrfach bezeugten Konversenaufständen führen konntc[64].

---

[60] Zitiert nach SCHNEIDER, *Die Cistercienser* 27 (XII und XIII). Der Text bei J. DE LA CROIX BOUTON und J. B. VAN DAMME, Les plus anciens textes de Cîteaux (*Cîteaux-Commentarii Cistercienses. Studia et Documenta* 2) 1974, 122.

[61] LEKAI (wie Anm. 2) 368; ZIMMERMANN (wie Anm. 46) 37ff.

[62] HANS WISWE, Grangien niedersächsischer Zisterzienserklöster. Entstehung und Bewirtschaftung spätmittelalterlich-frühneuzeitlicher landwirtschaftlicher Großbetriebe. *Braunschweigisches Jahrbuch* 34 (1953) 5—134, hier insbes. 101.

[63] Vgl. Stat. 1238: 5 (Can. 2, 186).

[64] Dazu insbes. JAMES S. DONNELLY, The decline of the Medieval Cistercian Laybrotherhood (*Fordham University Studies, Hist. Series No. 3*) New York 1949.

Ganz besonders schwierig war die Aufrechterhaltung des Verbots, Fleisch zu essen. Verbotseinschärfungen und Strafen durchziehen jahrhundertelang die Statuten der Generalkapitel, des zentralen Verfassungsorgans der Zisterzienser. Nordalpines Klima mit teilweise besonderen physischen Belastungen, aber auch z.T. große Schwierigkeiten in der Gemüseversorgung waren die mehr objektiven Beweggründe, das Verbot regelmäßiger zu durchbrechen, dann auch allmählich zu lockern. Seit der Eberbacher Abt 1486 für sein Rheingaukloster die Erlaubnis erhielt, dreimal wöchentlich (am Sonntag, Dienstag und Donnerstag) Fleischspeisen reichen zu lassen, entwickelte sich hieraus eine dauerhafte Norm[65].

Wenig von all dem spiegelt sich in den spätmittelalterlichen Quellen hessischer Klöster[66]. Pitanzen, die zur „Stärkung" gereicht werden, sind dagegen durch fromme Stiftungen wiederholt bezeugt: Weißbrot, das auch „schönes" Brot genannt wird, Fische und Wein. Ob es auch hier Übertreibungen wie mancherorts gab, bleibt offen. In Paranthese ist darauf zu verweisen, daß 1330 das Generalkapitel davon in Kenntnis gesetzt wurde, im Kapitel der normannischen Abtei Barbery hinge ein bemalter Kalender, in dem die Pitanzen des Konvents nach Tagen notiert seien. Das Plenum der Ordensäbte verfügte deshalb mißbilligend, der Kalender sei zu vernichten und die Pitanzen künftig in das Martyrologium oder das Regelbuch einzutragen. Denn: Ungewohnte und ungebührende Neuerungen müßten vom Orden beseitigt werden, insbesondere solche, die zu Schlemmerei und Interesse für Fleisch führten[67].

Die Materiallage erlaubt ein näheres Eingehen auf die angeschnittene Thematik. In Eberbach wird 1212 die erste Pitanz aus den Erträgen eines Hauses in Frankfurt gestiftet. Jährlich, am Tag des Evangelisten Markus, soll der Eberbacher Cellerar eine Pitanz *in piscibus, albo pane et vino*

---

[65] LEKAI (wie Anm. 2) 370f.

[66] 1412 erlaubte Papst Johannes (XXIII.) dem Abt von Marienstatt im Westerwald, daß er — und mit ihm höchstens drei Mönche seines Ordens, die an seinem Tisch sind — wenn sie sich außerhalb des Klosters befinden, Fleisch essen dürfe an den Tagen, an denen anderen Leuten üblicherweise der Fleischgenuß nicht verboten war, und sie nicht selbst durch Eide oder Gelübde dazu verpflichtet sind (STRUCK, Nr. 799). 1476 gestattete der Nuntius des päpstlichen Legaten in Deutschland auf Bitten des Grafen Gerhard von Sayn, „daß der Abt und die Brüder zu den Zeiten, wo Fleisch gegessen zu werden pflegt, es nach dem Belieben des Abtes in Gegenwart jenes Grafen, dessen Gattin und deren Nachfolger essen . . . dürfen" (STRUCK, Nr. 1192).

[67] Stat. 1330: 11 (Can. 3, 391f.).

reichen[68]. Noch während des 13. Jahrhunderts erhält Eberbach rund dreißig weitere Pitanz-Stiftungen, die zumeist ebenfalls aus Brot, Wein und Fisch bestanden. Solche Stiftungen waren geeignet, die üblichen Mahlzeiten in Quantität wie auch in Qualität zu bereichern. Soweit Qualitätsangaben überliefert werden, handelte es sich beim Wein, der *pro potu ipsius conventus* gereicht werden sollte, um den höherwertigen und wohl auch schmackhafteren fränkischen Wein (*vinum frankonikum, francum* oder *melioris crescentis*)[69]. Auch die Fische werden häufig als *pisces boni* bezeichnet[70]. Bisweilen werden die als Fastenspeise beliebten Heringe (*allecia*) genannt[71]. Als Brot wird bei Pitanzen wohl durchgängig Weizen- oder Weißbrot gereicht[72]. In Eberbach werden daneben aber auch Butter, Öl, Eier und Käse als Pitanzen gestiftet[73].

Die in den Stiftungsurkunden verwendeten Formulierungen lassen Zielsetzung und Motive erkennen. So werden die zusätzlichen Speisen und Getränke als *pitantia*[74] oder *pro servitio plenario et pitantia*[75] gereicht. Der Konvent erhält sie *ad solacium* bzw. *pro consolatione*[76], die Pitanzen

---

[68] ROSSEL 1, Nr. 78; vgl. dazu H. BÄR, *Diplomatische Geschichte der Abtei Eberbach im Rheingau* 1. 1855, 478f.: „Fische und Weißbrot waren im ersten Jahrhundert und noch länger bei der regelmäßigen Tafel keine ordentliche Kost und nur eine Auszeichnung für die Kranken. Wein tranken zwar die Eberbacher. Die Hemina des hl. Benedikt war ihnen aber nach der engsten Wortauslegung sehr kurz abgemessen, welches den Embricho [den Stifter der Pitanz] und seine Nachfolger zu Stiftung gewisser Zulagen bewog, die hernach in der Klostersprache unter dem Titel der ‚doppelten Portion' bekannt wurden."

[69] ROSSEL 1, Nr. 91; ROSSEL 2, Nr. 333, 357, 414, 503, 522, 527, 532 und 674.

[70] ROSSEL 2, Nr. 357, 414, 522.

[71] ROSSEL 1, Nr. 144: *in quadragesima allecia*; vgl. ROSSEL 2, Nr. 373.

[72] ROSSEL 2, Nr. 357: *in triticio Albo pane*; vgl. ebd. Nr. 414, 483, 522, 527, 548, 674. Im Jahre 1286 wurden *ad meliorationem panis sui in quadragesima quem de puro tritico esse volo* 100 Malter Weizen gestiftet (ROSSEL 2, Nr. 503).

[73] Butter: ROSSEL 1, Nr. 114; Öl: ROSSEL 1, Nr. 235; allgemeine Verbesserung der Speisen: ROSSEL 2, Nr. 269f.; Eier: ROSSEL 2, Nr. 382; Käse: ROSSEL 2, Nr. 440. Im Kloster Disibodenberg soll 1297 eine Stiftung teilweise *in meliorationem conventualis oleris* verwendet werden (ROSSEL 2, Nr. 547).

[74] ROSSEL 2, Nr. 503, 519, 527 u. ö.

[75] ROSSEL 2, Nr. 503 (Nr. 414 als *servicium honestum*).

[76] So oder ähnlich ROSSEL 1, Nr. 114; ROSSEL 2, Nr. 269; 357, 412f., 440, 481, 522, 548, 674.

sollen *ad refectionem fratrum*[77] dienen oder *ad ipsorum recreationem*[78]. Anders als in Eberbach enthält die Marienstätter Überlieferung weniger Angaben über die als Pitanz gereichte Zukost. Seit spätestens Anfang des 15. Jahrhunderts scheint hier ein Pitanzmeister die Pitanzen als Sondervermögen verwaltet zu haben, dem Zinse und Einkünfte in Geld und Naturalien zuflossen, dem auch eigene Güter unterstanden. Anläßlich umfangreicher Reformbemühungen wurde 1457 sogar verfügt, daß im Kloster ein Register der Pitanzen anzulegen sei[79]. Das umfangreiche Marienstätter Nekrolog aus dem 15. Jahrhundert verzeichnet Pitanzstiftungen an 50 Tagen jährlich, wobei jahreszeitliche Unterschiede auffallen: Vor allem im Frühjahr (März 7, April 9) und im Herbst (Oktober 9) werden häufiger Pitanzen gereicht, im Oktober sogar an drei aufeinanderfolgenden Tagen (22., 23. und 24. Oktober)[80].

Nach diesem Exkurs soll wieder der Blick auf Fragen der „normalen" Beköstigung gerichtet werden. In der hessischen Überlieferung ist neben Gemüse auch „Schüsselbrot" bezeugt[81], zum Jahre 1478 sogar Hainaer Einkäufe im weit über 130 km entfernten Frankfurt und selbst in Mainz. Der Abt bestellte Butter, für je einen Gulden Ingwer, Pfeffer und Safran, ein Gut Zucker, je ein Viertel Rinde, Nelken und Blumen usw.[82]. Im Marienstätter Keller lagerten 1457 viel Brot, Wein, Fleisch, „gedörrter" Stockfisch, Öl, Butter, Käse und „allerley"[83]. Und schließlich wird im Inventar einer Eberbacher Grangie von 1477 — neben Ackergerät mit 7 Pfluggestellen, 9 Pflugscharen, 10 Pflügen, 19 Wagen zum Pflügen sowie weiteren 8 Wagen und 4 Karren — an Vorräten, die unser Thema mehrfach illustrieren können, folgendes registriert: 71 Malter Roggen, 18 Malter Weizen, 13 Malter Gerste, 130 Malter Hafer, 31 Malter Linsen, 4 Malter Erbsen, 3 Malter Nüsse, 62 Viertel Schweinefleisch, 7 Viertel Speck, 90 Riemen Rindfleisch, eine Kuh im Salz, ein Faß Schmalz, 3 Kannen Öl und 2 Kannen Salz[84]. Die genannten Fleischvorräte sind vergleichsweise gegenüber weiteren Angaben von 1479, 1497, 1505 und 1509 eher leicht unter dem Durchschnittsmaß[85]. Eine weitere Eberbacher

---

[77] Rossel 2, Nr. 255, 333, 523, 532, 552, 595.

[78] Rossel 2, Nr. 503, 519.

[79] Struck, Nr. 1035.

[80] Struck, Nr. 1410.

[81] Franz, Nr. 748 (in einer Herberge durch den Pächter zu reichen).

[82] Franz, Nr. 1087.

[83] Struck, Nr. 1033 (*vil brodes, vyns, vleisses, dorre stocfysse, ole, botter, kese und allerley* . . .).

[84] Schnorrenberger 54.

[85] Ebd.

Angabe sei hinzugefügt. 1498 lagerten im Kloster selbst: *in siligine et farina* 4620 Malter; *in tritico* 107 Malter; *in avena* 2140 Malter (insgesamt also 6867 Malter Getreide!); *de vino vendendo et potu conventus* 356 *plaustra* und schließlich *in debitis restanciis frumentorum* 2226 Malter[86].

Auffällig ist der für Eberbach seit 1423 wiederholt bezeugte Zukauf von Butter und Käse auf den Märkten in Frankfurt und Mainz[87], noch erstaunlicher, daß sich von dort sogar der Hainaer Abt Butter kaufen ließ. Der Verdacht, daß „bessere" Butter gewünscht wurde, liegt nahe, zumal wenn bedacht wird, daß sich auch niedersächsische Äbte aus dem Harzraum friesische Butter über sehr weite Entfernungen kaufen ließen. Um 1500 verfügte Eberbach zwar selbst über reiche Fischereien, kaufte aber dennoch regelmäßig neben Salzfischen in Köln auch Salme oder Lachse[88]. Daß bei dem oben erwähnten Verbot, im Ordensdienst Vierspänner zu verwenden, eine bezeichnende Ausnahme gestattet wurde, sei am Rande vermerkt: Sie betrifft die Nahrungsmittelversorgung des Generalkapitels selbst. Zu seiner regelmäßigen Sitzungswoche im September durften Lachse oder Salme und Tintenfische auf Vierspännern herantransportiert werden, also besonders schnell, um die kostbare Fracht frisch zu halten[89].

Auch auf die Bekleidung ist kurz einzugehen. Das Generalstatut bestimmte *de vestitu*: „Die Kleidung sei einfach und wohlfeil, ohne Pelz und Unterkleidung, wie sie die Regel beschreibt. Die Kukullen seien außen nicht flockig, und die Tagesschuhe von Kuhleder"[90]. Kukullen waren Oberkleider bzw. das mit Kapuzen versehene eigentliche Mönchskleid. Jeder Mönch sollte zwei Kukullen haben, damit er diese wechseln konnte. Insgesamt sah die Regel damit vor, daß jeder Mönch „je zwei Tuniken und Kukullen, dazu Skapulier, Socken und Schuhe und, wenn ein Bruder auf Reisen gehen muß, eine Hose" haben sollte[91]. Dies wurde 1246 vom Generalkapitel dahingehend interpretiert, daß drei Tuniken, zwei Kukullen, 2 Paar Stiefel und ein Skapulier für die Arbeit ausreichende Kleidungsstücke seien[92]. Von Hosen ist keine Rede[93]. Konversen

---

86 SÖHN (wie Anm. 3), Beilage 8, 144f.

87 Vgl. SCHNORRENBERGER 88f.

88 Ebd. 87.

89 Stat. 1266: 1 (Can. 3, 36): *salmones et sepias ad usum Capituli generalis.*

90 SCHNEIDER, *Die Cistercienser* 27; BOUTON — VAN DAMME (wie Anm. 60) 122.

91 ZIMMERMANN (wie Anm. 46) 89 (nach der Benediktsregel).

92 Stat. 1246: 7 (Can. 2, 303).

93 Vgl. ZIMMERMANN (wie Anm. 46) 93.

tragen keine Kukullen, dürfen aber neben einem Mantel (*cappa*) als Kopfbedeckung eigene Kapuzen haben[94]. Im Fall einer Bestrafung mußten sie ihren Mantel ohne Kapuze und bis zum Knie verkürzt tragen[95]. Als Strafe galt auch das Durchtragen der Kleidung über drei Jahre[96]. Konversen erhielten ohnehin wohl nur ab- oder angetragene Stiefel ihrer Mönchsbrüder, was sie bis zu wiederholt bezeugten blutigen Revolten empören konnte[97].

Es ist schwer zu überschauen, in welchem Ausmaß spätmittelalterliche Zisterzen diese Vorschriften befolgt haben. Aus den Generalkapitelstatuten geht zunächst hervor, daß vielfach versucht wurde, diesen Vorschriften sich wenigstens teilweise zu entziehen. Aus Prunksucht oder in Anlehnung an Gewohnheiten weltlicher Herren wurden bessere, statt der erlaubten weißen, grauen oder schwarzen Stoffe buntfarbige und modisch zugeschnittene Tuche begehrt; auch das Verbot, Pelzwerk zu tragen, war ein ständiger Stein des Anstoßes[98]. Ob die Verbote viel fruchteten, steht dahin. 1283 schärfte das Generalkapitel ein, daß Handschuhe, Gamaschen, Beinbandagen mit leichterem Schuhwerk und Schuhriemen nicht getragen werden dürften[99]. Offenbar waren diese Utensilien für Jagdzwecke geeigneter als die üblichen, denn das Verbotsstatut schärft im gleichen Zusammenhang ein, daß niemand Jagdhunde oder Jagdvögel halten und irgendeine Form der Jagd ausüben dürfe. Schon ein Jahr später muß das Jagdverbot teilweise gelockert werden[100], z.T. werden Jagdhunde in größerer Zahl gehalten, im rheinischen Altenberg — wo man sie auch mit Haferkost versorgte — mußten die Jagdhunde auf Weisung des Landesherren gehalten werden[101].

---

[94] Ebd. 100.

[95] Stat. 1278: 4 (Can. 3, 175).

[96] Stat. 1263: 3 (Can. 3, 10).

[97] Vgl. insbes. Donnelly (wie Anm. 64) passim. Vgl. Bär (wie Anm. 68) 406—413.

[98] Stat. 1263: 6 (Can. 3, 11); 1269: 4 (Can. 3, 69); 1270: 1 (Can. 3, 79f.); 1271: 1 (Can. 3, 92f.); 1317: 17 (Can. 3, 337) usw.

[99] Stat. 1283: 2 (Can. 3, 229).

[100] Stat. 1284: 1 (Can. 3, 231): In Klöstern, die über das *ius venandi* verfügten, *cum modestia qua decet Ordinem nostrum venationum officium per saeculares et conversos dumtaxat valeat exerceri.*

[101] Im Visitationsbericht des Heisterbacher Abtes für Marienstatt heißt es 1457, daß binnen 14 Tagen alle Jagdhunde (*canes venatores*) und was sonst den Frieden des Konvents störe, abzuschaffen seien (Struck, Nr. 1032). 1478 erläßt Graf Gerhard von Sayn dem Kloster „die Last, Kosten und Mühe, die es mit seinen Jägern und Hunden in ihrem Gotteshaus und auch ihren Höfen“ hatte (Struck, Nr. 1215).

Objektiv verständlicher erscheinen Verstöße gegen die Kleidungsgebote bei großer Kälte, wenn man Pelzwerk und pelzgefütterte Kapuzen trägt, oder beim Reisen und dabei vor allem beim Reiten. Um die Ehre des Ordens und seine Würde zu bewahren, wird 1282 eingeschärft, niemand dürfe ohne Kukulle zu reiten wagen[102]. Dafür urteilt das Generalkapitel 1295: Weil wegen der behinderlichen Last der Kleidung den Reitenden bisweilen Gefahr erwachsen könne, dürften Ordenspersonen in ihren mit Skapularien getragenen Mänteln ohne Kukullen reiten[103]! 1317 schließlich wird auch bezeugt, daß Kleidung und Schuhwerk von Mönchen und Konversen *secundum patriae qualitatem* differieren dürften[104].

Aus dem Rheingaukloster Eberbach stammen hingegen nur lakonische Angaben: 1423 bezog der Abt aus der klostereigenen Werkstatt u.a. sechs Paar Handschuhe, der Subbursar erhielt ein Paar[105]. 94 Paar Handschuhe (offenbar aus feinem Leder) wurden im gleichen Jahr verschenkt oder vergeben: „An die Erzbischöfe von Mainz und Köln, an die Grafen von Nassau und Katzenelnbogen, die Herren von Diez und Sponheim, den Vicedominus des Rheingaus und seine Beamten und an Zollschreiber entlang des Rheins in Oppenheim, Mainz, Ehrenfels, Kaub sowie Hoechst am Main"[106]. Als die Eberbacher Klosterschusterei 1490 visitiert wurde, lagerten dort an Fertigprodukten beispielsweise „21 Paar Konventsschuhe, 13 Paar ‚Botenschuhe'; 3 Paar Schuhe, die als Abgabe oder Geschenk, und 6 Paar Schuhe, die als Zollabgabe verwendet werden sollten, sowie 233 Paar Handschuhe." Aus anderen Jahren sind auch Überziehschuhe, „Pantoffeln", leichtere Sommerhosen (*caligae* oder *palmenhosen*) und wärmere sog. Herbsthosen, auch spezielle Schäfer- und Weidemäntel bezeugt — alle aus klostereigener Produktion.

In der Marienstätter Überlieferung werden textile Versorgungsprobleme deutlich. Beim ersten Reformversuch bestimmt der Heisterbacher Vaterabt am 14. 9. 1452, daß „im Webhaus (*in textrina*) . . . jeder Konventual ein gutes weißes Tuch, gen. ein *meyduych*, erhalten (soll), und der Konvent wird ihm 2 fl. geben. Der Schuhmacher (*calciator*) soll jedem Mönch jährlich ein Paar Schuhe liefern"[107]. Beim zweiten Reform-

[102] Stat. 1282: 13 (Can. 3, 220).
[103] Stat. 1295: 9 (Can. 3, 280); vgl. Stat. 1288: 4 (Can. 3, 241).
[104] Stat. 1317: 13 (Can. 3, 336).
[105] SCHNORRENBERGER 24.
[106] Hier und im folgenden SCHNORRENBERGER 59.
[107] STRUCK, Nr. 1001.

versuch in Marienstatt heißt es am 11. 10. 1457, daß ein Kellner gewählt werden soll, der „jeden, wie er es nötig hat, ohne Falschheit (*sine tipio*) in Nahrung und Kleidung versorgen soll"[108]. Als am 6. 5. 1477 der Abt von Altenberg als Kommissar des Generalkapitels einen dritten Reformversuch in Marienstatt durchführte, verfügte er u.a., daß von den ausführbaren Messen „das Stiftungsgut dem Konvent zugute kommen und der Versorgung der Kranken oder der Nachtkleidung (*nocturnalium vestium*) oder für anderes, das dem Konvent Arbeit erspart, dienen solle"[109].

Fragen der Hygiene können nur gestreift werden. Vom Waschen ist keine Rede in unseren schriftlichen Quellen, es ist als selbstverständlich vorauszusetzen. Bäderbesuch außerhalb der Klostermauern bleibt verboten. Als beispielsweise 1225 ein ungarischer Abt am Karsamstag ein Balneum betrat *et in balneo radi se fecit*, wurde er hart bestraft[110]. War aber das Vollbad im Klosterbezirk erlaubt?

Zur körperlichen Reinheit gehört die liturgische. 1350 betont das Generalkapitel, der weiße Habitus gelte als Zeichen der Reinheit. Welcher Mönch auch immer aus Zweckmäßigkeitsgründen zur Zeit der Refectio, und zwar im Krankenhaus oder im Konvent, schwarze Kukullen tragen wolle, damit seine weiße Kukulle nicht beschmutzt oder beim Essen befleckt werde, dürfe dies tun (*possint uti libere, ne foedent albas et maculent comedendo*)[111].

Von ähnlicher Bedeutung war die Rasur. Die Zisterzienser erlaubten zunächst nur ein sechs- oder siebenmaliges Rasieren im Jahr[112]. 1258 wird eine zusätzliche Rasur im Ostermonat eingeführt, die bisher am Himmelfahrtstag durchgeführte auf die Pfingstzeit verschoben[113]. Da Zisterziensermönche im Gegensatz zu den Konversen, den *fratres barbati*, keine Bärte trugen, ist stets die Vollrasur, mit der gleichen Vokabel — und vielleicht mit dem gleichen Vorgang — auch die Tonsurierung gemeint. Konversen dürfen ihre Bärte zu den Rasurterminen ihrer Mönchsbrüder stutzen. Seit 1287 dürfen alle Ordenspersonen im dreiwöchentlichen Rhythmus sich freitags oder sonnabends rasieren, und sechs Jahre später

---

[108] STRUCK, Nr. 1032.

[109] STRUCK, Nr. 1197 — In Marienstatt gab es 1457 ein „Vestiariusamt" und ein „Schuhamt", die nach den Reformvorschlägen aus der Umgebung des Grafen von Sayn der Abt an sich ziehen sollte (STRUCK, Nr. 1035).

[110] Stat. 1225: 22 (Can. 2, 39).

[111] Stat. 1350: 3 (Can. 3, 517).

[112] ZIMMERMANN (wie Anm. 46) 127.

[113] Stat. 1258: 12 (Can. 2, 440).

werden die Intervalle auf 14 Tage (*quindeni = 15 Tage*) verkürzt[114]. Dies bringt insofern Probleme, als mancher Konverse sich modisch den Bart zu stutzen begann, was dem Generalkapitel mißfiel. 1303 urteilte es: Jedem Konversen, der seine Oberlippe und die Partien des Kinns rasiert oder sich sonst — von der Ordensgewohnheit abweichend — auffällig schert, wird gewaltsam der Bart gänzlich abrasiert[115]. Der Strafcharakter der Vollrasur wie des Rasurverbots auf der Gegenseite ist offenkundig[116].

Zum Krankenwesen läßt sich sehr wenig aussagen. Zwar sind Krankenhäuser, getrennt für Mönche und Konversen mehrfach bezeugt[117], bezeugt auch besondere Krankenkost, Wegfall des Fleischverbotes, gelockertes Schweigegebot und das Tragen dunklerer Gewänder. Gern wüßte man jedoch etwas über die eigentliche Krankenpflege. Aus Marienstätter Überlieferung sind zahlreiche Stiftungen für das *infirmitorium*, das „Siechhaus", bezeugt; bezeugt auch die wiederholte Angst vor der ansteckenden Pest, gegen die man sich hermetisch abzuriegeln bemühte.

Nicht ganz so arg wie Himmerod 1383, als ein großer Teil des Konvents dahingerafft wurde[118], traf die Pest 1490 das Kloster Marienstatt. Immerhin starben Abt, mehrere Konventsherren und Brüder. Da — wie der Graf von Sayn schrieb — die überlebenden Mönche „nicht wandern dürften und auch niemand gerne bei ihnen wandere", warf die Wahl eines neuen Abtes große Probleme auf[119]. Der Heisterbacher Vaterabt wollte „keinen von ihnen noch ihren Boten zu sich lasse(n), denn er habe sehr viel Angst vor der Pest", heißt es weiter im gräflichen Schreiben. Schließlich gelang es jedoch den Marienstätter Mönchen, dem Abt von

---

114 Stat. 1287: 14 (Can. 3, 239f.) — bestätigt 1288: 7 (Can. 3, 241); Stat. 1293: 24 (Can. 3, 265).

115 Stat. 1303: 5 (Can. 3, 310).

116 Stat. 1266: 7 (Can. 3, 38); 1271: 3 (Can. 3, 93) — nur einmal jährlich.

117 Z. B. 1275 Juli 23 für Eberbach: In einem Vermächtnis 8 mr. Einkünfte *duobus Infirmitoris nostris videlicet tam monachorum quam conversorum in nullos alios usus nisi ad victualia infirmorum convertende* (ROSSEL 2, Nr. 443); 1283 Dez. 11 schenkt Erzbischof Werner von Mainz dem Kloster Eberbach einen Weiler zwischen Eltville und der neuen Burg. Dabei ordnet er an, *ut tam monachorum quam conversorum infirmariis duntaxat ipsius lacus equaliter deserviat usufructus* (ROSSEL 2, Nr. 494). — Ein *magister hospitalis* wird für Eberbach bereits 1186 bezeugt (ROSSEL 1, Nr. 42 — vgl. Nr. 68; 88; 99; 158 usw.). In Marienstatt wird ein Hospital erst 1311 erwähnt (STRUCK, Nr. 252 — vgl. Nr. 324; 327; 882 usw.).

118 AMBROSIUS SCHNEIDER, *Die Cistercienserabtei Himmerod im Spätmittelalter*. 1954, 14.

119 STRUCK, Nr. 1328.

Heisterbach die Bitte übermitteln zu lassen, er möge eine ,,Zusammenkunft in Arienheller . . . oder anderswo, wo er wolle, auf ihren Gütern (einberufen). Denn in ihrem Kloster sei es aus Furcht vor tödlicher Ansteckung (*umb fort des doitz*) nicht möglich. In jenen Hof sollen die Mitbrüder außerhalb des Klosters kommen und die Brüder im Kloster ihre Stimme (*kure unde electien*) schicken“[120]. Am 12. September 1490 führte dann der Abt von Heisterbach, weil ,,wegen der Pest, die dort (in Marienstatt) regiert, . . . Brüder gestorben und andere unter Vorbehalt der Erlaubnis wegen der Gefahr geflohen sind“, die Abtswahl in der Hofkapelle in Arienheller durch, zu der die im Kloster verbliebenen sieben erkrankten Mönche ihre Stimme ,,in geschlossenen und besiegelten Urkunden“ abgaben[121].

Viel zitiert wird üblicherweise der Satz des Caesarius von Heisterbach, daß ein Mönch, der einen Obulus besitze, keinen Obulus wert sei. Strikte persönliche Besitzlosigkeit hatte jeder Ordensangehörige bekanntlich gelobt. Spätmittelalterliche Verhältnisse sind anders: 1327 schenkt ein Ehepaar seinem Neffen, der Priestermönch in Marienstatt war, sowie einem noch nicht eingekleideten Neffen ebendort einen Weinberg, ,,damit diese daraus das Nötige beziehen können, falls das Kloster so in Armut fällt, daß es sie nicht versorgen kann. Nach deren Tod soll der Weingarten an das Kloster fallen“[122]. Diese Schenkung ähnelt den so verbreiteten Einkaufsgeldern, mit denen üblicherweise die Aufnahme in den Orden erkauft wurde[123]. Als das Kloster Haina vom hessischen Landgrafen säkularisiert wurde, zeichnete man 1527 ein Protokoll über die Abfindung der Hainaer Klosterpersonen auf. Augenscheinlich wurde die Abfindung nach Dignität, Dienstjahren und Einkaufssumme errechnet, und so heißt es immer wieder lakonisch im Protokoll: ,,Johann Widolt . . . war 20 Jahre im Kloster und hat ungefähr 200 Gulden eingebracht“, . . . ,,Johann Hut . . . hat 60 Gulden eingebracht und war etwa 33 Jahre im Kloster“ usw. Ab und zu aber heißt es auch: ,,Georg Neheim . . . aus dem Stift Köln hat nichts eingebracht, war 16 Jahre im Kloster und erhält als Abfindung 50 Gulden . . . usw.“[124].

---

[120] Struck, Nr. 1330.

[121] Struck, Nr. 1334.

[122] Struck, Nr. 343.

[123] Beispielsweise vermachte der Mainzer Bürger Berwelf am 21. 12. 1300 seine Güter bei Wiesbaden und Nordenstatt seinem Sohn Johannes, einem Eberbacher Konversen, nach dessen Tod sie an das Kloster zu einem Anniversar fallen sollten (Rossel 2, Nr. 595).

[124] Franz, Nr. 1410.

Teilweise geht das Einkaufsgut nach dem Tode des Klosterangehörigen an seine weltlichen Angehörigen zurück, im Regelfall bleibt es dem Kloster[125]. Recht individuelle Besitzformen von Mönchen und Konversen gehören zum Thema: Hier verfügt ein Marienstätter Mönch über eine Leibzuchtrente in Köln[126], dort andere über Immobilienbesitz, wieder andere über Vieh, Kleinodien, Güter und Sachen. Dieses Belegmaterial könnte aber untypisch sein.

Obwohl gut bezeugt ist, daß der Eberbacher Konvent im Spätmittelalter Rosinen und Mandeln aus der Pfalz bezog[127], soll hier und im folgenden der Eindruck vermieden werden, als suchte ich da und dort aus sprödem Material einzelne Rosinchen, süße und auch bittere Mandeln. Und doch ist wegen der thematischen Breite täglicher Lebensführung, wegen des begrenzt zur Verfügung stehenden Raumes und angesichts eines Materials, welches das zisterziensische Schweigegebot so einzigartig dokumentiert, kaum ein anderes Verfahren möglich.

Knapp soll der Blick auf die klösterlichen Kontakte zur Außenwelt gerichtet werden. Sie gehen vorzugsweise über die Klosterpforte, die der Pförtner bewacht. Hier werden Arme gespeist, wird Brot und Kleidung verteilt — teils wohl in erheblichen Mengen, wenngleich die Überlieferung nur Anhaltspunkte liefert. So hatte bereits Erzbischof Sifried III. von Mainz 1231 die zur Eberbacher Klosterpforte gehörigen Güter in Kiedrich von aller Steuer befreit[128]. Zwei erheblich spätere Marienstätter Zeugnisse können den Umkreis exemplarisch abrunden: Von einer 1472 (März 5) von einem Ehepaar zum Anniversarium gestifteten Gülte sollte das Kloster 2 Malter Brot kaufen, so daß zu jeder Fronfaste armen Leuten vor der Pforte 1/2 Malter ausgeteilt werden könne[129].

Auf einer Marienstätter Urkunde vom 3. 9. 1482 wird in einem Zusatz vermerkt, daß das Kloster armen Leuten *zwey ml. broitz halff wiiß und halff rocken und vur seeßzeen wiißpenninck fleisch* geben sollte[130].

In Marienstatt fanden Jahrmärkte (*kirmissen*) im Kloster und auf der Brücke statt. 1478 (Dezember 26) erließ der Graf von Sayn zu einem Seelgerät den Zoll von diesen Jahrmärkten[131]. Wie zahlreiche andere

---

[125] STRUCK, Nr. 732.

[126] STRUCK, Nr. 732a.

[127] SCHNORRENBERGER 89.

[128] ROSSEL 1, Nr. 159; Bestätigung durch Erzbischof Christian am 20. 8. 1249 (ROSSEL 2, Nr. 257).

[129] STRUCK, Nr. 1171.

[130] STRUCK, Nr. 1255.

[131] STRUCK, Nr. 1215.

Klöster[132] betrieb auch Marienstatt ein offenes Wirtshaus vor dem Kloster und schenkte vor allem Wein aus[133]. Das verursachte häufigen Trubel, der sich insbesondere an den verschiedenen Weihetagen der Klosteraltäre und zur Kirmes zu Saufereien, Prügeleien und handfesten Störungen auswuchs, was 1322 sogar den Kölner Erzbischof beschäftigte[134]. Unangenehmer waren wohl die regelmäßigeren Gäste der Pforte, die sogar das Generalkapitel zu generellen Regelungen zwangen: Bettler, Landstreicher, Gesindel und fragwürdige Existenzen, darunter Damen des Gunstgewerbes, die sich vorzugsweise für das bei der Pforte gelegene Gästehaus interessierten[135]. Die häufig bastionsartigen Pförtnerlogen und Tore, dazu die das gesamte Gelände jedes Klosters umgebende hohe Ringmauer boten den Klosterangehörigen jedoch hinreichenden Schutz, sofern die allgemeine Disziplin ausreichend und der verantwortungsbeladene Pförtner auf dem Posten war. Die Bedeutung eines solchen Pförtners ist exemplarisch belegbar. Am 6. Mai 1477 schrieb der Abt von Altenberg als Kommissar des Generalkapitels und Reformator der Abtei Marienstatt:

---

132 S. z. B. HEINRICH GRÜGER, Heinrichau. Geschichte eines schlesischen Zisterzienserklosters 1227—1977 (*Forsch. u. Quellen zur Kirchen- u. Kulturgeschichte Ostdeutschlands* 16) 1978, 137 und 258.

133 1457 befand sich Marienstatt in so tiefen Schulden, daß seine „Renten und auch der Weinschank nicht mehr ausreichten", Merkzettel des Grafen von Sayn — STRUCK, Nr. 1031. — Vor der Marienstätter Klosterpforte wurden zeitweilig Seelenmessen gelesen; im Promemoria der Visitatoren für den Grafen wurde daher 1457 (Oktober 12) gefordert: „Die Seelenmessen, die vor der Pforte geschehen, sind in das Kloster zu verlegen" — STRUCK, Nr. 1036.

134 STRUCK, Nr. 312: „Wegen der Saufereien (*propter ebrietates*) der an den Weihetagen (*ad festa dedicacionum*) der Altäre im Kloster zu verschiedenen Zeiten des Jahres aus Andacht (*causa devocionis*) zusammenkommenden Leute [entstünden] Streitigkeiten, Ungebührlichkeiten und Störungen (*rixe et insolencie et perturbaciones*) für die Adressaten zu ernster Gefahr der Seelen".

135 Im Promemoria für den Gesandten des Grafen Gerhard von Sayn an den Abt von Heisterbach, Marienstatts Visitator, heißt es (nach 1490 August 30) u. a.: „Auch hätten sie vor dem Kloster ein offenes Wirtshaus (*taverne*). Dies gehöre sich nicht für sie, da es gegen ihre Ordensregel sei. Denn dort fänden sich Huren, Buben, Diebe und Verräter ein, die anderswo nirgends hingehen dürften, wie der Graf schon mit dem Abt von Heisterbach besprochen habe. Wenn sie [die Mönche] erklärten, daß sie es zu ihrem Lebensunterhalt (*zo noitdorfft irer kuchen*) nicht entbehren könnten, so meine der Graf, den Wein, den sie mit Quarten verkauften, könnten sie auch mit ganzen Fudern verkaufen, und dies wäre ihnen nützlicher, weil sie dann keine Hausknechte dafür zu halten brauchten und ihnen keine Kosten entstünden" (STRUCK, Nr. 1332).

„Schließlich bestimmt die Regel, daß zu Ehren Gottes . . . an die Pforte des Klosters ein alter weiser Mann gesetzt wird, der Rede stehen (*responsum accipere et reddere*) kann und reif genug ist, um nicht herumzuschweifen, wie es bisher unter Vernachlässigung der Bewachung (*custodia*) der Pforte geschehen ist." Der Abt solle daher „bei Strafe der Exkommunikation und der Absetzung im Falle der Widersetzlichkeit einen alten Pfortenwächter von einwandfreier Führung halten, damit . . . der Ruf des Hauses rein bleibt. Wer weiß nicht, daß die Pforte den guten Ruf und die Schande wie ein Gesicht widerspiegelt"[136].

Normale Formen klösterlichen Kontakts mit der Außenwelt — etwa auf Feldern, Grangien, in Stadthöfen und auf Märkten — lassen sich hier nicht nachzeichnen. Ein Sonderproblem muß aber berührt werden. Fast wie ein roter Faden durchzieht die Generalkapitelstatuten durch Jahrhunderte das Verbot des sog. *ingressus feminarum*. Weibliche Arbeitskräfte waren verboten, das Betreten des Klosterbereichs durch Frauen und Mädchen selbstverständlich auch. Von mehr oder weniger regelmäßigen Einzelverstößen abgesehen, war diese Frage klösterlicher Disziplin kein größeres Problem. Wie aber stand es mit dem Besuch der Klosterkirche? Durften Frauen ausnahmsweise zur Kirchweihe, zu Beerdigungen nächster Angehöriger in den Klosterbezirk? Diese kategorisch verneinte Frage spitzte sich bereits seit dem 13. Jahrhundert immer mehr zu [137]. Als der *presbyter cardinalis* Guido von Lorenzo in Lucina den Klöstern seines Legationsbereichs gestattete, nach Belieben Frauen in ihre Häuser und Klöster einzulassen, reagierte das Generalkapitel 1274 scharf[138]. Für Bronnbach, dessen Abt ebenfalls Frauen in sein Kloster ließ, wurde 1279 eine Visitation angeordnet, die sehen sollte, was sie gegen den Abt für den Orden und Gott erreichen könne[139]. Das Zugangsverbot für weibliche Personen in Grangien wird 1283[140], zu Klöstern, Grangien und Kellereien 1297 eingeschärft[141], doch 1347 ist ein (vermeintlicher) Präzedenzfall erkennbar: Das Generalkapitel gestattet dem Abt von Volkenroda in Thüringen, daß am Kirchweihtag allen Personen beiderlei Geschlechts gestattet sei, die Klosterkirche zu betreten[142]. Fünf Jahre später muß die Erlaubnis *super ingressu mulierum*

---

[136] STRUCK, Nr. 1197.
[137] Allgemeines Verbot z. B. noch Stat. 1262: 11 (Can. 3, 3).
[138] Stat. 1274: 18 (Can. 3, 131).
[139] Stat. 1279: 24 (Can. 3, 187).
[140] Stat. 1283: 9 (Can. 3, 230).
[141] Stat. 1297: 3 (Can. 3, 288).
[142] Stat. 1347: 8 (Can. 3, 507).

widerrufen werden, „damit kein Skandal entstehe“[143]. Als aber der Abt von Heiligenkreuz darum bittet, daß *mulieres et feminae magnatorum et potentum* bei Begräbnissen von Angehörigen das Kloster betreten dürften, wird diese Petition vom Generalkapitel 1367 erhört[144].

Gerade das soeben angeführte Zeugnis zeigt, daß das Problem des versagten Zutritts für Frauen neben dem disziplinarischen bzw. aus dem Keuschheitsgelübde der Klosterangehörigen erwachsenden Aspekt mindestens einen weiteren Gesichtspunkt enthält. Im Verlauf des 15. Jahrhunderts überlappen sich diese wie andere Fragen teilweise so sehr, daß die Kirchweihfeste mittlerweile nicht nur in Marienstatt, sondern beispielsweise auch in Kamp, Eberbach, Maulbronn usw. zum schwersten Ärgernis wurden[145]. In den 70er Jahren noch des 15. Jahrhunderts scheint sich der Gesamtorden dagegen jedoch entschieden aufgebäumt zu haben. Den Alltag mancher Zisterze berührte diese Auseinandersetzung weniger. Besonders dann, wenn aus Gründen der Wirtschaftlichkeit und der effektiven Nahrungsversorgung Mönche und Konversen auf verschiedene Klosterbesitzungen verteilt werden, lockert sich die Ordenszucht. In Marienstatt ist dies besonders gut dokumentiert, wo zahlreiche Mönche und Konversen, vor allem auf den Außenstellen, eheähnlich lebten und die Versorgung ihrer Frauen und Kinder angeblich das Klostervermögen aufzehrte. Da der Abt willensschwach und unfähig war, fanden auch im Kloster private Gastmähler und Zechereien bis tief in die Nacht hinein statt. Immerhin bemühte sich mancher Außenstehende, insbesondere der Graf von Sayn als weltlicher Schutzherr, um wirksame Reformation, die in schreibfreudiger Intensität mindestens von 1452 bis 1478 belegt ist und in exemplarischer Kürze referiert werden soll.

Unsere Kenntnis von einer *reformacio* im Kloster Marienstatt im Westerwald beginnt am 14. September 1452[146]. Der visitierende Heisterbacher Abt hatte einen Ordensbruder als Bursar und zwar zum Koadjutor des Abtes in weltlichen Dingen bestellt, dazu den Prior zum Kämmerer (*in vestiarium*). Jedem der Brüder solle er künftig nach Möglichkeit das Nötige zuteilen. „Zur Unterhaltung seines Amtes haben die einzelnen Brüder auf ihr Eigentum an Barschaft und Forderungen . . . verzichtet: Der Prior (selbst) auf 85 Gulden und 4 Kühe, Bruder Gottfried in Koblenz von seiner Portion auf 10 Gulden, je 5 zu Weihnachten und zu Trinitatis, Bruder Georg auf 3 Gulden Gülte und 25 Gulden, Bruder Johannes, (der)

143 Stat. 1352: 7 (Can. 3, 524).

144 Stat. 1367: 3 (Can. 3, 546).

145 STRUCK, Nr. 1196 — Marienstatt (1477) Mai 4.

146 STRUCK, Nr. 1001.

Werkmeister (*magister operis*) auf 10 Gulden, je 5 zum Remigiusfest und zu Ostern, Bruder Johannes von Deutz hat jährlich $4^1/_2$ Gulden. Der Senior im Siechhaus hat jährlich 6 Gulden. Bruder Konrad Stouffenberg, Konverse, hat 10 Gulden Forderung" usw. ... Aber auch der Abt hat Verzicht geleistet, denn er soll dem Konvent jährlich eine Fuhre (*unam carratam*) Wein vom besseren Wachstum ins Kloster liefern. Außerdem bestimmt diese klösterliche *reformacio* noch, daß im Webhaus jeder Konventuale ein gutes weißes Tuch, genannt *ein meyduych*, erhalten soll und der Konvent ihm 2 Gulden geben wird. Schließlich soll der Schuhmacher jedem Mönch jährlich ein Paar Schuhe geben.

Vier Jahre scheint diese „Erneuerung" der Klosterverhältnisse wirksam zu sein. Am 10. Februar 1456 schreibt der Heisterbacher Vaterabt dem klösterlichen Schutzherrn, dem Grafen von Sayn[147]: Obwohl er dem Grafen bereits mitgeteilt habe, am 14. Februar Marienstatt visitieren zu wollen, sei dieser Termin hinfällig — denn der Marienstätter Abt habe ihn in Heisterbach am 8. Februar besucht und geklagt, er habe seine Rechenschaft noch nicht gemacht und sei auch mit anderen Stücken, die er zur Visitation benötige, nicht fertig, der Termin käme ihm also ungelegen. So könne der Visitator also wenig Nützliches in Marienstatt tun, und er bitte den Grafen, „dies zum besten aufzunehmen". Er beabsichtige, am 4. April in Marienstatt zu sein und den Abt vom Himmerod mitzubringen, den der Abt von Marienstatt auch gern dabei habe, und der auch nützlich sein würde, früher aber nicht kommen könne.

Viel passierte im April nicht, denn im Juli 1457 wurde schriftlich durch den Grafen bekundet, daß er mit seinen namentlich genannten Freunden (unter denen sich 3 Notare befanden) in Marienstatt mit Abt und Konvent wegen der Reformation des Klosters und eines neuen Abtes geredet habe[148]. Der letztere Punkt stieß nicht auf Gegenliebe. Da dem Grafen die Angelegenheit dringlich war, habe er auch an den Kölner Erzbischof geschrieben. Dieser schrieb zurück: Das Schreiben wegen Reformation des Klosters Marienstatt habe er erhalten und deshalb seinerseits an den Abt von Heisterbach geschrieben. „Da dieser mit schwerer Krankheit beladen sei, könne er nicht kommen." Der Graf möge also an den Abt schreiben, „ob es mit ihm besser sei und wann er wieder gehen könne". Dann wolle er (der Erzbischof von Köln) einige seiner geistlichen Räte zu ihm nach Heisterbach schicken, um das Kloster

---

[147] Struck, Nr. 1019.

[148] Struck, Nr. 1027 (1457 Juli 28).

Marienstatt zu visitieren, und dem Grafen auch den Tag mitteilen. „Er möge dann ihnen Wagen dazu stellen und sie sicher nach Marienstatt bringen lassen.“[149]

Weitere Einzelheiten will ich übergehen, zumal die Umständlichkeit der Verfahrensweise hinreichend deutlich ist. Aus den ersten Oktobertagen des Jahres 1457 liegt dann ein Merkzettel des Grafen von Sayn vor: Mit dem Abt von Heisterbach, dem Visitator, sei heimlich zu sprechen, damit die Marienstätter Sachen in folgender Weise gütlich geregelt werden: „Daß der Eintritt (*inganck*) der Frauen geziemend gehalten wird und dazu ein oder zwei Mönche bestimmt werden, während die übrigen Mönche ihre Ordenspflichten und Tagzeiten (*gezide*) erfüllen. Was dem Kloster davon geopfert und gebracht wird, soll zum Bau fallen. Der Abt soll es nicht nehmen, noch viele Kosten darauf rechnen, da er an dem Tage weniger Kosten als sonst hat, weil jedermann Käse und Brot mitbringt. Die übrigen Mönche haben großen Haß und Unwillen, daß sie nicht von einem Haus zum andern betteln (*giilen*) laufen dürfen, wie sie es früher getan haben. Doch ist es dem Grafen sehr übel nachgesagt worden, daß er in seinem Lande ein Kloster hat, wo die Mönche Almosen von Dorf zu Dorf heischen. Dies hat es auch in zweihundert Jahren nicht gegeben. Man hat stets einen Werkmeister gehabt, der sonntags von einer Kirche zur anderen gekommen ist, um Hilfe und Steuer zu dem Bau (der Klosterkirche) zu heischen. Dies ist auch durch den Orden bewilligt und ein besonderer Ablaß dazu gegeben worden“[150].

Der ausführliche Visitationsbericht geht über die Klagepunkte dieses Merkzettels z.T. weit hinaus[151]. Die angeführte Tätigkeit des Werkmeisters bleibt in der Folge ein Hauptärgernis, zumal er nicht abrechnet und in die eigene Tasche wirtschaftet, andererseits mancher Mönch ihn nachzuahmen trachtet. Zweiter Hauptanlaß bleibt das individuelle Eigentum: Am 11. Oktober 1457 verzichten alle Konventualen zwar schriftlich auf ihre Ämter und ihr Eigentum, den Verzicht verweigern aber fast alle Konversen, und der Abt verzichtete allein auf den Schlüssel zum Kerker[152].

Darüber empört sich am 4. November ein Pleban in seinem Brief an den Grafen: Die Schwierigkeiten, mönchisches Eigentum künftig zu

---

[149] STRUCK, Nr. 1028 (1457 Juli 31).

[150] STRUCK, Nr. 1031.

[151] STRUCK, Nr. 1032 (1457 Oktober 11); vgl. ebd. Nr. 1033 mit Vorwürfen gegen einzelne Konventsmitglieder.

[152] STRUCK, Nr. 1034.

unterbinden, seien sehr groß. Dabei sei der Eigentumsbegriff klar, wer sich nicht daran halte, müsse exkommuniziert werden. Der Pleban zielt auch auf das Kernproblem: „Selbst der Abt könne sich nicht davon entbinden. Wenn der Abt sich selbst gestatte, Eigentum (*proprium*) zu haben, könne er sich auch erlauben, eine Gemahlin zu haben. Denn die wesentlichen Gelübde (*vota substancialia*), zu denen der Mönch bei Strafe ewigen Todes verpflichtet sei, bestünden in freiwilliger Armut, Keuschheit des Körpers und Gehorsam". Der Abt — so ist die logische Schlußfolgerung — könne also die Rückgabe des Eigentums nicht verweigern[153]!

Noch im gleichen Monat November 1457 bemüht man sich um drei oder vier Mönche eines anderen Zisterzienserklosters, um sozusagen mit „frischem Blut" die Reformation in Marienstatt durchzuführen[154]. Im Oktober 1458 sucht man offenbar noch immer[155]. Im Frühjahr 1459 wendet sich der Graf an die Kurie um Hilfe; als der Papst Hilfe zusagt, legt jedoch am 14. September 1459 das Generalkapitel in Cîteaux Einspruch ein gegen eine Reform des Klosters Marienstatt durch ordensfremde, vom Papst eingesetzte Visitatoren[156].

Dabei ist die Reform dringlich, wie eine Aufzeichnung über das Verhör der Konventsmitglieder — vermutlich durch den Grafen von Sayn — vom 9. August 1459 bezeugt[157]. Die *puncta notabiliora in scrutinio audita* lauten: „Der vernünftige (*sanior*) Teil des Konvents sagt, daß der Abt zur Leitung des Klosters nicht taugt (*valet*). Er straft nicht die Vergehen (*delicta*), vernachlässigt die Zucht, verweigert halsstarrig (*contumaciter*), genaue Unterrichtung über den geistlichen und weltlichen Stand des Klosters zu hören, hat nicht die schuldigen Rechnungslegungen vorgenommen, will keinem die Verhältnisse des Klosters sagen, folgt niemandes Rat und offenbart niemandem Schulden und Forderungen des Klosters. Auch hat er nicht die Punkte der Visitationsurkunde beachtet, noch läßt er sie von den übrigen beachten. Die Register der Zinse werden niemandem bekanntgegeben. Er schickt seine Brüder in die Schlösser (*in castris*) aus und sendet die Junioren in die Grangien. Denen, die nach Besserung eifrig streben, zürnt er. Den Prior hat jemand, wie er selbst berichtet, wegen der Disziplin körperlich bedroht. Der Prior ist lässig (*remissus*) und vernachlässigt die Disziplin. Der Koch wird

---

153 STRUCK, Nr. 1039.
154 STRUCK, Nr. 1040.
155 Vgl. STRUCK, Nr. 1045.
156 STRUCK, Nr. 1050; Nr. 1051; Nr. 1060.
157 STRUCK, Nr. 1057.

vom Volke bezichtigt (*diffamatus*), daß er Brot und Mehl fortträgt. Viele andere stehen in üblem Ruf (*diffamati*) wie Westerburg (der umstrittene Werkmeister), Johannes Attendorn und der Konverse in Gehlert. Die jungen Mönche (*iuvenes*) beklagen sich ohne Grund wegen der Zucht bei ihren Freunden in Hachenburg. Die Amtsträger (*officiales*) und diejenigen, die außerhalb ihren Sitz haben, sind übel beleumdet. Sie rechnen nicht in schuldiger Weise ab und zerstören das Kloster. Selten besuchen sie den Chor. Es werden private Gastereien (*convivia*) nach der Mahlzeit (*refeccio*) des Konvents zu nächtlicher Stunde von den Amtsträgern gehalten. Der Werkmeister (*magister fabrice*) rechnet nicht über alle Vermächtnisse und Almosen ab. Der Vorrat (*substancia*) des Klosters wird gestohlen und unnütz verbraucht."

Die Bemühungen um die Reform des Marienstätter Klosters reichen bis weit in die 70er Jahre, sie scheinen erst 1478 von Erfolg gekrönt. Ein einziges Detail soll noch erwähnt werden: Der Papst hatte Nikolaus von Kues 1459 mit der Marienstätter Reform beauftragt, der Kommissar seinen Auftrag wegen Verhinderung jedoch delegiert[158]. In diesem Zusammenhang stöberten Beauftragte des Kölner Erzbischofs im Juli 1459 den Prior des Kartäuserklosters St. Beatusberg bei Koblenz in Köln auf und unterbreiteten ihm das ernstgemeinte Angebot, als Abt von Marienstatt diese Zisterze zu reformieren[159]. Der Kartäuserprior hatte starke Bedenken, formulierte aber zehn harte Forderungen, die ihm für den Fall, daß er zur Annahme der Abtswürde gezwungen wäre, zuvor durch Urkunden und vor Zeugen zu erfüllen wären[160]. Mit Ausnahme der Forderung, unverzüglich die Jagdhunde abzuschaffen, tauchen hier nur gute alte zisterziensische Selbstverständlichkeiten auf. Kaum aber hatte der Kartäuser seine Berufungsbedingungen auf einem Doppelblatt fixiert, da soll er „hastig und heimlich von Köln weggefahren sein"[161], so daß die Kölner Beauftragten nicht mehr mit ihm sprechen konnten . . . und sich auch diese Hoffnung zerschlug!

Diese Marienstätter Verhältnisse sind kurz angerissen worden, weil eine Vielzahl von Fragen, die während des Kongresses anklangen, sich auch hier spiegeln. Das Reformverlangen kam von außen, aber nicht energisch genug. Die Reformbedürftigkeit wurde nie und von

---

158 Struck, Nr. 1050f.

159 S. den Bericht bei Struck, Nr. 1054. Die Beauftragten des Erzbischofs waren der Abt von St. Martin in Köln, der Abt von St. Pantaleon in Köln und ein Augustinerprior.

160 Struck, Nr. 1053 (vor 1459 Juli 16).

161 Struck, Nr. 1054.

niemandem bezweifelt. Mit Hilfe des Visitationssystems war schnelle und wirksame Besserung nicht möglich, ebensowenig durch den Kölner Erzbischof, durch päpstliche Beauftragte oder den Gesamtorden der Zisterzienser. Man wäre versucht zu sagen, daß Marienstatt als typisch spätmittelalterliches Kloster unaufhaltsam der eigentlichen Reformation entgegentaumelte — die Abtei wurde aber erst 1803 säkularisiert ...[162].

---

162 STRUCK, S. IL ff.

Ernest Persoons

LEBENSVERHÄLTNISSE IN DEN FRAUENKLÖSTERN DER WINDESHEIMER KONGREGATION IN BELGIEN UND IN DEN NIEDERLANDEN

Einleitung

Das Kapitel von Windesheim ist ein Teil jener religiösen Bewegung, die im 15. Jahrhundert *Devotio moderna* genannt wurde[1]. Deren Anfänge liegen in der zweiten Hälfte des 14. Jahrhunderts, und zwar in Overijssel (Niederlande); ihre geistigen Väter waren Geert Grote (1340—1384) und Florenz Radewijns (ca. 1350—1400).

Die Gläubigen des 15. Jahrhunderts wählten diese Bezeichnung *Devotio moderna* bewußt. Hierdurch hoben sie ihr Streben nach einem verinnerlichten Sein hervor und ihr neuartiges Erleben der Frömmigkeit, durch das sie sich der alten Kirche der Apostel und der Kirchenväter verbunden fühlten. Kennzeichnend für diese Bewegung war also das Verlangen nach Verinnerlichung durch Selbsterforschung und Meditation, durch Gebet und geistliche Lektüre. Frömmigkeit galt jetzt mehr als noch so tiefsinnige Betrachtung. Und bei Lektüre und Besinnung suchten die Anhänger der *Devotio moderna* eher nach praktischer Lebensklugheit denn nach hoher Mystik und tiefsinnigen Lehren.

Geert Grote war Magister artium der Sorbonne, an der er auch die Rechte studierte. (Ob er auch in Prag studierte, ist nicht sicher. Immerhin wissen wir, daß mehrere Personen, die eng mit der Entstehung der *Devotio moderna* verbunden sind, in Prag studiert haben). Um 1372—1374 beschloß Geert Grote, künftig allein Gott zu dienen. Deshalb schenkte er am 20. September 1374 sein väterliches Haus zu Deventer

---

[1] R. P. Post, The Modern Devotion. Confrontation with Reformation and Humanism (*Studies in Medieval and Reformation Thought* 3) Leiden 1968. — W. Kohl, E. Persoons und A. G. Weiler [Hrsg.], Monasticon Windeshemense (*Archives et Bibliothèques de Belgique*. Numéro spécial 16) Teil 1 (Belgien) Brüssel 1976; Teil 2 (Deutsches Sprachgebiet) Brüssel 1977; im Druck: Teil 3 (Niederlande) und Teil 4 (Register).

einer Gruppe frommer Frauen. Und nach einem Aufenthalt in der Kartause zu Monnikendam bei Arnheim beschloß er, als Wanderprediger sein Lebensideal zu verkünden.

Der Umstand, daß Grote sein Haus frommen Frauen zur Verfügung stellte, ist nicht weiter aufschlußreich: solche Geschenke wurden im Mittelalter oft gemacht — denken wir nur an die Beginen- und Alexianerinnenhäuser in den Niederlanden und im Rheinland! Neu war hingegen, daß diese Frauen sich 1379 zu einem gemeinschaftlichen (*gemeen*) Leben verbanden, mit einer gemeinsamen Kassenführung und unter der Leitung einer Vorsteherin, der sie zu Gehorsam verpflichtet waren. Es war ihnen verboten zu betteln; sie lebten von dem Erlös, den ihrer Hände Arbeit erbrachte.

Noch zu Lebzeiten von Geert Grote entstanden Gemeinschaften frommer Priester und Laien, beispielsweise in Deventer eine unter der Leitung von Florens Radewijns. Diese war die erste Gemeinschaft von Brüdern des gemeinsamen Lebens. Gleich den Schwestergemeinschaften kannten auch die Brüder keine eigentlichen Gelübde; sie gelobten lediglich, ihrem Rektor zu gehorchen. Auch sie mußten sich ihren Lebensunterhalt durch eigene Arbeit verdienen, z.B. durch das Abschreiben und Binden von Handschriften. Fast alle Brüder waren Priester.

Die Bruderschaft vom gemeinsamen Leben war ebenso wie die Windesheimer Klostervereinigung eine beinahe rein „germanische" Bewegung; solche Gemeinschaften bestanden in Belgien, in den Niederlanden, in ganz Deutschland sowie im deutschsprachigen Teil von Polen; dagegen lagen im französischsprachigen Gebiet nur wenige Häuser (in Lüttich und Cambrai).

Bald nach dem Tode von Geert Grote (1384) stifteten die Brüder 1386 bei Zwolle zu Windesheim ein Kloster von Regularkanonikern des hl. Augustinus. Einem früheren Rat Grotes folgend, wählten sie diesen Orden, weil er nicht so streng war wie der Kartäuserorden. Überdies hatten sie sich als Vorbild die Augustiner-Propstei Groenendaal bei Brüssel gewählt, in der Grotes Freund Jan van Ruusbroec lebte. 1392 stifteten die Brüder zwei neue Klöster: Marienborn bei Arnheim und Nieuwlicht zu Horn. 1394 oder 1395 bildeten diese beiden Klöster zusammen mit dem zu Eemstein das Kapitel von Windesheim; die päpstliche Bestätigung datiert vom 16. Mai 1395. Im Jahre 1400 umfaßte das Kapitel acht Männerklöster, 1424 schon 24 Männerklöster und dazu fünf Frauenklöster, 1486 waren es dann insgesamt 91 Häuser. Danach hörte jedoch die Ausbreitung auf; zu Beginn des 16. Jahrhunderts bestanden 83 Männer- und 13 Frauenklöster.

Eine ganze Reihe von Häusern der Schwestern des gemeinsamen Lebens wurde in den Niederlanden im letzten Viertel des 14. Jahrhunderts gestiftet. Die meisten von ihnen wurden nach kurzer Zeit Klöster von Tertiarinnen oder Regularkanonissen. Letztere versuchten, sich dem Kapitel von Windesheim anzuschließen, das jedoch als kontemplativer Orden daran wenig interessiert war. Erst als 1412 das Frauenkloster Barberendal zu Tienen als Teil des Kapitels von Groenendaal in die Windesheimer Vereinigung aufgenommen wurde, beschloß man, auch diejenigen Frauenklöster in den Niederlanden aufzunehmen, die durch die Utrechter Bischöfe unter die Aufsicht von Windesheim gestellt worden waren (Marienveld zu Amsterdam, Diepenveen zu Deventer, Renkum bei Wageningen und Brunnepe zu Kampen). 1424 folgten Jerusalem zu Utrecht und 1430 zwei Klöster aus dem Kapitel von Neuß (St. Agnes zu Dordrecht und Engelendal zu Bonn) sowie Bethanie zu Arnheim und Bethanie zu Mecheln. 1431 erhielt Marienberg zu Nijmegen von Papst Eugen IV. die Erlaubnis zum Anschluß; verwirklicht werden sollte dieser jedoch erst 1453, nachdem Nikolaus V. dieses Ersuchen genehmigt hatte. 1438 wurden zwei weitere Klöster aufgenommen: Galilea zu Gent und Facons zu Antwerpen. Dann wurde die Reihe der Aufnahmen unterbrochen bis zu Beginn des 17. Jahrhunderts, als noch drei aufgenommen wurden.

Im Mittelalter lag also nur ein einziges Frauenkloster außerhalb der Niederlande: Engelendal zu Bonn. Von den zwölf anderen lagen vier im heutigen Belgien und acht in den Niederlanden. Zahlreiche weitere Frauenklöster wollten Mitglied der Vereinigung werden; meistens versuchten sie, dies durch den Ordinarius zu erreichen. Deshalb ersuchte das Kapitel Papst Eugen IV., er möge die Aufnahme weiterer Frauenklöster untersagen, was dieser am 8. November 1436 zugestand. Um den Unterschied gegenüber den Frauenklöstern *extra gremium capituli* zu betonen, bestimmte das Generalkapitel von 1436, daß die angeschlossenen Frauenklöster unmittelbar dem Kapitel unterstehen, und daß sie folglich nicht mehr von dem einen oder anderen Männerkloster abhängig sein sollten.

Mehrere der nicht aufgenommenen Frauenklöster schlossen sich dann in eigenen Kapiteln zusammen, z.B. dem von Sion und dem von Venlo. Andere Frauenklöster blieben zunächst wegen der *cura monialium* von dem einen oder anderen Windesheimer Kloster abhängig; das Generalkapitel von 1488 untersagte jedoch neue Aufnahmen.

In unseren weiteren Darlegungen wollen wir uns den dreizehn Frauenklöstern des Windesheimer Kapitels widmen sowie denjenigen Frauenklöstern, die unmittelbar unter der Aufsicht von Prioren aus dieser Vereinigung standen.

1. Quellen

Welches sind nun die schriftlichen Quellen, die uns über das tägliche Leben in den Gemeinschaften unterrichten? An erster Stelle sind es die Chroniken von vielen Frauenklöstern im Kapitel von Windesheim und von solchen Klöstern, die unmittelbar dessen Einfluß unterstanden. Sie enthalten vor allem fromme Erzählungen über die Stiftung. Hinzu kommen Biographien der Klosterinsassen, von denen meistens jedoch nicht alle behandelt werden, sondern bloß die *eerbiedwaardige* (ehrwürdigen). Im allgemeinen berichten sie auch nur über das, was erbaulich war[2]. Ein einziges Mal nur wurde auch über weniger Erbauliches berichtet: Die Chronik des St. Agnes Klosters zu Gent verzeichnet, daß ein Laienbruder die Gelübde gebrochen und das Klostergewand abgelegt habe. Die Chronik berichtet dies, wie sie ausdrücklich sagt, *tot waerscuwinghe* (zur Warnung)[3].

Diese Chroniken kann man in zwei Gruppen einteilen: diejenigen, die von Männern (meistens von den Rektoren), und diejenigen, die von weiblichen Klosterinsassen geschrieben wurden. Die erste Gruppe behandelt eher die äußere Geschichte des Klosters, vermittelt jedoch nur wenige Details über das tägliche Leben; sie ist gekennzeichnet durch starken Antifeminismus. Die zweite Gruppe bietet viel mehr Hinweise auf das tägliche Leben; ich glaube jedoch, daß in ihr auch viele „fromme Lügen" und Auslassungen vorkommen. Diese Chroniken sind hagiographischer Art. Die Unterschiede zwischen den Chroniken, die von Männern geschrieben wurden und solchen von Frauen zeigen sich klar in der bereits erwähnten Chronik des St. Agnes-Klosters; deren erster Teil wurde von dem Rektor Jan Bellins verfaßt, die folgenden von verschiedenen Schwestern.

Andere Quellen sind: Rechnungen[4], Inventarverzeichnisse[5], Predigten und Traktate von Beichtvätern[6], die mystische Autobiographie der

---

[2] J. ROMEIN, *Geschiedenis van de Noord-Nederlandsche geschiedschrijving in de middeleeuwen. Bijdrage tot de beschavingsgeschiedenis*. Haarlem 1932, 161—211.

[3] Gent, Bibliothek Minderbroeders, Va 50.

[4] Z. B. die Rechnungen des St. Agnesklosters zu Dordrecht (Dordrecht, Stadtarchiv), teilweise hrsg. von J. C. OVERVOORDE, Het regularissenklooster

Genter Klosterschwester Alijt Bake († 1455), die auch mehrere andere mystische Werke verfaßte[7]. Und als Ausgangspunkt sehr aufschlußreich sind natürlich die Statuten dieser Frauenklöster; sie wurden — unzulänglich — von J. H. GALLÉE herausgegeben[8], eine neue Ausgabe mit einer ausführlichen Studie wird von Pater R. TH. M. VAN DIJK vorbereitet. Diese Statuten wurden größtenteils wörtlich von den Männerklöstern übernommen. Weggelassen wurde lediglich alles, was die Kapitelversammlung und dergleichen betrifft (Teil 1, Kapitel 2—8).

2. Die Lebensverhältnisse

a) Das Klostergebäude

Von fast allen Männerklöstern des Windesheimer Kapitels sind mehrere Abbildungen erhalten[9], bei den Frauenklöstern ist das jedoch nicht der Fall. Wenigstens einige Beispiele für Frauenklöster lassen sich jedoch aufzeigen:

Der Plan des Klosters Barberendal[10] zu Tienen vermittelt uns am ehesten eine Vorstellung von der Einteilung der Gebäude. Schon die Lage von Barberendal war äußerst günstig. Es befand sich auf einer Halbinsel zwischen zwei Armen des Gete-Flusses, war also durch seine Lage von der Außenwelt abgeschnitten. Trotzdem errichtete man um das Kloster herum noch eine große Umfriedung.

Im Klosterbezirk selbst sind drei Teile zu unterscheiden: das eigentliche Kloster mit den Räumen der Schwestern; das Haus des Rektors und

---

van Sint Agnes te Dordrecht. *Bijdragen voor de geschiedenis van het bisdom Haarlem* 21 (1896) 49—86.

[5] Z. B. aus Sion zu Kortrijk (Anhang I) und aus Bethanië zu Mecheln (Anhang II).

[6] Z. B. Frederik van Heilo († 1455), vgl. J. C. POOL, *Frederik van Heilo en zijn geschriften.* Amsterdam 1866 und E. PERSOONS, Art. Frederik van Heilo. *Dictionnaire d'histoire et de géographie écclésiastiques* 19 (1977) 1162 bis 1164.

[7] Vgl. *Mon. Wind.* 1. 248—249.

[5] J. GALLÉE, Middeleeuwsche kloosterregels I: De regel der Windesheimsche vrouwenkloosters. *Archief voor Nederlandsche kerkgeschiedenis* 5 (1895) 250—322; vgl. W. LOURDAUX und E. PERSOONS, De statuten van de vrouwenkloosters aangesloten bij het Kapittel van Windesheim. *Archief voor de geschiedenis van de Katholieke Kerk in Nederland* 9 (1967) 231—244.

[9] Vgl. z. B. E. PERSOONS u. a., Windesheimse kloosters in Brabant. Bijdrage tot de bouwgeschiedenis. *Arca lovaniensis* 5 (1976) 113—219.

[10] Abb. 1. Vgl. dazu auch eine Ansicht des Bethanieklosters zu Mecheln (Abb. 2) und des Klosters Ter Cluysen, 's-Gravenbrakel (Abb. 3).

seines Anhanges; der Arbeitsbereich mit Scheune, Schweine- und Kuhställen, in deren Nähe die Wohnung der Knechte lag, der Pferdestall, ein Lagerhaus und eine Brauerei. Das Kloster verfügte ferner über ausgedehnte Obstgärten, Teiche, denen man wahrscheinlich auch das Wasser für die Brauerei entnahm und die auch der Fischzucht dienten, Hopfenäcker (für das Bier) und Gemüsegärten. Das eigentliche Kloster und die Wohnung des Rektors waren durch eine Mauer von dem Arbeitsbereich getrennt. Der Rektor und sein Anhang verfügten über einen eigenen Innengarten.

Im östlichen Flügel befand sich neben der Sakristei noch der Kapitelsaal; im südlichen Teil kam zuerst das Waschhaus, dann die Küche und der Speisesaal; der westliche Flügel hingegen diente wahrscheinlich dem Spinnen und Weben.

Die Kirche war 26,30 m lang und 11,80 m breit; die Wohnung des Rektors war größer als die Kirche (17,6 × 14 m); der Ostflügel war 59,20 m lang; der südliche 48,20 und der westliche 55,60 m. Diese Gebäude waren 7,80 bis 8 m breit.

Der Bau eines solchen Klosterkomplexes war kostspielig. Meistens reichten die Geschenke der Klosterinsassen und Wohltäter nicht aus, um den Bau zu vollenden. Deshalb versuchten die Klosterinsassen, vom burgundischen Herzog die Erlaubnis zu erhalten, in all seinen Landen einige Jahre lang um Almosen bitten zu dürfen. Sion zu Kortrijk erhielt 1494 für die Dauer von drei Jahren eine solche Erlaubnis. Die Schwestern und Laienbrüder zogen dann zu zweit in alle Dörfer, Städte, Kirchen und Klöster[11].

An einem solchen Klosterbau wurde über viele Jahre hinweg gearbeitet, denn es fehlte stets an finanziellen Mitteln. So verfügten im allgemeinen — wie man sagen darf — zur Zeit der Gründung des Klosters dessen Insassen meistens nur über ein Haus oder über deren zwei, die sie mit geringstem Aufwand für den neuen Zweck umzubauen suchten. Genauso war es auch in St. Agnes zu Gent.

Unten richtete man Remter und Arbeitshaus ein, die auch als Kapitelhaus dienten. Im ersten Geschoß befand sich die Kirche, die aus zwei Teilen bestand — dem äußeren mit dem Chor für die Priester und dem Altar sowie dem inneren für die Schwestern. Als Schlafsaal diente der Dachboden; Küche und Backstube befanden sich am Ende des Hauses in einem Vorbau.

---

[11] D. A. STRACKE, Syoens kloosterkroniek uit de XVe—XVIe eeuw. *Ons geestelijk erf* 10 (1936) 334.

Erst 1469 wurden Pläne für einen Neubau in Angriff genommen: Man kaufte 100.000 Backsteine; hinzu kamen zwei Schiffsladungen ungeglätteter weißer Steine für das Fundament, denn der Untergrund war sehr sumpfig, ferner weißer Quaderstein für eine Wasserleitung, die zur Leie führte. Obwohl es schon 1470 an Geld fehlte, wurden 1471 Fundament und Kirche vollendet, 1472/73 der Arbeitsraum errichtet, ferner der Ofenraum mit einem großen Kachelofen sowie die 44 Zellen. Der neue Krankensaal wurde — getrennt vom eigentlichen Klostergebäude — errichtet, dann folgten Brauerei, Backhaus, Stall, „Stampfhaus" (für die Farbenherstellung), eine Mühle, Scheunen und die Umfriedung. Ferner wurde vorgesehen ein *bequame plaats voor scriverssen en de nayerssen* (ein geeigneter Ort für die Schreiberinnen und Näherinnen). Zuletzt entstand um 1509 das Sprechhaus. Im gleichen Jahr wurden Rohre aus Blei gelegt, um Wasser in alle Teile des Gebäudes zu bringen, und ebenso, um das Bier aus der Brauerei in den Keller schaffen zu können[12].

Noch einige Bemerkungen zu weiteren Aspekten: Erstens, Klöster, die in Städten lagen, hatten oft Schwierigkeiten, frisches Wasser zu bekommen und die Abwässer abzuführen. Deshalb versuchte man, auch in Städten die Klöster so dicht wie möglich an Flüssen zu bauen. Dem Sionkloster zu Kortrijk wurde andererseits vom Stadtmagistrat erlaubt, eine Kanalisierung, die 35 cm im Quadrat maß, zum Stadtteich zu führen; 1510 jedoch versperrte der Magistrat diesen Abfluß, weil die Abfälle die Qualität des Wassers minderten, und weil die Fische starben[13].

Zweitens, Archive und Kostbarkeiten wurden meistens in einem gesonderten Raum hinter eisernen Türen aufbewahrt, oft sogar oberhalb von Kirche und Kreuzgang, so in St. Agnes zu Gent[14].

Drittens, die Toten wurden in einem Sarg an unterschiedlichen Orten beigesetzt: Priorinnen und bedeutende Wohltäter im Chor; Kanonissen im Klostergang und geringere Klosterinsassen auf dem Friedhof (dem Hof neben der Kirche)[15].

b) Die Klostergemeinschaft

Wer waren nun die Klosterfrauen (Abb. 4—6)? Welcher Herkunft waren sie? Traten sie freiwillig in das Kloster ein, oder wurden sie von ihren Eltern dort untergebracht?

---

[12] Kroniek Bl. 18, 23^v, 76^v—77.

[13] STRACKE, *Syoens kloosterkroniek* 205.

[14] Kroniek Bl. 77.

[15] D. A. BRINCKERINCK [Hrsg.], *Van den doechden der vuriger ende stichtiger susteren van diepen veen*. Groningen 1904, 111, 161, 168.

Der dritte Teil der Statuten handelt vom Leben der Kanonissen: von ihrem Eintritt in das Kloster und von ihrer Einkleidung, vom Gelöbnis, von der Art und Weise, wie sie sich zu verhalten hatten, und von ihrer Beschäftigung: Ursprünglich war nicht festgelegt, wieviele Insassen das Kloster haben dürfe. Nach und nach wurde jedoch bestimmt, daß nicht mehr Personen aufgenommen werden sollten, als die Klostergüter ernähren konnten; im allgemeinen legte das Kapitel fest, daß es höchstens 50 Klosterinsassen geben dürfe: 40 Kanonissen und 10 Konversen, dazu zwei oder drei Priester, ferner die Knechte. Wie in den Männerhäusern konnten *ignotae* nicht aufgenommen werden, wenn nicht drei Viertel der Klostergemeinschaft anders beschlossen hatten. Später wurde bestimmt, daß die Novizen nur eingekleidet wurden *nisi prius docta fuerit legere et cantare, ut valeat horas suas persolvere*. Die Anwärter mußten mindestens zwölf Jahre alt sein und konnten erst eingekleidet werden, wenn sie ihr 14. Lebensjahr erreicht hatten. Während des Noviziats mußte der Novize auch lernen *legere et cantare alte et demissa voce*.

Was auf den ersten Blick auffällt, ist, daß nicht jeder in die hier untersuchten Frauenklöster eintreten konnte; aufgenommen wurde nur, wer eine sichere Mitgift mitbrachte. In der Chronik des Genter St. Agnes-Klosters ist über jeden Klosterinsassen genau gesagt, welche Einkünfte das Kloster jährlich durch ihn hatte, und was es möglicherweise außerdem noch bekam. Arme Kandidaten konnten jedoch aufgenommen werden, wenn ein Wohltäter für sie eine Zelle gestiftet hatte — so war es z. B. im St. Agnes-Kloster[16] — oder wenn die Kandidaten bereit waren, viel zu arbeiten — so in Diepenveen, wo sie dann z. B. die Kranken betreuen und waschen mußten[17]. Für reiche Kandidaten machte man hingegen viele Ausnahmen, so z. B. in Facons für W. Kets: Sie brachte viele Güter zu Tolen und in Zeeland ein und wurde 1461 als Chordonatin aufgenommen. 1470 schlug man ihr vor, Kanonisse zu werden, was sie akzeptierte unter der Bedingung, daß sie nicht verpflichtet werde, schwere Arbeit zu verrichten, wie Waschen, Bierbrauen, Geschirrabwaschen. Da sie kein Fleisch mochte, bekam sie an Fleischtagen Eier und Butter[18]. Wohlhabende Klosterinsassen erhielten auch die Erlaubnis, länger zu schlafen (u. a. Jutta van Ahaus in Diepenveen bis 8 Uhr) und

---

[16] Kroniek Bl. 98v.

[17] *Van den doechden* 194, 306.

[18] CHR. CAERS, *Register van het beginsel, voortganck ende gedenckweerdickste geschiedenissen . . . des cloosters van O. L. Vrouwen-Dael* (Antwerpen, Arch. Bisdom, K 92) Bl. 18v—19.

besser zu essen; als Grund dafür wird angegeben, man tue das *om hare eerste ende weeldeghe ghewoente* (weil sie es früher so gewohnt gewesen sei)[19]. Wer nur genug Geld einbrachte, konnte getrost andere Mängel aufweisen; diese waren dann kein Aufnahmehindernis; so nahm St. Agnes zu Gent ein *simpele ende onnoesel meisische* (ein Mädchen, das nicht ganz bei Verstand ist) auf, das außer seinem Unterhalt noch eine Rente für die Stiftung von drei Zellen einbrachte[20].

In der Chronik des St. Agnes-Klosters wird ausführlich über das Leben einer solchen wohlhabenden Klosterfrau berichtet: Johanna von Luxemburg war die Tochter des Grafen von Sint-Pol, der wegen seiner Treue zum Hause Burgund in Frankreich enthauptet wurde.

Johanna kam in die Obhut der Margarethe von York, die sie als sechsjähriges Mädchen gemeinsam mit ihrer Amme in das Kloster brachte. Im Kloster verfügte sie über ein eigenes Haus, das neben der Kirche lag. Als sie 13—14 Jahre alt war, wurde sie Novizin, was sie drei Jahre lang blieb, weil noch Erbschaftsangelegenheiten mit ihrem Bruder zu regeln waren. Sie erhielt immer viel Besuch und verfügte stets über viel *speelgeld* (Taschengeld)[21].

Von solchem *speelgeld* wurden auch die silbernen Becher für die kranken Schwestern gemacht[22]. Gegen Ende des 15. Jahrhunderts bestimmte die Priorin, daß jeder ein Zehntel des *speelgeld* zum Wohl der Armen abzugeben habe[23]. Dieselbe Priorin ließ von diesem *speelgeld* auch silberne Löffel fertigen: *om de recreacie vanden susters* (für die Erholung der Schwestern) und weil man gelesen hatte, daß auch der Hl. Augustinus silberne Löffel benutzt hatte. Diese Löffel wurden mit dem Namen der jeweiligen Schwestern versehen; diejenigen, die nicht selbst zahlen konnten, erhielten einen Löffel der Priorin mit deren Namen[24].

Viele Anwärterinnen wurden von ihren Eltern schon sehr jung, mit vier oder fünf Jahren, ins Kloster geschickt. In mehreren Klöstern verfügte man auch über eine Schule, so zu Kortrijk, wo man darüber Klage führte, daß die Eltern das Schulgeld schuldig blieben[25], oder in St. Agnes zu Gent, wo von mehreren Kanonissen gesagt wird, daß sie mit der

---

[19] *Van den doechden* 65—67.
[20] Kroniek Bl. 58v.
[21] Kroniek Bl. 77, 80v—87.
[22] Kroniek Bl. 106.
[23] Kroniek Bl. 106v—107.
[24] Kroniek Bl. 163.
[25] STRACKE, *Syoens kloosterkroniek* 336.

Schulpflege betraut waren[26]. Und auch in Diepenveen gab es eine Schule, in der es einen Schulmeister namens Otto Poten und mehrere *ondermeesterschen* (Unterlehrerinnen) gab[27]. Die Novizen lernten auch Latein und durften während des Noviziats nicht *duytsch* (die Umgangssprache also) sprechen[28]. Während des Unterrichts durften die Kinder nicht auf die Lehrer sehen, sondern mußten ihre Augen auf den Boden richten. Taten sie das nicht, wurden sie bestraft, und ihre Augen wurden mit einem Tuch verbunden[29].

Nicht alle Kanonissen freilich konnten lesen und schreiben. Dies geht aus folgendem hervor: In Sion zu Kortrijk wurden die Klosterinsassen durch ihren Rektor angehalten, ihre Sünden auf Beichtrollen zu schreiben; diejenigen, die nicht schreiben konnten, mußten das durch die Oberin erledigen lassen[30]. Als Marie van Herne in St. Agnes zu Gent eintrat, sprach sie zwar gut Latein, das Schreiben jedoch mußte man sie im Kloster lehren[31]. Schließlich wird in den Diepenveenschen Quellen berichtet, daß Töchter reicher Leute vor ihrem Eintritt Privatunterricht in Latein erhielten[32].

Man gewinnt den Eindruck, daß ziemlich viele Frauen nur deswegen ins Kloster eintraten, weil ihre Eltern es wünschten[33]. Das konnte die Folge eines Gelübdes der Eltern sein. So gab es Frauen, die unfruchtbar waren und eine Wallfahrt nach Santiago de Compostella oder Einsiedeln[34] unternahmen und dort gelobten, das Kind, das sie zu bekommen hofften, dem Dienste Gottes zu weihen. Dies geschah auch, wenn man schwächliche Kinder hatte; dann mußte man in einem wollenen Kleid und barfuß zum Grabe des Bischofs Bernulf zu Utrecht pilgern[35]. In Kortrijk war es üblich, daß wohlhabende Bürger einen „Platz" für eine Blutsverwandte, die möglicherweise in Sion eintreten würde, kauften[36]. — Andererseits fällt auf, daß von vielen Klosterinsassen berichtet wird, daß sie gegen den Willen ihrer Eltern und Freunde und gar den ihrer Verlobten eintraten. In Diepenveen sorgte man dann dafür, daß diese so schnell wie möglich

---

[26] Kroniek Bl. 69, 96, 96v.

[27] *Van den doechden* 67—68, 96, 164, 168, 249, 288.

[28] *Van den doechden* 149.

[29] *Van den doechden* 360.

[30] STRACKE, *Syoens kloosterkroniek* 411.

[31] Kroniek Bl. 37.

[32] *Van den doechden* 166.

[33] *Van den doechden* 225.

[34] *Van den doechden* 164.

[35] *Van den doechden* 139.

[36] STRACKE, *Syoens kloosterkroniek* 199.

aufgenommen wurden[37]. Einige Eltern weigerten sich in solchen Fällen, dem Kloster die geforderte Mitgift zu zahlen[38].

Familienbande waren stets eine starke Triebfeder für den Eintritt in einen bestimmten Orden oder ein bestimmtes Kloster. Zwar durften in der Windesheimer Gemeinschaft Geschwister nicht in dasselbe Kloster aufgenommen werden; doch sonstige Blutsverwandtschaften sind häufig zu bemerken. Dies kam freilich der Klosterzucht nicht immer zugute, so z. B. in Kortrijk, wo fünf Nichten und drei Neffen des Rektors untergebracht waren[39].

Nennen wir noch einige andere Gründe für den Eintritt ins Kloster: Katharina van Naaldwick trat in ihrem 17. Lebensjahr in Diepenveen ein, weil sie den Tod und die Hölle fürchtete[40]. In St. Agnes zu Gent nahm man Sterbende auf. Verschiedentlich traten Frauen ein, weil ihr geistlicher Beistand sie (oder die Eltern) dazu bewegt hatte; so war es z. B. bei Jutta von Ahaus in Diepenveen. Sie wurde schon mit fünf Jahren von ihren Eltern in die Abtei Vreden gebracht, wo sie später Äbtissin wurde; ihre Nichte war zwei Jahre alt, als sie nach Vreden kam[41]. Johannes van Beveren, verheiratet mit einer gewissen Truyde, beschloß nach dem Tod seiner Zwillinge, in Windesheim einzutreten. Seine Frau, die damit nicht einverstanden war, *plaatste* er (brachte er unter) bei den Schwestern vom gemeinsamen Leben zu Zwolle, wo sie sich bekehrte; denn als er es nach einiger Zeit in Windesheim nicht mehr aushielt, weigerte sie sich, nach Hause zurückzukehren. Später trat sie in Diepenveen ein, wo sie, da sie nichts eingebracht hatte, viel schwere Arbeit verrichten mußte und, krank geworden, *omme godswille* (für Gotteslohn) versorgt wurde[42]. Ähnliches wird von Quintine Battaelge in St. Agnes zu Gent berichtet: sie trat, als ihr Mann Priester werden wollte, *blijdelic* (freudig) als Konversin ein[43]. Elsebe Hasebroecks war zwölf Jahre alt und noch nicht verlobt. Einige Jahre später heiratete sie; ihr Mann starb jedoch und ließ sie 26jährig mit drei kleinen Kindern zurück. Als zwei Töchter kurz darauf starben, brachte sie das Söhnchen in einer Schule unter und zog sich nach Diepenveen zurück[44].

---

[37] *Van den doechden* 287, 290, 319.
[38] *Van den doechden* 323.
[39] STRACKE, *Syoens kloosterkroniek* 438.
[40] *Van den doechden* 90.
[41] *Van den doechden* 59—62.
[42] *Van den doechden* 173—194.
[43] Kroniek Bl. 34^{v}.
[44] *Van den doechden* 203, 214.

In Diepenveen wurden die jungen Klosteranwärter zunächst als *buitenzuster* („Außenschwestern") aufgenommen. Wenn der Rektor der Ansicht war, daß sie dem eigentlichen Klosterleben in Einsamkeit und Stille gewachsen seien, wurden sie Chorschwestern. Diese Vorbereitung konnte mitunter Jahre dauern: Lysbeth van Gysberts war 14 Jahre alt, als sie *buitenzuster*, und 26 Jahre, als sie als Konversin angenommen wurde[45]. Die meisten Anwärter waren ziemlich jung, mehrere bekanntermaßen zwischen 12 und 15 Jahren alt[46]. So verwundert es nicht, daß Katharina van Naeldwyc mit ihren 18 Jahren eine *alte jonfer* (alte Jungfer) genannt wurde[47], und daß von Barbara van der Heyden in Facons gesagt wurde, daß sie bei ihrer Einkleidung *wel* („reichliche") 24 Jahre alt war[48]. In Bethanie zu Mecheln traten viele Anwärter ziemlich jung ein; sie wurden jedoch erst eingekleidet, wenn sie mindestens 15 Jahre alt waren.

Was wissen wir nun über die Größe der Klostergemeinschaften? Von einigen Klöstern besitzen wir vollständige Listen der Klosterbewohner mit Angabe des Einkleide- und des Sterbedatums. Das macht es möglich, die jährliche Zahl der Einkleidungen und die Gesamtzahl der Klosterinsassen zu bestimmen. Bei anderen Klöstern verfügen wir nur über zufällige und unvollständige Angaben in Chroniken und in Berichten über die Herdzählungen.

Zunächst über diese zweite Art von Klöstern: Diepenveen zählte 1408 12 Kanonissen innerhalb und 20 außerhalb des Klosters; 1419 lebten dort höchstens 50 Nonnen; 1424 schon über 110 Kanonissen, 40 Konversen und acht noch nicht eingekleidete Mädchen, die sich auf den Eintritt vorbereiteten; 1469 waren es 90 Kanonissen, 27 Konversen, 25 Nicht-Eingekleidete, zehn „Außenschwestern" und 20 Laien[49].

In St. Agnes zu Maaseik gab es 1482 125 Schwestern[50]. Sion zu Kortrijk zählte 1450 50 Personen; 1497 waren dort 100 eingekleidete Frauen und fünf Männer, obwohl mit der geistlichen Obrigkeit von Kortrijk vereinbart war, daß dort insgesamt nur 70 Personen sein dürften[51].

---

[45] *Van den doechden* 160—161.

[46] *Van den doechden* 150.

[47] *Van den doechden* 90.

[48] Caers, *Register*, Bl. 13.

[49] *Van den doechden* passim.

[50] J. Habets, Drie chronijkjes van Ste. Agnetenklooster te Maeseyck. *Publications de la Société historique et archéologique dans le Limbourg* 6 (1869) 386.

[51] Stracke, *Syoens kloosterkroniek* 203, 318.

Als die Visitatoren kamen, durften Kinder und nicht eingekleidete Personen sich nicht blicken lassen, *want de vaders niet en weten mochten datter so veel waren* (damit die Väter nicht erführen, daß es so viele seien)[52]. Und in St. Agnes zu Gent gab es 1486 45 Kanonissen, 11 Konversen und 11 Donatinnen; für 1491 lauten die entsprechenden Zahlen 56, 137 und 14, dazu kommt eine große Anzahl Kommensalen[53].

In Jericho zu Brüssel gab es 1496 drei Priester, 50 Kanonissen, 13 Konversinnen, zwölf Donatinnen, zwei Knechte und zwei Mägde[54]; im Brüsseler St. Elisabethkloster lebten 40 Kanonissen, vier Konversen, 19 Donatinnen, drei Priester und ein Küster[55]. Über die Zahl der Klosterbewohner in den Niederlanden um 1500 hat Post 1950 eine ausführliche Studie verfaßt. Darin stellt er fest, daß die meisten Frauenklöster der *Devotio moderna* ungefähr 40—65 Insassen hatten, eine Zahl, die gewiß nicht zu hoch bemessen ist[56].

ST. URSULA ZU LÖWEN

Zahl der Einkleidungen und Aufnahmen:

	Kanonissen	Konversen	Donatinnen	Priester*	insgesamt
1420	5		3		8
1421—1430	23				23
1431—1440	7				7
1441—1450	10		1		11
1451—1460	12		4	1	17
1461—1470	14		2	1	17
1471—1480	10	1	4		15
1481—1490	14		5	1	20
1491—1500	10		11		21
	105	1	30	3	139

* soweit sie in St. Ursula selbst eingekleidet wurden.

52 Ebd. 412.

53 Kroniek Bl. 78, 108v.

54 J. Cuvelier, *Les dénombrements de foyers en Brabant.* Brussel 1912, 238.

55 Ebd. 249.

56 R. Post, De roeping tot het kloosterleven in de 16de eeuw (*Mededelingen der Koninklijke Nederlandse Academie der wetenschappen, afd. Letterkunde*, n. r. 13, nr. 3) Amsterdam 1950.

Entwicklung der Klosterbevölkerung im 15. Jahrhundert

	Kanonissen	Konversen	Donatinnen	Priester	insgesamt
1420	5		3		8
1430	24		3		27
1440	29		3		32
1450	32		4		36
1460	40		6	1	47
1470	46		7	2	55
1480	48	1	11	2	62**
1490	50	1	14	2	67
1500	46	1	20	1	68

** den Herdzählungen zufolge wohnten 1480 in St. Ursula insgesamt 70 Personen.

BETHANIE ZU MECHELN

	Zahl der Einkleidungen von Kanonissen	Zahl der Kanonissen
1421—1430	15	15
1431—1440	24	36
1441—1450	22	55
1451—1460	15	68
1461—1470	11	73
1471—1480	11	55
1481—1490	17	54
1491—1500	18	57
Insgesamt	133	

Für die Niederlande sind dies sehr hohe Zahlen — sowohl im Vergleich zu anderen Frauenklöstern als auch im Vergleich zu den Windesheimer Männerklöstern. Was den Vergleich mit anderen Frauenklöstern angeht, lebten 1480 in allen sonstigen Frauenklöstern zu Löwen insgesamt folgende Personen: 16 Graue Schwestern, 31 Schwarze Schwestern, 33 Weiße Frauen[57].

Zum Vergleich mit den Windesheimer Männerklöstern wollen wir anführen, daß Ten Troon 1430 20 Klosterinsassen zählte und Bethlehem

[57] CUVELIER, *Dénombrements*.

bei Löwen 29; 1460 waren es in Ten Troon 30 und in Bethlehem 29; 1490 in Ten Troon 47 und in Bethlehem ca. 27. Vergleichbare Relationen scheinen auch — der Untersuchung von POST zufolge — in den Niederlanden vorzukommen. Dieser Autor zählt dort für den Anfang des 16. Jahrhunderts insgesamt 3100 männliche und 10.000 weibliche Klosterinsassen[58].

Die Kanonissen bildeten unter den Klosterbewohnern stets die größte Gruppe; ähnliche Verhältnisse herrschten jedoch auch in den Männerklöstern.

Das Zusammenleben einer verhältnismäßig großen Zahl von Personen auf so engem Raum mußte zu Spannungen und sogar zu Streit führen. Darüber teilen jedoch die erhaltenen Quellen nicht viel mit, denn es paßt nicht zu den erbaulichen Absichten dieser Art von Geschichtsschreibung. Einige Fälle sind jedoch bekannt: In Diepenveen wurde Salome Sticken nach ihrem Priorat mit der Aufsicht über die Schwestern im Spinnhaus betraut; ein Teil der Klosterfrauen widersetzte sich dem jedoch, weil sie der Meinung waren, ihr lange genug Gehorsam geleistet zu haben[59]. Ein steter Anlaß zu Ärgernissen war gewiß auch das wöchentliche „Schuldkapitel am Freitag", an dem jeder jedem Vorhaltungen machen durfte. Jan Brinckerinck sagt deshalb, daß man dabei drei Punkte beachten solle: erstens müsse man bereit sein, zunächst die eigenen Fehler zu verbessern; zweitens dürfe man niemanden verurteilen, sondern müsse Mitleid mit ihm empfinden; und drittens solle man nur liebevoll tadeln[60].

Eine, die wahrscheinlich ihr ganzes Leben lang mit dem bedeutenden Teil ihrer Klostergemeinschaft in Konflikt lag, war die Mystikerin Alijt Bako. Sie fand in ihrem Kloster *seer cleyne devotie, veel crancheit, idel uutgeekeertheyt ende sonderlinghe lichtveerdigheyt ende ongheoorflofde vrijheit, veel haat ende nijt, mesnoeghen, mesaghen, achterclap, oordeel, passie ende tweedrachtigheyt* ... *Men obedierde die men wilde* (sehr wenig Frömmigkeit, viel Krankheit, eitle Äußerlichkeit und sonderliche Leichtfertigkeit und unerlaubte Freiheit, viel Haß und Neid, Unzufriedenheit, Mißgunst, Nachrede, Verurteilung, Leidenschaft und Zwietracht ... Man gehorchte, wem man gehorchen wollte). Diese Kritik äußerte sie in

---

58 E. PERSOONS, De bewoners van de kloosters Bethlehem te Herent en Ten Troon te Grobbendonk. *Arca Lovaniensis* 5 (1976) 221—240.

59 *Van den doechden* 30, 67.

60 W. MOLL [Hrsg.], Johannes Brinckerinck, Acht collatiën. *Kerkhistorisch archief* 4 (1866) 124—125.

Galilea als junge Novizin, als dort Hilde Sonderplants aus Diepenveen als Priorin wirkte, die als Klosterreformerin schon in mehreren Klöstern aufgetreten war. Alijt Bake widersprach ihren Oberen regelmäßig; so ist denn auch nicht verwunderlich, daß sie als hoffärtig und eigensinnig angesehen wurde. Hierfür mußte sie auf den Knien um Verzeihung bitten. Daraufhin beschloß Alijt Bake, sich völlig in sich selbst zurückzuziehen; sie mied ihre Mitschwestern, sagte von diesen gar: *ook al gaan ze alle in de helle, het gaat my niet aen* (auch wenn sie alle zur Hölle gehen, mich geht es nichts an)[61].

Das Haupt des Klosters war die Priorin, die in Anwesenheit von zwei Windesheimer Prioren von allen Kanonissen gewählt wurde. Wählbar war sowohl eine Kanonisse aus dem eigenen als auch eine aus einem der anderen angeschlossenen Klöster; sie mußte mindestens seit drei Jahren im Kloster und dreißig Jahre alt sein. Die Priorin sollte voll Ehrerbietung behandelt werden; jedoch hatte sie wie die übrigen Klosterfrauen gekleidet zu sein, mit diesen das übliche Klosteressen einzunehmen und den Stundengebeten beizuwohnen. Gemeinsam mit den Ratsschwestern entschied sie über alle wichtigen Angelegenheiten. Bei der täglichen Verwaltung halfen ihr die Subpriorin und die *procuratrix*. Daneben gab es noch weitere Funktionsträger — die *celleraria*, die *refectoraria*, die *infirmaria*, die *vestiaria*, die *sacrista*, die *cantrix*, die *ebdomadaria*, die *armaria*.

In den Frauenklöstern wohnten stets auch Männer — einige, um die *cura monialium* wahrzunehmen, andere, um die schwerere Arbeit zu verrichten; dies war z. B. in Bethanie zu Mecheln der Fall. In Barberendal in Tienen lebten ebenso *de pater met 2 priesters, eenen rentmeester, 2 leekebroeders, 4 knapen houdende huer winhoff liggende binnen den bivange van den selven goidshuyse*[62].

Die Frauenklöster, die zum Windesheimer Kapitel gehörten, erhielten ihre Rektoren von diesem Kapitel zugewiesen; diejenigen, die nicht zu Windesheim gehörten, mußten sich auf andere Weise behelfen. Und darum mußten in den Frauenklöstern auch Männer Profeß tun. Es gibt wohl auch Klagen über solche ,,Profeßbrüder", etwa weil einige von ihnen das Kloster verließen (so zu St. Agnes in Gent[63] und zu Dordrecht). Meistens gab es auch nur einen oder zwei *profesbroeders*

[61] ALIJT BAKE, *Mijn beghin ende voortganck* (Hs Gent, Univ. Bibl. 3854) Bl. 25v.

[62] CUVELIER, *Dénombrements* 375.

[63] Kroniek, Bl. 91v—92.

gleichzeitig. Gelegentlich wurden auch einmal Männer als Gäste im Kloster aufgenommen.

Frederik von Heilo, der selbst jahrelang Rektor in Frauenklöstern war, hat einige kleine Traktate über die Aufgaben des Rektors geschrieben. Er spricht sehr verächtlich von den Frauen, die schnell für Männer in Feuer und Flammen standen, die keine Standhaftigkeit kannten *propter defectum rationis et propter vehementiam passionis*, die immerzu nur reden und damit nur aufhören können *non ex causa sed ex fastidio*; *femine non agunt sed aguntur*, wie der Philosoph sage. Es sei sehr wichtig, daß in einem Frauenkloster Friede herrsche, doch möge man nicht annehmen, daß man tun könne, was das beste sei, *quia non sequuntur rationem sed quandam animi inclinationem*. Ausführlich behandelt Frederik die Gefahren, die sich für den Rektor durch die Beichte ergeben; er rät davon ab, allzu gründlich auf Probleme einzugehen, die mit der Keuschheit des Beichtkindes zusammenhängen, denn das könne den Seelenfrieden des Beichtvaters selbst in große Gefahr bringen; und ganz gewiß dürfe er nicht die körperliche Nähe von Frauen suchen. Frederik berichtet von einem Abt, der gesagt habe, alle Mönche, die er zur Führung der Nonnen abgeordnet habe, kämen in die Hölle[64].

Nennen wir hier noch einige Äußerungen eines solchen Antifeminismus: Die Hölle nennt man *des vrouwenhemelryck* (der Frauen Himmelreich)[65]; der Rektor von St. Agnes zu Gent zitiert Franziskus Petrarca, der gesagt habe, *dat eene goede vrouwe een selde ghesien ende wonderlic dier ist op eertryke* (daß eine gute Frau ein selten gesehenes und wundersames Tier auf der Erde sei)[66]. Der folgende Teil der Genter Chronik ist von einem Kanoniker verfaßt, der der Überzeugung ist, daß die Frau von Natur aus (*van vrouwelicke condicie*) unstet und unbeständig sei[67]. Johannes Brinckerinck war sein ganzes Leben lang Rektor von Frauenklöstern. Er glaubte, daß Frauen zum Gehorsam verpflichtet werden müßten, *want die cleyne wijsheit hebben* (weil sie wenig Verstand haben), andererseits erkannte er jedoch auch, daß sie vor Gott mehr Gnade finden würden, weil sie sich so *neerstelike pinen* (ernsthaft bemühen)[68]. Wenn er Beichte hörte, saß er immer mit dem Rücken zu den Beichtkindern[69].

---

[64] POOL, *Frederik van Heilo* passim.

[65] *Van den doechden* 48.

[66] Kroniek Bl. 17v.

[67] Ebd. 70.

[68] BRINCKERINCK, *Acht collatiën* 128, 150.

[69] D. A. BRINCKERINCK [Hrsg.], Vita venerabilis Joannis Brinckerinck. *Nederlandsch Archief voor kerkgeschiedenis* NS 1 (1904) 351.

Eine der vornehmsten Aufgaben des Rektors waren die frommen Betrachtungen (*collatie*), die er täglich gegen 1 Uhr abhalten mußte. In Kortrijk saß der Rektor dann in seiner Kapelle vor den Gittern; auf seinen Befehl mußten die Klosterinsassen niederknien. Die Kanonissen hatten immer Streifen aus Pergament oder Papier in ihren Taschen, auf denen sie fromme Stellen aus der *Collatie* oder der Lektüre notierten. Einige von diesen *Collatien* sind erhalten. Diejenigen von Johannes Brinckerinck handelten von der Bekehrung, dem Tadel, dem Gehorsam, der Demut, der Kommunion, dem Kampf gegen die Untugenden, dem Beten und der Arbeit, dem Nachdenken über die Leiden Christi, dem Schweigen, den Oberen und Untergebenen und von der üblen Nachrede.

Die Kehrseite der Medaille, der Standpunkt der Frauen nämlich, ist weniger bekannt: Wenn in Deventer ein Mann in das Kloster kam, waren die Klosterfrauen verpflichtet, sich den Schleier vors Gesicht zu ziehen[70]. Als Brinckerinck starb, sagte die Oberin des Meester Geertshuis von ihm, daß sie niemals sein Gesicht gesehen habe, weil er ihr, wenn er mit ihr sprach, den Rücken zukehrte. Dort kehrten die Frauen auch den Predigern den Rücken zu[71]. Das war nicht der Fall in Diepenveen, wo sie jedoch angehalten waren, den Schleier niederzulassen. In Kortrijk hieß der Beichtvater zuerst *lieve vaere*, doch weil die Leute darüber lachten, änderte man das in *pater* um[72]. Zwei Klosterfrauen aus Diepenveen, die in Windesheim Hilfe leisten sollten, mußten zunächst ihr Gesicht schwärzen, *op dat sie niemant oersake en solden geven te sundigen* (damit sie niemandem Grund zur Sünde gäben)[73].

In allen Chroniken und Quellen ist nur einmal von einer Klosterinsassin die Rede, die wider das Gebot der Reinheit gesündigt haben soll: Fye van Reden zu Diepenveen wurde verdächtigt, ein Kind zu haben; sie mußte zum Offizial nach Köln kommen, um ihre Brüste vorzuzeigen und dabei klarzustellen, daß man sie fälschlich beschuldigt hatte[74]. Jan van Dinslaken zu Kortrijk verpflichtete während seines Rektorats die Klosterfrauen, ihre Sünden auf einer Beichtrolle niederzuschreiben. Wie der Autor der Chronik, der Nachfolger von van Dinslaken, sagt, standen auf diesen Rollen viele *sonden des vleesch* (fleischliche Sünden),

---

[70] *Van den doechden* 363.

[71] *Vita Brinckerinck* 351.

[72] STRACKE, *Syoens kloosterkroniek* 409.

[73] *Van den doechden* 256.

[74] Ebd. 297.

denn die meisten Klosterfrauen fanden Gefallen daran, sich Sünden zu beschuldigen, die sie nicht begangen hatten[75].

3. Das tägliche Erleben der Klosterideale

Der Tag in einem Windesheimer Kloster war ziemlich gleichmäßig aufgeteilt in vier Hauptbeschäftigungen: Schlafen, Beten, Meditieren und Arbeiten.

Man stand gegen vier Uhr auf.

4 Uhr Zeichen zur Mette
4.30 Uhr Prim, danach Arbeit
7 Uhr erstes Zeichen zur Terz, Meditation
7.30 Uhr Terz, Messe, Sext, None (in der Fastenzeit bis 11.30 Uhr, sonst bis 11 Uhr)
11 Uhr Mittagsmahl, in der Fastenzeit danach None, danach im Sommer eine Stunde Pause, dann Arbeit
15 Uhr erstes Zeichen zur Vesper, Meditation
15.30 Uhr Vesper
17.30 Uhr Mahlzeit oder kleine Erfrischung, danach Komplet
19 Uhr Nachtruhe.

Sich zu demütigen und zu kasteien, sind Kennzeichen der Lebensweise in den Klöstern[76]. In ihrer Autobiographie erwähnt beispielsweise Alijt Bake, daß sie nach sechs Monaten der Vorbereitung eine Generalbeichte hielt, die gut sieben Stunden dauerte[77]. Das Leben besteht, wie es zusammengefaßt heißt, aus *facere, cedere et inclinari: swijgen, wijken ende duken*[78].

Man achtete sehr streng auf die Einhaltung des Schweigegebots; manche meinten jedoch, daß man darin noch nicht weit genug gehe. Lubbe Swaves in Diepenveen schwieg samstags den ganzen Tag aus Ehrfurcht gegenüber Unserer Lieben Frau[79]. Sicherlich war es auch

---

[75] STRACKE, *Syoens kloosterkroniek* 410.

[76] D. DE MAN, Over het veinzen bij de Moderne Devoten. *Nederlandsch Archief voor kerkgeschiedenis*, NS 34 (1943) 29—32.

[77] B. SPAAPEN [Hrsg.], Alijt Bake, Autobiografie. *Ons geestelijk erf* 41 (1967) 267—274.

[78] *Van den doechden* 7.

[79] *Van den doechden* 69.

Sünde, zuviel zu lachen[80], obwohl man lachen durfte, wenn dies nicht aus Ungehorsam oder Leichtsinn geschah[81]. Wer nicht gehorsam war, wurde bestraft, mußte z. B. auf dem Fußboden essen oder die Füße der anderen küssen[82]. Auch kannte man als Strafe den Entzug von Speise und Trank, auch Stockschläge, die Einschließung ins Klostergefängnis, das Küssen der Füße im Remter. Wenn man Alijt Bake bestrafen wollte, band man ihr den Schleier über dem Haar zusammen, damit alle im Chor ihr Gesicht sehen konnten[83].

Um sich zu demütigen, war man bereit, viel und schwer zu arbeiten, z. B. zu graben, zu säen, Mist zu fahren, zu backen und zu brauen, in Stall und Küche zu arbeiten, das Schweinefutter anzurichten und die weidenden Ochsen im Baumgarten zu beaufsichtigen, um zu verhindern, daß sie die Bäume beschädigten[84]. Die adelige Jutte von Ahaus mußte die Nachttöpfe leeren, obwohl sie *hoers selver water niet rieken en mochte* (sie ihr eigenes Wasser nicht riechen konnte)[85]. Bei ihrem Eintritt wurde sie auch verpflichtet, ihre beiden Schoßhündchen zu ertränken[86]. Es ziemte sich auch, in aller Stille die Arbeit von anderen zu verrichten; so etwas nannte man *deugden stelen* (Tugenden stehlen)[87].

Ferner trachtete man danach, das eigene Ich abzutöten; das hieß *hare natuur in haat hebben* (die eigene Natur hassen); so verbot die Priorin von Diepenveen zwei befreundeten Klosterfrauen, miteinander zu sprechen, *opdat ze zich daarin sterven zouden* (damit sie sich dadurch töteten).

Das Kapitel über das Schweigen ist in den Statuten der Frauenklöster viel länger als in denen der Männerklöster — etwa, weil das besonders notwendig war ? Auf jeden Fall durfte das Schweigen gebrochen werden, wenn im Kloster ein Brand ausbrach. Ein Kapitel über das Sprechzimmer (*locutorium*) kommt nur in den Statuten für die Frauen vor, nicht bei den Männern (man durfte in Gesellschaft einer *discrete* Schwester durch das Sprechfenster mit den Besuchern reden, wenn die Priorin es erlaubte); das gleiche gilt für das Kapitel über Schlösser, Fenster und Drehscheiben (sogenannte *rote*: hierdurch konnte man etwas reichen, ohne gesehen zu

---

80 *Van den doechden* 50.

81 J. Acquoy, *Het klooster te Windesheim en zijn invloed* 2. Utrecht 1876, 296.

82 *Van den doechden* 106.

83 *Alijt Bake*, *Autobiografie* 261.

84 *Van den doechden* passim.

85 *Van den doechden* 73.

86 *Van den doechden* 80.

87 *Van den doechden* 293—294.

werden). In den Männerklöstern hatten die Kanoniker im Dormitorium eigene Zellen; in den Frauenklöstern waren zwischen den Betten hölzerne Verschläge, damit man einander nicht sehen könnte.

In allen Windesheimer Männerklöstern wurde großer Wert auf gut ausgestattete Bibliotheken gelegt. Auch mehrere Frauenklöster, die unter Windesheimer Einfluß standen, hatten recht große Bibliotheken; deren Geschichte und Zusammensetzung bleiben jedoch noch zu beschreiben. Eine der größten besaß gewiß das St. Agnes-Kloster zu Maaseik, das über mindestens 170 Handschriften verfügte, von denen jedoch nur noch 70 erhalten sind. Aus den erhaltenen Handschriften geht hervor, daß die Bibliothek nur erbauliche Traktate und Werke mit moralisierender Tendenz umfaßte; weder Theologie noch Philosophie oder gar die Klassiker der Antike waren vertreten[88]. Jede Kanonisse konnte täglich nach der Prim eine Handschrift aus der Bibliothek entlehnen; ob dies allerdings auch getan wurde, ist nicht sicher. Einige Klosterinsassen versuchten auch, Bücher als Leihgabe von außerhalb zu erhalten; so gelang es Alijt Bake, das *Neue Felsenbuch* von Rulman Merswin für einige Stunden zu entleihen[89].

Man war nicht immer erfreut über die ausgewählte Lektüre; so bestanden gewiß Bedenken dagegen, die Bibel in der Umgangssprache zu lesen. Gegen Ende des 15. Jahrhunderts fühlte sich Katharina Cauwerinx († 1499) in St. Agnes zu Gent durch die Lektüre der Briefe des Hl. Paulus getröstet, obwohl *de text vanden helighen scriftuere noch niet commen was in de ghemeene usancie vanden simpelen menschen* (obwohl die Lektüre der Hl. Schriften noch nicht allgemeiner Brauch unter den einfachen Menschen geworden war). Um 1520 erhielten der Rektor, die Priorin und einige Klosterzöglinge in St. Agnes zu Gent die Erlaubnis, das Neue Testament in der Umgangssprache zu besitzen. Die Oberen schöpften gleichfalls hieraus, um *toter direckt te vermanen, de pater in syn sermoenen ende de mater int capittel* (um so direkt zu ermahnen — der Pater in seinen Predigten, die Mutter im Kapitel)[90].

Jedes Kloster besaß mehrere Handschriftensammlungen. An erster Stelle standen die Chorbücher, denn bei einer großen Zahl von Klosterinsassen war es ein Problem, jedem ein Chorbuch zukommen zu lassen; Diepenveen verfügte nicht über ausreichend Chorbücher; deshalb be-

---

[88] J. Deschamps, Handschriften uit het Sint-Agnesklooster te Maaseik. *Album Dr. M. Bussels*, Tongeren 1967, 167—194.

[89] *Alijt Bake*, *Autobiografie* 334—335.

[90] Kroniek Bl. 60r—60v.

schloß man, Truye van Beveren keines zu geben, weil sie sowieso keine gute Stimme habe. Fortan schrieb diese täglich die Texte auf eine Schiefertafel; und als es später genug Papier gab, schrieb sie sich ihr eigenes Chorbuch[91]. Als nächstes gab es meist noch eine kleine Sammlung von Handschriften mit Texten, die im Remter vorgelesen wurden[92]. Auch die Rektoren hatten eine eigene Sammlung, die jedoch aus lateinischen Texten bestand. So gab Korsendonk dem Faconskloster zu diesem Zweck die *Legenda aurea*, die *Vitae patrum*, den *Liber de apibus* und die *Collecta sermonum de sanctis*[93]. In Sion zu Kortrijk sammelte Rektor Jan van Dinslaken eine Menge Handschriften, die er selbst illuminierte und interpunktierte. Schließlich gab es noch die gemeinsame Klosterbibliothek.

Einige Klosterzöglinge besaßen auch privat Handschriften, z. B. Salome van den Wiele aus Diepenveen; sie bekam von ihrem Bruder die Werke *Van den reynigheit* von Hendrik von Gent und *De vier utersten*; ferner von Bonaventura *Van vierdehande oeffeningen*[94]. Barte van der List in Diepenveen erhielt von ihrem Onkel, dem Dekan von Deventer, eine Bibel und ein weiteres „großes Buch"[95]. Katharina van Naeldwyc trug immer zwei oder drei Bücher bei sich; die Priorin gab ihr dafür ein Körbchen[96].

Abgesehen von Chroniken und Liedern haben die Kanonissen selbst nur wenige Werke geschrieben; als Ausnahmen sind zu nennen: Jacomijne Costers in Facons († 1503): *Visioen, Refrein, Bereydinge tot het H. Sacrament*; *Van de perfectie en Van de drij beloften der religieuzen* (Wien, Ö. N. B., Series nova 12827); Salomone Sticken in Diepenveen: *Vivendi formula* (ca. 1435—1439); Alijt Bake in Galilea hinterließ eine Autobiographie und mehrere mystische Traktate. Wahrscheinlich als Reaktion auf ihre Schriften bestimmte das allgemeine Kapitel 1455: *Nulla monialis aut soror, cuiuscumque status fuerit, conscribat aliquos libros doctrinas philosophicas aut revelationes continentes, per se interpositamve personam, ex sua propria mente vel aliarum sororum compositas, sub poena carceris*[97].

---

[91] *Van der doechden* 192.

[92] Vgl. Hs. Brüssel, Koninklijke bibliothek II 1302, Deckblatt *Liberye van den refter*.

[93] CAERS, *Register* Bl. 21.

[94] *Van den doechden* 317.

[95] *Van den doechden* 308.

[96] *Van den doechden* 118.

[97] S. VAN DER WOUDE [Hrsg.], *Acta Capituli Windeshemensis*. 's-Gravenhage 1953, ad annum.

Die Frauen mußten eine Arbeit *pro communi utilitate* verrichten, weil sie so weniger leicht ein Opfer von Versuchungen würden (Müßiggang ist das Kopfkissen des Teufels = Müßiggang ist aller Laster Anfang). Außerdem galt Arbeit als göttliches Gebot, weil geschrieben steht, daß man im Schweiße seines Angesichts sein täglich Brot essen solle.

Es kann unterstellt werden, daß jeder Klosterinsasse auch tägliche Pflichten hatte, denn in einem Kloster sind jeden Tag vielerlei Verrichtungen vorzunehmen — Kochen, Brotbacken, Bierbrauen usw. In St. Agnes zu Gent mußte eine Donatin sich um den Gemüsegarten kümmern[98], eine andere mußte im Winter das Feuer im Ofen anzünden und unterhalten[99], die Donatin Katharina van de Broucke mußte regelmäßig zum Markt gehen[100]. Andere Arbeiten in Diepenveen waren: Felle einzuweichen, um Pelze zu machen[101], Hostienbrot zu backen[102], Schweine zu hüten (dafür erhielt man eine Portion Brot und Dünnbier)[103], den Kranken vorzulesen[104], beim Schlachten zu helfen[105] und die Wäsche zu bewachen, wenn diese auf der Bleiche lag[106].

Der größte Teil der Klosterbevölkerung war jedoch mit zwei anderen Arbeiten beschäftigt: mit dem Spinnen und Weben einerseits und dem Anfertigen von Handschriften andererseits. In Diepenveen war die Bibliothekarin Katharina van Naaldwyc mit der Aufsicht über Pergament und Papier betraut[107]. In der Chronik dieses Klosters wird öfters von Chorbüchern, die Klosterzöglinge abgeschrieben hätten, gesprochen und vom Ausbessern und Binden von Texten. Besonders für St. Agnes zu Gent besitzen wir zahlreiche Angaben über die Anfertigung von Handschriften sowohl für den eigenen Gebrauch (meistens Chorbücher) als auch für den Verkauf. Drei Arten von Schreibschrift werden genannt: die *bastaarde lettere*, die Rundschrift für kostbare Bücher und die „gebrochene" Schrift. Texte wurden nicht nur abgeschrieben, sie wurden auch

---

[98] Kroniek Bl. 66v.
[99] Kroniek Bl. 65v.
[100] Kroniek Bl. 62v—63.
[101] *Van den doechden* 335.
[102] *Van den doechden* 168.
[103] *Van den doechden* 77.
[104] *Van den doechden* 169.
[105] *Van den doechden* 168.
[106] *Van den doechden* 335.
[107] *Van den doechden* 107—108.

manchmal mit Miniaturen geschmückt oder — je nach Notwendigkeit — mit Noten versehen[108].

Eine Kuriosität ist in diesem Zusammenhang festzuhalten: Janne van den Broucke, die eine geschickte Kopistin und *cantrix* war, wurde, weil sie nicht mehr gut sah, zur Archivarin bestimmt. Klosterinsassen, die nicht *pro communi utilitate* mit dem Anfertigen von Handschriften betraut waren, konnten privat *pro se ipso* kopieren, dies jedoch nur in der Freizeit, z. B. sonntags. So kopierte Katharina van Ghisegem, Kanonisse zu Jericho in Brüssel, eine Arbeit von Jan van Ruusbroec *in allen uitgesochten tijden als sy int gemeen werck niet sijn en moeste* (in allen ausgesuchten Zeiten, in denen Gemeinschaftsarbeiten nicht zu verrichten waren). An dieser Handschrift im Umfang von 266 Seiten (208 × 141 mm) arbeitete sie vom Fest Peter und Paul (Juni 1472) bis zum 4. April 1473[109].

Pater KRUITWAGEN hat 1907 dem Schreiben an Festtagen im Mittelalter eine interessante Studie gewidmet. Wie man weiß, durften solche Handschriften nicht verkauft werden, weil sie eben an Festtagen geschrieben waren, und an solchen Tagen war *slafelijke* (mühsame) Arbeit verboten. Abschreiben durfte man solche Texte dann zwar, weil es ja geistliche waren und weil man sie zum Zwecke der Erbauung abschrieb, doch Geld durfte man dafür nicht verlangen[110].

Die illuminierten Handschriften, die in diesen Frauenklöstern entstanden, wurden bisher kaum untersucht — mit Ausnahme derjenigen des Delfter St. Agnes-Klosters. Dieses Kloster gehörte zum Kapitel von Sion. Zwischen 1440 und 1500 wurden hier zahlreiche Handschriften illuminiert, die u. a. von BYVANCK, HOOGEWERFF und VERMEEREN untersucht wurden[111]. In ihnen kommen zwei Arten von Bordüren vor: „lose" Bordüren, bei denen sich die Ranken, vom Text gelöst, am Rand befinden, und die „Blockbordüre", bei der die Ranken den Satzspiegel einschließen. Die Initialen sind in blau und rot mit der Feder ausgeführt. Später werden sie mit gemalten Motiven (Blumen, Früchte, Vögel, menschliche Gestalten) ausgefüllt. Diese Arbeiten waren nicht bloß für

---

108 Vgl. *Archives et Bibliothèques de Belgique* 49 (1978) 734—735.

109 Hs. Brüssel, Koninklijke Bibliotheek, 15136.

110 B. KRUITWAGEN, Het schrijven op feestdagen in de middeleeuwen. *Tijdschrift voor boek- en bibliotheekwezen* 5 (1907) 97—120.

111 Z. B. A.-W. BYVANCK und G. J. HOOGEWERFF, *Noord-Nederlandsche miniaturen in handschriften der 14e, 15e en 16e eeuwen*, 3 Bde. 's-Gravenhage 1922—1925; P. J. H. VERMEEREN, Delftse verluchte handschriften ter Koninklijke bibliotheek. *Oud Delft* 2. Rotterdam [o. J.].

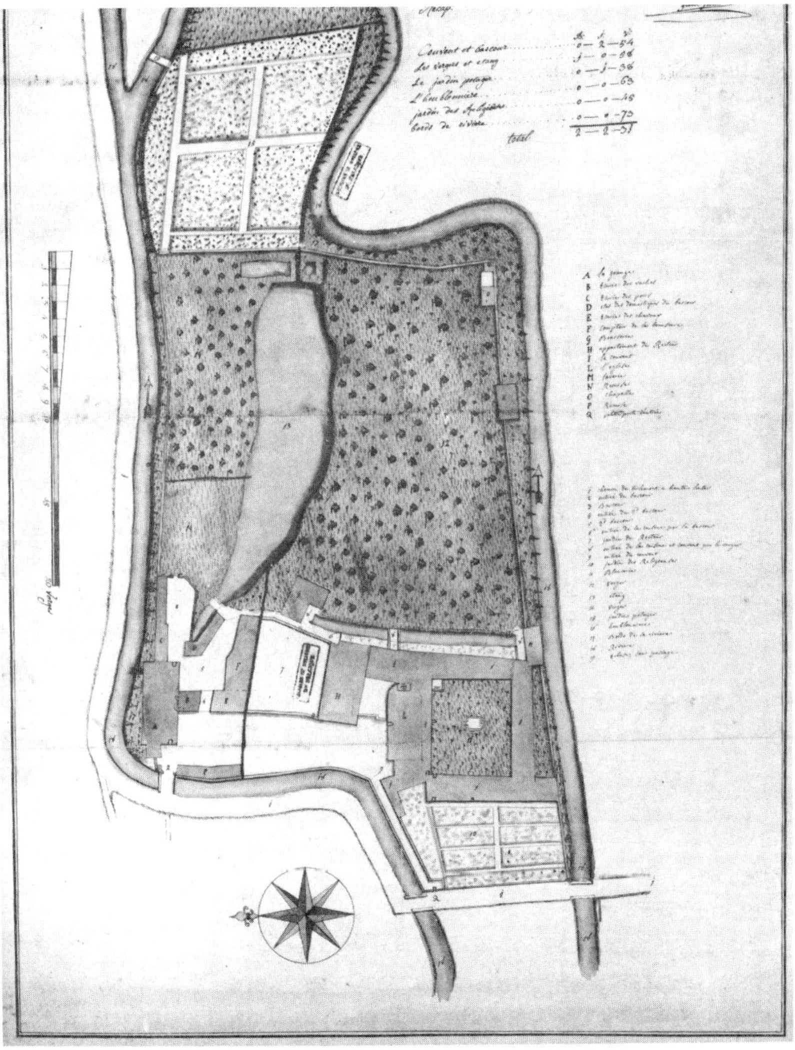

1. Plan des Klosters Barberendal zu Tienen.
Brüssel, Algemeen Rijksarchief, Kaarten en Plannen, in Handschrift 636

2. Bethaniekloster Mecheln. Gemälde von J. Smeyers. Brüssel, Kon. Museum Oude Kunst

3. Kloster Ter Cluysen, 's-Gravenbrakel.
Brüssel, Algemeen Rijksarchief, Kaarten en Plannen, in Handschrift 3003, 1

4. Gedächtnisbild der Kanonisse Janne Colyns († 1496) aus Jericho, Brüssel.
Berlin, Gemäldegalerie Staatliche Museen

5. Stifterbild einer Kanonisse.
Gemälde von C. Engelbertsz. Antwerpen, Kon. Musea Schone Kunsten

6. Stifterbild einer Kanonisse.
Graduale, geschrieben von Goedele Booms.
Diest, St. Sulpicius

7. Metallschnitt aus Bethaniekloster Mecheln,
ca. 1500, Brüssel, Kon. Bibl. Prenten S V 70811

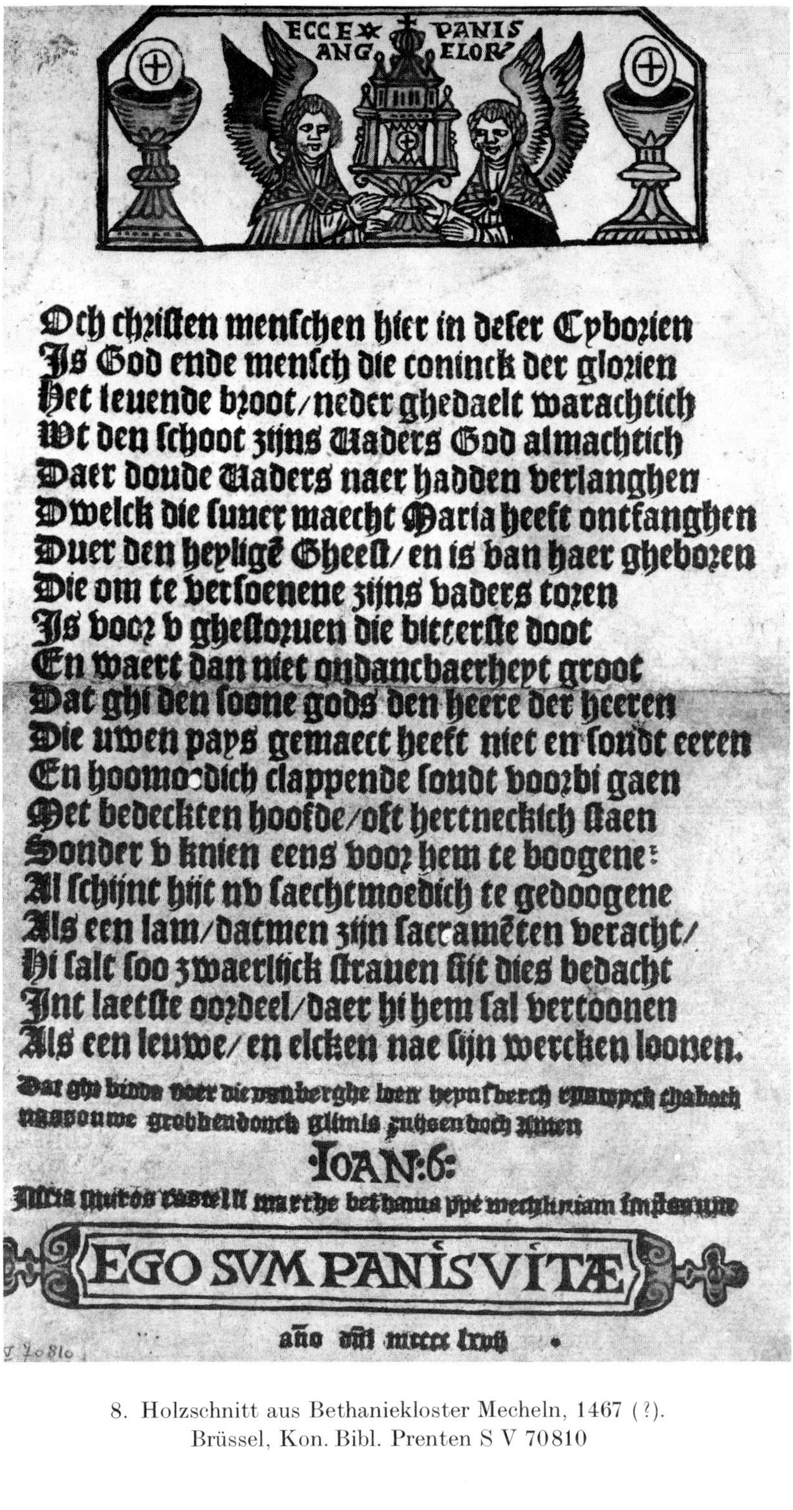

Och christen menschen hier in deser Cyborien
Js God ende mensch die coninck der glorien
Het leuende broot/neder ghedaelt warachtich
Wt den schoot zijns Vaders God almachtich
Daer doude Vaders naer hadden verlanghen
D'welck die suuer maecht Maria heeft ontfanghen
Duer den heylighe Gheest/en is van haer gheboren
Die om te versoenene zijns vaders toren
Js voor v ghestoruen die bitterste doot
En waert dan niet ondancbaerheyt groot
Dat ghi den soone gods den heere der heeren
Die uwen pays gemaect heeft niet en soudt eeren
En hoomoedich clappende soudt voorbi gaen
Met bedeckten hoofde/oft hertneckich staen
Sonder v knien eens voor hem te boogene:
Al schijnt hij nv saechtmoedich te gedoogene
Als een lam/datmen zijn sacramenten veracht/
Hi salt soo zwaerlijck strauen sijt dies bedacht
Jnt laetste oordeel/daer hi hem sal vertoonen
Als een leuwe/en elcken nae sijn wercken loonen.

Dat ghi bidde voer die [illegible] loen heyn[illegible]berch [illegible] chaboch
[illegible] grobbendonck glimis zuysen [illegible] Amen

IOAN:6:

[illegible] marthe bethanie [illegible] mechliniam [illegible]

EGO SVM PANIS VITÆ

ano dni mcccc lxvij

V 70810

8. Holzschnitt aus Bethaniekloster Mecheln, 1467 (?).
Brüssel, Kon. Bibl. Prenten S V 70810

9. Paradiesgärtlein aus Mecheln. Geel, St. Dympnakirche

den eigenen Bedarf bestimmt, sondern das Kloster führte auch Bestellungen aus.

Auch gedruckte Texte wurden derart geschmückt. Solche Illuminierung sollte eher Schmuck des Textes sein als ein eigenständiges Kunstwerk, damit die Andacht in der Hauptsache auf den Text gerichtet bleibe. Wir glauben jedoch nicht, daß auch in den anderen Frauenklöstern solche Malschulen bestanden. Meistens sind die Handschriften sehr einfach ausgeführt; die *Devotio moderna* maß einem guten Text viel größere Bedeutung bei als einer äußerlich gut ausgestatteten Handschrift.

In diesen Klöstern wurden auch Heiligenbilder gedruckt, entweder in Holz geschnitten (Holzschnitt) oder in Metall (Metallschnitt, Abb. 7). Diese „kleinen Andachtsbilder" kommen in den Niederlanden häufig vor, ohne daß man jedoch meistens genau sagen kann, wo sie hergestellt wurden. Daß bereits 1467 ein solches Andachtsbild im Bethaniekloster zu Mecheln gedruckt worden sein soll, ist unwahrscheinlich; Spezialisten meinen, daß dieses Bild im 19. Jahrhundert gefälscht sein könnte (Abb. 8)[112]. Jedenfalls ist sicher, daß in Bethanie — ebenso wie in einigen anderen Klöstern — im 15. Jahrhundert Holzschnitte und Metallschnitte gedruckt wurden.

Hier wurden vermutlich auch *besloten hofjes* (Paradiesgärtlein) hergestellt. Diese sind Äußerungen der Frömmigkeit des Volkes. Außer mit künstlichen Blumen und Pflanzen, Reliquien und Banderolen wurden diese mit gemalten Bildchen versehen und dies alles dann hinter einem Zaun mit einer Eingangspforte plaziert. Oft haben sie auch gemalte Fensterläden (Abb. 9)[113].

Die vornehmste Art der Handarbeit war jedoch überall das Spinnen von Wolle und das Weben von Leinwand sowie diejenigen Tätigkeiten, die damit verbunden waren — das Kämmen und Kardieren der Wolle und das Hecheln von Flachs. Während des Spinnens durfte man in Diepenveen lachen[114], jedoch nicht sprechen. Beim Bau des Klosters wurde als erstes stets ein Spinnhaus errichtet. Das Weben begann erst nach einigen Jahren; zuvor wurde das Garn an die Weber verkauft. In der Zählung von

---

112 M. Mauquoy-Hendrickx, Une dernière hypothèse (?) au sujet de l'Ecce panis angelorum du couvent de Béthanie (Malines) portant le millésime 1467. *De gulden passer* 52 (1974) 177—189.

113 K. Heireman, in *De vijfhonderdste verjaring van de boekdrukkunst in de Nederlanden*. Brüssel 1973, 538—542.

114 *Van den doechden* 355.

1526 wird angeführt, daß das Cabbeekloster zu Tienen zwei Webstühle habe, und daß Leinentuch auf dem Markt zu Antwerpen verkauft wurde[115]. Solange die Klöster lediglich Wolle kämmten und spannen oder Flachs haspelten und diese Produkte wohlfeil an die Tuchmacher verkauften oder bloß für den eigenen Bedarf webten, bildeten sie keine Konkurrenz für die Weber und Tuchmacher. Doch bald wurde in den Klöstern immer mehr gewebt, und das zu sehr niedrigen Produktionskosten. So wurden vor allem in den Niederlanden ab 1450 Maßnahmen dagegen ergriffen (in Den Briel, Amsterdam, Zutphen, Deventer etc.): Manchmal wurde das Weben überhaupt verboten[116]. In anderen Fällen durfte die Produktion nur für den Eigenbedarf bestimmt sein. Im Gebiet des heutigen Belgien ist uns nur der Widerstand der Leinenweber und der Leinwandhändler von Kortrijk bekannt (1453); mit Zustimmung der burgundischen Herzöge erweiterte Sion jedoch seine Textilwerkstatt noch um ein Dutzend Webstühle. Es konnte dort jedoch nur *slijtlaken* (Tuch aus grobem Garn) hergestellt werden, weil die Kaufleute verhinderten, daß das Kloster feines Garn für das *cooplaken* auf dem Flachsmarkt kaufen konnte. Das Kloster war also gezwungen, für viel Geld Garn von schlechter Qualität bei Händlern in Gent zu erstehen. Zu Ende des 15. Jahrhunderts gelang es ihm, durch Einsatz von verbesserten Spinnrädern (*vleugelspinnewiel*) ein feines Garn zu erzeugen, so daß das Kloster jetzt auch Tuch für den Verkauf herstellen konnte. Das Spinnen wurde von den Chorschwestern besorgt, während das viel schwerere Weben den Donatinnen oblag[117].

In mehreren Quellen, so z.B. für Kortrijk und St. Elisabeth zu Brüssel, ist auch die Rede davon, daß Stickereien hergestellt, Damastleinen gewebt und Meßgewänder gefertigt würden; ferner wurden dort feine Näharbeiten mit Goldfäden und Goldbelag ausgeführt, die u. a. für Meßgewänder benötigt wurden.

Über die Eß- und Trinkgewohnheiten sind wir bloß unvollständig unterrichtet, da die erhaltenen Rechnungen nur allgemein von gekauften Nahrungsmitteln und Getränken handeln, und da die Klöster bestrebt

---

115 CUVELIER, *Les dénombrements* 377.

116 D. DE MAN, Maatregelen door de middeleeuwsche overheden genomen ten opzichte van het oeconomisch leven der kloosterlingen en leden van congregaties. *Bijdragen vaderlandsche geschiedenis en oudheidkunde*, 5e reeks 7 (1920) 273—292; A. G. JONGKEES, *Staat en kerk in Holland en Zeeland onder de Bourgondische hertogen 1425—1477*. Groningen 1942.

117 A. VIAENE, Handwerk in het Sioenklooster te Kortrijk 1450—1550. *Biekorf* 60 (1959) 289—300.

waren, auf diesem Gebiet so viel wie möglich selbst zu produzieren. In einer Rechnung des Dordrechter St. Agnes-Klosters aus dem Jahre 1475 beanspruchten Viktualien 63% aller Ausgaben. Folgende Lebensmittel und Getränke wurden erwähnt: Weizen im Wert von 391 fl., Gerste und Spelz 111 fl., gutes Brot 22 fl., Obst 20 fl., Äpfel 6 fl., Faßfleisch 129 fl., Schaffleisch 61 fl., Schweinefleisch 19 fl., Öl 29 fl., Butter und Milch 116,5 fl., Käse 16 fl., Wein 8 fl., Hering 39 fl., Salz und gesalzener Fisch 39 fl., für das Mahlen von Weizen und Malz 25 fl.

Für Umbauten wurden 132,5 fl. ausgegeben (8%), für Kleidung (Wolle, Tuch, Schuhe) 110 fl. (6,7%), für Flachs 102 fl., für Brennmaterial (Torf und Holz) 134 fl. (8%). Weitere Ausgabeposten waren: für Haarschneiden und Aderlassen 16 fl., Reisen und Besuche 17,5 fl., Hafer für die Pferde 90 fl.

Im allgemeinen war in den Windesheimer Klöstern vorgeschrieben, daß Fleisch immer gekocht, niemals gebraten werden durfte, weil letzteres die Sinnenlust vergrößere[118]. Dreimal in der Woche wurde Fleisch gegessen, an drei weiteren Tagen gab es Eier und Milchspeisen, freitags wurde gefastet. Die Statuten schrieben vor, daß Obere und Untergebene das gleiche Essen bekommen sollten, was jedoch nicht immer eingehalten wurde. In St. Agnes zu Gent gab es ein *materstafele* („Tafel der Mutter"), an der besseres Essen aufgetragen wurde[119].

In vielen Klöstern war das Essen anfangs wegen der Armut nicht sehr reichlich, so daß Gerrit van Bronkhorst zum Spaß sagte, daß in Windesheim niemand besser gefüttert werde als die Schweine und die Gäste[120]. Doch sehr bald nach der Gründung achtete man darauf, daß jeder genügend aß, denn übertriebenes Fasten sei nicht nur der Gesundheit abträglich, sondern auch der geistigen Ausgeglichenheit. Doch es kommt auch dann noch vor, daß aus Armut wenig schmackhafte Dinge gegessen werden.

Für wenig schmackhaft galt in Diepenveen das Essen von *moesbrei* (Kräuterbrei), Bohnen, Milch und fettem Speck[121]; als unappetitlich galt es, einen Bierrest, den jemand anderer hatte stehen lassen[122], auszutrinken oder überhaupt das Trinken von Dünnbier. Manche Klosterinsassen

---

[118] *Van den doechden* 100.
[119] Kroniek Bl. 81v.
[120] ACQUOY, *Het klooster* 2, 287—288.
[121] *Van den doechden* 160.
[122] *Van den doechden* 306.

tranken hiervon jedoch eine ganze Menge, weil es ihnen besser schmeckte als Wein[123].

Ziemlich regelmäßig erhielten die Klosterinsassen eine Bereicherung ihres Essens dank der Stiftung von zahlreichen *pitanciae*, oder weil irgendein Fest gefeiert wurde, z. B. ein Jubiläum eines Klosterinsassen. Alljährlich wurde auch die Fastnacht gefeiert, die *gecke tijd*, wie dieser Tag in Diepenveen hieß.

Offenbar waren die Eßgewohnheiten in Flandern und in Deutschland verschieden. Das Sionskloster in Kortrijk hatte als Rektor den Deutschen Jan von Dinslaken. Voll Abscheu erzählt die Chronik, was dieser auf seine *duitsche* Art aß — nämlich immer und zu allen Mahlzeiten grobes braunes Roggenbrot und Speck, und dazu mischte er auch noch Bier in seinen Wein[124].

Wir sollten hier auch nicht die traditionelle Gastfreundschaft der Klöster verschweigen, wollen uns jedoch auf ein Detail beschränken: In Diepenveen wurden für die Speisung der Armen immer St.-Antonius-Schweine aufgezogen. Diese trugen ein besonderes Zeichen und durften auf der Suche nach Eßbarem in Städten und Dörfern frei herumlaufen. Dieser Brauch bestand auch in anderen Klöstern, so daß es reichlich Klagen über die Verunreinigung der Städte durch die „franziskanischen Schweine" gab[125].

Viele Klosterinsassen starben jung, besonders an Schwindsucht, andere wurden wahnsinnig. Weitere Ursachen für die große Sterblichkeit waren Pest und Wassersucht. Außerdem sind als Todesursachen erwähnt *popelsie* (Schlaganfall), Schlaflosigkeit, Hautausschlag, Brustgeschwür, *frost* (d. h. Rheuma), Brustkrebs, Maul- und Klauenseuche, ansteckende Grippe, Nierengrieß und -steine. Wenn eine Schwester starb, schlug man auf ein Brett und läutete die Glocke. Jede Schwester mußte für die Verstorbene 100 Vaterunser beten[126].

Zur Kleidertracht: auf dem Haupt trug man immer ein weißes leinenes Haupttuch und darüber einen großen schwarzen Schleier, der über den Oberarm fiel. Das weiße Unterkleid aus grobem Stoff wurde im Winter alle zwei Monate und im Sommer jedes Monat gewaschen; es war ungefähr zwei Handbreit kürzer als das Oberkleid. Das Oberkleid aus

---

[123] *Van den doechden* 68.

[124] STRACKE, *Syoens kloosterkroniek* 431.

[125] W. MOLL, *Kerkgeschiedenis* II, 4, 246ff.

[126] *Van den doechden* 110.

weißem Leinen war eine Handbreit länger als der Mantel, durfte jedoch nicht über den Boden schleifen, sondern mußte zwei, drei Daumen breit darüber bleiben. Der Mantel mußte aus grobem Stoff und einfarbig sein; er war eine Handbreit kürzer als das Oberkleid. Dieser Mantel durfte mit Schafspelz gefüttert werden und wurde nachts im Chor getragen.

Die Schuhe waren aus schwarzem Rindsleder. Sie durften vorn nicht zu eng sein und wurden oben mit Riemchen befestigt. Nachts durften weiße Pantoffel getragen werden. Die Gürtel mußten aus ungefärbtem Leder bestehen und durften höchstens so breit wie ein Arm sein. Gürtel, Messer und andere Gebrauchsgegenstände durften nicht aus Seide, Gold oder Silber gefertigt werden. Jeder Kanonisse erhielt zwei Oberkleider, zwei oder drei Unterjacken, einen Mantel, ein oder zwei Pelzkleider, dazu weiße Strümpfe und Socken, Kopftücher und Schleier, soviel wie nötig waren. Die Konversen trugen die gleiche Kleidung, hatten aber kein schwarzes Kopftuch, und statt eines Unterkleides hatten sie ein sogenanntes Skapulier, zwei breite Leinenstreifen, die am Hals miteinander verbunden wurden. Außer den Kleidungsstücken, die in den Statuten erwähnt sind, werden für Diepenveen noch folgende genannt: Schlafrock, Handschuhe, Leinensocken, Taschentücher und Arbeitskittel. Während des Rektorats von Johannes Brinckerinck in diesem Kloster gab es dort auch auf diesem Gebiet einen übertriebenen Hang zu Demut und Anspruchslosigkeit, denn Brinckerinck wünschte, daß die Kleider am Leibe hängen sollten ,,wie zwei Rippen Speck"[127].

Das Haar der Männer wurde alle 14 Tage geschnitten und der Bart wöchentlich geschoren; in den Frauenklöstern wusch und schnitt man das Haar achtmal im Jahr. Viermal im Jahr (bei den Männern fünfmal) wurde zur Ader gelassen.

ANHANG I*

I.

INVENTAR VON 1521

Staet van goede bevonden int clooster van Syon ten overlidene van pater Olivier Mynnaert saligher memorie, de welke overleet deser weerlt den 27sten dach van april 1521.

---

[127] ACQUOY, *Het klooster* 2, 287.

* Nach A. VIAENE, Kerkgeraad en keukentin van het Sioenklooster te Kortrijk (1521—1540). *De Leiegouw* 2 (1960) 105—107.

Item al voren god ter eeren so wasser bevonden in suveren gelde de somme van 604 lb. 10 sc. gr.

Item noch wasser bevonden in selverwerke:

6 croesen met vergulden voeten,

6 croesen met selveren voeten,

noch 6 ghedraeide croesen sonder voeten,

eenen fonteynpot,

eenen selveren lepele, ende noch een cleen lepelkin.

Dit weghende alte samen als hier onder in de somme gheteekent es.

Item noch esser bevonden in de kerke:

al voren de seborie vanden helighen sacramente te sommeghen steden vergult,

noch drie cleen selveren vaetkints elc met drie selveren voetkints,

4 selveren ampullen,

twee vergulde kilcten,

een vergulde paesbert te weten selveren vergult,

noch een mynder selveren paesbert,

een selveren monstrancie,

een selveren plateel,

2 selveren scalen ende 2 selveren lepels.

Somme van al onsen selverwerke van desen twee voorscreven partseelen, uutghenomen beede de kylcten, de seborie ende de monstransie wecht al te samen deen met den anderen 161 onsen.

Item dit selver wert ghepresen voor 5 sc. gr. donse, bedraect 40 lb. 5 sc. gr. Ende men scat de seborie ende beede de kilcten an den cant van 20 lb. gr. Comt tsamen 60 lb. 5 sc. gr.

II.

INVENTAR VON 1540

Item daer was bevonden ten overlydene van onser eerweerdegher mater in ghereede pennynghen de somme van 40 ponden groten.

Item noch wasser bevonden in selveren juweelen een monstrancie vanden heleghen sakermente van fynen selvere weghende 8 marck ende 5 onsen. Item elc marck es van 8 onsen dees monstrancie es weert 28 lb. 4 sc. 4 d. gr.

Item een selveren beelde van sente Katheline weghende in selveren 5 marck ende 5 onsen ende es weert 19 lb. 10 sc. 10 d. gr.

Item eenen kelct waer af de croes es selveren vergult ende den voet metten selveren pateenkin es coper vergult ende es weert de somme van 34 sc. gr.

Item een syborie vanden heleghen sacramente weghende 2 marck ende 6 onsen.

Item 2 keelcten waer af de meeste wouch 3 marck selvere ende den anderen wouch een marck ende 6 onsen.

Item 2 paer selveren appullen waer af de meeste weghen een marck en halve ende een onse, ende dander weghen 6 onsen.

Noch 2 paesberden weghende tsamen een marck en halven.

Item een selveren platteel weghende een marck ende vier onsen en halven, 2 selveren scalen weghende met 2 selveren lepels een marck en halven ende 2 onsen, met noch een selveren copkin weghende een marck.

Item al dit voornoemde selver sonder de monstrancie, Ste Katheline ende den eenen keelct hebben wy gheestimeert als ghebrokin selver te 5 sc. gr. donse, bedraecht tsamen tsonder tfatsoen de somme van 30 lb. 15 sc. gr.

Item noch wasser bevonden een swart fluweelen oornament met gouden sterren,

een roet damast ornament,

een wit damast ornament,

ende een ghelue syde ornament.

Noch een blau fluweelen casule, een roe damasten casule ende een groen ossette[1] *casule, dit al te ghelde ghesleghen en gheestymeert 83 lb. 10 sc. gr.*

Item noch wasser bevonden een gouden lakin outaercleet,

een wit damasten outaercleet,

een groen syden outaercleet gheborduurt met scoenen blommen,

een roet cameloten[2] *outaercleet met noch 2 outaercleeren van tapytsen weerke*[3],

noch 5 autaer [cleeren] voer de cleen autaren,

dit al gheestimeert bedraecht tsamen 22 lb. 2 sc. 8 d. gr.

Item noch wasser bevonden 2 witten syden gordynen ende 2 groen syden gordynen ghepresen voor 5 lb. 4 sc. gr.

Item 2 tapytsen cleeren, 14 tapytsen cussens ende 6 bewrochte cussens ghepresen 2 lb. 10 sc. gr.

Item 7 autaerdwalen totten hoeghen autaer ende 8 autaerdwalen tot beede de cleen outaren voor 2 lb. gr.

Item 1482 pont fyn tyn te 6 gr. tpont ende 75 pont cuer[4] *te* $4^1/_2$ *gr. tpont. Comt tsamen deen metten anderen de somme van 36 lb. 7 sc.* $7^1/_2$ *gr.*

Item noch wasser bevonden in eerweerc[5] *voer 18 lb. gr.*

Somme van al dit voerscreven bedraecht 288 lb. 18 sc. $5^1/_2$ *gr.*

---

[1] Ossette (al. orset): eine Art Seide.

[2] Camelot: kostspieliger Stoff.

[3] Tapyts werc: Nadelarbeit.

[4] Cuer: Zinn.

[5] Eerwerc: Kupferwaren.

Anhang II*

Inventar des Sterbehauses von Jacoba van Loen, 7. März 1466

In nomine domini amen. Per hoc presens publicum instrumentum cunctis pateat evidenter et sit notum, quod anno a nativitate ejusdem domini millesimo quadringentesimo sexagesimo sexto, indictione quarta decima die vero septima mense martii, Pontificatus sanctissimi in christo patris et domini nostri domini Pauli divina providentia pape secundi anno secundo, in mei notarii testiumque infrascriptorum ad hoc vocatorum et rogatorum presentia personaliter constituti, venerabiles et religiosus viri domini Henricus Steymans, pater sive prior monasterii de Throno ordinis canonicorum regularium Sancti Augustini Cameracensis diocesis et Reynerus van der Elst presbyteri, executores testamenti seu ultime voluntatis quondam domicelle Jacobe de Loen, filie quondam illustris viri domini Johannis de Loen, dum viveret domini temporalis de Heynsberch, eoque nomine et antequam ad executionem huiusmodi testamenti seu ultime voluntatis iuxta facultatem ipsis, virtute cujusdam publici instrumenti de et super testamento seu ultima voluntate dicte quondam domicelle Jacobe testatricis confecti, attributam procedere bonaque per et post mortem dicte quondam domicelle Jacobe relicta apprehendere seu de illis quovismodo disponere, volebant quod ad solutionem cuiuscumque debiti per eamdem testatricem tempore vite sue contracti aut legati per ipsam facti se ultra obligare nolebant quam bona huiusmodi que ipsi juxta inventarium desuper conficiendum, ibidem invenirent se extenderunt solempniter protestati fuerunt et expresse.

Qua protestatione sic facta prefati domini Henricus et Reynerus executoris volentes prout asseruerunt juxta possibilitatem a Deo eis concessam et bonorum predictorum quantitate procedere atque unicuique juxta eorum consciencias de bonis huiusmodi justam et debitam rationem reddere ac computum et calculum demonstrare debitaque et legata ipsius testatricis persolvere et adimplere ultra tamen quantitatem bonorum huiusmodi nullatenus se obligando de quo iterum protestati fuerunt ad bonorum predictorum conscriptione sive inventarii eorumdem bonorum confectionem in Dei nomine processerunt omniaque et singula bona per et post mortem dicte testatricis

* Mecheln, Stadtarchiv, Houten Lade B Nr. 46; H. Cordemans de Bruyne [Hrsg.], Histoire de l'art typographique à Malines et bibliographie raisonnée de ses productions. *Bulletin du Cercle archéologique, littéraire et artistique de Malines* 6 (1895) 40—59.

relicta et per eosdem executores reperta et apprehensa per me notarium publicum infrascriptum fideliter sub debito juramenti per me prestiti, conscribi registrari et in scriptis poni petierunt et postularunt in hunc qui sequitur modum:

Et primo supradicti domini Henricus et Reynerus executores sic inventarium confici volentes oratorium sive capellam ejusdem quondam domicelle Jacobe testatrices una cum testibus ac me notario publico infrascriptis intrarunt, in quo seu qua subscripta bona reperta fuerunt:

Primo videlicet reperta fuit ibidem quedam parva cista in qua decem libri diversarum orationum inter asseres ligati reperti fuerent.

Item, alius liber Evangeliorum cum glosa de dominicis diebus similiter ligatus.

Item et alius liber continens dictamina cuiusdam nuncupati Ruysbroeck etiam ligatus.

Item unus liber etiam ligatus inter asseres: de decem praeceptis.

Item tredecim parvi libri in papiro descripti, continentes de diversis materiis.

Item septem pixides dicte vulgariter dosen cum diversis materiis ad conficienda ornamenta in vestibus et aliis rebus.

Item alius liber conscriptus in pergameno, munimine ligatus.

Item, una tabula ad ponendum super altare cum undecim diversis figuris.

Item alia tabula figurata cum figura Xcriti portantis crucem suam.

Item diversa poma arangie et granate in uno cophino inclusa.

Item unum pulpetrum.

Item septem tabule in quibus scribitur.

Item modicum de pergameno, una longa cista non clausa, unum parvum scampnum ad ponendum sub pedibus hominum.

Una tabula confecta pro fratribus minoribus opidi bergensis.

Item unum altare confectum de asseribus super quo steterunt figura Xchristi crucifixi, ymago Virginis Marie, ymago sanctis Johannis cum quatuor aliis ymaginibus cum bethleem et cum suis ornamentis napparum et similium.

Item una candela de alba cera virginea benedicta, due appulle stagnee ad imponendum vinum et aquam, unum bassum scampnum ante altare, duo scampna, unum aliud bassum scampnum ad ponendum sub pedibus et unum candelarum metallinum super altare.

Deinde in camera iuxta oratorium sive capellam huius modi reperta fuerunt hec bona: videlicet unus magnus largus lectus cum sua lectica ac una nigra sargia et alia alba sargia foderata cum pellibus agnorum.

Item una lectica qua utitur pro una famula, sub dictolecto posita.

Item una lectica superius de asseribus reclusa cum sublecto, cum duobus lintheaminibus de albo laneo panno et duobus coopertoriis nigri coloris et sua cortina.

Quatuor pulvinaria, duodecim cussini nigri cum uno alio parvo cussino et una parva rubea sargia; unum tritsorium cum diversis pixidibus et vasis repletis speciebus et electuariis; una parva rotonda scutella stagnea cum electuariis; unum crusibile coopertum de albastrio; unum coker coreum; unus cultellus cum uno panetorio; tres burse de coreo adinvicem confecte absque pecunia; una mensa plicata cum uno almario in quo reperte fuerunt certe relique et certa ornementa.

Item sedile nuncupatum: vousele spectans monasterio de Bethania; unum parvum secretum; duo parva bassa scampna; unus tripes; due tedifere; una follis; unum screinarium, una tabula depincta cum ymaginibus domini nostri Jhesu Xristi crucifixi, nostre domine virginis Marie et sancti Johannis.

Item quinque coclearia argentea, unus pottus parvus argenteus coopertus, una parva pixis argentea cum diversis reliquiis.

Item duo sigilla, unum parvum et aliud maius que per executores ad statim fuerunt fracta.

Item unus denarius deauratus cum figura passionis dominice; due parve virgule argentee ad scribendum in cera; unum orologium pertinens domicelle Odilie de Nassouwen; duodecim corone auree monete Regis francie, due alie corone monete ducis Sabaudie, una corona Delphini francie, tres aurei leones, sex aurei equites monete ducis burgondie, quatuor petri aurei, sex floreni Renenses, dimidium Nobile aureum monete domini Henrici Regis Anglie, quatuor scuta Wilhelmi, unum scutum Johannis, duo equites monete ducis Ghelrie, unus petrus monete domini Davidis episcopi Trajectensis, duo floreni eiusdem monete, quatuor floreni Bavarie, unum scutum Philippi, decem et octo floreni postulati, quatuor floreni Arnoldi, et in moneta argentea reperti fuerunt triginta novem stuferi, unus stoterus, duo blaffardi antiqui, unus denarius Philippi, quinque liliardi, parvus agnus Dei inclusus in argento deaurato, tres denarii argentei eisdem executoribus ignoti, unum pellicium satis preciosum, una grisea tunica foderata cum pellibus agnorum, una nigra subtunica foderata cum pellibus cuniculorum, una grisea tunica, unus griseus mantellus, una tunica alba, unum aliud pellicium, due manice de pellibus vulpium confecte, absque alique panno, una subtunica de coreo dicto zeemen foderata cum pellibus animalium dictorum eencoren, due parve manice foderate cum foderatura dicta marters, unus mantellus scotie.

Insuper reperte fuerunt ibidem certe littere in certo cophino clause et precipue una littera sigillata sigillis domini Philippi Burgondie, Brabantie, etc. Ducis et diversorum suorum hominum feudalium sive vassalorum de data vicesimi diei mensis decembris, anno domini millesimo quadringentesimo sexagesimotertio, continens qualiter illustris vir domicellus Johannes comes de Nassouwe recognovit predicte domicelle Jacobe testatrici sue sorori centum florenos Renenses annui et hereditarii redditus per ipsam Domicellam Jacobam testatricem singulis annis ad et super dominium de Breda recipiendos et levandos, etc.

Item adhuc una alia littera eiusdem date similiter sigillis eiusdem domini ducis et vasallorum suorum sigillata, de trecentis florenis Renensibus annue et vitalis pensionis per eandem testatricem singulis annis quamdiu viveret recipiendis et non ultra.

Item, alia littera de data undecima die mensis Aprilis anno domini millesimo quadringentesimo sexagesimoprimo, cuius vigore dictus domicellus Johannes comes de Nassau et domicella Maria de Loen sua conthoralis promiserunt eidem domicelle Jacobe testatrici quatuor milia florenorum Rhenesium certo die solvendorum ipsam que domicellam Jacobam relevare de singulis debitis per quondam dominum Johannem de Heynsberck olim Episcopum Leodiensem contractis, et similiter una alia parva littera de data anno domini millesimo quadringentcsimo sexagesimotertio mensis februarii die quarta, cuius vigore idem domicellus Johannes comes de Nassau etiam promisit dictam domicellam Jacobam testatricem ab omni debito per dictum quondam dominum Episcopum Leodiensem contracte relevare.

Adhuc alia littera de data undecima die mensis Aprilis anno domini millesimo quadringentesimo sexagesimoprimo, cuius vigore dictus domicellus comes de Nassau promisit eidem domicelle Jacobe testatrici centum florenos Renenses annui perpetui et hereditarii redditus necnon trecentos alios florenos Renenses vitalis pensionis ad et supra territorium et dominium de Breda assignare. Et similiter adhuc una alia littera etiam de data undecima die mensis Aprilis anno millesimo quadringentesimo sexagesimoprimo, cuius vigore prefata domicella Jacoba testatrix transportavit predicto domicello Johanni de Nassou omne jus et actionem sibi in bonis et dominiis per et post mortem dicti quondam Johannis de Heynsberck dum viveret sui fratris olim Episcopi Leodiensis seu ad alia quomodolibet competentia tam in terris, fortaliciis, castris, dominiis de Mijllen, de Steyn, de Lummene, de Mertzenac, quam in singulis aliis feudalibus, clenodiis, mobilibus et immobilibus bonis et cum illa clausula quod dicta domicella testatrix se obligavit stare juri illustrissimi domini nostri ducis prefati reverendissimi in Xhristo patris domini episcopi Leodiensis et aliorum judicum quorumcumque, etc.

Item una littera de data vicesima die mensis Novembris anno Domini millesimo quadringentesimo sexagesimo quinto, cuius vigore soror Elisabeth priorissa monasterii de Bethania promisit solvere domicelle Christine sexaginta florenos Renenses.

Item una alia de data die nona mensis decembris anno domini millesimo quadringentesimo sexagesimosecundo, cuius vigore priorissa et conventus dicti monasterii de Bethania recognoverunt recepisse tricentos florenos Renenses ad opus domicelle Katherine de Burgundia.

Item reperte sunt in eodem cophino octo cedule papiree de diversis quitanciis.

Item in quodem alio cophino reperte fuerunt quinque littere apostolice mentionem facientes de annua pensione octo milium florenorum Renensium per sanctam sedem apostolicam domino de Heynsberch olim episcopo Leodiensi super huiusmodi episcopatu reservatis constitutis et assignatis necnon de certis reliquiis eidem domino per diversos summos pontifices transmissis et destinatis.

Et ultra predicta reperte fuerunt ibidem septem littere de diversis confraternitatibus, indulgenciis et devotionibus dicte domicelle Jacobe testatrici concessis.

Deinde vero prenominati domini Henricus et Reynerus executores mediam cameram in medio assensus stantem intrarunt et ibidem infrascripta bona reperta fuerunt.

Videlicet primo, unus magnus lectus cum sua lectica et uno coopertorio dicto vulgariter: Culckt, unum sedile longum, unus asser ad ponendum sub pedibus, due tedifere, una tenella, una follis, tres sedes et una longa mensa.

Istis premissis sic fideliter concriptis et inventarizatis memorati domini Henricus et Reynerus executores clausuram dicti monasterii de Bethania intrarunt et ibidem similiter in camera dicte domicelle Jacobe testatricis hec subscripta bona invenerunt.

Et primo stetit in eadem camera una lectica superius de asseribus cooperta cum suo lecto ac superlectili nigro, una cortina ante lectum pendente et ymagine crucifixi in ligno incisa, unum orlogium clausum, unum parvum tridsorium, una tabula depicta cum ymagine domini nostri Jhesu Xristi per sanctum Johannem Baptistam in flumine Jordani baptizati; una furcula argentea, una parva mensa, una rotonda mensa, una quadrata mensa, unus magnus lectus cum sua lectica et cum uno coopertorio rubro, unum sedile longum plicatum cum diversis speciebus in illa clausis et de quolibet modicum, una balantia cum ponderibus suis ad ponderandum, decem cussini blavei de armatura domini de Heynsberch, unus cultellus fulcitus argento, decem sedes, duo longi blavei cussini, quatuor pulvinaria, unum superlectile dictum Culckt, due tedifere, una tenella cum una ferrea pala. Septem paria lintheaminum largorum. Septem paria aliorum lintheaminum, octo coopertoria pulvinarum, unum largum lintheamen, quindecim mensalia, decem et septem mappe longe et omnes de notabiliare opere, tres mappe mediocres ad stergendum manus post lotionem de communi opere, quinque alie mappe eiusdem operis, vigintitres mappe ad cooperiendum altare, duo mensalia modici valoris et quatuor instrumenta argentea multum parva ad invicem pendentia.

Preterea in cellula eiusdem domicelle Jacobe testatricis super istam cameram invenerunt predicti domini executores ista subscripta bona videlicet duos pottos stagneos quorum quilibet continet unam geltam vini, sex pottos continentes unam quartam vini eiusdem operis, duos pottos de dimidia quarta vini et tres minores.

Item unam mensuram, unam lagenam stagneam, duos pottos ad imponendum de mostarda, quinque vasa stagnea ad imponendum sal, unam magnam scutellam stagneam profundam, duas minores similes scutellas, duo candelabra stagnea.

Item et similiter reperte fuerunt ibidem tres large scutelle cum tribus aliis minoribus ac aliis novem scutellis adhuc minoribus dictis richtscotelen, quinque alie simile scutele, viginti novem mediocres scutelle dicte richtscotelen, cum viginti una parvis profundis scutellis dictis cannekens, decem et octo salsaria dicta dobbeleiren, octo parve scutelle ad ministrandum de mostarda, duodecim parvi stagnei potti ex quibus solet bibi servisia, duo magni potti erei dicti Ketelpotte cum uno simili parvo potto, quinque potti de cupro, tres parve patelle cupree, quinque cacabi nigri, unus maior alio, duo cacabi, albi, due parve pelves large cum suis lavatoriis dictis lampetten; unum aliud lavatorium dictum lavoer, due patelle de cupro ad imponendum ignem in mensa sub cibariis, una parva profunda pelvis et alia pelvis perforata, lapis ad conficiendum salsam cum quadam scutella ferrea et pelve dicta teemstpje, tria candelabra metallina duplicia ad imponendas duas candelas in quolibet. Sex alia metallina candelabra simplicia cum uno moccatorio metallino, unum amplum bassum candelabrum metallinum, quatuor cuprea instrumenta ad mundandum cibaria tempore decoctionis; tres longe patelle magne dicte braetpane, cum una alia minori, duo veruta ferrea, duo ferrea instrumenta ad versandum verum cum carnibus iuxta ignem, quatuor craticule, una maior alia, unum aliud simile instrumentum confectum de ferreo ad modum unius galli, tres parve tedifere, duo trepides ferrei parvi cum manicis, duo coclearia ferrea, una parva furcula ferrea, unum aliud parvum fereum instrumentum ad mundanda cibaria buliencia, unus currus ferreus ad imponendum ignem, tres patelle ferree, duo tripides ferrei, quindecim magna vasa vitria cum diversis aliis parvis vitris, **novem printe lignee ad imprimendas ymagines cum quatuordecim aliis lapideis printis,** *una magna urna lapidea et diversi parvi potti lapidei, unum scampnum parvum, unum ferrum ad coquendas grassas, unus cophinus et unum pulpetrum.*

Ex post vero prelibati domini Henricus et Reynerus nigram cameram superius intrarunt ubi etiam huiusmodi subscripta bona reperta fuerunt: **primo unum instrumentum ad imprimendas scripturas et ymagines,** *cum diversis modici valoris asseribus, una lectica sine lecto, unus tripes, unus parvus liber et unus lapis ad frangendos colores. Et in camera sancti Francisci invenerunt dicti domini executores hec bona videlicet: unum lectum cum una lectica de levi ligno confecta et cum una sargia, unam lecticam clausam dictam een wintercoetse, absque lecto, unum scampnum, tres tabulas ad imponendas Reliquias, unam sedem cum suo pulpetro ad scribendum desuper, unum parvum scampnum, unum asserem cum magnis scripturis, unam lecticam deruptam cum diversis asseribus modici valoris.*

Postea similiter intrarunt dicti domini executores primam cellam in qua etiam reppererunt hec bona; videlicet unam parvam cistam in qua fuerunt sex ulne panni linei, sex camisie, sex vestes dicte vulgariter Kyels de panno lineo, due parve mappe ad cooperiendum altare, una bursa cum una . . . Et in uno cophino coreo etiam ibidem stante, fuerunt sedecim . . . dicti hoetdoecken et unum pecten yborneum, due manice mulierum dicte steecmouwen, quatuor nigre calige, due albe calige non confecte seu consute, due nigre calige cum foderatura animalium dictorum eencoren, una magna sedes in qua solet scribi, una lanterna et una pixis dicta stofferdoose. Et in alia cella reperta fuit una longa mensa cum duabus scragis, uno tripide et uno parva scampno ad supponendum pedibus hominum.

In alia vero cella reperta fuit quedam cista ad reponendas candelas, unum parvum scampnum et unum aliud parvum scampnum ad ponendum sub pedibus. Et una alia cella reperta fuerunt certa antiqua ligna de quadam alia domo abstracta, dicta Schrynhout.

Et supra dormitorium repertum fuit unum sedile longum dictum vouzele cum uno parvo scampno ad ponendum sub pedibus, unum sedile longum dictum vouzele et una lectica absque lecto. In priori autem penu invente fuerunt due ame servisie et una parva unius ame, unum scampnum et octo parve cupe ad ponendum sub vasis cum vino vel cum servisia. Et in posteriori penu repertum fuit modicum de antiquo vino Renensi et aliud modicum de vino patrie. Necnon supra penu reperta fuerunt certa ligna combustibilia videlicet tricenti faxiculi dicti mutsaert vel eo circa et fere quinque mensuri magni ligni et diversa vasa et ligna ad edificandum ibidem reposita cum novem aliis lignis dictis: Schrynhoute et uno almario vulgariter dicto hoenderinne. In alio vero penu stante infra coquinam prefate domicelle testatricis et in eadem coquina reperta fuerunt hec bona videlicet: unum scampnum dictum richtbanck, due parve cupe, quinque vel sex parvi potti lapidei, unum aliud scampnum dictum richtbanc, unus asser ad reponendos pottos, una pendula magna cum uno transfixo ferro ad modum crucis, unum ferrum ad capiendum et portandum ignem de foco, unus lapis lapideus ad piscandum salsam cum duobus pistoriis ligneis, unum parvum scampnum, una follis, duo scampna dicta richtbanken, unum lignum dictum scermsel, una parva cupa et una lucerna.

Super quibus omnibus et singulis memorati domini Henricus et Reynerus executores pertierunt et quilibet ipsorum petiit sibi nomine omnium et singulorum in premissis interesse habentium a me notario publico infrascripto unum vel plura publicum seu publica instrumentum fieri et instrumenta. Acta fuerunt hec omnia et singula infra districtum dicti monasterii de Bethania siti extra muros opidi Machliniensis, Cameracensis diocesis, sub anno indictione, die, mense et pontificatu quibus supra, presentibus semper in singulis prenotatis locis honorabilibus et discretis viris Waltero Daneels alias Maes et Henrico de Ghele laicis leodiensis et cameracensis diocesis testibus ad premissa vocatis specialiter et rogatis.

Et ego Henricus Steymans Lovanii residens predicte leodiensis diocesis publicus sacra imperiali auctoritate notarius quia premissis dictorum executorum protestationem necnon eorumdem ad conficiendum huiusmodi inventarium requisitionem omnibusque aliis et singulis premissis dum sic ut premittitur fierent et agerentur unacum prenominatis testibus presens interfui. Eaque omnia et singula sic fieri, vidi et audivi, id dicto presens publicum instrumentum manu alterius fideliter scriptum exinde confeci et in hanc publicam formam redegi signoque et nomine meis solitis et consuetis signavi in fidem et testimonium omnium et singulorum premissorum rogatis et requisitus.

James Hogg

EVERYDAY LIFE IN THE CHARTERHOUSE IN THE FOURTEENTH AND FIFTEENTH CENTURIES

The Carthusian Order has until recent years scarcely received the attention from professional historians that its significance on the medieval monastic scene merits[1]. Many historians *de métier*[2] have indeed declared that an assessment of the spiritual life in the medieval charterhouses is virtually impossible owing to the lack of trustworthy sources. Thus such studies as have appeared tend either to be devoted to the history of the temporal fortunes of a specific charterhouse[3] or are

---

[1] No regular series of publications on the Carthusian Order existed before the launching of the *Analecta Cartusiana* in 1970, though the interest has proved sufficient to justify the starting of a second initiative in 1978: *Collection de Recherches et d'Etudes Cartusiennes*. As the latter series is to be published "avec le concours du C. N. R. S., des Pères chartreux et de Chartreuse-Diffusion", these volumes will probably eventually displace the *Analecta Cartusiana*, which has remained a private undertaking of the editor (address: Institut für Anglistik und Amerikanistik, University of Salzburg, Austria). In the latter part of the nineteenth century and in the early years of the twentieth the Carthusians operated their own printing press, first at Montreuil-sur-Mer, and, after the expulsions, at Tournai in Belgium. The equipment was later transferred to the charterhouse of Parkminster in England, but few volumes were produced after 1906, and production ceased in 1954.

[2] Cf., for example, G. G. Coulton in his highly polemical *Five Centuries of Religion*, 4 vols. Cambridge 1923—1950. He bemoans the lack of scandalous evidence, with which to assail the Carthusian Order!

[3] Such studies are duly recorded in Albert Gruijs provisional bibliography *Cartusiana*. Institut de Recherche et d'Histoire des Textes, Paris 1976ff. 2 volumes and a supplement have appeared to date. Despite numerous inaccuracies, the work is an indispensable tool of research. A recent example of this genre is Giorgio Beltrutti's sumptuously produced *La Certosa di Pesio, Vicende storiche della grande Certosa et del Piemonte narrate dalle Chronica Carthusiae Vallis Pisii*. Cuneo 1978.

limited to a consideration of special aspects of Carthusian life[4] or deal with particular spiritual authors[5].

Truly, the Carthusians have not been well served by the world of scholarship[6]. The solitary nature of the Order's monastic ideal and the difficulties encountered in reconciling a predominantly intellectual activity with the specific contemplative vocation, allied to a certain reluctance on the part of superiors[7] to allow their monks to publish or even to provide the necessary facilities for serious research, except in rare cases[8], has inevitably led to most important contributions to the history of the Carthusian Order being compiled by monks of other

---

[4] Typical are BERNARD BLIGNY's magisterial survey of the early years of the Order in his *L'Eglise et les Ordres religieux dans le royaume de Bourgogne aux XIe et XIIe siècles*. Paris 1960, or MARIJAN ZADNIKAR's brilliant treatment of the architecture of the charterhouses in Yugoslavia in *Srednjeveška Arhitektura Kartuzijanov in Slovenske Kartuzije*. Ljubljana 1972.

[5] For example, *Nicolas Kempf*, *Tractatus de mystica theologia*. Recension et notes du R. P. KARL JELLOUSCHEK OSB. Texte critique avec introduction, notes et tables par JEANNE BARBET et FRANCIS RUELLO (*Analecta Cartusiana* 9) 2 vols. 1973; ELIZABETH SALTER, *Nicholas Love's* Myrrour of the Blessed Lyf of Jesu Christ (*Analecta Cartusiana* 10) 1974; M. J. HAMILTON, *Adam of Dryburgh: Six Christmas Sermons*, Introduction and Translation (*Analecta Cartusiana* 16) 1974; or WALTER BAIER, *Untersuchungen zu den Passionsbetrachtungen in der* Vita Christi *des Ludolf von Sachsen. Ein quellenkritischer Beitrag zu Leben und Werk Ludolfs und zur Geschichte der Passionstheologie* (*Analecta Cartusiana* 44) 3 vols., 1977.

[6] The articles in the encyclopaedias remain among the surest sources of initial orientation. That by YVES GOURDEL, Chartreux. *DSAM* (now *DS*) IX—X (Paris 1940) cols. 705—776, should now be supplemented by the articles „Certosine“ and „Certosini“ in *Dizionario degli Istituti di Perfezione* II (Rome 1975) cols. 772—838. The contributions by 'Un Certosino' [= DOM MAURICE LAPORTE] and DOM JACQES DUBOIS are of considerable value. The entries for the individual charterhouses in *DHGE* are also on occasion informative, as are DOM ILDEFONSO M. GÓMEZ' contributions "Cartujos" and the entries for the individual Spanish charterhouses in *Diccionario de Historia Eclesiastica de España*. 4 vols., Madrid 1972—1975.

[7] Thus DOM AUGUSTIN DEVAUX to date has only published *La Chartreuse de Sélignac* (*Analecta Cartusiana* 24) 1975, and a handful of articles in *DS*, although he has completed a number of historical studies on the Order, which are of first-rate quality.

[8] An exception in recent years has been DOM MAURICE LAPORTE, who produced his fundamental *Aux Sources de la Vie cartusienne* in 8 vols. 1960—1971. Unfortunately, it is reserved for private distribution at the Grande Chartreuse.

orders[9] or by secular historians[10]. This has resulted in numerous errors of detail, caused by lack of sufficient knowledge of the observance, which can only be acquired by long and painstaking study[11] or by first-hand knowledge of Carthusian life.

Considerable documentary evidence is, however, extant that can render service for an investigation into Carthusian life in the late Middle Ages, though much of it remains unpublished. In Italy, France and Spain particularly[12], substantial sections of the monastic archives have survived. In most cases these were transferred to the nearest town or to the National Archives in the capital[13] during the suppressions — temporary or permanent — of the late eighteenth or nineteenth centuries, though in some cases they passed into the hands of the new proprietors

---

[9] Among the more expert treatments have been DOM DAVID KNOWLES's discussion of the English Carthusians in his *The Monastic Order in England.* Cambridge 1950, 375—391, and his *The Religious Orders in England* II. Cambridge 1957, 129—138; and III. Cambridge 1959, 222—240. A fellow Benedictine monk, DOM JACQUES DUBOIS, has also shown great critical acumen in his numerous studies on the Carthusians. Though some are highly specialised, even the general reader can profit from "L'institution des convers au XIIe siècle. Forme de vie monastique propre aux laics". *I Laici nella "Societas Christiana" dei Secoli XI e XII* (*Miscellanea del Centro di Studi Medioevali* 5) Milan 1968, 183—261, and "Quelques Problèmes de l'histoire de l'Ordre des Chartreux à propos de livres récents". *RHE* LXIII (1968) 27—54.

[10] Of considerable distinction was E. MARGARET THOMPSON's *The Carthusian Order in England.* Landon 1930, which has not been superseded — a remarkable achievement for a pious laywoman, virtually unaided by the Order. The dangers are shown in the superficial brilliance of HUBERT ELIE's Paris doctoral thesis *Les Editions des Statuts de l'Ordre des Chartreux.* Lausanne 1943, which is misleading in detail.

[11] Such a work was realised by BERNARD BLIGNY in his *Recueil des plus anciens actes de la Grande Chartreuse* (*1086—1196*). Grenoble 1958, and is in course in FRIEDRICH STÖHLKER's *Die Kartause Buxheim.* Buxheim 1974ff., 3 vols. to date.

[12] For France a catalogue has been compiled by DOM AUGUSTIN DEVAUX and PAUL DEVAUX, *Répertoire des Archives Cartusiennes conservées dans les Dépôts publics francais.* Typescript, Charterhouse of Sélignac 1967. For Spain DOM ILDEFONSO M. GÓMEZ' "La Cartuja en España". *Studia Monastica* IV (1962) 139—175, offers a useful point of departure.

[13] Most of the documents concerning the Spanish charterhouses were removed to the National Historical Archives in Madrid. A vast collection concerning Montalegre was, however, placed in the Archivo de la Corona de Aragón at Barcelona, though some deeds remained at the charterhouse and others are in private hands in the neighbouring village ot Tiana.

of the charterhouse[14]. Dr. GIOVANNI LEONCINI[15] has recently shown that the day to day building activities at the charterhouse of Florence can be followed in the surviving documents, whilst a visit to the charterhouse of Trisulti, near Frosinone, in 1977 revealed that the account books of the procurator for lengthy periods are preserved, in which all the expenses and income of the monastery are recorded in itemised accounts. For the charterhouse of Montalegre, near Barcelona, a vast collection of documents is available, some of which date back to the period before this charterhouse was founded through the suppression of two neighbouring foundations located on unsuitable sites[16].

Thus we are able to follow in detail the progress of the construction of the charterhouse of Montalegre, study the costs and even obtain a certain insight into the life of the community. The names of some of the workers engaged on the buildings are recorded, and the salaries they received indicated with precision, — not famous architects and professional masons, let it be said, but mainly a scratch labour force, largely recruited from Castille, Northern Spain, Majorca, and even France[17]; few came from the Kingdom of Aragon, in which realm the charterhouse lay. Many were what we would call casual labourers, who

[14] For example, the archives of the charterhouse of Buxheim were only transferred to the Abbey of Ottobeuren many years after the suppression and some of those of the charterhouse of Ittingen passed into the hands of the Fehr family, when they purchased the buildings some years after the expulsion of the monks. Cf. JAMES HOGG, *The Charterhouses of Buxheim, Ittingen and La Valsainte* (*Analecta Cartusiana* 38) 1977, 36.

[15] "La Certosa di Firenze. Note storico-artistiche sulla costruzione del monastero". *Notizie Cistercensi* XI (1978): *La Certosa di Firenze e i primi venti anni di vita cistercense (1958—1978)*, 5—33. A more detailed treatment will appear in the same author's "La *Certosa di Firenze nei suoi rapporti con l'architettura certosina*" (*Analecta Cartusiana* 71) 1979.

[16] The charterhouses of Sant Pol de Mar and San Jaime de Vallparadis were suppressed and their possessions gradually realised to help finance the new foundation at Montalegre, which was begun in 1415.

[17] For the history of Montalegre one may consult DOM IRÉNÉE JARICOT's *La Cartuja de Santa Maria de Montalegre: Compendio Historico*. Montalegre 1960. This, however, is only a summary of his detailed *Histoire de la Chartreuse de Notre Dame de Montalegre*, compiled at Montalegre in 1958. The latter has remained in typescript. All my quotations are from the typescript. An account book of 1430—1431 shows the number of workers engaged on the site (JARICOT 82). DOM JARICOT also gives details of payments to the workers 1450—1470 (p. 83), and lists salaries, the names of important craftsmen who were employed, and even the origin of some of the workers. Some were indeed serfs of the charterhouse (pp. 90—93).

worked for a few weeks and passed on; others were engaged — and housed — on a more or less permanent basis, for the work lasted for more than half a century, as the account books and the journal that the priors kept demonstrate. Inflation was a problem even before the discovery of America, for salaries rose steadily over the years, though it is a consolation to note that the official visitors of the Order were so satisfied with progress in 1462 that they granted the Master of the Works a supplementary allowance of cheese and wine annually as a reward[18]. He probably earned it, for the walls of the church are five metres thick in parts. Such was the extent of the building operations that the charterhouse purchased a sea-going ship for the transport of materials, that was later resold. For a community numbering usually under forty, — the laybrethren included, — and rarely reaching sixty even in the so-called treble charterhouses of our own time, such as the Grande Chartreuse[19], Aula Dei, near Zaragoza[20], or Parkminster in Sussex[21], the labour involved in laying on water and arranging closets[22] for the individual cells, as well as the construction of the cells themselves and the enormous cloister alleys necessary to connect them, is out of all proportion to the number of inmates in the monastery. Knowles and Grimes[23] have traced in detail the foundations of the London charter-

---

[18] Jaricot 91.

[19] The Grande Chartreuse was allowed to augment the number of monks to 20 by an ordinance of the Chapter General of 1324. The number of cellules was increased to 24 by the construction of a second cloister shortly after 1332. Cf. [Dom Maurice Laporte], *La Grande Chartreuse par un chartreux.* Grande Chartreuse 1976, 41—42.

[20] Aula Dei was reconstructed to house communities of Carthusians expelled from France in the early years of the present century. Cf. James Hogg, *The Charterhouses of Aragon*: Vol. 2: *La Cartuja de Aula Dei* (*Analecta Cartusiana* 70) 1979.

[21] Parkminster was constructed from 1873 onwards in view of the probable expulsion of the French communities.

[22] The closets can be traced at the charterhouse of Mount Grace: cf. James Hogg, *Surviving English Carthusian Remains: Beauvale, Coventry, Mountgrace: Album* (*Analecta Cartusiana* 36) 1976. Ancient lavatories, pre-dating the invention of the water-closet, can also be viewed in the 'Dark Passage' of the Prelates' tract at the charterhouse of Aggsbach. Cf. James Hogg, *The Architecture of the Charterhouses of Lower Austria: Album* (*Analecta Cartusiana* 33) 1976, plates 157—163.

[23] David Knowles & W. F. Grimes, *Charterhouse. The Medieval Foundation in the light of Recent Discoveries.* London 1954.

house and Major FLETCHER did as much for Hinton in Somerset[24], and thus we can admire the dogged competence that the medieval planners brought to the task of constructing so complicated a group of buildings as those forming a charterhouse.

The account books of Montalegre pose a number of unexpected problems and even provide surprises for the reader. Thus, for instance, although the charterhouse still enjoys a wooded site, offering sound timber, even in the twentieth century, vast quantities of wood were imported for the buildings from neighbouring Spanish coastal regions. Furthermore, during the period of greatest activity, from 1423 right up to his death in 1459, the building operations were directed neither by the prior nor the procurator, but by a simple laybrother, John of Enea (or Nea), who had entered the charterhouse of Porta Coeli in 1413[25]. This John of Enea was probably illiterate, for the accounts were written by a certain Dom John, but the laybrother was in complete charge of the economy, answerable only to the visitors, — a state of affairs virtually without precedent in the Order's history. Such was his efficiency that he represented the Order at royal courts and at one point was even nominated the pope's nuntius for Aragon[26]. He seems to have lent out considerable sums of money to noble families, — which may represent fees that he earned on such missions[27].

From John of Enea's accounts one learns, for example, that the workers consumed over 700 kilograms of meat in a twenty month period, — almost exclusively mutton[28]. The quantity seems indeed modest. Oil and cheese were imported from France, cheeses weighing 80 kilograms being secured from north of the Pyrenees. Considerable quantities of food receptacles and wood cups and wooden knives and

[24] PHILIP C. FLETCHER, Recent Excavations at Hinton Priory, Somerset. *Proceedings of the Somerset Archeaological and Natural History Society* XCVI (1951) 160—165, and Further Excavations at Hinton Priory, Somerset, *ibid.* CIII (1958—1959) 76—80. Full details are also given in JAMES HOGG, *The Architecture of Hinton Charterhouse* (*Analecta Cartusiana* 25) 1975.

[25] Porta Coeli, near Serra, Valencia, a house founded in 1272. It is still occupied by the Carthusians. Cf. JAMES HOGG, *The Charterhouses of the Carthusian Province of Catalonia*, Vol. 5: *Val de Cristo, Porta Coeli, Ara Christi* (*Analecta Cartusiana* 41) 1979.

[26] Cf. JARICOT 54—56. DOM JARICOT gives a fairly full account of his career, pp. 50—58 particularly, which renders all the previous hagiographical effusions obselete.

[27] JARICOT 57, 75—76.

[28] *Ibid.* 79.

forks were purchased in bulk for the community[29]. The staple articles of the monk's diet were, of course, fish, vegetables, cereals and eggs, as the rule strictly forbade the use of meat. Besides two qualities of tunny fish, — the better cut being obviously reserved for feastdays, — fresh fish was purchased from at least five different merchants, and in addition there was the inevitable supply of salt herrings. Further supplies of oil and cheese came from Majorca, and besides wheat and other cereals for bread, the purchase of rice from Valencia and regular supplies of onions, almonds, chestnuts, pepper, salt, nougat and dried figs are recorded. It is interesting to note that as regards clothing the laybrethren were not regarded as second-class members of the community, — their habits cost as much as those of the monks. For a somewhat later period the exact meals served in a Spanish charterhouse can be ascertained, for the cook of Ara Christi kept a day to day record of his culinary art[30].

The disturbances that such building operations caused for a contemplative community can be gauged from the case of the laybrother John Wagner of Ittingen, — a charterhouse constructed over a thirty year period in the late fifteenth and early sixteenth centuries[31]. Wagner entered Ittingen in 1476, but fled from the incessant noise to the calm of a hermit's cell in 1489[32]. For Ittingen, as for the Austrian charterhouses of Mauerbach, Gaming and Aggsbach, very considerable quantities of documents have survived, and recently HERIBERT ROSSMANN in his *Die Geschichte der Kartause Aggsbach bei Melk in Niederösterreich*[33] has demonstrated that it is possible to reconstruct in detail the history of even a comparatively obscure Carthusian foundation.

---

[29] For details of the purchase of provisions, cloth etc., cf. JARICOT 78—81, where in many cases prices and the origin of the goods supplied is indicated.

[30] *Libro de la Cocina de la Cartuja de Ara Christi, en el ano 17--.* Cf. DOM JOSÉ ORIOL PUIG, *Escritores Cartujos de España*. Cartuja de Aula Dei, Zaragoza 1954, 295, and UN CARTUJO [DOM JOSÉ ORIOL PUIG] e ILDEFONSO M. GÓMEZ, *Escritores Cartujanos Espanoles. Scripta et Documenta* 19 (Abbey of Montserrat 1970) 172, nº 30. Unfortunately the prior of Miraflores (Burgos) informed me in October 1978 that the copy of this work, which is registered in the library of his monastery, could not at present be located.

[31] For the works of construction, cf. JAMES HOGG. *The Charterhouses of Buxheim, Ittingen and La Valsainte* 26—27.

[32] *Ibid.* fn. 5.

[33] *Analecta Cartusiana* 29—30, 1976.

The famous saying *Cartusia numquam reformata quia numquam deformata* needs to be placed in its correct context in any consideration of daily life in the charterhouse. Guigo I, the fifth prior of the Grande Chartreuse, in his *Consuetudines Cartusiae*[34], written around 1127 as a simple letter describing the customs observed at the Grande Chartreuse, insisted *propositum nostrum est, silentio et solitudini cellae vacare*[35]. The small groups of semi-hermits, calling themselves the poor of Christ[36], inhabiting at first wooden huts in high Alpine valleys, were in no position to engage in the liturgical splendours that graced the celebration of the office at Cluny or even to match the modest decorum displayed in the contemporary Cistercian foundations. No musical instrument was ever permitted in the church[37], and so long as five monks were present the office had to be chanted[38]. The rite they adopted — elements were borrowed from the office of the Canons of St. Ruf as well as from monastic and local ecclesiastical liturgies[39] — was conceived in relation to the special *propositio* of the Order and the limited number in the communities. In the early centuries they rarely exceeded twelve monks — the number of cells primitively planned — and must have often been less. During the later Middle Ages several double charterhouses were allowed and

[34] The critical edition by DOM MAURICE LAPORTE in *Aux Sources de la Vie cartusienne*, Vol. 4: *Edition critique des Consuetudines Cartusiae.* In Domo Cartusiae 1962, replaces the text in MIGNE, *PL* 153, cols. 631—760. All quotations are from LAPORTE's edition, but the spelling has been modernised.

[35] XIV, 5.

[36] Perhaps the best accounts of the spirit of the early Carthusians are to be found in BERNARD BLIGNY, Les premiers chartreux et la pauvreté. *Le Moyen Age* LVII (1951) 27—60, and in [DOM MAURICE LAPORTE], *Lettres des premiers chartreux*, I (*Sources Chrétiennes* 88) Paris 1962.

[37] No serious effort was ever made to introduce an organ to accompany the chant. ARCHDALE A. KING, *Liturgies of the Religious Orders.* London 1955, 33, records: "Instruments of music were forbidden in 1326, descants in 1442, and figured music in 1582." KING gives an account of the Carthusian Rite on pp. 1—61. Some of his findings have been invalidated by more recent research.

[38] The regulation of how much of the office had to be sung and how much merely recited when only a very small community was available varied over the centuries.

[39] Fundamental research on the Carthusian liturgy has been carried through in recent years by HANSJAKOB BECKER, *Die Responsorien der Karthäuserbreviers, Untersuchungen zur Urform und Herkunft des Antiphonars der Kartause. Münchener Theologische Studien, Systematische Abteilung* 39 (Munich 1971), and *Das Tonale Guigos I. Ein Beitrag zur Geschichte*

quite a few houses had more than twelve cells[40], and some deviations as regards architectural grandeur, such as the charterhouses of Naples[41], Florence[42] and Pavia[43] came to be tolerated, — deviations that inevitably affected the observance to a certain degree.

The evolution of Carthusian life over the centuries can be traced with exactitude across the various legislative collections, some of which have been published in the 1970s for the first time. Thus *Supplementa*[44] were issued to the *Consuetudines Cartusiae* in Guigo's lifetime. They can be dated before 1135. The first Chapter General was held under Prior Anthelm in 1141, and a further collection of ordinances were issued[45]. A substantial consolidation of the legislation was undertaken by Prior Basil[46] around 1170, — a process which was repeated by Jancelin[47] in the *Statuta Jancelini*[48] in 1222. Prior Bernard's[49] *De Reformatio-*

des liturgischen Gesanges und der Ars Musica im Mittelalter. Münchener Beiträge zur Mediävistik und Renaissance-Forschung 23 (Munich 1975); DOM EMMANUEL CLUZET, *Particularités des Prières de la Messe Cartusienne.* Typescript, Charterhouse of Portes 1967, and *Particularités du Temporel et du Sanctoral du Missel Cartusien.* Typescript, Charterhouses of Portes and Sélignac 1968; and R. ETAIX, L'Homiliaire Cartusien. *SE* 13 (1962) 67—112.

40 For details of Carthusian cells and the tendency to depass the original number of twelve cells, cf. DOM AUGUSTIN DEVAUX, *L'Architecture dans l'Ordre des Chartreux.* Typescript, Charterhouse of Sélignac 1962, 72—74.

41 Cf. JAMES HOGG, *The Charterhouses of Naples and Capri*, Vol. 2: *Album* (*Analecta Cartusiana* 58) 1978, plates 1, 3—4, 7—87.

42 Cf. JAMES HOGG, *La Certosa di Firenze* (*The Charterhouse of Florence*). (*Analecta Cartusiana* 66) 1979.

43 Cf. JAMES HOGG, *The Charterhouse of Pavia* (*Analecta Cartusiana* 52) (in the press). In October 1972 JOANNE GITLIN BERNSTEIN presented a brilliant dissertation to the Dept. of Fine Arts at the University of New York entitled *The Architectural Sculpture of the Cloisters of the Certosa of Pavia.* Unfortunately, it has not been published to date.

44 Critical edition in JAMES HOGG, *Die ältesten Consuetudines der Kartäuser* (*Analecta Cartusiana* 1) 1970, 92—103.

45 Text *ibid.* 117—121, 104—116. Cf. for his life, JEAN PICARD, *Vie de Saint Antelme Evêque de Belley Chartreux par son chapelain Guillaume chartreux de Portes. Collection de Recherches et d'Etudes Cartusiennes* 1 (Belley 1978).

46 Critical text in JAMES HOGG, *Die ältesten Consuetudines der Kartäuser* 142—218. Basil was prior of the Grande Chartreuse 1151—1174.

47 Jancelin was prior of the Grande Chartreuse 1180—1233.

48 Cf. JAMES HOGG, *The* 'Statuta Jancelini' (*1222*) *and the* 'De Reformatione' *of Prior Bernard* (*1248*), Vol. 2: *The MS. Grande Chartreuse 1 Stat. 23* (*Analecta Cartusiana* 65) 1978, 26—137.

49 Prior of the Grande Chartreuse 1247—1249, 1253—1257.

ne[50], mainly concerned with eliminating incipient abuses, was promulgated in 1248, and followed by annual collections of ordinances[51]. In 1259 the *Antiqua Statuta*[52], issued under Prior Riffier[53], abrogated the previous legislation. In time two further supplements were issued, the *Nova Statuta*[54] in 1368 and the *Tertia Compilatio*[55] in 1509. The complexity of reconciling texts in these three collections led to the publication of the first printed edition of the Statutes at Basle in 1510[56], which was furnished with a comprehensive index[57]. Later collections lie outside the scope of the present inquiry, but the *Ordinarium*, containing the liturgical prescriptions, first constituted a separate entity in 1582[58].

These official collections, approved by the Chapter General of the Order, were supplemented by a number of *Caerimonialia*, which, even if they were not obligatory for all the houses, yet had a considerable influence, as most of them originated at the Grande Chartreuse. The earliest of these customaries, entitled *Privatae Consuetudines*, appears

---

50 Cf. JAMES HOGG, *The* 'Statuta Jancelini' (*1222*) *and the* 'De Reformatione' *of Prior Bernard* (*1248*) 4—23.

51 *Ibid.* 137—162.

52 Over 400 manuscripts of the *Antiqua Statuta* are known. No critical edition has been attempted to date. The *Antiqua Statuta* were printed in the Basle edition of the statutes of the Order (see below, fn. 56). They were also reproduced along with the *Consuetudines Domni Guigonis, Prioris Cartusiae* and the *Nova Statuta* (pp. 347—415), and the *Tertia Compilatio* (pp. 417—478) by the Carthusians in an undated edition at the end of the nineteenth century. The *Antiqua Statuta* occupy pp. 61—345. The text has been recognized as unsatisfactory, and the few copies that exist do not carry either a title page or indications of the place of printing. It was, however, almost certainly produced at Montreuil-sur-Mer.

53 Prior of the Grande Chartreuse 1257—1267.

54 Also contained in the Basle edition of the statutes of the Order and in the publication referred to in fn. 52.

55 *Ibid.*

56 *Statuta ordinis cartusiensis*, printed by John Amorbach at Basle in 1510. It contains Guigo I, *Consuetudines Cartusiae, Antiqua Statuta, Nova Statuta*, and *Tertia Compilatio*. The pages are not numbered. The edition is one of the masterpieces of early printing.

57 Cynics declare that the index is longer than the text! In fact, it is an admirable tool for tracing related passages in the statutes.

58 Issued under the priorate of Bernard Carasse 1566—1586. Most of the work was done by Michael de Vesly, at that time prior of the charterhouse of Paris. He was prior of the Grande Chartreuse 1594—1600. Cf. [DOM MAURICE LAPORTE], *La Grande Chartreuse* 71.

to date from the middle of the fourteenth century. It is significant that the surviving manuscripts are to be found in the archives of the Grande Chartreuse, though the manuscript itself came from the charterhouse of Schnals[59], in Gonville & Caius College Library, Cambridge[60], from an English charterhouse, and in the National Library in Vienna[61]. These *Privatae Consuetudines* offer short clarifications on specific liturgical points that had remained unresolved in the legislative collections.

Much more important is the customary that is generally attributed to Raynaldi, prior of the Grande Chartreuse[62]. It can be dated around 1370 and is thus roughly contemporary with the *Nova Statuta*. A further customary was approved by Prior Maresme[63] of the Grande Chartreuse *ca.* 1440, and an even more extensive one by Prior De Roux[64] in 1499, that was officially ratified by the Chapter General and made obligatory

---

[59] Ms. Grande Chartreuse 1 Stat. 25, ff. 222v—223v. The charterhouse of Schnals in South Tyrol was founded in 1325. The *Privatae Consuetudines* will be published in *Analecta Cartusiana* 3: JAMES HOGG, *Medieval Carthusian Customaries, Part II.*

[60] Add. Ms. 771, f. 68r—v. Unfortunately, the exact provenance of the manuscript cannot be ascertained.

[61] Ms. 1459, f. 127r—v, from the charterhouse of Aggsbach, founded *ca.* 1380. The Ms. Le Mans 109, f. 139 also probably contains the *Privatae Consuetudines.* I have not as yet been able to see the manuscript, which came from the charterhouse of Parc, Sarthe.

[62] Raynaldi was prior of the Grande Chartreuse 1367—1402. Two manuscripts of his customary have survived: Venice, Library of St. Mark, Ms. Lat. 83 (3, nº 138 (2907)), *Cerimonie Domus Cartusie*, ff. 1—59. from the charterhouse of Pavia, founded in 1396; and Charterhouse of Parkminster, Ms. B. 84, a compilation made by DOM CHARLES LE COUTEULX, the annalist of the Order, late in the seventeenth century. Cf. JAMES HOGG, *Die ältesten Consuetudines der Kartäuser* 49—09. DOM LE COUTEULX gives it the title: *Manuale Cerimoniarum domus Cartusiae.* It occupies pp. 324—379 of his manuscript. The original of his copy was a manuscript of the charterhouse of Villeneuve-lez-Avignon (founded 1356), that has since been lost. Raynaldi's customary will also be printed in *Analecta Cartusiana* 3.

[63] Prior of the Grande Chartreuse 1437—1463. The only surviving copy is to be found in the Ms. 42/T. I. 8 of the charterhouse of Valsainte, ff. 25r—68v. Edition in JAMES HOGG, *Mittelalterliche Caerimonialia der Kartäuser, Teil I* (*Analecta Cartusiana* 2) 1971, 84—150. The manuscript came from the charterhouse of Cologne. There is a full description of it in *ibid.* 23—33 and in JAMES HOGG, *Late Fifteenth Century Carthusian Rubrics for the Deacon and the Sacristan from the Ms. Valsainte 42/T. I. 8* (*Analecta Cartusiana* 4) 1971, 5—8.

[64] Edition in JAMES HOGG, *Mittelalterliche Caerimonialia der Kartäuser, Teil 1,* 151—305.

for the whole Order[65]. A further short customary for the English charterhouses, dating from the end of the fifteenth century, was printed by Dugdale in the seventeenth century[66], and re-edited in the *Analecta Cartusiana*[67] in 1971. Detailed commentaries on the Statutes[68] and Books of Uses for individual houses[69] were compiled in the eighteenth, nineteenth and twentieth centuries.

As the customary of De Roux was published in 1971, it will be more useful here to consider those of Raynaldi and Maresme, as Raynaldi is still in manuscript. They are of equal importance and each offers a rich harvest of details of life in the charterhouse at the epoch of their compilation. Both adopt the same general scheme and are divided into eight sections that deal with the following topics:

1. Customs to be observed in church, the duties of the sacristan, the readers in the church and the cantors. Some information on vestments, the use of coals at mass for the convenience of the celebrant in cold weather, the ringing of the church bell, and about the furnishings in the church is to be found in this section.

---

[65] Cf. *ibid.* 201—202.

[66] *Monasticon Anglicanum ..., per Rogerum Dodsworth, Gulielmum Dugdale.* London 1655, 951—958; reprinted in *William Dugdale, Monasticon Anglicanum*, a new edition by John Caley, Henry Ellis, and Bulkeley Bandinel. London 1830, in 6 vols., of which vol. 6 consists of three parts, VI, Part 1, v—xii.

[67] *Mittelalterliche Caerimonialia der Kartäuser, Teil 1*, 306—330.

[68] The real commentaries on the Statutes date from a later period. The first was produced by Dom Innocent Le Masson, prior of the Grande Chartreuse 1675—1703, in his *Annales Ordinis Cartusiensis tribus tomis distributi* I. La Correrie 1687; reprinted without mentioning the author's name as *Disciplina Ordinis Cartusiensis.* Paris 1703; re-issue Montreuil-sur-Mer 1894. A commentary written at the charterhouse of Villeneuve-lez-Avignon 1768—1772 is conserved in the Ms. Grande Chartreuse 1 Com. 50. At the end of the nineteenth century Dom Fortunat Oudin and Dom Louis Baudin compiled the exhaustive *Commentary of Montalegre*, so-called from the house in which it was written up, that was followed by the *Commentary of Farneta* after the revision of the Statutes in 1926. Of greater historical interest is Dom Irénée Jaricot, *Essai sur l'histoire de nos coutumes chartreuses*, 2 vols. Charterhouse of Porta Coeli 1952, to which the author subsequently added a number of supplements.

[69] For the Grande Chartreuse, for instance, we have: *Usages de la Grande Chartreuse avant la Révolution: souvenirs de Dom Ephrem Coutarel dictés par lui à Dom Jean Sallier en 1837* and Dom Pierre M. Pacchiaudi, *Coutumier de Chartreuse 1848.*

2. Directions concerning the various masses to be celebrated and the office of the deacon.
3. Mass and the Office on Sundays and feastdays, with details concerning the blesssing of holy water and the use of incense.
4. Altars, private masses, servants at mass.
5. Directions for the priest at mass, indications concerning the sick, the hearing of confessions, and the proclamation of faults at chapter.
6. Various indications concerning feasts, the institution of a new prior, *Coena Domini*, the feast of the Exaltation of the Cross, and the rare *opera communia*, when the monks worked outside their cells three times a year.
7. The chapter, the *colloquium*, the *recordatio*, the refectory, *minutiones*, and the *rasura*.
8. Novices, profession and burial.

Though the customaries offer a considerable range of information, this can be supplemented still further by the *Acta* of the Carthusian Chapter General. This august body, which technically included all the priors and the vicars of the nunneries, though in the Middle Ages the more distant provinces only sent a visitor or one of their priors as a delegate, met annually at the Grande Chartreuse on the third Sunday after the octave of Easter. The original date, the Feast of St. Luke, had soon been abandoned owing to the possibility of inclement weather at the Grande Chartreuse, high up in the French Alps, which, as the Order began to expand, might have presented problems for the return journey of the priors in the winter season. Though no complete run of the *Acta* exists[70], manuscripts containing sections of them are numerous and are to be found in most European countries in which Carthusian foundations were made[71]. No even partial edition has been published to date, though a useful if modest selection was distributed in duplicated copy to the houses of the Order in 1953[72].

The *Acta* can be divided into three sections:

1. General ordinances directed to the whole Order, indicating new prescriptions to be observed. This section also contains from time to time pious exhortations.

---

[70] Microfilms or copies of most of the manuscripts have, however, been assembled at the Grande Chartreuse.

[71] An enumeration of the manuscripts will be published in JAMES HOGG, *The* 'Acta' *of the Carthusian General Chapter* (*Analecta Cartusiana* 100).

[72] [DOM MAURICE LAPORTE], *Ex Chartis Capitulorum Generalium: Ab initio usque ad annum 1951*. In Domo Cartusiae 1953.

2. Reprehensions administered to provinces, named charterhouses, and even individual monks, nuns and lay members of the Order.
3. The list of monks, nuns, and lay members of the Order who had died during the preceding twelve months.

Section 2 of the *Acta* tends to give a rather negative impression of the state of the observance, but it should be born in mind that the Chapter General was out to eradicate abuses and even imperfections, and thus seldom wasted its breath on congratulatory effusions. The adverse impression created can be rectified to a certain extent by the study of section 3, in which one notes over the years the members of the Order who received the unofficial Carthusian canonisation — *laudabiliter vixit in ordine* — for heroic fidelity to the rule.

Further details concerning the observance can be gleaned from the *Vade mecum* of the Sacristan of Trier[73], dated 1487 (a similar compilation for the charterhouse of Basle has also been preserved[74]), and the instructions for the deacon[75], also contained in the collection of documents referring to the charterhouse of Trier at the end of the fifteenth century. There is also a gloss on the statutes by Dom Jacob Sauler, compiled between 1480 and 1501, that was terminated at the charterhouse of Buxheim[76]. On the sale of the Buxheim library in 1883—84, it was purchased by a French charterhouse and migrated to Aula Dei as a result of the evacuation of the French Carthusians in 1901 in anticipation of the enforcement of anti-clerical legislation. Dom Jacobus Louber[77], prior of Buxheim from 1502—07, compiled an Obsequiale. In the same manuscript he entered ordinances of the Chapter General from 1412—1510 and appended details of the terminations to be read at matins in the church. This manuscript is also currently conserved in the library of Aula Dei.

---

[73] Edition in JAMES HOGG, *Late Fifteenth Century Carthusian Rubrics for the Deacon and the Sacristan* 78—165.

[74] *Ordinarium pro officio Sacristae*, Ms. Basle University Library A. IX. 6. An edition is in preparation. (*Analecta Cartusiana* 86).

[75] Edition in JAMES HOGG, *Late Fifteenth Century Carthusian Rubrics for the Deacon and the Sacristan* 28—77.

[76] Cf. DOM IRÉNÉE JARICOT, *Etude de la Glose de Dom Jacques Sauler*. Typescript, Charterhouse of Montalegre 1942.

[77] Cf. JAMES HOGG, Jacques Louber. *DS* IX (1976) 1034—1036, and DOM IRÉNÉE JARICOT, *Etude du Manuale du Prieur de Buxheim D. Jacques Louber*. Typescript, Charterhouse of Montalegre 1943. A slightly later collection of rubrics has been edited by JAMES HOGG, *Rubricae Cartusiae Gosnayensis* (*MS. Grande Chartreuse 1 Stat. 33*) (*Analecta Cartusiana* 23) 1974.

On the basis of the documentary evidence available, a definite evolution in the Carthusian observance can be traced. If Guigo I could stress the solitude as the hallmark of the Carthusian's following of Christ, a solitude that he admitted in his *Meditationes*[78] was very painful to human nature, and which certainly left him prematurely aged in his fifties, this solitude, which had been practised to a heroic degree in the mountain massif of the Grande Chartreuse at the end of the eleventh and early in the twelfth century, had lost a good deal of its asperity by the fourteenth and fifteenth centuries. What was possible for a few scattered communities of semi-hermits, — though even here dispensations had to be made for old age and infirmity, — had inevitably to be adapted to the needs of an Order that expanded considerably in the thirteenth and fourteenth centuries, though the Chapter General steadfastly endeavoured to save the substance of the Carthusian vocation, even if some of its more austere accompaniments underwent considerable mitigation. The Order's high reputation for sanctity of life and rigorous observance attracted patrons, — patrons who in many cases erected charterhouses, not in remote mountain valleys, far from the haunts of men, but in the neighbourhood of towns, as at Paris, Dijon, Strasburg, Cologne, Mayence, Coblentz, Trier, Nuremberg, Florence, Lucca, Pisa, Naples and London, to name but a few examples. Siena even had three charterhouses close to its city walls[79]. Furthermore, these founders were frequently not noblemen with vast estates, but merchants, who, in many cases, built a cell or two and left colleagues to imitate their good example. Inevitably, such foundations had more contact with the outside world than the early charterhouses. Their finances had to be assured, so that the buildings could be completed! — and some, such as Paris, Cologne and London played an important role in the intellectual and religious life of the period. The London charterhouse developed a close tie with the English humanists, and Sir Thomas More even passed some time in a house that formed part of the monastic

[78] Critical edition by DOM ANDRÉ WILMART, *Meditationes Guigonis Prioris Cartusiae: Le Recueil des Pensées du B. Guigue* (*Etudes de Philosophie Médiévale* XXII) Paris 1936. Unfortunately, no satisfactory French or English translation has as yet been published. EMILIO PIOVESAN's Italian translation: *Guigo I°: Priore de la Grande Chartreuse* (*1083—1136*): *Le Meditazioni* (*Analecta Cartusiana* 17) 1973, had considerable literary merit, but the critics found the introduction too enthusiastic. PAUL ALFRED SCHLÜTER produced a German translation: *Gigo von Kastell: Tagebuch eines Mönches*. Paderborn 1952, that can also render service.

[79] Maggiano, founded in 1314, Pontignano 1341, Belriguardo 1345.

complex. The largeness of view shown by the monks of Cologne in supporting the early Jesuits deserves special mention, and the house was also famous for its library[80], — books even being lent out in the town.

Not only was the external solitude diminished, — in many cases a mere enclosure instead of the original desert, — but life within the monastery itself began to receive a slightly different emphasis. Though still severe, a tendency to diminish the solitary aspects of the *propositio* became apparent. Thus, for example, there were only eight solemn feasts at the time when Guigo wrote his *Consuetudines Cartusiae*. Late in the twelfth century the Carthusians in Calabria, at Serra San Bruno, where the founder died, abandoned the solitary life, and the house was even affiliated to the Cistercian Order until it was recovered early in the sixteenth century. Maybe it was the stress of the solitude that lead the *Antiqua Statuta* to add four further solemnities in 1259, — those of the Holy Trinity, St. Mary Magdalene, the Exaltation of the Cross, and the feast of the Holy Relics; the *Nova Statuta* in turn added four more, — the Sanctification of the Virgin, St. Benedict, Corpus Christi, and St. Hugh of Lincoln[81]; whilst the *Tertia Compilatio* records still another three, — all feasts of the Blessed Virgin: the Compassion, the Visitation, and the Presentation[82]. The *Nova Collectio* continued the movement by allowing another five[83]. By 1917 the Carthusian calendar thus showed forty-four solemn feasts, though these were then reduced to thirty-one, and a number of other feasts have been „demoted" since, particularly in the liturgical reforms carried through for the *aggiornamento* in the

---

[80] Cf. RICHARD BRUCE MARKS, *The Medieval Manuscript Library of the Charterhouse of St. Barbara in Cologne* (*Analecta Cartusiana* 21—22) 1974. Professor MARKS is currently engaged on a similar study of the printed books of the charterhouse of Cologne. For background information, cf. GÉRARD CHAIX, *La Chartreuse de Cologne au XVIe siècle* (*Analecta Cartusiana* 80) (in the press).

[81] Procurator of the Grande Chartreuse and subsequently called to be prior of Witham, he died as Bishop of Lincoln in 1200. His life was written by his chaplain around 1220. A critical edition appeared recently: DECIMA L. DOUIE and HUGH FARMER [eds.], *Magna Vita Sancti Hugonis Lincolniensis*, 2 vols. Edinburgh 1961—1962.

[82] For the Carthusian Calendar one can consult DOM BENOIT LAMBRÈS, Le calendrier cartusien. *Etudes grégoriennes* II (Solesmes 1951) 151—161. Though the author is frequently inexact in the dates he offers, he nevertheless gives a fair picture of the evolution of the calendar.

[83] Issued in 1581 under the priorate of Dom Bernard Carasse. For the history of this collection, cf. JAMES HOGG, *Mittelalterliche Caerimonialia der Kartäuser, Teil 1*, 42—44.

aftermath of the Second Vatican Council. Chapter feasts also increased steadily over the centuries, so that no less than fourteen were suppressed in 1907, when they were cut back to twelve. Though some might imagine that the burden of chanting the whole of the office in the church, instead of reciting part of it in the cells, was an additional austerity, one should bear in mind that a solemnity or a chapter feast carried with it not only two meals in the refectory, outside of Lent and Advent, when one ate only once in the refectory, but also a colloquium on the day of the feast and the *recordatio* that preceded it, — thus a very considerable diminution of the solitude. The *recordatio* was essential in view of the abbreviations in the manuscripts employed in the church for the office. Even as late as 1430 there was only one book set up on the lectern in the middle of the choir, which those with uncertain memories might consult during the chant. The customary of Raynaldi makes it clear that the novice had to learn all the psalms by heart as soon as possible, but sixty years later, perhaps due to improved lighting, — Raynaldi mentions candles, whilst Maresme refers to lanterns, — this requirement is no longer mentioned.

The directions for the sacristan of Trier, that are dated 1487, provided timetables for feastdays and ferial usage at all the liturgical seasons[84] and from the time allocated to the various offices one must conclude that the chant of the office was extremely pedestrian, even allowing for the fact that the lessons read at matins were considerably longer than those prescribed in later centuries[85]. Forty minutes were assigned to Vespers, for instance, which are certainly sung in the charterhouse in the twentieth century in under half an hour. The fact that the complete Office of Our Lady, *de Beata*, had to be recited by the monk in his cell also considerably diminished the amount of free time at his disposal, and thereby lessened the solitary aspect of the propositum. Guigo's *Consuetudines Cartusiae* made no mention of the Office of Our Lady, though it is referred to by Basil[86], and was legislated for by the *Statuta Jancelini* and all collections from the *Antiqua Statuta* onwards. The indications for the movements of the deacon at mass and as regards the mediants in the psalms of the canonical office in the customaries of

---

[84] Cf. JAMES HOGG, *Late Fifteenth Century Carthusian Rubrics for the Deacon and the Sacristan* 78—133.

[85] Cf. for details concerning the charterhouse of Trier in the late fifteenth century, JAMES HOGG, *Mittelalterliche Caerimonialia der Kartäuser, Teil 1*, 54—58.

[86] XXXII, 38: *Horas Beatae Mariae omnibus diebus dicimus: . . .*

Raynaldi and Maresme offer proof postive of the excessive slowness of the psalmody. Raynaldi indicated a mediant sufficient to recite *Ave, Maria, gratia plena; Dominus tecum: benedicta tu in mulieribus*, though Maresme did reduce this to *Ave, Maria, gratia plena; Dominus tecum.* Both, however, were satisfied with *Ave, Maria, gratia plena* for the Office of the Dead. Maurice Chauncy, describing from his own experience the chanting of the Night Office at the London charterhouse shortly before the Reformation, indicates that the monks rose at 10 in the evening and returned to their cells — still with Prime of Our Lady and the dry mass to recite in privato — at 3 or even 3.30 in the morning. Even allowing for a hagiographer's exaggeration, the chant must have been very slow indeed, for it is recorded that the prior, the recently canonised John Houghton, left the church in indignation if the monks accelerated[87]. One can thus understand the detailed prescriptions for the provision of spittoons and chalk in the stalls[88], and the sacristan's obligation to remove the floating mass when it began to smell, for the long hours passed in unheated churches[89], without capes, which were never allowed for the liturgical services, except the *cuculla ecclesiastica* for the priest and the deacon at mass, which had a liturgical significance unconnected with the provision of warmth, can hardly have been conducive to the avoidance of colds in the harsh climates of Alpine valleys, that remained the preferred sites of charterhouses for over a century. Special instruct-

[87] Cf. DOM MAURICE CHAUNCY, *Historia aliquot martyrum anglorum maxime octodecim Cartusianorum sub rege Henrico octavo* . . . Montreuil-sur-Mer 1888, 69: *Verum divini Officii prolixitas, dulcedo et modulatio cantus, incitabant animos audientium ad devotionem et copiosam lacrymarum effusionem. Vulgo dicebatur: Si volueritis audire servitia Dei devote celebrata, pergite ad domum cartusiae. Illuc distinabantur Legati aliarum Nationum, illuc ascendebant tribus, tribus Domini, senes cum junioribus, pusilli et magni, ad confitendum nomini Domini. Vigilia cujuslibet noctis apud eos, a festo Omnium Sanctorum usque ad Pascha, ad minus durabat per quinque horas. Surgebant enim ferialibus diebus hora decima, diebus etiam Capitulorum; festis vero Candelarum ante decimam, perseverantes in ecclesia post secundum pulsum usque post tertiam, aliquando usque ad dimidium post tertiam. A Pascha usque ad festum Omnium Sanctorum, ferialibus diebus, hora undecima.*

[88] I was able to inspect the spittoons at the stalls of the charterhouse of Portes in 1962. They took the form of drawers. Maybe they have been removed in the subsequent renovations to the church.

[89] Heating was first installed in the church at the Grande Chartreuse after the return of the monks during the Second World War. At the charterhouse of Sélignac one occasionally used a large stove until the mid 1960s, when a regular heating system was constructed.

ions were given to avoid spitting where one of the brethren might be obliged to take *venia* for a fault committed during the office.

It should also be stressed that a revolutionary change in the horary took place in the fifteenth century. The Carthusians originally did not rise around midnight for the Night Office and then return to their beds for a second sleep after Lauds, but celebrated the hours at roughly the times which nature indicated. It was, however, unfortunately discovered that some monks had a tendency to fall asleep after Lauds, and thus around 1430 a second period of rest was officially conceded. It is already indicated in the customary of Maresme.

The role of the sacristan was, of course, of capital importance in the medieval charterhouse, as he was responsible for the time-keeping in an age when clocks were in their infancy. He had to calculate with quadrants and sand and water clocks up to the fifteenth century.

The evolution in the frequency of the celebration of mass shows the same tendency to allow the communal aspects of the observance to infringe upon the solitude. From Guigo's *Consuetudines Cartusiae* we learn that mass was only celebrated on feastdays and after None in Lent[90]. Votive masses were allowed in 1183 and, by degrees, masses for feasts of three lessons followed. Private masses also appear around this time, though they must have been very rare at first, as there was only one altar in the church, and a second was only permitted in 1255, and then with the proviso that it was only a concession for such houses as desired a second altar. As the celebrant was not allowed to start the canon of the mass before daylight and the sacristan originally had to serve all private masses, one can only conclude that they must have been very infrequent[91]. The laybrethren were first empowered to serve mass in 1461 under a privilege of Pope Pius II.

The situation had changed radically by the fourteenth and fifteenth centuries. The customaries of Raynaldi and Maresme reveal that the sacristan was obliged to denounce those who failed to celebrate regularly. Obviously, the question of mass stipends played a certain rôle here. Gifts of mass vestments and chalices are frequently recorded in wills of the period and the high reputation of the Order would have assured most communities of frequent offerings for mass, which the monks were obliged to acquit.

---

90 III, 1.

91 The learned Alexander of Lewes quit the charterhouse of Witham in the late twelfth century for this very reason. Cf. LIONEL BUTLER and CHRIS GIVEN-WILSON, *Medieval Monasteries of Great Britain*. London 1979, 42.

As regards the standard of living in the charterhouse, if life even in the twentieth century is still decidedly austere by secular standards, similar concessions to human frailty as with the diminution of the solitude can be perceived in the later Middle Ages. From an early date the prior was allowed to eat with important male guests, but such meals — which, except in the urban charterhouses, were probably rare events — were normally served in a special dining room in the outer courtyard, as strangers were not admitted to Carthusian refectories. The antiquior, who deputised in the absence of the prior until 1252, when his place was taken by the vicar, was not granted a similar privilege, and an admonition of 1335 specifically forbade the vicar to eat with guests. In any event, the prior was in no way dispensed from the customary monastic fare on such occasions, though the quality of the fish served was probably higher. Thus the benefit that accrued to him from such a concession was probably slight. As early as 1220 he was refused permission to eat in the kitchen, probably basically because this would have constituted a breach of solitude, though the authorities of the Order may also have wished to place the temptation of better portions beyond reach. In 1467 the prior of Val Dieu was punished for his ideas of grandeur in occupying several cells and eating in the dispense. The procurator was also permitted to eat with male guests by virtue of his office, if there was a serious reason for doing so, but then only if the prior did not avail himself of this privilege. As the statutes did not specifically forbid the nomination of more than one procurator, — and the pressure of legal business in the late Middle Ages indeed sometimes necessitated more than one, — abuses tended to arise through the nomination of fictive procurators, who might thus enjoy the privilege of visiting the neighbouring town on occasion. Remonstrances in this sense were issued to the charterhouse of Florence[92] and to that of Naples, the latter being

---

[92] Cf. DOM MAURICE LAPORTE, *Ex Chartis* Admonition 1867, for the year 1699: *In Domo Florentiae: Prohibemus ne sub quolibet praetextu instituatur ibi novus officialis ultra numerum antea permissum.* Priors were also sometimes criticised for too frequent absences from their monasteries. Thus in 1476 the prior of Bologna was instructed to spend more time with the brethren in the church and less in the city. In 1446 priors and procurators in generally were admonished not to spend too much time on the temporal affairs of their houses. In 1376 three procurators of the Order were to be found at the papal court in Avignon, though one was sufficient at Rome in 1430. It is thus not surprising that in 1404 the Chapter General required the local priors to send in the names of priors who spent too much of their time at the courts of Avignon, Rome or Paris.

a hard case on account of the fact that no weekly walk could be accorded to the community, because the charterhouse is situated on a hill in the middle of the city. Though in charge of the day to day economic affairs of the monastery, the procurator did not enjoy any considerable degree of independence, as he was obliged to render his accounts four times a year, and these were scrutinised by the prior and the vicar and one (later two) of the senior monks. Under a decree of 1359 such accounts, duly signed by the parties concerned, also had to be forwarded to the annual Chapter General. Even as regards almsgiving, the procurator's hands were tied. Guigo's *Consuetudines Cartusiae* only indicated a dole of bread in the unlikely event of someone presenting themselves at the correrie of the Grande Chartreuse[93]. Women in any event were totally excluded from the desert surrounding the monastery. The generosity of the charterhouses, particularly those of Spain and Italy, as regards almsgiving becomes prominent first in the sixteenth and seventeenth centuries, by which time such houses as El Paular and Jerez de la Frontera in Spain and Pavia in Italy had acquired substantial estates. This in itself was a deviation from the Carthusian ideal, for, if the Chapter General of 1324 had required a secure dotation for all future foundations, the same body also decreed in 1357 that all the houses should present a list of their possessions with a view to their limitation[94].

Guigo's *Consuetudines Cartusiae* had prescribed abstinence on bread and water three times a week[95], and not only was meat never eaten, but fish was only purchased for the sick. Even milk foods were prohibited in Lent and Advent. By 1162, however, fish was being bought for the whole community, and the *Antiqua Statuta* merely counselled moderation. For the laybrothers, owing to their manual activities, only one day on bread and water was prescribed. The monks also originally had to cook for themselves in their cells three days a week, the refectory being only used on Sundays and major feasts. After the refectory on Sunday evening, they received their provisions for the week, — a tradition that was commemorated in later centuries by the distribution of bread at

[93] XX.

[94] In 1200 it had been decreed that all possessions outside the "limits" were to be sold — a stipulation that was repeated in 1248, though concessions were made for the Grande Chartreuse. The *Antiqua Statuta*, Pars II, XIX, 1—12, whilst repeating the previous legislation, permitted exceptions, and by the late Middle Ages the Carthusians possessed even dimes and benefices. The charterhouse of Reposoir in Savoy possessed some of the most extensive sheep-runs in Europe.

[95] XXXIII, 1.

the refectory door on this occasion. However, the do-it-yourself cooking was apparently unsuccessful, for the *Statuta Jancelini* stipulated in 1222 that if one failed to cook without permission one would receive no wine. Probably due to the unsatisfactory results, in 1250 it was conceded that the monks should only cook in their cells once a month, and in 1276 the custom was abolished altogether. The *De Reformatione* of Prior Bernard also reduced the three days of abstinence in the week to one in 1248, as the custom of sharing the three days round, so that on any given Monday, Wednesday, or Friday someone was observing abstinence, had proved unsatisfactory. In 1408 it was, however, stressed that no general dispensation from the weekly abstinence could be granted and that those incapable of observing abstinence were obliged to petition grace from the prior each week, — a measure that is still in force.

Meat was solemnly renounced in 1254, even in mortal sickness, and in 1336 and 1394 admonitions were issued that meat was in no circumstances to be served even to important guests in the charterhouse. The 1394 call to order was motivated by a specific case at the charterhouse of Aggsbach[96]. In 1365 a similar prohibition was directed to the Carthusian nuns.

As regards the quality of the meals, Prior Bernard had insisted in his *De Reformatione* that no pittance could be distributed on Mondays, Wednesdays and Fridays, because these three days were originally destined to abstinence. In 1259, however, the *Antiqua Statuta* allowed pittances on Mondays and Wednesdays, though in 1291 an ordinance recalled that they were really illegal on all three days.

The pittances originally consisted of two eggs or their equivalent, — a meal without a pittance being limited to a soup and a plate of vegetables plus maybe fruit. With time the pittance became two eggs and the equivalent by the late Middle Ages, so that eggs, fish and cheese could all be served at the same meal. However, the Chapter General was sceptical and ordinances of 1413, 1426, and 1448 instructed the visitors to control the size of pittances allowed on Mondays and Wednesdays. In 1509 the prior of Hortus Christi at Nordlingen was specifically reprimanded for allowing excessive pittances to be served. In 1416 it had already been firmly stipulated that no donations for pittances on days when they were not allowed by the rule could be accepted. In time the prohibition of a pittance at supper in the refectory was, however,

[96] Cf. HERIBERT ROSSMANN, *Die Geschichte der Kartause Aggsbach* II, 195.

quietly ignored, though as late as the customary of Raynaldi it was stressed that if one ate no bread in the cell in the evening when there was no regular supper one was not allowed to drink wine either. In approved cases, however, one might receive a dispensation. The customary of Maresme makes no further difficulties on this point, so the need to be dispensed must have fallen into desuetude. The customary of Raynaldi also charged the procurator to see to it that all pittances were of equal size in order to avoid murmuring in the community.

Guigo's *Consuetudines Cartusiae* had stipulated that no white bread was to be baked[97], but the *Statuta Jancelini*, promulgated in 1222, declared that it was an ancient custom in the charterhouse to distribute a finer bread to the monks and a coarser one to the laybrethren. In 1259 the *Statuta Antiqua* allowed white bread for the sick, and the customary of Raynaldi permitted it in the refectory, though as recently as 1341 an ordinance had prohibited its regular use for all.

Originally wine was served already baptised, probably on account of the unhygienic water supplies is some of the houses[98], but in 1252 it was stipulated that water was to be supplied for those who wished to dilute it still more. Rare cases of drunkenness have come to my notice, — though it seems to have been a prioral failing in the few cases recorded, such as that of the prior of Abbeville in 1582, that of a prior of Gaming[99], and of a prior of Sélignac at much the same period[100]. The Chapter General issued an ordinance in 1423, that was repeated in 1432, forbidding priors from seeking to attract monks from other charterhouses *promittendo eis obedientias, grossas pitantias, optima vina, crebra spatiamenta, et hujusmodi.*

---

[97] XXXIV, 3.

[98] In the charterhouse of Portes at the end of the nineteenth century the water supply was inadequate. Bottles of water had to be distributed to the cells.

[99] On 4 December 1564 the Prior, Dom Blasius, consulted Bartholomäus Reckinger, a physician in Vienna, about his sad state: *Dem prior von Gemniczen welcher, nach dem er über die Maß getrunckhen, sich beklagt hat, das er mit im selbst nit wol übereinkommen künn, und schwäre ohnmachten entpfunden* (Entry in the doctor's prescription book). Cf. Gerhard Stenzel, *Von Stift zu Stift in Österreich.* Vienna 1977, 180, and James Hogg, Gaming. *DHGE* (in the press).

[100] Dom Bruno de Pinteville, prior of Sélignac 1662—1677, was reputed to have consumed thirty glasses of wine at a meal. Cf. Dom Augustin Devaux, *La Chartreuse de Sélignac* 121. Dom Devaux suspects a malicious pun on the prior's name as the 'true' explanation of the feat!

With time the periodical blood-letting, *minutiones*, also came to have mainly an alimentary significance. The ceremony was prescribed five times a year for the monks and four times for the laybrethren. Originally one received not only an extra ration of wine, but for two evenings three extra eggs were served, and, in case of necessity, even more. Further, for three days, one could go back to bed after Lauds, and on the first day a colloquium *de bonis* was conceded to relieve the solitude. The *Consuetudines Cartusiae*[101], Basil[102] and Jancelin specifically limited the benefits to those who had undergone the operation, but the *Antiqua Statuta* extended the concessions to all[103], though an ordinance of 1373 recalled that the privileges only belonged to those who submitted to the blood-letting, and that the others merely enjoyed them by grace and favour. In the fifteenth and sixteenth centuries it became customary to allow a walk on the first day of the *minutiones*, which indicates fairly clearly that virtually no one was operated on at that period. The weekly walk, *spatiamentum*, unknown to Guigo's *Consuetudines*, did not make its appearance before the end of the thirteenth century. It remained for centuries a fruitful source for admonitions. The original limits which the monks were not allowed to pass seem to have been small — a good walker reached this boundary in about forty-five minutes in many cases, though they were later extended. In 1407 the Chapter General forbade the monks to enter villages and in 1423 the Italian houses were reminded that one should not eat or drink on the walk, — a prohibition which was renewed in general form in 1496, and more specifically many times later. Though the monks of Naples were not allowed to leave their urban charterhouse, oddly those of Rome were. In 1508 it was stipulated that they might visit the Lateran only once a month and the city itself twice a year.

Occasionally the monastic buildings were of wood with merely the church in stone. Such was the case at La Valsainte[104] and Erfurt[105], but these houses were reconstructed in stone in the latter part of the Middle Ages, as experience had shown that the danger of fire involved

[101] XXXIX, 1—4. This text assumes that all underwent the operation.

[102] XLV, 20, already distinguishes those who have submitted to the treatment.

[103] Pars II, XV, 8.

[104] Cf. DOM AUGUSTIN DEVAUX, *L'Architecture dans l'Ordre des Chartreux* 23, and JAMES HOGG, *The Charterhouses of Buxheim, Ittingen, and La Valsainte* 71, fn. 18.

[105] Cf. Dom Augustin Devaux, *L'Architecture dans l'Ordre des Chartreux*, p. 23.

in wooden buildings was too great[106]. The constructions remained on the whole strictly functional, however, though there were some exceptions, as when a patron like Gian Galleazzo erected the magnificent pile of the charterhouse of Pavia or, somewhat later, when Gothic magnificence was happily married to monastic austerity in the charterhouse of Miraflores[107]. The true era of embellishment started around the middle of the sixteenth century[108].

Probably the state of cleanliness in the monastery was not of the highest standard, for the *Antiqua Statuta* stipulated that the sacristan alone — despite his onerous duties otherwise — was responsible for cleaning the church and the little cloister twelve times a year around the vigils of major feasts. Only on Good Friday was he to receive the aid of such of the laybrethren as were free[109]. At Trier late in the fifteenth century we learn that the young monks assisted him on Good Friday[110], — a rather odd concession, as on this particular day an even more rigorous observance of the solitude was called for. The cleaning operations were also on this occasion extended to the great cloister, — a major operation at any time!

The appearance of the monks in the earlier centuries similarly probably also left something to be desired, as the *Consuetudines Cartusiae*

---

[106] Even the stone buildings of the Valsainte were reduced to ashes in 1732. Cf. James Hogg, *The Charterhouses of Buxheim, Ittingen, and La Valsainte*, 75. The Grande Chartreuse was burnt down in 1300, 1371, 1473, 1509, 1562, 1592, 1611 and 1676. Cf. Dom Maurice Laporte, *La Grande Chartreuse* 39, 40, 48, 60, 63, 67, 75, 79, 85.

[107] Cf. James Hogg, *La Cartuja de Miraflores* (*Analecta Cartusiana* 79) (in the press).

[108] Cf. Dom Augustin Devaux, *L'Architecture dans l'Ordre des Chartreux*, particularly chapter 4: La Métamorphose des Chartreuses d'Italie, pp. 128—170.

[109] The *Consuetudines Cartusiae* IV, 27, merely indicated that on Good Friday: . . . *a sacrista laicis iuvantibus mundatur ecclesia*. The *Antiqua Statuta* Pars I, XLI, 37 extends his obligation: *Ecclesiam, Claustrum, Capitulum mundat de consuetudine, dato sibi adjutore*.

[110] Thus Dom Irénée Jaricot, *Essai sur l'histoire de nos coutumes chartreuses* 59, N° 81. Unfortunately, Dom Jaricot does not cite his texts. I think he may be mistaken here. In my *Late Fifteenth Century Carthusian Rubrics for the Deacon and the Sacristan* 134, section 54, one notes that on certain occasions the sacristan is aided by *iuniores conuentuales*, whilst *In die parasceues fit ipsa purgatio per laicos.* I thus interpret the text to imply that the laybrethren helped the sacristan on Good Friday, and the young monks on the other occasions stipulated. However, until certainty is reached, I have bowed to Dom Jaricot's authority on this point.

only allowed shaving of the head and face six times a year, and at one point seventy-seven days lay between the dates fixed[111]. In 1173 two extra dates were conceded and from 1260 onwards shaving was allowed once a month. By 1408 it was permitted once a fortnight, and in 1442 — somewhat reluctantly — the Chapter General gave priors and procurators permission to shave once a week when they had to leave the monastery to attend to the business of the house. In 1454 the same body fulminated against abuses, however, and threatened to return to shaving once a month. The customaries of Raynaldi and Maresme give precise details of how the monk was to prepare himself for shaving, soaping the head and protecting the habit, so that it might not be adversely affected by water during the operation.

Guigo's *Consuetudines Cartusiae* gave a precise list of the furniture of the cell, the monk's clothing and bedding[112], which remained virtually unchanged throughout the medieval period. Miniatures portraying Carthusians in their cells in medieval manuscripts fully confirm the continued austerity of the monk's habitation. The monks' houses at Mount Grace in Yorkshire, erected in the early fifteenth century, are habitually described as being mean in appearance. In the sixteenth century, after the expansion of printing, when the monks very largely ceased to occupy themselves with copying[113], the provision of special writing equipment was no longer actual, but right up to the twentieth century the furnishing of the cells has scarcely altered, though in some cases the primitive metal stoves were replaced by tiled ones, and in a few houses central heating has been installed in certain parts of the buildings, though in such cases not in the monks' cells. Sometimes the size of the cells and that of the monks' gardens tended to increase in the late Middle Ages. Thus at the charterhouse of Jerez de la Frontera the cells even had three floors, a promenade and a gracious garden. They remain, however, even in the twentieth century, of Spartan serverity[114]. In most houses they did not depass two storeys.

[111] IX, 1: *Sexies in anno radimur, servato silentio. In vigiliis, paschae, pentecostes, assumptionis, omnium sanctorum, natalis domini, et in capite ieiunii.*

[112] XXVIII.

[113] No replacement for the copying has been found. Virtually all other occupations require either collaborative effort or cannot be executed in the cell.

[114] Cf. JAMES HOGG, *The Charterhouses of Las Cuevas, Jerez de la Frontera, Cazalla, and Granada* (*Analecta Cartusiana* 47) Vol. 2: *The Charterhouse of Jerez de la Frontera*, plates 83—87, showing a cell in 1978.

Feather beds were expressly prohibited in 1229, even for the sick, though Guigo's *Consuetudines* had mercifully allowed those who were ill to descend from the monastery proper to the correrie, where the monk might pass his convalescence with the laybrethren[115]. This concession was not mentioned in subsequent legislation, and the sick monk was cared for in his cell, as no infirmary was ever permitted in the charterhouse. Straw bedding is still in use in some houses even in the twentieth century. In 1332 members of the Order were forbidden to sleep between sheets, even when on a voyage, though this prohibition was rescinded in 1501, — no doubt for practical considerations.

On the list of clothes granted the monk by Guigo's *Consuetudines* were two furs, — almost certainly sheepskins[116]. The *Statuta Jancelini* stipulated that these should only be worn in the monk's cell and in such places as where silence was prescribed, but the *Antiqua Statuta* permitted their use everywhere, so long as they were covered by the habit[117]. The *Nova Statuta* expressly forbade fox skins and the skins of rarer wild animals and instructions were given for their removal in the chapterhouse when one was to receive the discipline, to avoid the possibility that they might be damaged, — an indication that the punishment was probably not merely symbolical![118] The night cowl, in which the monk still sleeps almost fully dressed, made its appearance in the late fifteenth century, and may be regarded as a concession towards greater comfort. Evidence on the actual dimensions of the hair shirts worn in the Middle Ages is unfortunately lacking, but, to judge by the materials purchased at Montalegre for their fabrication in the fifteenth century, they seem to have been more substantial than those worn by twentieth century members of the Order. They were, of course, not taken off at night.

The monastic prison was first mentioned in 1258. It was made obligatory for all charterhouses in 1285. Visitors can still inspect this institution at the charterhouse of Mauerbach and in a number of houses its location can be identified. Though Guigo had declared in the *Consuetudines Cartusiae* that a monk who could not adapt himself to the solitude of the Carthusians should seek his salvation elsewhere[119], the

[115] XXXVIII, 1—3, modified in very rare cases by XVII, 1.

[116] XXVIII, 1: *duas pellicias, unam deteriorem, unam meliorem.*

[117] Pars II, XXII, 7.

[118] *Nova Statuta* Pars II, I, 6: *Pelliciolos vulpinos et de bestiis sylvestribus, et tunicas de fustana vel Boccaran interdicimus universis.* The details concerning the procedure to be adopted in preparing to receive the discipline are given in the customaries of Raynaldi and Maresme.

[119] LXXVII, 1.

politics of the Order changed in the thirteenth century, and it is clear that fugitives were already a problem by the time of the *Antiqua Statuta*. As early as 1173 the expulsion of the incontinent and monks guilty of violence had been decreed, and in 1174 thieves were threatened with a similar fate, although the Grande Chartreuse functioned as a court of final appeal. In 1242 priors who failed to expel their criminals were threatened with sanctions, and in 1258 forgery, unnatural sex acts, arson and murder were added to the list of crimes meriting expulsion. However, in 1248 Prior Bernard had admonished that one should not be too quick to expel delinquents. One should consult the prior of the Grande Chartreuse before resorting to this final measure. The *Statuta Jancelini* had spoken of the necessity of chaining dangerous lunatics, but this practice received a wider interpretation in the later Middle Ages.

In 1289 those guilty of unnatural vice were declared to merit *ipso facto* jail for life and in the same year it was stipulated that no one was to be expelled in the future. All criminals were to be imprisoned. In 1375 the Chapter General insisted that the prisons should be kept in good order, — in 1369 the prior of Trisulti received orders to arrange a prison in one of the defensive towers of the monastery. Bars and effective locks were naturally a *sine qua non*[120]. From 1400 to 1509 the *Acta* of the Chapter General reveal that the Order, with the aim of upholding its high reputation, was extremely active in pursuing all fugitives. The monk who deserted his monastery was, of course, severely punished. He was automatically declared ineligible for all offices in the Order, even after his release, unless he received specific permission from the prior of the Grande Chartreuse. Furthermore, during the period of his imprisonment he was condemned to receive the discipline regularly and subjected to a special alimentary regime — *ordinem tenere*[121], — which, through the loss of most of the pittances, was of very marked austerity.

---

[120] Dom MAURICE LAPORTE, *Ex Chartis*, Admonition 1189, dated 1499, records an amusing case from the charterhouse of Florence: *Et quia frater N . . . Conversus fuit confessus quod fecerit claves clandestinas carceris, carceri mancipetur per unum mensem.*

[121] This regime was proposed by an ordinance of 1284. The *Nova Statuta* Pars II, X, 6, give the following details: *Ordinem tenere est: feria secunda et quarta esse contentum pane et coquina; feria autem quinta et diebus Capituli et Festis duodecim Lectionum, more Conventus; abstinentia Ordinis omni hebdomada, nisi manifesta necessitas interdicat, etiam observata.*

In considering the question of fugitives, for whom it was decreed in 1258 that their cells should be reserved for them for fifteen days and in the following year that only after a third flight did they lose all right to return, it should be borne in mind that by an ordinance of 1223 monks who went beyond the limits of their monastery were immediately declared fugitives and under further admonitions of 1247 and 1249 one suffered a similar fate if one took too long on the road, when one was transferred from one house to another. The prior was obliged to note the date of departure on papers that were entrusted to a servant who was deputed to accompany the monk to his new charterhouse. As transfers were frequent in the late Middle Ages, — partially motivated by the hope of obtaining increased suffrages at death or by the desire for a change of environment, — cases of lack of haste in arriving at one's destination were probably not rare.

Though criminality in an order of such high spiritual ideals might seem almost paradoxical, it is not really surprising, when one considers that up to 1861 only a novitiate of one year preceded perpetual profession for the monks, and that the laybrethren, who were mainly illiterate, were admitted to vows after the same period of probation until 1636. Though in all centuries laybrethren from noble families can be found, the Order showed an increasing reluctance to receive such subjects, and it was stipulated in 1309 that special application in such cases had to be made to the Chapter General for permission in the future, as too often the scions of noble houses had not proved adapted to the humble duties that were allotted to them. Prior Basil had already prohibited the use of books in the church by the laybrethren[122] and this prohibition was repeated in 1432 and 1450, when the laybrethren were expressly forbidden to aspire to the clerical state.

The Carthusian nunneries posed special problems. Nine or ten houses of nuns existed in the latter part of the Middle Ages, and probably life in them was no more unsatisfactory than in nunneries of other orders in the period that had some pretensions to 'strict' observance. However, in 1304 the Chapter General threatened to withdraw the monks who acted as their confessors on account of serious abuses, — a state of affairs that is hardly surprising when we learn from an ordinance of 1315 that the minimum age for admission was twelve. In 1437 the nunneries were forbidden to receive aspirants before they were eleven

---

[122] XLVIII, 26: *Fratribus laicis olim interdictum est, et adhuc interdicitur, vt nec in festis nec aliis diebus libros habeant.*

and it was stipulated that they might only be clothed when they had completed their twelfth year. Oddly, an admonition from the Chapter General in 1544 stated that no one under ten should be admitted, — the lowering of the minimum age probably reflects the general recruiting problems of the period. The much vaunted virginal consecration is mentioned in an ordinance of 1432. The *Nova Statuta* forbade special apartments for the prioress[123], and in 1426 it was underlined that she was not to receive double helpings in the refectory.

In 1480 the Chapter General came to the alarming conclusion that a bull of Pope Urban V seemed to have prohibited stipulations for a dowry from aspirants, and thereafter most of the nunneries were in constant financial difficulties, until such a provision was again required by an ordinance of 1555.

The observance of the enclosure in the nunneries appears to have been as unsatisfactory among Carthusian nuns as among those of other orders. In the early fourteenth century the monk who served as their chaplain — and even others — might enter the nunnery, so long as he was accompanied by an ,honest' person. An ordinance of 1420, repeated in 1509, envisages that the monks and even the laybrethren joined the nuns for recreation in common, though in 1487 the nuns were admonished not to enter the monks' cells.

In 1552 it was prescribed that only the monks, doctors, and workmen might enter the nun's enclosure, and this permission was limited to cases of real necessity. Otherwise the nuns forfeited their pittances for fifteen days. In 1560 one of the nuns was delegated to keep the enclosure door locked, under pain of being punished for incontinence if it was found open, and for the future there were only to be two keys for it. Though the nuns had been ordered not to leave their monastic enclosure as early as 1332, — this could be enlarged, if the visitors found such a course desirable, — the nuns of Mélan in Savoy were censured in 1430 for running round trying to collect debts, whilst in 1436 the prior of the neighbouring charterhouse at Le Reposoir was humiliated by being deprived of his stall in the church for two months for his temerity in arranging a meal for the nuns when they were out on an excursion that the rule prohibited. As late as 1515 the nuns of Salettes were ordered to observe the enclosure better, and in the following year, as there was no sign of improvement, their chaplain was dismissed.

[123] Pars III, IV, 18: *Priorissae non habeant cameras appropriatas sibi ad jacendum, comedendum vel bibendum; nec aliqua caputia Priorissae et caeterae Sorores ullo unquam tempore portare permittantur.*

An ordinance of 1299 laid down that the nuns might only speak with strangers through a grill in the presence of two other members of the community, but it was only in 1560 that the prioress and the chaplain were required to act as observers during all such discussions. It was then also stipulated that the grill should be made of iron. Somewhat earlier, in 1509, it had been decreed that all except the prioress and the cellarer must be veiled on all occasions.

Little is known about their clothing in the medieval period, except that hair shirts were not usually worn, — a concession, no doubt, to female anatomy. The *Nova Statuta* found it necessary, however, to fulminate against modish garments and even castigated dishonest slits![124]

The life of their chaplains in the Middle Ages can hardly have been one of unmixed pleasure. In 1422 they were admonished to live as regularly as possible, and in 1431 and 1435 it was even conceded that they might leave their posts, if the prioress failed to make adequate provision for them. The chaplain of Mélan had claimed that he was starving! However, the monks were in turn ordered to hand over any gifts they received to the prioress. In 1423 the visitors were reprimanded for being too tolerant in correcting the nuns' shortcomings and they were ordered to visit each nunnery at least three times a year. In 1430 they were even threatened with deprivation of wine, if they failed to effect an amelioration in the state of affairs at the nunneries in their province. In 1495 a general reform of the nunneries was called for and two years later the prioresses were censured for receiving too many daughters of noble houses, — a temptation to which they had probably succumbed in their financial misery. It is thus somewhat surprising to learn from an ordinance of 1517 that a maximum of six monks plus an unspecified number of laybrothers might reside at a nunnery. One wonders quite how the six monks could have occupied themselves.

Though the Carthusians were not an order that specifically cultivated learning, a fair standard of Latinity seems to have been maintained even in the late Middle Ages. In 1495 the priors of the German houses were censured for having the affrontery to write to the Chapter General in German. At much the same time Richard Methley, who became vicar of Mount Grace, and his colleague, John Norton, compiled

---

[124] Pars III, IV, 22: *Moniales non portent caudas in vestibus suis, nec tunicas in quibus sunt scissurae vel manicae inhonestae; nec portent pelles in Conventu, nisi sub mantello simplici et sine forratura.*

a number of spiritual treatises in Latin[125] that give an excellent picture of Carthusian life on the eve of the Reformation. Even if their writings display a rather excessive enthusiasm, they clearly took their vocation seriously, and as evidence of the Carthusian ideal their writings have a value comparable to the testimony of the *De quadripartito exercitio cellae* of Adam of Witham[126] or the *Magna Vita* of Hugh of Lincoln for an earlier period as regards the English Carthusians. On the whole, the standard of the observance in the English charterhouses in the late Middle Ages was admirable, and their resistance to the schemes of Henry VIII, particularly at the London charterhouse, was marked by a very real heroism[127]. The censure of the prior of London on the part of the Chapter General in 1474 for his insolent levity in allowing hunting is difficult to reconcile with the urban site of his house, and may well have been based on either a misunderstanding or a calumny.

The visitors make their first appearance in the *Statuta Jancelini* and though Prior Bernard was not very satisfied with their work and even tried in his *De Reformatione* to introduce custodes to keep an eye upon the visitors, the latter were more efficient than Prior Bernard wished to given them credit for, and we hear no more of the custodes. If the Carthusian Order did not experience the decline known to most other religious institutions in the late Middle Ages and the Renaissance period, a good deal of the credit for this is doubtless due to the visitors. Inevitably, however, despite their strict enclosure, the monks were not exempt from the climate of their age, and even alchemy had to be

[125] Cf. James Hogg, *Mount Grace Charterhouse and late Medieval English Spirituality* (*Analecta Cartusiana* 64) Vol. 2: *The Trinity College Cambridge MS. O. 2. 56*, for the principal works of Methley. This volume appeared in 1978. It is hoped to publish Vol. 1, containing the critical study of Methley's writings, in 1980. *Analecta Cartusiana* 31 (1977) contained James Hogg, *Richard Methley: To Hew Heremyte A Pystyl of Solytary Lyfe Nowadayes*, 91—119. The works of John Norton are indicated in this article, p. 91—94, fn. 2. A further indication of works by Methley can be found in James Hogg, Carthusian Materials in the London Public Record Office Collection SP I/239 (*Analecta Cartusiana* 37) 1977, 142—143.

[126] Printed in Migne, *PL* 153, cols. 787—884, where it is falsely attributed to Guigo II, prior of the Grande Chartreuse 1174—1180.

[127] Cf., for example, the account in Dom David Knowles, *The Religious Orders in England* III, 222—240. A study of the various recensions of Dom Maurice Chauncy's contemporary account of the last years of the London charterhouse is in preparation: "*Passio XVIII Cartusianorum in Anglia Martyrum a Domno Mauritio Chauncy: A Critical Study of the Manuscripts*" (*Analecta Cartusiana* 87).

strictly prohibited in 1499. The practise of medicine had been forbidden as early as 1222, though further ordinances condemning it in 1296 and 1438 suggest that there was an occasional tendency to ignore the prohibition. In 1478 the prior of Aillon in Savoy was even threatened with imprisonment for his disobedience on this point. Somewhat later, particularly in Italy, the Order did endeavour to come to the aid of the sick, and the pharmacies at Florence and Trisulti can still be admired[128].

A certain humanity, in any event, was not absent from Carthusian life, whatever its rigours. The customary of Raynaldi reveals that new ordinands were allowed to remain at the monastic guesthouse for one or two days after their return, with permission to visit the brethren in their cells, whilst at Porta Coeli five days grace were granted for ordination, which seems generous, as the charterhouse was only thirty kilometres from the cathedral city of Valencia. By a privilege of Pope Pius II holy orders could be received at the age of twenty-two, though the *Tertia Compilatio* lays down the required ages as twenty for the diaconate and twenty-five for the priesthood[129]. In 1576 a case is recorded where a candidate was promoted to the priesthood, despite his lack of the requisite theological knowledge. Understandably, the monks were forbidden as early as 1332 to seek ordination at Rome, unless they resided within twenty kilometres of the eternal city.

Most of the medieval vestments have perished along with much of the furnishings, which often fell victim to the barock zeal of many priors, particularly in the German and Italian charterhouses, but, despite the depredations of the suppressions of the Napoleonic Wars and the liberal movements of the nineteenth century, a fair number of charterhouses remain to give us an idea of the cadre in which Carthusian life in the late Middle Ages was set. In Austria, Mauerbach, Gaming and Aggsbach[130] have all retained a good deal of their monastic character, whilst Buxheim and Ittingen[131] are eloquent representatives of charterhouses

[128] The pharmacy of the charterhouse of Valldemossa is also preserved. Cf. *The Charterhouses of the Carthusian Province of Catalonia*, Vol. 4: Luis Ripoll, *Sucinta historia de la Cartuja de Valldemossa*. 1978, plates 44—46.

[129] IV, 14.

[130] James Hogg, *The Architecture of the Charterhouses of Lower Austria, Album*. Unfortunately, the quality of the reproduction left a good deal to be desired. The illustrations in Franz Enne, *Die Aufhebung der Kartause Aggsbach* (*Analecta Cartusiana* 49) 1977 are of a higher quality.

[131] Cf. James Hogg, *The Charterhouses of Buxheim, Ittingen and La Valsainte*, plates 1—106.

dating from the late fifteenth century. More typical of the austere traditions of the Order are perhaps the charterhouses of Savoy[132], among which Le Reposoir and Mélan remain much as they were in the fifteenth century, whilst Jerez de la Frontera and the charterhouses of Andalusia[133] show the conciliation of financial resources with monastic severity in the creation of architectural monuments of no mean order, — an achievement that had been realised even earlier at Naples, Florence and Padula[134] in Italy, to name but a few of the more striking examples.

---

[132] Cf. JAMES HOGG, *L'ancienne chartreuse du Reposoir, aujourd'hui Carmel, et les chartreuses de la Savoie* (*Analecta Cartusiana* 39) 1979.

[133] Cf. JAMES HOGG, *The Charterhouses of Las Cuevas, Jerez de la Frontera, Cazalla, and Granada*, Vol. 3: *The Charterhouses of Las Cuevas, Cazalla de la Sierra, and Granada.*

[134] Cf. JAMES HOGG and MICHELE MEROLA, *The Charterhouse of Padula: Album* (*Analecta Cartusiana* 54) 1978.

Gerhard Jaritz

ZUR SACHKULTUR ÖSTERREICHISCHER KLÖSTER DES SPÄTMITTELALTERS

Die Erfassung der Sachkultur in österreichischen Klöstern des Spätmittelalters muß sich in überwiegendem Maße auf schriftliche Quellen stützen, deren Überlieferungsumfang jedoch als recht weitgespannt angesehen werden kann. Grundsätzlich ist festzustellen, daß es kaum Quellengruppen des genannten Bereiches gibt, die bei einer solchen Untersuchung nicht heranzuziehen wären. Eine relativ geringe Anzahl dieser Quellen ist für den zu behandelnden Zeitraum ediert[1].

[1] Dabei sind für den österreichischen Raum vor allem die Urkundeneditionen zu nennen: vgl. Johann Nepomuk Weis, Urkunden des Cistercienser-Stiftes Heiligenkreuz (*FRA* 2/XI und 2/XVI) Wien 1856 und 1859; Hartmann Zeibig [Bearb.], Urkundenbuch des Stiftes Klosterneuburg bis zum Ende des vierzehnten Jahrhunderts (*FRA* 2/X und 2/XXVIII) Wien 1857 und 1868; Ernest Hauswirth [Hrsg.], Urkunden der Benedictiner-Abtei Unserer Lieben Frau zu den Schotten in Wien (*FRA* 2/XVIII) Wien 1859; Honorius Burger, Urkunden der Benedictiner-Abtei zum Heiligen Lambert in Altenburg (*FRA* 2/XXI) Wien 1865; Mathias Prangerl [Hrsg.], Urkundenbuch des Cistercienserstiftes B. Mariae V. zu Hohenfurt in Böhmen (*FRA* 2/XXIII) Wien 1865; Isidor Raab, Urkundenbuch des Benedictiner-Stiftes Seitenstetten (*FRA* 2/XXXIII) Wien 1870; Theodor Mairhofer [Hrsg.], Urkundenbuch des Augustiner Chorherren-Stiftes Neustift in Tirol (*FRA* 2/XXXIV) Wien 1871; Beda Schroll [Hrsg.], Urkundenbuch des Benedictiner-Stiftes St. Paul in Kärnten (*FRA* 2/XXXIX) Wien 1876; Michael Faigl [Hrsg.], *Die Urkunden des Regulirten Chorherrenstiftes Herzogenburg.* Wien 1886; Josef Lampel [Hrsg.], Urkundenbuch des aufgehobenen Chorherrenstiftes Sanct Pölten (*Niederösterreichisches Urkundenbuch* I und II) Wien 1891 und 1901; Adalbert Fuchs [Bearb.], Urkunden und Regesten zur Geschichte des Benedictinerstiftes Göttweig (*FRA* 2/LI, 2/LII, 2/LV) Wien 1901 und 1902; ders. [Bearb.], *Urkunden und Regesten zur Geschichte der aufgehobenen Kartause Aggsbach.* Wien 1906; Gerhard Winner [Bearb.], Die Urkunden des Zisterzienserstiftes Lilienfeld 1111—1892 (*FRA* 2/81) Wien 1974. Vgl. ferner bes. Johann von Frast [Hrsg.], Das „Stiftungen-Buch" des Cistercienser-Klosters Zwetl (*FRA* 2/III) Wien 1851. Hinzuweisen ist auch auf die chronikalischen Aufzeichnungen sowie die Nekrologien österreichischer Klöster, welche vor allem in den *MGH* ediert sind. Vgl. schließlich die für die *Österreichische*

Auch die bisherigen wissenschaftlichen Auswertungen nach realienkundlichen Gesichtspunkten halten sich eher in bescheidenen Grenzen[2].

Äußerst vielschichtig sind die Aussagemöglichkeiten der einzelnen Quellengruppen, äußerst differenziert der Aussagewert für die Rekonstruktion der tatsächlichen Verhältnisse im klösterlichen Alltag des Spätmittelalters.

Regeln, Statuten, Consuetudines — kurz die normative Seite — bieten zwar viele wertvolle Mitteilungen[3], dürfen jedoch keinesfalls für

---

Kunsttopographie (*ÖKT*) durchgeführten meist auszugsweisen Editionen ausgewählter Quellen: bes. Hans Tietze [Bearb.], Die Denkmale des Stiftes Nonnberg in Salzburg (*ÖKT* VII) Wien 1911, XIV—CXLI; ders. [Bearb.], Die Denkmale des Benediktinerstiftes St. Peter in Salzburg (*ÖKT* XII) Wien 1913, XII—CXCIV; Paul Buberl, Die Kunstdenkmäler des Zisterzienserklosters Zwettl (*ÖKT* 29) Baden b. Wien 1940, 249—370; Othmar Wonisch [Bearb.], Die Kunstdenkmäler des Benediktinerstiftes St. Lambrecht (*ÖKT* XXXI) Wien 1951, 151—304; Willibrord Neumüller, *Archivalische Vorarbeiten zur Österreichischen Kunsttopographie* (*Gerichtsbezirk und Stift Kremsmünster*), 2 Bde. Wien 1961; Felix Vongrey, *Archivalische Vorarbeiten zur Österreichischen Kunsttopographie. Stift Lilienfeld*, I. Wien 1969. Außerdem sind mitunter auch einige der im Barock entstandenen Klosterchroniken vor allem wegen ihrer reichen Quellenwiedergaben heranzuziehen — vgl. z. B. Anselmus Schramb, *Chronicon Mellicense seu Annales Monasterii Mellicensis*. Wien 1702; Bernardus Linck, *Annales Austrio — Clara-Vallenses*, 2 Bde. Wien 1723 und 1725.

[2] Vgl. bes. Laurenz Strebl, *Zu Schreibung, Sprache und Kulturleben in Klosterneuburger Rechnungsbüchern*. Phil. Diss. Wien 1956, bes. 148—272; ders., Mittelalterlicher Weinbau in den Rechnungsbüchern des Stiftes Klosterneuburg. *Unsere Heimat* 30 (Wien 1959) 11—21; Floridus Röhrig, Das kunstgeschichtliche Material aus den Klosterneuburger Rechnungsbüchern des 14. und 15. Jahrhunderts. *Jahrbuch des Stiftes Klosterneuburg* NF 6 (Wien—Köln—Graz 1966) 137—178; Gerhard Jaritz, Aderlaß und Schröpfen im Chorfrauenstift Klosterneuburg (1445—1553). *Jahrbuch des Stiftes Klosterneuburg* NF 9 (Wien—Köln—Graz 1975) 67—108; ders., Die Reiner Rechnungsbücher als Quelle zur klösterlichen Sachkultur des Spätmittelalters. *Die Funktion der schriftlichen Quelle in der Sachkulturforschung = Veröffentlichungen des Instituts für mittelalterliche Realienkunde Österreichs* 1 (*Sb. Ak. Wien, phil. hist. Kl.* 304/4) Wien 1976, 145—249. Vgl. ferner die umfassenden Arbeiten Joachim Angerers zum klösterlichen Musikwesen und Kurt Holters zum Buchwesen (s. die Beiträge in diesem Band).

[3] Als beispielhafte Auswertungen von Ordensvorschriften vgl. bes. Gerd Zimmermann, Ordensleben und Lebensstandard. Die Cura Corporis in den Ordensvorschriften des abendländischen Mittelalters (*Beiträge zur Geschichte des alten Mönchtums und des Benediktinerordens* 32) Münster/Westfalen 1973; Louis Gougaud, Anciennes coutumes claustrales (*Moines*

sich allein betrachtet werden[4]. Ähnliches gilt für Visitationsprotokolle; das Ziel der Abstellung von Mißständen kann zu einer Überbetonung des Negativen führen; regeltreues Verhalten braucht dagegen nur angedeutet oder gar nicht erwähnt zu werden[5]. Außerdem ist mitunter die Objektivität der Visitatoren anzuzweifeln, wie es überlieferte Beispiele aus dem österreichischen Raum vermuten lassen[6]. Aussagekräftiger für die tatsächlichen Lebensverhältnisse und Ausgestaltungen der Sachkultur — gleichfalls jedoch wieder mit Einschränkungen — erweisen sich oft Rechnungsbücher, Inventare, mitunter auch Nekrologe und Stiftungsverzeichnisse, manche Mitteilungen aus historiographischen Quellen sowie auch aus Bereichen der Fachliteratur.

Ein mehr oder minder repräsentativer Gesamtüberblick erscheint nur unter Berücksichtigung aller genannten Gruppen angebracht. Erst dieser wird die Verhältnisse klarer sowie gültige Signifikanzen und Tendenzen erkennen lassen. Und erst dadurch wird die Funktion des Sachgutes in der klösterlichen Gemeinschaft besser hervortreten — seine

---

et monastères 8) Saint Martin de Ligugé 1930. Zu den Editionen von Ordensvorschriften vgl. das Quellenverzeichnis bei ZIMMERMANN, *Ordensleben* 9—12.

[4] Vgl. IVAN HLAVÁČEK, Beiträge zum Alltagsleben im vorhussitischen Böhmen. Zur Aussagekraft des Prager Visitationsprotokolls von 1379—1381 und der benachbarten Quellen. *Jahrbuch für fränkische Landesforschung* 34/35 (*FS Gerhard Pfeiffer*) Neustadt/Aisch 1975, 867, wo er zur Gruppe der normativen Quellen vermerkt: „... es besteht immer eine gewisse Gefahr, daß gerade die konkretesten Formulierungen gedankenlos von fremden Vorlagen übernommen werden, ganz abgesehen davon, daß hier mit der zeitlichen Diskrepanz zu rechnen ist, mit anderen Worten, daß die konkreten Ereignisse in ein solches Normativgut erst mit Verspätung Eingang finden können, wenn diese sich bereits im Rückgang befinden konnten bzw. schon als verschwunden galten. Dagegen sind manche Details sozusagen von allgemein-menschlicher Gültigkeit und Dauer und wiederholen sich jahrzehnte- ja jahrhundertelang". Diese Bemerkungen gelten wohl mitunter auch für den klösterlichen Bereich.

[5] Zu Visitationen des Klerus vgl. HLAVÁČEK, *Beiträge* 869: „Das wichtigste ist, daß dort nur Ausschreitungen verzeichnet werden, also wieder schon gewisse Extremfälle, sodaß sie kaum zur Rekonstruktion der normalen Verhältnisse dienen können. Freilich sind sie nicht zu unterschätzen, denn eine vornehmlich komplexe statistische Bearbeitung des Stoffes ermöglicht hier nicht unwichtige Einblicke in diese Zusammenhänge".

[6] Vgl. z. B. die Visitation des niederösterreichischen Benediktinerstiftes Göttweig vom 11. Oktober 1496 durch Bischof Christophorus von Passau und den sich daraus entwickelnden Streit, im besonderen die beiden gegensätzlichen Berichte von Bischof und Abt (FUCHS, *Urkunden Göttweig* 3, 307—310, n. 2143 und 314—319, n. 2151).

Ordensbezogenheit, seine Vorschriftenbezogenheit, seine Bezogenheit zu einzelnen Konventen sowie zu den Verhältnissen der profanen Umwelt.

Tägliches Leben im Kloster spielt sich in stark reglementierten Bahnen ab. Die verschiedenen Arten von Vorschriften bzw. Ordnungen zeigen sehr deutlich die gewünschte Einstellung der Kommunitäten etwa zu Nahrung, Kleidung oder zur Einrichtung von Räumlichkeiten. Daraus ergibt sich die grundsätzliche Frage, wie groß denn überhaupt der Spielraum ist, den die Norm zur Ausgestaltung einer eigenen Sachkultur läßt. Bringt außerdem jener Eintritt ins Kloster für die aus verschiedenen Milieus stammenden Personen „Verbesserungen", „Verschlechterungen" oder überhaupt Änderungen in der materiellen Gestaltung gewisser Lebensbereiche? Und was sind dabei die bestimmenden Faktoren? Was sind die Kriterien, aus denen Klöster in sachkulturlichen Belangen als höher- bzw. tieferstehend einzuordnen sind? Wo liegen denn überhaupt die Akzente in den verschiedenen Kategorien der materiellen Lebensausformung monastischer Gemeinschaften?

Um einen Einblick in die bestehende Problematik zu vermitteln, soll nun an Hand einiger wohl signifikanter Gruppen von Sachgütern eine kurze Übersicht zur klösterlichen Gegenstandswelt und deren Ausgestaltung geboten und auf Schwerpunkte hingewiesen werden.

Eine entscheidende Rolle spielt sicherlich das Nahrungswesen. Dieses ist im besonderen geprägt durch das strenge Fastengebot, welches jedoch gerade im behandelten Zeitraum oft erhebliche Auflockerungen erfährt. Mitunter bezeugen Urkunden Erleichterungen für einzelne Konvente, wenn etwa im Jahre 1452 Papst Nikolaus V. den Benediktinerinnen von Göttweig den Genuß von Fleischspeisen an drei Tagen in der Woche außerhalb der Fastenzeit gestattet; oder wenn 1398 Papst Bonifaz IX. dem Abt und einem weiteren Mönch der Zisterze Hohenfurth den Fleischgenuß außer an Fasttagen genehmigt; oder wenn 1453 demselben Konvent durch Abt Johannes von Morimund zugestanden wird, außerhalb des Klosters *in mensa principum seu potentum dominorum et eciam in aliis locis, vbi commode regularia adinuenire non valetis*, zu den erlaubten Zeiten Fleisch zu sich zu nehmen[7]. Der Bereich des Nahrungswesens ist ferner reglementiert durch Bestimmungen zur An-

---

[7] 1452 IV 23, Rom (FUCHS, *Urkunden Göttweig* 2, 436, n. 1379); 1398 XII 4, Rom (PRANGERL, *Urkundenbuch Hohenfurt* 219f., n. CLXXXVII); 1453 IX 6, Wilhering (PRANGERL, *Urkundenbuch Hohenfurt* 280, n. CCXXV). Zum Fasten und Fastengebot im klösterlichen Bereich vgl. bes. LUDWIG DOLBERG, Die Cistercienser beim Mahle. Servitien und Pitantien. *Studien und Mittheilungen aus dem Benedictiner- und dem Cistercienser-Orden* XVII

zahl der Essen und Gänge, zur Zeit des Essens oder etwa zur Art der zu konsumierenden Nahrungsmittel. Um 1350 wird zum Beispiel für die Chorherren von St. Florian in Oberösterreich die Verköstigung an Festtagen schriftlich geregelt. Wenn am Weihnachtsabend der Prälat mit dem Konvent im Refektorium speist, soll Kraut mit kleinen Fischen oder Heringen serviert werden, ferner vier weitere Gänge guter Fische, einer von diesen in mit Pfeffer und Safran gewürzter Sauce; schließlich ein Gerstengericht und Erbsen. Wenn Epiphanie, Mariae Lichtmeß, Empfängnis und Geburt sowie Florianus, Augustinus und Allerheiligen auf einen Freitag fallen, soll das gleiche gegessen werden. Falls jedoch diese Feste auf einen Samstag fallen, reiche man Kraut mit Käse und Schmalz, neuerlich vier Gänge guter Fische, einen davon wieder mit genannter gewürzter Sauce, und schließlich Eier und ein mit Safran gewürztes Gerstengericht. Und auf diese Weise werden alle Festtage des Jahres festgelegt[8]. Eine 1414 entstandene Aufzeichnung für das Pfisteramt in Klosterneuburg sagt aus, daß die Chorherren täglich drei kleine Wecken, an Fasttagen dagegen nur zwei erhalten sollten[9]. Die Melker Reformstatuten von 1418 bestimmen für Fasttage eine Mahlzeit mit drei, höchstens vier gekochten Gängen, an anderen Tagen zum *prandium* drei, zur *cena* zwei Gänge[10]. Die Liste solcher Bestimmungen ließe sich noch lange fortsetzen.

Die tatsächlichen Verhältnisse sowie die angewandten Variationsmöglichkeiten zeigen sich augenscheinlich in den Ausgabenrubriken von Rechnungsbüchern oder in den Verzeichnissen der täglich oder wöchentlich benötigten Nahrungsmittel bzw. mitunter auch der servierten Speisefolgen, die aus verschiedenen Klöstern vor allem ab dem 15. Jahr-

---

(Brünn 1896) 626—629; DOMINIKUS LINDNER, Die allgemeinen Fastendispensen in den jeweils bayerischen Gebieten seit dem Ausgang des Mittelalters (*Münchner Studien zur historischen Theologie* 13) München 1935, 6; HANS LENTZE, Pitanz und Pfründe im mittelalterlichen Wilten. *Studia Wiltinensia* (*Forschungen zur Rechts- und Kulturgeschichte* I) Innsbruck 1964, 42; ZIMMERMANN, *Ordensleben*, bes. 38—66. Vgl. dazu auch die Bemerkungen im Beitrag REINHARD SCHNEIDERS.

[8] C. 1350 (*Urkundenbuch des Landes ob der Enns* VII. Wien 1876, 215—219, n. CCXV). Vgl. dazu LENTZE, *Pitanz* 41f. und die Beiträge von DIETRICH SCHWARZ und EMMANUEL VON SEVERUS in diesem Band; ferner die wohl im Jahre 1428 unter Abt Georg I. in St. Peter/Salzburg erlassene Ordnung, welche die Verköstigung der Mönche durch einen vierzehntägigen, detailliert aufgezeichneten Plan reglementiert (Stiftsarchiv St. Peter, Hs. A 656, fol. 1r—4r).

[9] ZEIBIG, *Urkundenbuch Klosterneuburg* 2, 201.

[10] SCHRAMB, *Chronicon Mellicense* 335f.

hundert erhalten sind[11]. Interessante Aspekte ergeben sich hiebei besonders deutlich für den Bereich des Fischkonsums. Ein nur aus dem Jahre 1440 erhaltenes Rechnungsbuch der Kartause Gaming überliefert fünf gekaufte Fischsorten[12]. Die für 17 Jahre des 15. Jahrhunderts erhaltenen Rechnungen der steirischen Zisterze Rein nennen neun Sorten[13]. Eine diesbezügliche Untersuchung für Klosterneuburg konnte 24 Sorten feststellen; die Rechnungen der Benediktiner von Göttweig, die ab den sechziger Jahren des 15. Jahrhunderts auf uns gekommen sind, nennen 35 Sorten[14]. Dabei geht jedoch die Anzahl von pro Jahr gekauften Sorten nur wenig über zehn hinaus. Und für St. Peter in Salzburg ist eine ähnlich große Varietät belegt; die Abrechnungen zeigen dort jedoch schon manchmal zehn verschiedene Sorten, die in einer Woche gekauft wurden[15]. Es ergeben sich hiemit recht klar die Möglichkeiten zur Ausgestaltung des täglichen Speisezettels[16].

---

[11] Vgl. für Österreich besonders die Küchenrechnungen der Klosterneuburger Chorherren (s. Beitrag von FLORIDUS RÖHRIG), die täglichen bzw. wöchentlichen Ausgabenverzeichnisse für Nahrungsmittel in den Rechnungsbüchern der dortigen Chorfrauen (vgl. die Übersicht der erhaltenen Rechnungsbücher bei JARITZ, *Aderlaß* 79) sowie die Küchenrechnungen der Benediktiner von St. Peter in Salzburg (Stiftsarchiv St. Peter, Hs. A 653 und A 654). Vgl. dazu auch die in St. Peter erhaltenen Verzeichnisse von täglichen Speisen und Speisefolgen (die früheste erhaltene Aufzeichnung bezieht sich auf das Jahr 1477 = Stiftsarchiv St. Peter, Hs. A 656, fol. 5^r—25^r; einige Beispiele aus dieser sowie mehrere Belege aus dem umfangreich überlieferten Material des 16. Jahrhundert sind veröffentlicht bei LEOPOLD SPATZENEGGER, Die Reise-Rechnung des Erzbischofs Leonhart Keutschach nach Hall in Tirol. *Mittheilungen der Gesellschaft für Salzburger Landeskunde* VIII (Salzburg 1867) 89—94).

[12] Haus-, Hof- und Staatsarchiv Wien Hs. Blau 490, fol. 5^r.

[13] Vgl. JARITZ, *Reiner Rechnungsbücher* 182—185.

[14] STREBL, *Schreibung* 213—228. Die Anzahl der für Göttweig im 15. Jahrhundert gekauften Fischsorten ergibt sich aus den jährlichen Anmerkungen in den Abt- bzw. Kellererrechnungen (Stiftsarchiv Göttweig GA-b-R 1 und GA-b-R 2); vgl. z. B. Rechnungsbuch des Kellerers 1474—1476, fol. 13^v—14^r und 16^r: 9 Sorten (1474); fol. 61^r—62^r: 9 Sorten (1475); fol. 108^r—109^r: 4 Sorten (1476). Dabei ist natürlich besonders die Genauigkeit des Rechnungsführers zu berücksichtigen, d. h. inwieweit er Sorten unterscheidet und nicht einfach als *pisces* vermerkt.

[15] Die Anzahl ergibt sich aus den jährlichen Anmerkungen in den Küchenrechnungen (Stiftsarchiv St. Peter Hs. A 653 und A 654); vgl. z. B. Hs. A 653, fol. 420^r (1463 III 26), 456^r (1466 VII 5): jeweils 9 Sorten für die nächste Woche; fol. 485^r (1469 I 7): 8 Sorten.

[16] Zum tatsächlichen Variantenreichtum heimischer Fische vgl. etwa die im Tiroler Fischereibuch Maximilians I. genannten Arten (FRANZ UNTER-

Dazu muß man schließlich die vielen verschiedenen überlieferten Zubereitungsarten berücksichtigen, die ja gerade aus den nicht selten dem klösterlichen Bereich entstammenden Kochbüchern ersichtlich sind. In manchen Rezepten geht es dabei nicht nur um Geschmacksvariation, sondern auch um das Auge beeinflussende Kriterien: man denke im besonderen etwa an die färbigen Saucen oder an die „falschen Fleischgerichte", die in der Form, in welcher sie serviert werden, Fleischspeisen entsprechen, in ihrer Zusammensetzung jedoch aus Fisch oder anderen Fastenspeisen bestehen[17]. Ob, inwieweit, wie häufig und zu welchen Anlässen solche Rezepte in der klösterlichen Küche tatsächlich zur Anwendung gelangten, müßte allerdings sicher näher untersucht werden.

Manche im klösterlichen Bereich verwendeten Lebensmittel bezeugen auch die Vorliebe für Fremdes, Ausländisches und damit meist auch Teueres; dies führt dann mitunter sicherlich in die Nähe gewisser überlieferter „luxuriöser" Speisegewohnheiten spätmittelalterlicher Oberschichten. So stehen neben den einheimischen Gemüsesorten an Fasttagen etwa auch jene Nahrungsmittel zur Verfügung, die in den entsprechenden Quellen oft im Oberbegriff *vastenspeis* bzw. *quadragesimalia* zusammengefaßt sind[18]. Dabei handelt es sich zum Teil um solche importierte Lebensmittel, die eindeutig als Besonderheiten bzw. einer gehobenen spätmittelalterlichen Lebensausgestaltung entsprechend bezeichnet werden können. Ein Gaminger Inventar von 1439 führt in dieser Rubrik neben dem obligaten Olivenöl auch Feigen, Reis, Mandeln und Rosinen an[19]. Somit kann vermutet werden, daß die Qualität eines Fastenessens die verminderte Quantität häufig ausglich. Bei einer solchen Beurteilung darf aber die Existenz von verschiedenen Küchen bzw. Tafeln innerhalb eines Klosters (etwa für den Abt, Konvent,

---

KIRCHER, *Das Tiroler Fischereibuch Maximilian I., Codex Vindobonensis 7962*, 1. Bd. Graz—Wien—Köln 1967, 47).

[17] Vgl. z. B. CVP 2897 (Kochbuch des Dorotheerklosters, Wien 15. Jh.), fol. 1r, mit Rezepten für aus Fischen zubereitetes Reh bzw. Rebhuhn in der Fastenzeit (vgl. dazu auch ANITA FEYL, *Das Kochbuch Meister Eberhards. Ein Beitrag zur altdeutschen Fachliteratur.* Freiburg/Breisgau 1963, 21f., wo die Weitergabe bzw. Übernahme solcher Rezepte in verschiedenen erhaltenen handschriftlichen Kochbüchern des Spätmittelalters verdeutlicht wird).

[18] Vgl. z. B. Stiftsarchiv St. Peter Hs. A 623, fol. 115v, 189r; Stiftsarchiv Göttweig, Abtrechnung 1493/94, fol. 18r, 87r, 96r; Abtrechnung 1495/96, fol. 28r (1495), 25r (1496), etc. Vgl. dazu ALOYS SCHULTE, *Geschichte des mittelalterlichen Handels und Verkehrs zwischen Westdeutschland und Italien mit Ausschluss von Venedig* I. Leipzig 1900, 712.

[19] Haus-, Hof- und Staatsarchiv Wien, Hs. Blau 490, fol. 20v.

Gäste, Kranke, etc.) nicht außer acht gelassen werden. Im besonderen für die Abtküche und für die Bewirtung einflußreicher Gäste ist jedoch die Rolle der Spezialitäten im Speiseplan sicher zu unterstreichen[20].

Manche Beispiele zeigen Entwicklungen, die vermuten lassen, daß innerhalb des behandelten Zeitraumes Besonderheiten mitunter einerseits zu Alltäglichkeit werden, andererseits aber auch zu schwer wegzudenkender Gewohnheit, deren Verzicht zu Komplikationen führen kann. Ein Extraspeisenverzeichnis der Zisterze Zwettl aus dem 14. Jahrhundert gibt so nicht weniger als 98 Tage im Jahr an, zu denen dem Konvent aus verschiedenen Stiftungen hervorgegangene Besserungen der täglichen Mahlzeiten gereicht werden sollen; dabei handelt es sich im besonderen um Weißbrot, Eier, Wein, Fisch und Krapfen[21]. Eine solche Anhäufung muß zur Gewohnheit führen und leitet damit vom eigentlichen Zweck der Stiftungen ab. Das Hungerjahr 1307 brachte im tirolischen Prämonstratenserstift Wilten die Notwendigkeit der Verringerung jener Sondermahlzeiten mit sich, was unter schärfster Strafandrohung bei Nichtbefolgung verordnet werden mußte[22]. Eine für das Zisterzienserkloster Lilienfeld überlieferte Stiftung einer Portion Hausen — jenes großen und begehrten Donaufisches — im Jahre 1349 berücksichtigt die Möglichkeit einer solchen Situation. Sie bestimmt, daß in schlechten Jahren das bereitgestellte Geld nicht für die Sondermahlzeit, sondern für die Bearbeitung der Weingärten verwendet werden sollte[23].

---

[20] Jener Unterschied zwischen Abt- bzw. Gäste- und Konventküche zeigt sich etwa gut in dem angeführten Speiseverzeichnis von St. Peter aus dem Jahre 1477 (Stiftsarchiv St. Peter, Hs. A 656, fol. 5^r—25^r; vgl. auch SPATZENEGGER, *Reiserechnung* 90—94).

[21] Vgl. JOHANN v. FRAST, Urkunden und geschichtliche Notizen, die sich in den Handschriften des Stiftes Zwettl finden. *Archiv für Kunde österreichischer Geschichts-Quellen* 3 (Wien 1859, Ndr. Graz 1964) 371—376. Vgl. auch FRAST, *„Stiftungen-Buch“* 476—483; ROSWITHA ETTMANN, *Die karitative Tätigkeit des Zisterzienserklosters Zwettl von dessen Gründung bis zum „Schwarzen Tod“ unter besonderer Berücksichtigung der regularen Grundlagen.* Phil. Diss. Wien 1967, 81ff.; DOHLBERG, *Cistercienser beim Mahle* 609—615, 624—627. Vgl. zuletzt auch die umfassende Untersuchung von HERMANN WATZL, Über Pitanzen und Reichnisse für den Konvent des Klosters Heiligenkreuz 1431. *Analecta Cisterciensia* XXXIV (Rom 1978) 40—147; er konnte feststellen, daß 1431 den Mönchen der niederösterreichischen Zisterze an 201—207 Tagen des Jahres Zusatzkost gewährt wurde (S. 49)!

[22] LENTZE, *Pitanz* 40. Vgl. auch WERNER OGRIS, Die Konventualenpfründe im mittelalterlichen Kloster. *Österreichisches Archiv für Kirchenrecht* 13 (Wien 1962) 114f.

[23] WINNER, *Urkunden Lilienfeld* 276f., n. 731.

Einige Nahrungsmittel bleiben — was unter anderem auch aus der geringen Quantität des Verbrauches ersichtlich ist — während des gesamten behandelten Zeitraumes Besonderheiten. Dazu zählt etwa das Konfekt. Als *confect, pachen confect, tragee, specidultz,* als Anis- oder Korianderkonfekt u. ä. ist es regelmäßig, und zwar in recht kleinen Mengen, in den Rechnungen vermerkt und wird meist bei außergewöhnlichen Anlässen gereicht[24]. Ein solcher besonderer Anlaß ist beispielsweise die Wahl eines neuen Propstes im Chorherrenstift Rottenmann in der Steiermark im Jahre 1475, oder auch die Reise des Göttweiger Abtes nach Tegernsee im Jahre 1492[25]. Jene Besonderheit äußert sich auch im — wenn auch sehr seltenen — Auftreten des Konfektes in Stiftungen[26]. Ähnliches zeigt sich vor allem auch bei Gewürzen, im speziellen fremdländischen Gewürzen, die wieder nicht nur die Funktion der Speisenverfeinerung erfüllen, sondern wohl auch — wie im weltlichen Bereich — ein gewisses Repräsentationsbedürfnis befriedigen können[27]. 1408 überantwortet Hans der Lorber den Dominikanerinnen von Mahrenberg in der Untersteiermark eine Hube, damit aus deren Ertrag den Nonnen jährlich zu Weihnachten — also zur Festzeit — ein Pfund Pfeffer gereicht werde[28]. Für das Wiener Schottenkloster ist aus der ersten Hälfte des 15. Jahrhunderts eine Stiftung von Ingwer im Wert von zwei Pfund Pfennig überliefert[29].

Auch das Getränk spielt eine entscheidende Rolle. Schon der in den Pitanzen so häufig auftretende Wein deutet nicht auf das Kriterium der

---

24 Zu den Bezeichnungen s. Stiftsarchiv Göttweig, Kellererrechnung 1468/70, fol. 11r: *confect, pachen confect, tragee*; Stiftsarchiv St. Peter, Hs. A 623, fol. 136v (1468): *specidultz*; Hs. A 625, fol. 14r (1501): *confectio coriandri, anisi.*

25 Zur Rottenmanner Propstwahl s. Stiftsbibliothek Göttweig Hs. 497 (Rot), fol. 31r; zur Reise des Göttweiger Abtes s. Stiftsarchiv Göttweig, Abtrechnung 1492, fol. 26v.

26 Liber oblationum et anniversariorum monasterii Scotorum Vindobonensis. *MGNecr* V (Berlin 1913) 315: *Item Conradus Mutenhauser dedit tres scatulas confecti* (1. H. 15. Jh.).

27 Zur Funktion des fremdländischen Gewürzes in der spätmittelalterlichen Gesellschaft vgl. z. B. Wilhelm Heyd, *Geschichte des Levantehandels im Mittelalter* 2. Stuttgart 1879 (Ndr. Hildesheim—New York 1971) 600—604, 623—627, 634—640, 645f.; Schulte, *Geschichte des Handels* I, 143f., 708—711; Fernand Braudel, *Capitalism and Material Life 1400—1800.* London 1973, 152ff.; Jaritz, *Reiner Rechnungsbücher* 200—204.

28 Steiermärkisches Landesarchiv Graz, Urk. 4359 (1418 X 18,—).

29 *Liber oblationum* 315.

größeren Quantität, sondern auf ein solches der besseren Qualität[30]. Der Versuch, den Geschmack des nötigen Weines so hochstehend wie möglich zu gestalten, äußert sich etwa im Besitz von Weingärten in den typischen, bekannten Weingegenden oder auch in der Ausbildung der verschiedensten Schönungsmethoden[31]. Allein eine Mitteilung aus dem Jahre 1477, in welcher Bischof Ulrich von Passau den Göttweiger Abt um Zusendung von Wein bittet, deutet auf die gehobenen Ansprüche, die sich mancherorts entwickelten[32]. Er bittet um klaren, geschmackvollen, nicht zu schweren, ziemlich süßen Wein, der nicht leicht verdirbt und nicht zu Kopf steigt; einen solchen könnte er nämlich bei sich nicht bekommen. Diese Notiz weist natürlich nicht nur den Passauer Bischof als Weinkenner aus, sondern deutet sicher auch auf den Ruf des im Weinbaugebiet gelegenen Klosters hin. Von besonderer Wichtigkeit ist das Kriterium der „Süße". Dieser Anforderung werden vor allem die verschiedenen Südweine gerecht, die immer wieder in den Quellen vermerkt sind. Malvasier, Reinfal und Romanier sind dabei hervorzuheben[33]. Neuerlich sind vorrangig festliche Anlässe Gelegenheit, diese Spezialitäten zu kredenzen, wie etwa zum Beispiel die schon genannte Wahl des Rottenmanner Propstes[34] oder ganz allgemein die Anwesenheit bedeutender Gäste[35]. Im Kloster St. Peter zu Salzburg sind sogar eigene Gläser für den *wålschwein* bezeugt[36].

---

[30] Dies geht häufig aus den Stiftungen hervor, wenn dort vom besten Wein gesprochen wird (z. B. 1384 III 28, Salzburg = WINNER, *Urkunden Lilienfeld* 337, n. 900).

[31] Man denke etwa an Krems an der Donau (und dessen nähere Umgebung), wo z. B. im 13. Jahrhundert 45 Stiftshöfe bezeugt sind, die dem Passauer Bischof zinsten (vgl. ERIKA SCHUSTER, *Die geistlichen Grundherren im mittelalterlichen Krems*. Phil. Diss. Wien 1963, 16. Zu den Schönungsmethoden vgl. z. B. JOSEF WERLIN, Ein Weinbuch aus dem niederbayerischen Kloster Biburg. *Archiv für Kulturgeschichte* 48 (Köln—Graz 1966) 137—147.

[32] FUCHS, *Urkunden Göttweig* 3, 102f., n. 1871 (1477 III 1, St. Pölten).

[33] Zum Kriterium der Süße vgl. die Beispiele in Anm. 35. Vgl. auch das bei WERLIN, *Weinbuch* 140 wiedergegebene Rezept *Wie man die wein süß sol behalden*.

[34] Vgl. Anm. 25.

[35] Dies fällt besonders im Stift St. Peter auf, wo jener Brauch in den Rechnungen sehr häufig verzeichnet wird; z. B. Stiftsarchiv St. Peter, Hs. A 622, fol. 74v (1438): *Item umb süessen wein geschankt dem von Walsee 14 ß. 10 d.*, fol. 223v (1450): Süßwein und Welschwein *pro reuerentia hospitum et pro abbate, fratribus et sororibus* . . ., fol. 254v (1454): *Item pro diuersis dulcibus vinis domino duci Ludwico ac aliis hospitibus diuersis* . . .. Außerdem

Damit ist ein anderer Bereich klösterlicher Sachkultur angeschnitten, für den ebenfalls Aussagen getroffen werden können, welche einheitliche Tendenzen belegen: die Verwendung von Geschirr und Eßgeräten[37]. Jene genannte Einheitlichkeit äußert sich vor allem im Material, aus dem das in den Refektorien benutzte Eßgeschirr besteht, nämlich Zinn. Viele Belege aus den erhaltenen Rechnungsbüchern und Inventaren des österreichischen Raumes veranschaulichen klar die vorherrschende Stellung des Zinngeschirrs im 15. Jahrhundert. Das 1446 abgefaßte Inventar der erst zwei Jahre zuvor gegründeten Zisterze Neukloster in Wiener Neustadt vermerkt etwa im Refektorium 27 kleine und große Kannen, 50 Zinnschüsseln, 12 große Schüsseln, 10 mittlere Schüsseln und 12 Zinnteller[38]. Eine besonders hochstehende klösterliche Eßkultur, zu der für den behandelten Bereich keine überlieferten Vergleichsmitteilungen gefunden werden konnten, zeigt sich im Benediktinerstift St. Peter in Salzburg. Nicht das neuerlich belegte Vorherrschen von Zinngeschirr ist dort jedoch vorrangig beachtenswert, sondern im besonderen die angegebene Vielfältigkeit und aus der Funktion herrührende Unterschiedlichkeit. Ein Inventar des Jahres 1474 zum Beispiel nennt nämlich 30 zinnerne Fischschüsseln, 30 Krautschüsseln, 30 Suppenschüsseln und 30 *mues*schüsseln. Daneben sind in den Inventaren noch Saucenschüsseln, Sulzschüsseln und Essigschüsseln verzeichnet[39]. Aus einem solchen Inventar sei auch noch die Tischdeckung

spielen jene Weine auch in der Krankenpflege und im Aderlaßwesen eine Rolle; vgl. z. B. ebd. fol. 61r (1437): *Item in minucionibus umb sussenwein* .... Vgl. auch JARITZ, *Reiner Rechnungsbücher* 207, Anm. 487; Stiftsarchiv Göttweig, Rechnungsbuch des Kellerers 1468/70, fol. 69v (1470); Rechnungsbuch des Kellerers 1489, fol. 33v; Rechnungsbuch des Abtes 1492, fol. 28v, usw.; JARITZ, *Aderlaß* 71f.

[36] Stiftsarchiv St. Peter, Hs. A 481, fol. 9r (Inventar der Infirmarie von 1467): *Item 3 grosse glesår in garten zum wålschwein und 7 chlaine glesår.*

[37] Vgl. dazu etwa die genauen Anweisungen zu Ausstattung des Refektoriums und Verwendung von Eßgeschirr in den Reformstatuten des Abtes Johannes Sachs von St. Lambrecht in der Steiermark aus dem Jahre 1498 (Stiftsarchiv St. Lambrecht, Hs. III a d 11, fol. 29v—30r; teilweise ediert bei WONISCH, *Kunstdenkmäler* 165, n. 115) und die nicht so detaillierten Angaben für das gleiche Kloster von 1473 V 22, St. Lambrecht (Stiftsarchiv St. Lambrecht, Urk. 191, fol. 2v; teilweise ediert bei WONISCH, *Kunstdenkmäler* 163, n. 101).

[38] Archiv Neukloster, Wiener Neustadt, Hs. K 363, fol. 93r (1446 IV 19).

[39] Stiftsarchiv St. Peter, Hs. A 481, fol. 50r (Inventar von 1474 VI 10); dort sind auch *esseich schůssel* genannt. Ebd. fol. 53r (Inventar von 1500 III 12): *salssen schůssel, sulczschůssel.* Vgl. dazu auch die Angaben zum

wiedergegeben, die aus keinem anderen Kloster so detailliert überliefert ist. 1473 etwa finden sich 16 gute und *pôss* Tischtücher, davon sechs für die zwei langen Tische im Sommerrefektorium und zehn auf die kurzen Tische in beiden Refektorien; sechs runde Tischtücher, acht lange gute und *poss* Handtücher für die zwei langen Tische im Sommerrefektorium, 19 gute und *pôss* Handtücher für die kurzen Tische in beiden Refektorien und ferner 13 *pôss* und gute Handtücher mit Knöpfen (*chneifſln*), *da man die hent anwischt*[40].

Wenn nun, wie sich hier am Beispiel des Zinngeschirrs und der Tischdeckung zeigte, schon die in den Refektorien gepflegte Eßkultur einen Charakter von „Vornehmheit" trägt, so verstärkt sich dieser Eindruck natürlich, wenn man jene Objekte betrachtet, die zur Abttafel, *ad mensam abbatis*, zugezählt werden. Wieder überliefern Quellen aus verhältnismäßig vielen Klöstern unserer Bereiches ein recht einheitliches Bild. Einige Stücke aus einem Lilienfelder Inventar von 1497 seien hier erwähnt[41]: silberne Becher, ein in vergoldetem Silber eingefaßtes Straußenei, ein silberner Kuttrolf, 24 Silberlöffel, usw. Viele dieser „profanen" Edelmetallobjekte werden von den Klöstern nicht gekauft, sondern entstammen Stiftungen. Dies bezeugen auch manche Inventare, wie etwa das genannte Lilienfelder, in welchem einige Becher mit dem Namen ihrer Stifter verzeichnet sind, so zum Beispiel *pecarolia a Graffenegker, peccarium Prosmer, pecarium Frytz Ledrer*, etc.[42] Natürlich findet sich an der Abttafel manchmal auch die in unseren Bereichen nur in den Oberschichten und dort sehr selten anzutreffende Gabel, die in Inventaren von St. Peter in Salzburg zu Ende des 15. Jahrhunderts sogar mit ihrem Verwendungszweck als „Gabel für Bratbirnen" verzeichnet ist[43].

Ein anderer Bereich klösterlicher Sachkultur manifestiert sich im Kleidungswesen. Hier scheint bei anfänglicher Betrachtung die vorgegebene Norm noch ausgeprägter. Bis ins Detail ist das Aussehen der Ordenskleidung festgelegt; Variationsmöglichkeiten scheinen kaum

---

Zinngeschirr in Inventaren der Benediktinerinnen von Nonnberg in Salzburg (TIETZE, *Denkmale Nonnberg* XXIV).

[40] Stiftsarchiv St. Peter, Hs. A 481, fol. 20r (Inventar von 1473 I 18).

[41] WINNER, *Urkunden Lilienfeld* 451f., n. 1243 (1497 V 16, Lilienfeld).

[42] WINNER, *Urkunden Lilienfeld* 451. Vgl. dazu auch HERMANN WATZL, Die zwei ältesten Inventare der Cisterce Heiligenkreuz von 1470 und 1516. *Jahrbuch des Vereins für Landeskunde von Niederösterreich* NF XXXVI (Wien 1964) 275f.

[43] Stiftsarchiv St. Peter, Hs. A 632, p. 36 und 38; s. auch TIETZE, *Denkmale St. Peter* XXIV.

gegeben[44]. In einer Richtung sind diese Möglichkeiten jedoch oft sehr wohl vorhanden und werden auch ausgenützt, nämlich in der Verwendung verschiedener Tuchsorten. In vielen klösterlichen Gemeinschaften wird aus dem Gebrauch von Wolltuchen die Verwendung von ausländischen Tuchen, im besonderen deutscher, böhmischer und niederländischer Herkunft. Obwohl in den Rechnungsbüchern bei Vermerken zum Ankauf von Tuch oft nicht der spätere Verwendungszweck angegeben wird, läßt sich dieser doch häufig aus Farbangaben oder dem ersichtlichen Zusammenhang erschließen. Notizen aus den Rechnungsbüchern von Göttweig bezeugen zum Beispiel für die zweite Hälfte des 15. Jahrhunderts den Ankauf von mehr als 20 nach Herkunftsorten in Deutschland, Böhmen, den Niederlanden und England benannten Tuchsorten[45]. Eine führende Rolle kommt dem Tuch aus Speyer zu, welches ja auch in den Melker Reformstatuten von 1451 dezidiert als Grundmaterial für Ordenskleidung verzeichnet wird[46].

An dieser Vielzahl verwendeter Tuchsorten kann neuerdings ersehen werden, wie Außergewöhnliches und Besonderes — mit möglichst geringer Abkehr von der Vorschrift — in den klösterlichen Alltag eingebaut werden kann. In Gemeinschaften, in welchen starke „Verfallserscheinungen" auftreten, bleibt es nicht bei dieser Materialvariation; es kommt zu der häufig in Visitationsberichten angeklagten Formvariation und auch zur Verwendung weltlicher Kleidung. Ein solches Extrem aus der krainischen Zisterze Sittich/Stična soll dies in Auszügen erläutern. In einem Bericht von 1522 wird über den Mönch Hans Glavitsch

---

[44] Zur Kleidung nach den Ordensregeln vgl. bes. ZIMMERMANN, *Ordensleben* 88—117; LUDWIG DOLBERG, Die Tracht der Cistercienser nach dem liber usuum und den Statuten. *Studien und Mittheilungen aus dem Benedictiner- und dem Cistercienser-Orden* XIV (Brünn 1893) 359—367, 530—538. Zur geistlichen Kleidung des Spätmittelalters im allgemeinen vgl. MARTHA BRINGEMEIER, Priester- und Gelehrtenkleidung (*Rheinisch-Westfälische Zeitschrift für Volkskunde, Beih.* 1) Münster 1974, 39f.

[45] S. z. B. Stiftsarchiv Göttweig, Rechnungsbuch des Kellerers 1468/70, fol. 16^v, 197^v; Rechnungsbuch des Kellerers 1474/76, fol. 68^r, 116^r; Rechnungsbuch des Kellerers 1477/80, fol. 18^v, $64a^r$, 103^v, 130^v—132^r; Rechnungsbuch des Abtes 1489/90, fol. 25^r; Rechnungsbuch des Abtes 1491/92, fol. 24^r; Rechnungsbuch des Abtes 1493/94, fol. 21^r (1494), 22^v (1493); Rechnungsbuch des Abtes 1497/98, zwei eingelegte Zettel bei fol. 22^r, fol. 27^v; Rechnungsbuch des Abtes 1499/1500, fol. 21^v, 32^r. Die hier angegebenen Verweise beziehen sich nur auf jene Stellen, in denen zuvor nicht genannte Tuchsorten erstmals aufscheinen, und führen somit zur angeführten Zahl verschiedener Arten.

[46] SCHRAMB, *Chronicon Mellicense* 413.

mitgeteilt, daß er bei seinen Ausritten nach Laibach unter anderem seidene Wämser trug, von denen er sich zwei anfertigen hatte lassen — wie es heißt *von einer ganz ungebürlichen Form*; ferner kleidete er sich in mit Seide und Goldfäden genähte Pfaiten, auf denen mit Pfeilen versehene Herzen angebracht gewesen seien. Schließlich trug er angeblich manchmal Frauenkleidung und tanzte in profanem Gewand in der Gesellschaft Weltlicher[47].

Ein für die genannte Material- und Formvariation prädestiniertes Kleidungsstück ist auch der Pelz[48]. Häufig ist Klosterinsassen das Tragen von Pelzen — in der Hauptsache Schafspelzen — erlaubt[49]. Im klösterlichen Bereich des Spätmittelalters findet sich jedoch auch die Existenz anderer — teurerer — Pelzsorten, die als deutliches Zeichen für Wohlhaben anzusehen sind, was bis zum Hermelin gehen kann, dessen Verwendung verständlicherweise mitunter als Kriterium besonderer „Abkehr“ gewertet wird[50].

Eindrücke vom tatsächlichen Kleiderbesitz einzelner Konventualen bieten für unseren Bereich Inventare der Augustiner-Chorherren von St. Pölten und der Benediktiner von St. Lambrecht aus dem 15. Jahrhundert[51]. Ein Beispiel aus den erhaltenen Inventaren des Besitzes von 14 Mönchen St. Lambrechts aus dem Jahre 1498 sei hier angeführt. Dabei muß vorausschickend festgestellt werden, daß in den 14 überlieferten Besitzverzeichnissen nicht nur hinsichtlich des Kleidungswesens große Unterschiede in Qualität und Quantität erkenntlich sind. Dies kann wohl auf eine starke Differenziertheit in der „wirtschaftlichen“ und damit auch sozialen Stellung der einzelnen Mönche innerhalb des Konventes hinweisen. Außerdem stellen jene Inventare grundsätzlich wertvolle Quellen zum Eigentum des Einzelmönches in der monasti-

---

[47] Stiftsarchiv Rein, Lad. A 9, 6, fol. 4^r—4^v (1522 V 18, Sittich).

[48] Vgl. ZIMMERMANN, *Ordensleben* 103 und 377f. Zur Rolle des Pelzes in der mittelalterlichen Gesellschaft vgl. z. B. MICHÈLE BEAULIEU und JEANNE BAYLÉ, *Le costume en Bourgogne*. Paris 1956, 31ff.; FRANCOISE PIPONNIER, Costume et vie sociale. La Cour d'Anjou XIVe—XVe siècle (*Civilisations et sociétés* 21) Paris—La Haye 1970, 120—126, sowie die weiteren Angaben bei JARITZ, *Reiner Rechnungsbücher* 233, Anm. 721.

[49] Vgl. ZIMMERMANN, *Ordensleben* 377f. sowie z. B. SCHRAMB, *Chronicon Mellicense* 413.

[50] Z. B. Stiftsarchiv Rein, Lad A 9, 6, fol. 4^r (vgl. Anm. 47).

[51] Haus-, Hof- und Staatsarchiv Wien, Hs. Weiß 94, Kopialbuch des Augustiner-Chorherrenstiftes St. Pölten, 15. Jahrhundert, fol. 249^r—252^r. Stiftsarchiv St. Lambrecht, Urk. 394/1 bis 394/14 von 1498 (teilweise ediert bei WONISCH, *Kunstdenkmäler* 166f., n. 118).

schen Gemeinschaft des Spätmittelalters dar[52]. Doch zurück zum Kleiderbesitz eines St. Lambrechter Konventualen, des Bernhard Huebling, aus dem Jahre 1498; er gibt an[53]: eine Schaube aus Harras mit Fuchspelz gefüttert, eine solche mit Schafspelz gefüttert, zwei Röcke, eine alte und eine neue Kutte, einen Schlafrock, eine wollene Pfait, vier Skapuliere, einen Brustpelz, einen Leibrock, zwei *parhosen und kniehőßlein*, vier leinene Pfaiten und zwei Badepfaiten, einen Reitmantel sowie Gugel und Kappen. Aus diesen Angaben zeigen sich deutlich einige teilweise schon zuvor genannte Faktoren, die etwa auch dem entsprechen, was bereits das Konstanzer Konzil zum Bereich des geistlichen Kleidungswesens festgestellt hatte. Dort wird vermerkt, daß die Geistlichen unter Vernachlässigung der kirchlichen Standeskleidung wünschten, sich den Laien anzupassen, und das, was sie im Innersten bewegt, nach außen durch ihr Gewand zur Schau stellen wollten[54]. Und diese Bemerkung spiegelt wohl recht genau jene Situation wider, die sich auch in anderen Lebensbereichen klösterlicher Gemeinschaften — wie schon einige Male angedeutet — häufig nachweisen läßt.

Die Einrichtung klösterlicher Wohnräume kann in verschiedenen Gebieten noch recht gut an Hand von erhaltenen Originalen rekonstruiert werden[55]. Dies ist für den österreichischen Bereich nur in sehr beschränktem Maße möglich. Auch die schriftlichen Quellen lassen hiezu häufig Nachrichten vermissen. Dabei spielt das Faktum eine Rolle, daß gerade viele Möbelstücke in eigenen Werkstätten bzw. von in Klosterdiensten stehenden Handwerkern erzeugt wurden[56]. Und wenn Abrechnungen mit jenen Handwerkern überliefert sind, geben diese oft nur sehr ungenau die tatsächlich hergestellten Objekte wieder. Grundsätzlich ist zu bemerken, daß im 14. und 15. Jahrhundert das starke Streben nach einer verbesserten Wohnkultur im klösterlichen wohl genauso wie im weltlichen Bereich anzunehmen ist[57]. Dabei spielen

---

[52] Vgl. dazu u. a. HERMANN MENHARDT, Nikolaus von Dinkelsbühls deutsche Predigt vom Eigentum im Kloster. *Zeitschrift für deutsche Philologie* 73 (Halle 1954) 24—30, 268—291; 74 (1955) 36ff.; OGRIS, *Konventualenpfründe* bes. 110—113, 125f., 134f.

[53] Stiftsarchiv St. Lambrecht, Urk. 394/1, fol. 1^v—2^r (1498 II 3).

[54] Vgl. die Wiedergabe jenes Passus bei BRINGEMEIER, *Priester- und Gelehrtenkleidung* 106f.; vgl. ebd. 39f.

[55] Vgl. den Beitrag von HORST APPUHN in diesem Band.

[56] Vgl. dazu JARITZ, *Reiner Rechnungsbücher* 150 und 165f.

[57] Vgl. als allgemeine Überblicksdarstellungen MORIZ HEYNE, Das deutsche Wohnungswesen von den ältesten geschichtlichen Zeiten bis zum 16. Jahrhundert (*Fünf Bücher deutscher Hausaltertümer* I) Leipzig 1899,

etwa die Verglasung der Wohnraumfenster, vermehrte Raumausschmükkung sowohl nach Kriterien der Nützlichkeit als auch des Schönheitsempfindens und im besonderen die Beheizung eine wichtige Rolle. Vor allem der letztgenannte Faktor führt zu Abweichungen von ursprünglichen Regeln[58]. Eine Urkunde für die Zisterze Lilienfeld deutet noch auf relativ getreu eingehaltene Verhältnisse, als nämlich 1382 gestattet wird, ein Winterrefektorium einzurichten, um das Gefrieren von Getränken und Speisen verhindern zu können[59]. Abrechnungen mit Hafnern im 15. Jahrhundert zeigen jedoch mitunter, daß deren hauptsächliche bzw. wichtigste Aufgabe in manchen Klöstern nicht die Versorgung des Konvents mit Tongeschirr war, sondern die Errichtung und Wartung von Öfen. Als auffälligstes Beispiel sei wieder St. Peter in Salzburg angeführt, wo in den Jahren, aus denen Hafnerabrechnungen überliefert sind, nur selten Angaben über die Errichtung einiger neuer bzw. die Reparatur alter Kachelöfen fehlen; dabei spielt der glasierte Kachelofen natürlich eine besondere Rolle[60].

Ein anderes Gebiet klösterlichen Einrichtungswesens ist ebenfalls besser durch Mitteilungen aus schriftlichen Quellen belegt, nämlich die Ausstattung der Schlafstätten von Konventualen. Vorschriften geben das gewünschte Aussehen des Mönchs- bzw. Nonnenbettes meist genau wieder[61]. So verlangen die Melker Reformstatuten von 1451 etwa folgendes[62]: Eine Matratze aus Filz oder Schafwolle liege auf einem Strohsack oder auf Heu. Diese werde überzogen mit einem groben leinenen Tuch, auf Filz jedoch sollte ein Wolltuch gelegt werden; dann folge eine Decke, um den Körper zuzudecken. Wer möchte, verwende eine doppelte Wolldecke, Schafspelz oder ähnliches, wenn es notwendig erscheine. Für den Kopf gebrauche man ein Federkissen mit einem Wolltuch darauf zur Schweißverminderung. Als Kleidung wird eine Wollhaube gestattet sowie zwei Nachthemden, damit man, wenn eines in der Wäsche

---

bes. 234—285; EDMUND MEIER-OBERIST, *Kulturgeschichte des Wohnens im abendländischen Raum*. Hamburg 1956, 73—92.

[58] Zur Beheizung in den Ordensvorschriften des Hochmittelalters vgl. ZIMMERMANN, *Ordensleben* 151, 155, 463ff.

[59] WINNER, *Urkunden Lilienfeld* 333, n. 888 (1382 II 26, Wien).

[60] Vgl. Stiftsarchiv St. Peter, Hs. A 623, fol. 123v (1464), 128v (1466), 134r (1467), 135v (1468), 141r (1471), 143v (1472), 147r (1473), 150v (1475), 154v (1476), 158r (1477); Stiftsarchiv Göttweig, Rechnungsbuch des Kellerers 1468/70, fol. 36r, 98v, 169v.

[61] Zu den Anweisungen in den Ordensvorschriften des Hochmittelalters vgl. ZIMMERMANN, *Ordensleben* 143—146, 451—459.

[62] SCHRAMB, *Chronicon Mellicense* 413.

sei, das andere verwenden könne. Mitteilungen über das tatsächliche Bettzeug einzelner Konventualen zeigen, daß die Realität jenen Forderungen wohl meist entsprach oder zumindestens ähnlich war. Natürlich finden sich manchmal seidene Bettdecken erwähnt, im besonderen für den Abt, aber auch für die Schlafstätten vornehmer Gäste[63]; grundsätzlich scheint jedoch die Variation eine weitaus geringere Rolle zu spielen als etwa in manchen Bereichen des Kleidungs- und Nahrungswesens. Dies ist sicherlich zum Teil auch damit zu begründen, daß hier wohl der geringste „Öffentlichkeitscharakter" aller bisher erwähnten sachkulturlichen Äußerungen vorliegt, und ein — wie immer geartetes — Repräsentieren einfach nicht möglich bzw. nicht notwendig ist. Ein Beispiel aus Inventaren von St. Pöltner Chorherren vermittelt etwa den tatsächlichen Besitz an Bettgewand, welchen der Dekan Petrus in den zwanziger bzw. dreißiger Jahren des 15. Jahrhunderts in Verwendung hatte[64]. Dabei wird genannt: eine Matratze mit Strohsack, eine Winter- und eine Sommerdecke, ein Polster, ein kleines Kissen, vier Leintücher und eine Nachthaube.

Wenn nun einige wenige Gruppen von klösterlichen Sachgütern, deren Funktion für die Ausgestaltung des Alltags bedeutsam erschien, behandelt wurden, darf ein Problemkreis nicht vergessen werden, welcher unbedingt als weitere Interpretationshilfe angesehen werden muß. Es handelt sich dabei um die Fragen: Auf welche Weise kommen die Sachgüter ins Kloster? Was wird gekauft? Was wird gestiftet? Was wird in eigenen Betrieben bzw. von in einem Dienstverhältnis zum Kloster stehenden Handwerkern erzeugt? Bei der Durchsicht von Rechnungsbüchern fällt etwa auf, daß Einkäufe von liturgischen bzw. sakralen Objekten, aber auch solche von „profanem" Edelmetallgerät relativ selten anzutreffen sind. Ein ganz anderes Bild ergibt sich bei Durchsicht von Stiftungen bzw. Stiftungsverzeichnissen. In dieser Quellengruppe überwiegen Sakralgeräte bzw. Meßgewänder klar[65].

---

63 Vgl. z. B. Jaritz, *Reiner Rechnungsbücher* 241; Stiftsarchiv Göttweig, Rechnungsbuch des Abtes 1497/98, fol. 118^{r}.

64 Haus-, Hof- und Staatsarchiv Wien, Hs. Weiß 94 (vgl. Anm. 51), fol. 249^{r}. Vgl. die weiteren Angaben daselbst fol. 249^{r}—252^{r} und die Vermerke in den St. Lambrechter Inventaren (vgl. Anm. 51).

65 Vgl. auch S. 158. Zum Verhältnis zwischen in der Regierungszeit eines Abtes gekauften und dem Kloster gestifteten *clenodia* vgl. die bezugnehmenden Passagen im unter Abt Rupert von St. Peter in Salzburg (1466—1495) angelegten Inventar: Stiftsarchiv St. Peter, Hs. A 632, bes. p. 38—41, 46—50, 52 (teilweise ediert bei Tietze, *Denkmale St. Peter* XXIV, XXVIff.)

Einerseits werden sie direkt als solche oder durch dafür gewidmete Geldzuwendungen gestiftet, andererseits werden jedoch auch Objekte des „profanen" Bereiches überantwortet und zur Umarbeitung in Gegenstände der Sakralkultur bestimmt[66]. Dies ist der Fall, wenn etwa im Jahre 1342 Elisabeth von Mertersdorf einen seidenen Mantel und eine mit weißen Perlen verzierte Suckenie dem Zisterzienserkloster Zwettl stiftet, damit daraus ein Meßgewand gefertigt werde[67]. Grundsätzlich kann damit festgestellt werden, daß es recht eindeutig „stiftungsprädestinierte" Objekte gibt, Sachgüter, die mitunter häufiger durch Stiftungen als durch Kauf oder „Eigenerzeugung" an das Kloster gelangen. Eine Quelle vermittelt hiezu ein wohl repräsentatives Bild, nämlich ein aus der Mitte des 15. Jahrhunderts stammendes Stiftungen- bzw. Jahrtagsverzeichnis aus dem Wiener Schottenkloster[68]. Das dort angeführte Spektrum von Sachgütern zeigt eine klare Tendenz. An erster Stelle stehen die schon angeführten Gegenstände der Sakralkultur in vielen Variationen und Möglichkeiten. Danach folgt die Stiftung von Büchern und jene von „profanen" Edelmetallgeräten sowie schließlich die Widmung von Pitanzen oder die einmalige Gabe von Lebensmitteln, wie etwa von Konfekt oder Gewürz, was ja bereits in anderem Zusammenhang erwähnt wurde. Die Stiftungen von Schmalz und Käse im Wert von zwei Pfund oder eines Ochsen stellen bereits seltene „Ausnahmen" dar[69]. Gleiches ist beispielsweise zu vermerken, wenn eine gewisse Barbara, Gattin des Kaspar Scharf, einen guten Tisch, ein Handtuch und acht Löffel mit versilberten Griffen widmet[70]. Hiebei passen nur die teilweise aus Edelmetall bestehenden Löffel zur üblichen Vorgangsweise; die anderen Objekte sind als klare Ausnahmen zu bezeichnen und jener Gruppe von Gegenständen zuzuordnen, die üblicherweise gekauft oder „selbst" hergestellt werden. Im allgemeinen tritt jedoch das Alltägliche — wenn auch noch so Notwendige — in der Stiftung klar in den Hintergrund; der Wohltäter gibt eine solche Besonderheit, die auch für den Adressaten — das Kloster — noch Außergewöhnliches oder Vornehmes darstellt oder wenigstens darstellen soll.

[66] Vgl. dazu GERHARD JARITZ, Die realienkundliche Aussage der sogenannten „Wiener Testamentsbücher". *Das Leben in der Stadt des Spätmittelalters = Veröffentlichungen des Instituts für mittelalterliche Realienkunde Österreichs* 2 (*Sb. Ak. Wien, phil. hist. Kl.* 325) Wien 1977, 186.

[67] 1342 V 6 (Stiftsarchiv Zwettl, Urk. 643; Regest bei BUBERL, *Kunstdenkmäler* 258, n. 64).

[68] S. Anm. 26; bes. 312—318.

[69] Ebd. 315 und 317.

[70] Ebd. 315.

Eine Untersuchung der Gruppe gekaufter bzw. „selbst“ hergestellter Sachgüter nach auftretenden einheitlichen Tendenzen und Signifikanzen erweist sich als schwieriger und in besonderem Maß von ausreichender Quellenüberlieferung abhängig[71]. Interessant erscheinen Fragestellungen nach Gegenstandskategorien und Ausgestaltung der jeweiligen Objekte besonders dann, wenn für sie sowohl Herstellung in „eigenen“ Werkstätten als auch Kauf nachzuweisen ist. Als wichtig muß auch die Erfassung jener Sachgüter angesehen werden, die zum Beispiel nicht auf nahegelegenen Märkten gekauft, sondern von weiteren Reisen mitgebracht werden. Dies ist etwa der Fall, wenn Mönche anläßlich eines Aufenthaltes in Nürnberg unter anderem Zinn- und Messinggeräte für ihr Stift St. Peter in Salzburg besorgen, oder wenn der Göttweiger Abt für das Nonnenkloster bei einem Besuch Tegernsees Seide und Goldfäden kauft[72]. Doch jene oft ins Detail gehenden Problemkreise können allein mit Hilfe der spärlichen Aufzeichnungen in der schriftlichen Quelle meist gar nicht oder nur sehr ungenügend behandelt werden. Vielfach fehlt für eingehendere Untersuchungen das Original.

Wenn man nun noch die Frage stellen will, wo die klösterliche Sachkultur und deren spätmittelalterliche Ausgestaltung im Vergleich zur weltlichen steht, ist wieder auf grundsätzliche Schwierigkeiten hinzuweisen. Zwar kann bei vielen Sachgütern des klösterlichen Nahrungs-, Kleidungs- und Wohnungswesens eine starke Konformität, wenn nicht manchmal sogar Identität, mit den Ausformungen in weltlichen Bereichen festgestellt werden, für einen genaueren und repräsentativen Vergleich bildet jedoch die unterschiedliche Quellenlage ein entscheidendes Problem. Für die adeligen und bürgerlichen Verhältnisse des österreichischen Raumes ist jene entweder überhaupt schlechter oder oft völlig anders geartet. So scheint es etwa wenig zielführend, mit Hilfe einzelner erhaltener letztwilliger Verfügungen von Bürgern oder

---

[71] Eine solche Untersuchung erscheint nur dann sinnvoll, wenn jeweils alle in „klostereigenen“ Werkstätten arbeitenden Handwerker zu erfassen sind und eine repräsentative Anzahl ihrer Erzeugnisse nachzuweisen ist.

[72] Stiftsarchiv St. Peter, Hs. A 622, fol. 145r (1443): *Item umb zwen messenleuchter zu Norenberg gechaufft in dye chirichen und umb zwai rauchvass flor. Ren. 55* . . .; fol. 149r (1443): *Item umb 56 zinnern schusselein pro fratribus ad refectorium et pro mensa abbatis scutellas magnas 4 6 lb. Norenberg, item umb gyespeck und chandeln von mess ze Norenperg gechaufft 4 lb. 5 ß. 20 d., item umb tebich auff dy pankch 6 ß. Norenberg, item umb zwo sateldeck Norenberg 1 lb. 26 d.*; Stiftsarchiv Göttweig, Rechnungsbuch des Abtes 1492, fol. 33r: *Item als mein herr gnediger von Tegernse ist zogen den junkfrawn gekhaufft seiden und golt pro 9 ß. 6 d.*

Adeligen vergleichende Schlüsse zu ziehen. Die Gestaltung der Sachkultur einer klösterlichen Gemeinschaft, in welcher das „wertvolle" Objekt verbleibt, erweist sich bezüglich Qualität und Quantität ganz anders als besonders im bürgerlichen Bereich. Dort zeigt sich dauernde Veränderung: die vererbungswürdigen Gegenstände werden zerstreut, gehen an die verschiedensten Familienangehörigen, an Diener, Freunde, usw.[73]. Der Versuch, die als größere, einheitliche Komplexe aus einem bestimmten regional eingeschränkten Gebiet erhaltenen Quellen für einen Vergleich heranzuziehen, erscheint sinnvoller. Dazu können — bezogen auf das Bürgertum — vor allem die auf uns gekommenen „Geschäfts-" bzw. „Testaments"bücher österreichischer Städte dienen. Aus ihnen kann dann allgemeiner auf die Sachkultur in bestimmten „bürgerlichen Gemeinschaften" geschlossen werden[74]. Und darauf aufbauende Vergleiche zwischen städtischer und klösterlicher materieller Lebensausgestaltung zeigen häufig wenigstens gleiche Tendenzen und Strömungen. In ihrer gesamten Ausformung erscheint jedoch die klösterliche Sachkultur zumindestens in einigen Bereichen höherstehend[75].

Aus dem adeligen Milieu sind eher Quellengruppen — jedoch in relativ geringer Anzahl — erhalten, die einen direkteren Vergleich ermöglichen, nämlich vor allem Rechnungsbücher und Inventare. Bei einer solchen Gegenüberstellung Adel—Kloster zeigt sich nun noch ausgeprägter — besonders hinsichtlich Qualität und Quantität — eine ähnliche und mitunter gleiche sachkulturliche Ausformung[76]. Ich bin

---

[73] Zu den Empfängern in spätmittelalterlichen letztwilligen Verfügungen vgl. bes. AHASVER v. BRANDT, Mittelalterliche Bürgertestamente (*Sb. Ak. Heidelberg* 1973, 3) Heidelberg 1973, 17—25; JARITZ, *Realienkundliche Aussage* 184—189; GABRIELE SCHULZ, Testamente des späten Mittelalters aus dem Mittelrheingebiet (*Quellen und Abhandlungen zur mittelrheinischen Kirchengeschichte* 27) Mainz 1976, 39—111; JOHN M. JENNINGS, The Distribution of Landed Wealth in the Wills of London Merchants 1400—1450. *Mediaeval Studies XXXIX* (Toronto 1977) 261—280.

[74] Vgl. dazu u. a. BRANDT, *Bürgertestamente* 22—25; JARITZ, *Realienkundliche Aussage* 176—184; DERS., Zur Lebenshaltung in niederösterreichischen Kleinstädten des Spätmittelalters (*FS Friedrich Hausmann*) Graz 1977, 251—262.

[75] Dies gilt etwa für die Verwendung besonderer Stoffarten, für den Bereich des Tischgerätes (Zinn!), den Besitz an wertvollen „profanen" Edelmetallgeräten, z. T. für den Variantenreichtum im Nahrungswesen, etc.

[76] Als Vergleichsmaterial kann für den österreichischen Raum vor allem herangezogen werden: OSWALD v. ZINGERLE [Hrsg.], *Mittelalterliche Inventare aus Tirol und Vorarlberg*. Innsbruck 1909; EMIL v. OTTENTHAL, Die ältesten Rechnungsbücher der Herren von Schlandersberg. *MIÖG* II (Wien

mir bewußt, daß gerade ein derartiger versuchter Ansatz eines Vergleiches die große Gefahr nicht zulässiger Verallgemeinerungen in sich birgt. Die häufigen offensichtlichen „Übereinstimmungen" lassen jedoch die vorsichtige Vermutung gerechtfertigt erscheinen, daß in den einflußreichen und wirtschaftlich kräftigen Klöstern die Sachkultur in nicht vollkommen regelbeeinflußten Bereichen jener wohlhabender Adelsfamilien ähnelt oder angeglichen ist[77]. Eindeutige und klare Aussagen zu dieser Problematik werden sich jedoch erst nach umfangreichen und großräumigen Untersuchungen treffen lassen.

Ganz allgemein kann die sachkulturliche Beeinflussung von Kloster und „Welt" als gegenseitig angesehen werden. „Profane" Sachkultur dringt in die Klöster ein, gefördert durch die verstärkte Öffnung jener zum Weltlichen gerade in der Zeit des Spätmittelalters; sie wird den Gegebenheiten angepaßt und modifiziert; mitunter geschieht dies als Steigerung von Qualität und Quantität. Und in solchen Ausformungen übt die klösterliche Sachkultur wieder Einfluß auf jene des weltlichen Bereiches aus.

Die abschließend aufzuwerfende Frage, inwieweit sich einzelne Klöster voneinander in ihrer Sachkultur unterscheiden, kann auf Grund der so unterschiedlichen Quellenlage und der wenigen Vorarbeiten und Vergleichsmöglichkeiten keiner sicheren Beantwortung zugeführt werden. Das untersuchte Material zeigt, daß die Ordenszugehörigkeit nur in relativ geringem Maße ausschlaggebend zu sein scheint, am stärksten vermutlich im Kleidungswesen. Entscheidend für Unterschiede sind ferner vor allem die geographische Lage der Klöster, die Zusammensetzung der Konvente, die Förderung durch Gönner, die Qualitäten der Vorsteher, etc. Besondere Bedeutung kommt schließlich der finanziellen

---

1881) 553—614; die Rechnungen der Puchheimer aus dem 15. Jahrhundert (Schloßarchiv Rosenburg/Niederösterreich, Sign. II/3); bezüglich landesfürstlicher Ausgestaltung der Sachkultur Otto Stolz, Der geschichtliche Inhalt der Rechnungsbücher der Tiroler Landesfürsten von 1288—1350 (*Schlern-Schriften* 175) Innsbruck 1957, bes. 48—65.

[77] Dies gilt vor allem für die in Anm. 75 genannten Bereiche. Die hier getroffene Aussage kann jedoch keinesfalls auf jene große Anzahl kleiner und unbedeutender Klöster im spätmittelalterlichen Österreich bezogen werden, aus denen fast durchwegs die für eine Untersuchung nötigen Quellen nicht überliefert sind. Auch für den gesamten Bereich der Bettelorden erlaubt die schlechte Quellenlage keinen Vergleich. Bei einer umfassenderen Bearbeitung der angeschnittenen Fragen wird besonders die persönliche Zusammensetzung der Konvente („bürgerlicher" Konvent, „adeliger" Konvent) stark zu berücksichtigen sein.

und wirtschaftlichen Kraft bzw. Stellung der monastischen Gemeinschaft zu, einem Faktor, welcher mitunter wohl am maßgeblichsten die Ausgestaltung des Lebensstils beeinflußt. Ein umfassender repräsentativer Vergleich muß jedoch ein Desiderat an die zukünftige Forschung bleiben.

IVAN HLAVÁČEK

ZUM ALLTAGSLEBEN IN BÖHMISCHEN KLÖSTERN DES SPÄTMITTELALTERS MIT BESONDERER BERÜCKSICHTIGUNG DER AUGUSTINER-CHORHERREN

Die Aussagen des Raudnitzer Nekrologs

Mit der Bezeichnung Alltagsleben kann Verschiedenes gemeint werden, und es sind auch verschiedene Disziplinen, die das Ihre dazu beisteuern können. So muß nachdrücklich betont werden, daß es sich in diesem bescheidenen Beitrag, der rein historisch und quellenkundlich ausgerichtet ist, bloß um die Kontakte von Menschengruppen mit der Umwelt und umgekehrt handelt. Freilich ist die Tiefe des Einblicks in einzelnen Zeitaltern verschieden, der Blickwinkel schwankt je nach den Aussagemöglichkeiten der diesbezüglichen Quellen und hängt nicht zuletzt von den Fragestellungen ab. Daß diese in jüngster Zeit auf systematische Weise, ja „in frechem Ton" gestellt werden, und daß bisher in unseren Zusammenhängen abseits liegende Quellen zur Aussage gezwungen werden, ist nicht in letzter Reihe das Verdienst des Kremser Instituts für mittelalterliche Realienkunde Österreichs, das inspirierend und als Vorbild wirkt, obwohl auch anderswo „la vie quotidienne" der Vergangenheit immer mehr und mehr Leser und dementsprechend auch Erforscher gewinnt[1].

[1] Aus der österreichischen Forschung sei nur kurz auf die zwei bisher erschienenen Bände der *Veröffentlichungen des Instituts für mittelalterliche Realienkunde Österreichs* hingewiesen: Nr. 1: *Die Funktion der schriftlichen Quelle in der Sachkulturforschung* (Sb. Ak. Wien. Phil.-hist. Kl. 304/4) Wien 1976, und Nr. 2: *Das Leben in der Stadt des Spätmittelalters*, ebd. 325, Wien 1977; ferner E. ENGLISCH und G. JARITZ, Das tägliche Leben im spätmittelalterlichen Niederösterreich (*Wissenschaftliche Schriftenreihe Niederösterreich* 19/20/21) St. Pölten—Wien 1976. Die französische Reihe „*La vie quotidienne*" enthält bereits eine stattliche Anzahl von Bänden, unter denen uns vornehmlich einer der letzten, G. BORDONOVE, *La vie quotidienne des Templiers au XIIIe siècle*. Paris 1975 (vgl. aber *Deutsches Archiv für Erforschung des Mittelalters* 33 (1977) 284) nahe steht. Auch die polnische Reihe desselben Titels ist bereits ein Begriff geworden; ihre mehr als 30 Bände enthalten neben Übersetzungen aus dem Französischen über ein

Aber da mir in diesem kleinen Beitrag ein sowohl territorial als auch chronologisch begrenztes Thema anvertraut worden ist, halte ich es für angemessen, mich bloß ihm zu widmen, wobei freilich etliche allgemeinere Überlegungen notwendig sind, die aber meist in konkreter Gestalt dargestellt werden. Zuerst muß aber eine *captatio benevolentiae* an die Sachkenner gerichtet werden, vornehmlich in dem Sinne, daß bei weitem nicht die ganze Problematik des Alltagslebens der kirchlichen Orden in Böhmen oder besser in den böhmischen Ländern im Spätmittelalter (wobei als Spätmittelalter die Zeit nach dem Aussterben der Přemysliden im Jahre 1306 bzw. seit dem Herrschaftsbeginn der Luxemburger im Jahre 1310 gemeint ist) analysiert werden kann. Es sind zwei Hauptgründe, die dazu zwingen: einerseits die allzu große Mannigfaltigkeit der Orden selbst (mit dem wechselnden Auf und Ab ihrer Rolle in der böhmischen Geschichte) samt der großen Menge der Einzelniederlassungen[2], andererseits der tiefe Einschnitt, den auch hier die hussitische Revolution vorstellt. Deshalb soll die Thematik so eingeengt werden, daß konkret ein Kloster in der Zeitspanne bis 1420, also bis zum Ausbruch der hussitischen Revolution, in den Vordergrund rückt, während andere Klöster, und nur solche derselben Kongregation, bloß als Begleitmaterial am Rande behandelt werden. Jede andere Lösung würde zum Scheitern führen oder müßte unverhältnismäßig mehr Platz beanspruchen, ganz abgesehen davon, daß dafür mehrere Vorarbeiten nötig sind, die fast vollkommen fehlen.

Gerade im Fall der Rekonstruktion des Ordenslebens kann man sich scheinbar auf eine unerschöpfliche Quelle stützen, nämlich auf die zuständige Ordensregel. Aber das ist irreführend oder kann irreführend sein. Denn die meisten Klöster — das gilt im Falle Böhmens fast absolut, trifft aber auch anderswo zu — entstanden in ganz verschiedenen Milieus und oft auch in großen zeitlichen Abständen, so daß die Ordensregel schon deshalb nur mit Vorbehalt herangezogen werden darf, ganz abgesehen davon, daß die Regeln in gewissem Sinne Maximen postulieren, die das wirkliche Leben monoton, farblos, vor allem aber ohne Widerspiegelung der lokalen Besonderheiten darstellen könnten. Des-

---

Dutzend Originalwerke; die in jüngster Zeit erschienene Publikation von R. KIERSNOWSKI, *Życie codzienne na Śląsku w wiekach średnich*. Warszawa 1977, bringt für unser Thema wenig, da sie einen anderen Blickwinkel hat.

[2] Wenn man von den untergeordneten Zweigstellen absieht, sind es vor den Hussitenkriegen über 200 Konvente von rund 20 Orden. Auch J. HEMMERLE, Karl IV. und die Orden, in: F. SEIBT [Hrsg.], *Kaiser Karl IV., Staatsmann und Mäzen*. München 1978, 301 spricht von mehr als 172 Klöstern schon zur Zeit Karls IV.

halb schien es angebracht, den Versuch mit anderen Hilfsmitteln zu unternehmen und die Statuten kursorisch ja dann nicht zu Rate zu ziehen, wenn Quellen benutzt werden, die als Produkte eigener Arbeit und als Widerspiegelung eigener Erfahrungen gelten.

Welche Quellen stehen also überhaupt zur Verfügung? Die literarischen Handschriften als solche — soweit vorhanden — zeugen vom geistigen Leben und dem Gedankenaustausch der betreffenden Kommunität (bei manchen Konventen mit gewisser Phasenverspätung), die Urkunden und anderes diplomatisches Material von den Rechtsbeziehungen zur Umwelt, vornehmlich vom Landbesitz, seinen Veränderungen und anderen Rechtstiteln. Sicherlich sind diesen beiden Quellengattungen verschiedene Einzelheiten für unsere Fragestellung zu entnehmen, doch als Ganzes sind sie eher bescheiden als ergiebig. Auch mit der klösterlichen Historiographie kommt man nicht sehr weit. Denn aus jener Zeit existiert eigentlich kein einziges Werk, das als echtes Produkt der Klosterkultur bezeichnet werden könnte. Zwar besitzen wir die Königsaaler Chronik, eine Spitzenleistung der spätmittelalterlichen Chronistik nicht nur in Böhmen selbst, die größtenteils von Peter von Zittau stammt[3], doch ist das keine echte Klosterchronik. Ihr Verfasser, Vorstand dieser königlichen Zisterzienserstiftung der späten Přemyslidenzeit, gehörte zu den leitenden Politikern des Landes und war Vertrauensmann der böhmischen Königin Elisabeth, so daß sein Werk mit Recht als böhmische Landeschronik anzusehen ist, die bloß ganz nebenbei die Geschicke des eigenen Klosters erwähnt, von denen anderer gar nicht zu reden. Bloß eine wichtige Quelle dieser Kategorie muß noch erwähnt werden. Es handelt sich dabei wirklich um eine ausgesprochene Klosterchronik, welche sogar dem Augustiner-Chorherrenorden angehört. Sie entstand im Glatzer Konvent des späten 15. Jahrhunderts, stammt vom dortigen Propst Michael Czacheritz aus Neisse und enthält auch umfangreiches Material für andere böhmische Ordenshäuser und selbst für den Wiener Konvent. Leider ist sie noch immer unveröffentlicht; auch in dieser Abhandlung kann sie nicht berücksichtigt werden[3a].

[3] Über sie zuletzt Z. Fiala im Vorwort zur neuen tschechischen Übersetzung dieses Werkes (*Chronicon Aulae Regiae — Zbraslavská kronika.* Praha 1976, 5ff.).

[3a] Vgl. zusammenfassend mit Anführung der älteren Literatur I. Hlaváček, O kronice Michala Czacheritze z Nisy a některých možnostech jejího využití. *Zpravodaj Místopisné komise ČSAV* 21 (*Festschrift Vl. Šmilauer*) 1980 (im Druck).

Zuweilen interessante und tiefe Einblicke in das tägliche Wirtschaftsleben erlauben die Urbare bzw. verschiedene Urbarialaufzeichnungen; von rund zehn böhmischen Klöstern sind solche für den genannten Zeitraum in größeren oder kleineren Fragmenten erhalten, obwohl ihre ursprüngliche Existenz in fast jedem Kloster vorausgesetzt werden muß (besitzen wir doch vereinzelt auch Urbare einfacher Pfarreien[4]), was übrigens auch für die Rechnungen gilt. Auch dort, wo ein ganzes Urbar erhalten geblieben ist, muß es als Teil eines größeren ursprünglichen Bestandes gewertet werden[5]. Eine wirtschaftsgeschichtliche Fragestellung wird jedoch ganz außerhalb unseres Interessengebietes bleiben, da uns die menschlichen Kontakte — *sit venia verbo* — der klösterlichen Kommunität zur Umwelt bzw. auch das eigentliche Leben innerhalb des Klosters interessieren. Obwohl wir meist nur die Formel *non liquet* benützen müssen, stehen wir doch dem Problem nicht vollkommen hilflos gegenüber. Zwei hervorragende Quellen, die die Schwächen der damaligen Menschen — vornehmlich der weltlichen Klerisei — soweit sie nicht einer gerichtlichen Untersuchung wert waren — offenlegen, helfen uns hier nicht sehr viel[6], da sie ihrer Zielsetzung nach und entsprechend der Kompetenz ihrer Urheber mit dem Klosterleben nichts gemeinsam gehabt haben bzw. für diesen Bereich nicht oder fast nicht überliefert sind.

Zwei andere Quellengattungen kommen aber zu Hilfe, die zuerst quellenkundlich knapp behandelt werden sollen. Es sind einerseits Rechnungen und andererseits Nekrologien, die bei entsprechender Qualität und Ausführlichkeit die gewünschten Einblicke — freilich eben nur Einblicke, obwohl wir auch für sie dankbar sein müssen — gestatten. Gesucht werden können auch andere Materialien, so namentlich verschiedene „Lageberichte“ an höhere Stellen und Visitationen der Konvente; solche Quellen aber kommen im böhmischen Bereich

---

[4] Vgl. I. HLAVÁČEK, Zum Urkunden- und Geschäftsgut der Pfarreien und ihrer Pfarrherren im vorhussitischen Böhmen. Zur Frage des Umfangs und der Zusammensetzung der damaligen Pfarrarchive. *Münchener Historische Studien, Abt. Geschichtliche Hilfswissenschaften* 15 (*FS Peter Acht*) (Kallmünz 1976) 243—255.

[5] Neuerdings sind hier vornehmlich die Studien R. NOVÝS maßgebend. Zusammengestellt findet man sie bei J. ŠEBÁNEK, Z. FIALA und Z. HLEDÍKOVÁ [Hrsg.], *Česká diplomatika I. Do roku* 1848. Praha 1971, 177ff.

[6] Die sog. *Acta judiciaria*, geführt ab 1373, und der *Liber correctorum cleri*, zufälligerweise aus den Jahren 1407—1410 erhalten; das erste vollständig, das zweite bloß auszugsweise herausgegeben.

noch kursorischer vor, so daß sie vorläufig außer acht gelassen werden können. Wenden wir uns nun der ersten Gattung zu.

Mittelalterliche Rechnungen als Quelle wirtschaftlichen Charakters sind schon seit langem bekannt und auch benutzt worden, in jüngster Zeit immer öfter auch für Untersuchungen der politischen und Verwaltungsgeschichte, sowie Reiserechnungen für die Itinerarforschung[7]. Für die Sachkulturforschung und somit für das Alltagsleben hat sie aber im vollen Umfang erst das Kremser Institut herangezogen, so daß hier über ihre Aussagekraft — freilich ihrer Ausführlichkeit und Konkretheit entsprechend — kaum ein Wort verloren werden muß. Eine andere Quelle ist in diesem Zusammenhang — wenigstens soweit ich das beurteilen kann — kaum in Anspruch genommen worden, nämlich die nekrologischen Aufzeichnungen, obwohl sie zu historischen, d. h. besonders zu politischhistorischen Forschungen und zur Untersuchung genealogischer Zusammenhänge oft und mit Nutzen herangezogen werden. Freilich ist die Zusammensetzung der Nekrologien[8] bzw. ihrer Einträge sehr unterschiedlich und reicht von den offiziellen Eintragungen des Kalenders und der höchsten weltlichen und geistlichen Würdenträger der betreffenden Region über bloße Erwähnungen der Stifter bzw. Gönner der das Nekrologium führenden Institution bis zu genauen Angaben über vollzogene Stiftungen und Geldüberweisungen auch von Personen niedrigeren Standes mit Einträgen über das Ableben eigener Mitglieder und auf Grund der geschlossenen Konfraternitäten auch der Mitglieder dieser Institutionen. Hier könnte eine Typologie, vornehmlich im Wandel der Zeiten, versucht werden; das ist aber eine Aufgabe anderen Charakters, so daß wir uns bloß mit der Feststellung begnügen müssen, daß eine größere Ausführlichkeit in Böhmen erst ab dem Spätmittelalter einsetzt.

---

[7] Vgl. neben dem in Anm. 1 angeführten Sammelband z. B. H. Heger, *Das Lebenszeugnis Walthers von der Vogelweide*. Wien 1970 und I. Hlaváček, König Wenzel IV. und Görlitz. Beziehungen zwischen Zentral- und Lokalgewalt im Spiegel der Verwaltungsgeschichte des ausgehenden 14. Jahrhunderts, in: R. Gross und M. Kobuch [Hrsg.], *Beiträge zur Archivwissenschaft und Geschichtsforschung*. Weimar 1977, 379—396 (mit weiterführender Literatur).

[8] Aus der allgemeinen Literatur vgl. A. Lhotsky, Quellenkunde zur mittelalterlichen Geschichte Österreichs (*MIÖG Erg.-Bd.* XIX) 1963, 90ff. und N. Huyghebaert, Les documents nécrologiques. (*Typologie des sources du moyen âge occidentale* 4) Turnhout 1972. Eigentlich müßten auch polnische Forschungen in diesem Bereich erwähnt werden, doch müssen wir aus Platzgründen darauf verzichten.

Die bereits weiter oben gegebene Charakteristik des breiter gefaßten Nekrologiums trifft gerade im Fall des Nekrologiums des Raudnitzer Augustiner-Chorherrenkonventes zu, das zwar schon lange bekannt ist, doch noch nicht Gegenstand einer Volledition oder eingehenderer Untersuchungen war[9], obwohl die Nekrologienforschung in der böhmischen Geschichtsschreibung seit langem betrieben wird und sich insbesondere mit Editionen befaßt hat[10]. Aber bevor wir ihm unsere Aufmerksamkeit zuwenden, ist es nötig, eine kurze Umschau über die Augustiner-Chorherrenstifte in Böhmen und Mähren zu halten.

Während das benediktinische Klosterleben[11] im böhmischen Staate schon an der Wende des 10. und 11. Jahrhunderts zu verfolgen ist, trifft man die neuen Orden erst seit dem 12. Jahrhundert an: es sind die fast gleichzeitigen Niederlassungen sowohl der neuen Reformorden der Prämonstratenser und Zisterzienser als auch der Ritterorden, vornehmlich der Johanniter und Templer. Ihnen folgten in der ersten Hälfte des 13. Jahrhunderts die Deutschordensritter, beide Bettelorden, sowie der einzige einheimische Orden, die Kreuzherren mit dem roten Stern. Dann erscheinen in der zweiten Hälfte des 13. Jahrhunderts die Augustiner-Eremiten, und gleichzeitig tauchen auch einige exklusivere Orden auf, wie z. B. die Magdalenitinnen. Damit war das böhmisch-mährische Klosternetz, das bis zum Aussterben der Přemysliden aus rund 150 eigenen selbständigen Klöstern mit vielen Nebenklöstern bestand, abgeschlossen. Doch fehlen hier auf den ersten Blick noch zwei allgemein verbreitete Orden, die schon in den Nachbarländern längere Zeit blühten, und die im Kulturleben des Landes während der Luxemburgerzeit eine äußerst wichtige Stellung gewinnen sollten, nämlich die Kartäuser und die Augustiner-Chorherren, ganz zu schweigen von den kleinen Orden, die Karl IV. vor allem in seiner Residenzstadt einführte[12].

Die Einführung der obgenannten Orden fällt in die zweite Hälfte der Regierungszeit Johanns von Luxemburg. Der König selbst hatte im Jahre 1342 großzügig das Kartäuserkloster Mariengarten vor den Toren der Prager Kleinseite gegründet, von dem dann noch weitere ihren Ur-

---

[9] Über die Kenntnis der Quelle vgl. genauer Anm. 20.

[10] Die älteren Editionen verzeichnet Č. Zíbrt, *Bibliografie české historie* 2. Praha 1902, 633—635.

[11] Eine bisher maßgebende Darstellung des Themas auch betreffs anderer Klöster bis zur Mitte des 13. Jahrhunderts bringt V. Novotný, *České dějiny* Teil 1, Bd. 1—3. Praha 1912—1928 (bes. 3, 66ff.).

[12] Knappe Übersicht bei Hemmerle (wie Anm. 2).

sprung nahmen bzw. zum Teil ihre Gründung herleiteten[13]. Der letzte Prager Bischof (eigentlich der vorletzte, da als letzter Bischof Ernst von Pardubitz gelten muß, der dann freilich den neuerrichteten Prager erzbischöflichen Stuhl innehatte) Johann IV. von Dražice gründete nach seiner Rückkehr vom langjährigen Aufenthalt an der päpstlichen Kurie das uns interessierende Chorherrenstift in der bischöflichen Domäne Raudnitz, keine 50 km nördlich von Prag, nachdem seine ursprüngliche Absicht, das Kloster direkt in Prag zu gründen, gescheitert war. Diese im Jahre 1333 stattgefundene Gründung[14] wies mehrere Besonderheiten auf. Was die ursprüngliche Chorherrenkolonie betrifft, sind die Ansichten verschieden und schwanken zwischen ihrer südfranzösischen und norditalienischen Abstammung, ohne Sicherheit erlangen zu können[15]. Es hat sich aber noch niemand gefunden, der

[13] Sowohl im Inland (drei) als auch im Ausland (mindestens zwei: Stettin 1360 und Danzig 1381). Vgl. M. JAKUBIČKA, Klášter Zahrada sv. Máří řádu kartusiánského na Újezdě v Praze. *Časopis českého musea* 85 (1911) 319 und HEMMERLE (wie Anm. 2) 304f.

[14] Da wir bisher keine ausreichende Geschichte des Raudnitzer Klosters besitzen — die ungedruckte Prager Diplomarbeit von J. CHRASTILOVÁ-VYSYPALOVÁ, *Dějiny kláštera řeholních kanovníků řádu sv. Augustina v Roudnici od založení do válek husitských.* 1975, genügt es zu erwähnen, dasselbe gilt auch für den Aufsatz von J. PAVLA, Dějepis prvního kláštera řeholních kanovníků sv. Augustina v Čechách, v městě Roudnici nad Labem. *Časopis pro katolické duchovenstvo* 23 (1850) H. 1, 180—185 und H. 2, 178—198, denn es handelt sich hier um eine bloße Zusammenstellung der wichtigsten Klosterbesitzungen sowie um eine provisorische Liste der Klostervorstände, wobei teilweise auch unser Nekrologium in einer neuzeitlichen Abschrift benutzt wurde —, muß ein Hinweis auf drei allgemeinere, doch weiterführende Werke genügen: V. CHALOUPECKÝ, *Jan IV. z Dražic, poslední biskup pražský.* Praha 1908, 61f. schildert nur knapp die Anfänge des Klosters; FR. MACHILEK, Die Augustiner-Chorherren in Böhmen und Mähren. *Archiv für Kirchengeschichte von Böhmen — Mähren — Schlesien* 4 (1976) 107—144 bringt eine äußerst kenntnisreiche Übersichtsgeschichte des gesamten Ordens in Böhmen mit reicher Bibliographie, während seine Dissertation *Ludolf von Sagan und seine Stellung in der Auseinandersetzung um Konziliarismus und Hussitismus.* München 1967, viel Material über den Orden im damaligen Mitteleuropa enthält; ebd. 54 auch allgemein über die Wichtigkeit der Nekrologien. Vornehmlich auf MACHILEKS Ausführungen sei besonders hingewiesen. Schließlich sei hier bemerkt, daß diese Zeilen keineswegs eine Geschichte der Raudnitzer Niederlassung sein wollen und können.

[15] Die Abstammung aus Pavia verteidigt in der neueren Forschung I. ZIBERMAYR, Zur Geschichte der Raudnitzer Reform (*MIÖG Erg.-Bd.* XI) 1929. Nach ihm nehmen sie sowohl MACHILEK als auch HEMMERLE an, doch

anhand des Nekrologs die ganze Problematik nachzuprüfen versucht hätte, wobei kaum die konkrete Kongregation des Ordens, die hier am Werk tätig war, zu nennen ist. Die mühsamen Vergleichsarbeiten der diesbezüglichen Statuten, die entscheidend weiterführen könnten, stehen immer noch aus[16].

In unserem Zusammenhang hat es wenig Sinn, die kulturpolitischen und nationalen Ziele Johanns IV. zu verfolgen — sie erhellen sich aus der bereits zitierten Literatur. Bloß drei Punkte müssen an dieser Stelle erwähnt werden: erstens, daß Johann die neue Gründung ausschließlich gebürtigen Tschechen (sowohl mütterlicher- als auch väterlicherseits) reserviert hatte, was aber schon sein erster Nachfolger, Ernst von Pardubitz, aufhob, zweitens, daß lange Zeit eine sehr enge Beziehung zwischen Raudnitz und dem Umkreis des Prager Erzbischofs bestand und schließlich, daß Raudnitz den Ausgangspunkt nicht nur des ziemlich weit verzweigten Netzes der Augustiner-Chorherrenklöster bildete, sondern daß es ihnen auch eine feste Regel gab, die alle *filiae* streng zu befolgen verpflichtet waren. Die Regel und ihre Einhaltung selbst gingen schließlich in eine Reformbewegung über, die die Staatsgrenze sprengte und sich tief nach Österreich, Bayern und Schlesien verbreitete.

Wenn wir die Raudnitzer Gründungen bis zu den Hussitenkriegen chronologisch ordnen wollen, entsteht folgendes Bild. Die älteste Gründung ist die Ernsts von Pardubitz in Jaroměř in Ostböhmen 1349, ihr folgen gleichzeitig im Jahre 1350 die Gründungen desselben Ernsts in Glatz (Kłodzko) und Karls IV. am Karlshof in der Prager Neustadt, 1362 wieder zwei Gründungen von Ernst von Pardubitz, eine in Rokycany (manche Autoren legen sie noch in das Jahr 1361) in Südwestböhmen, die zweite in Sadská unweit östlich von Prag. 1367 führten die südböhmischen Rosenberger die Raudnitzer Chorherren nach Wittingau (Třeboň), vier Jahre später der Bischof von Leitomischl, Peter Wurst (Jelito), nach Landskron (Lanškroun) ebenfalls in Ostböhmen und der Erzbischof von Magdeburg, Albert von Sternberg, nach Stern-

---

ist die Tradition südfranzösischer Herkunft nicht minder wahrscheinlich: vgl. M. Švábenský, Augustiniánské kláštery I (*Inventáře a katalogy fondů Státního archivu v Brně* 10) Brno 1959, 109.

[16] So fällt z. B. die Kongregation von Arrouaise auf (vgl. L. Milis, *L'ordre des chanoines d'Arrouaise*. Bruxelles 1969). Der einzige, der den Statuten von Raudnitz stärkere Aufmerksamkeit widmete, war A. Neumann, *Prameny k dějinám duchovenstva v době předhusitské a Husově*. Olomouc 1926, 71ff. Er äußerte sich aber nicht zu dieser Frage und blieb bei bloßer Paraphrase. Wichtige neue Ergebnisse sind nun in absehbarer Zeit von J. Kadlec zu erwarten.

berg (Šternberg) in Nordwestmähren, 1389 die Herren von Kravaře nach Fulnek und 1391 nach Proßnitz (Prostějov), beide ebenfalls in Mähren. Von der Wittingauer *filia* wurden zwei Konvente in Österreich gegründet oder wenigstens mitbegründet: 1410 in Dürnstein und 1414 in Wien, die in unserem Zusammenhang außer acht gelassen werden können[17].

Da die meisten Klöster das Mittelalter nicht überlebt haben, ist auch ihr Quellenmaterial nur bruchstückhaft erhalten geblieben. Das gilt auch für das Mutterkloster Raudnitz, obwohl hier ein Urbar und etliche Rechnungen zur Rekonstruktion des Wirtschaftslebens zur Verfügung stehen[18], ferner ein altes Kopialbuch, das das sonst vernichtete Material der Originalurkunden wenigstens teilweise zu ersetzen vermag[19], sowie eine lange Reihe mittelalterlicher Codices, die sowohl inhalts- als auch dekormäßig zu den wichtigsten Werken der gesamten Epoche in Böhmen gezählt werden müssen[20]. Ihnen ist auch der Codex XIX B 3 der Prager Staatsbibliothek (ehemals Prager Universitätsbibliothek) — aus der ehemaligen Thun-Hohensteinschen Bibliothek in Tetschen stammend — zuzuzählen, der sicher zur ursprünglichen Ausstattung des Klosters gehört hat, denn er umfaßt folgende Teile[21]: Die Regula Sancti Augustini,

---

[17] Die Niederlassung bei der Prager St. Appolinariskirche (HEMMERLE, wie Anm. 2, 303) ist bloß ein Versehen, das alte unkritische Historiographie wiederholt, eine andere, angeblich in Kostomlaty, ist aus einer Verballhornung entstanden; die in Lysá n. Labem ist bloß eine Ordenspfarrei gewesen.

[18] Urbar herausgegeben von J. EMLER, *Decem registra censuum bohemica compilata aetate bellum Hussiticum praecedente.* Praha 1881, 4—19; die Rechnungen, die die Jahre 1374—1377 betreffen, gab R. NOVÝ heraus: Finanční písemnosti předhusitského velkostatku v Čechách. *Acta Universitatis Carolinae, Philosophica et historica* 5. *Z pomocných věd historických* III (1975) 64—77.

[19] J. EMLER, Diplomatář kláštera blahoslavené Panny Marie řeholních kanovníků řádu sv. Augustina v Roudnici (*Věstník královské české společnosti nauk, třída filosoficko-filologicko-historická*) 1893.

[20] Bis heute sind ihrer mehrere Dutzend nachgewiesen, doch eine zusammenfassende Bearbeitung des ganzen Bestandes steht immer noch aus. Vgl. aus der Literatur I. HLAVÁČEK, *Středověké soupisy knih a knihoven v českých zemích.* Praha 1966, Nr. 154f.

[21] Es gibt drei ganz knappe Beschreibungen, die aber nicht mehr heutigen Erfordernissen entsprechen: Fr. ŠTĚDRÝ, Hlava XXXI. kroniky Františka Pražského a její pramen. *Sborník historického kroužku* 1 (1900) 251f.; J. KAPRAS, Rukopisy děčínské. *Časopis českého musea* 78 (1904) 424 und V. CHALOUPECKÝ, Materiálie k dějinám umění v Čechách. *Časopis společnosti přátel starožitností českých* 15 (1907) 101f. ŠTĚDRÝ wollte das Nekro-

die Raudnitzer Statuten, ein römisches Martyrologium, das Raudnitzer Nekrologium, verschiedene Exzerpte und Schriften theologischer Autoritäten sowie die Beschlüsse einer Mainzer Synode.

Im folgenden interessiert uns bloß das Nekrologium, das sich über 50 Folien erstreckt — rund ein fol. je Woche (fol. 66^{r}—117^{r}), wobei aber nicht alle Seiten gleichmäßig beschrieben wurden. Während einige bloß kalenderartige Einträge beinhalten, sind andere mit verschiedenen nekrologischen Nachrichten überhäuft, so daß der Eindruck entsteht, die angeführten Personen seien am gleichen Tag verstorben (was jedoch kaum möglich ist, da oft z. B. nicht nur Ehepaare, sondern auch verschiedene andere Familienmitglieder gemeinsam eingetragen wurden). Und da dasselbe allzu oft auch für die Berichte über die Augustiner-Chorherren gilt, ist schon von vornherein Vorsicht hinsichtlich der Chronologie der Sterbetage der jeweiligen Personen geboten. Diese Vorsicht hat aber noch weitere gute Gründe. Es sei vorläufig nur daran erinnert, daß z. B. auch der Todestag Kaiser Karls IV., der auf den 29. November fällt, hier (obwohl Karl als *fautor et persecutor ordinis nostri* genannt wird und die Raudnitzer allen Grund gehabt hätten, seiner dankbar zu gedenken) auf den 30. November verschoben ist. Solche Belege könnten leicht vermehrt werden (und in anderem Zusammenhang wird das unten noch getan), doch ist diese Feststellung nur für die Kritik der chronologischen Exaktheit von Wichtigkeit, nicht für die Tatsache selbst.

Da die Angaben des Raudnitzer Nekrologiums nicht nur bloße Namen, sondern auch die jeweilige Herkunft bzw. Gründe für die Eintragung ihrer Träger anführten, ist es möglich, sich konkretere Vorstellungen über die eigentliche Zusammensetzung des Klosters sowie seine Beziehungen zur Außenwelt zu machen. Nicht minder wichtig ist die Frage, ob überhaupt und wenn ja, dann in welchem Ausmaß, aus den Namen der Konventmitglieder Schlüsse auf die Größe des Konvents selbst und die einzelnen Schichten seiner Mitglieder gezogen

logium bearbeiten, doch war es ihm nicht vergönnt, und er gab in seiner Miszelle bloß den Bericht über den Brückenbau in Raudnitz heraus. CHALOUPECKÝ wählt aus dem Nekrologium nur solche Nachrichten aus, die die Kunstgeschichte betreffen (101—106, Erwähnungen der Kunstgegenstände einschließlich der Bücher, nicht immer einwandfrei). Vom Nekrologium stehen mindestens drei neuzeitliche Abschriften zur Verfügung, sind jedoch ohne selbständige Bedeutung, so daß ich mich mit ihnen nicht weiter befassen muß. Wahrscheinlich aus technischen Gründen hat R. OHLBAUM, *Johann Rode aus Hamburg*. Prag 1943, bloß eine dieser Abschriften (Staatsbibliothek Prag, Sign. XIX A 19) benutzt.

werden können. Denn nicht umsonst hat Václav Chaloupecký gesagt, daß die Geschichte des Klosters oft die Geschichte des Nekrologs und umgekehrt ist. Wir haben noch einige weitere Quellen, die zu Vergleichszwecken benützt werden können, ja müssen, obwohl sie meist recht fragmentarisch erhalten geblieben sind, nämlich Nekrologien solcher Klöster, die mit Raudnitz in Konfraternität standen. Das sind in erster Linie die böhmisch-mährischen Augustiner-Chorherrenstifte. Von ihnen ist leider bloß ein Nekrologium in nicht ausreichender Gestalt erhalten geblieben. Es stammt aus Wittingau[22]. Dagegen gehört das bruchstückhaft erhaltene Nekrologium einer konkret nicht feststellbaren Institution aus Glatz nicht in unsere Zusammenhänge und muß außer acht bleiben[23]. Das zweite Nekrologium, das äußerst wichtig ist, stammt aus dem durch Konfraternität mit Raudnitz eng verbundenen Kartäuserkloster vor Prag und konnte ebenfalls in der Edition benutzt werden[24].

Bevor wir sämtliche nekrologische Angaben zusammenzufassen versuchen, müssen einige quellenkundliche Erörterungen angestellt werden[25]. In erster Linie steht fest, daß die Nekrologien kein bloßes Quellenmaterial über einfache Todesfälle von Gönnern und anderen Personen aus dem eigenen Milieu bzw. auf Grund der Gebetsverbrüderungen aus anderen Landschaften darstellen, sondern breitere Beziehungen sowohl innerhalb der Kirche, als auch zur laikalen Umwelt widerspiegeln bzw.

---

[22] Aus der Handschrift der Staatsbibliothek zu Prag, Sign. XIV G 17, von J. Loserth, Ein Nekrolog des Augustinerklosters in Wittingau. *Mitt. d. Vereins f. Geschichte der Deutschen in Böhmen* 17 (1879) 220—223 herausgegeben. Von der Literatur verdient bloß Erwähnung J. Salaba, O nekrologu třeboňského kláštera a Chronicon Rosense. *Věstník král. čes. spol. nauk, třída filosof.-filolog.-histor.* 1902, Nr. XIII, 1—4.

[23] In Gnesen aufbewahrt und von W. Kętrzyński mit den Anmerkungen von Pfotenhauer herausgegeben: Fragmente eines Glatzer Todtenbuches. *Zschr. des Vereins f. Geschichte und Altertum Schlesiens* 21 (1887) 381—388. Das Nekrologium stammt nämlich aus einer älteren Zeit als der Mitte des 14. Jahrhunderts und scheidet daher für uns aus, ganz abgesehen davon, daß seine Struktur völlig unterschiedlich ist.

[24] Es sind zwei Bruchstücke, die A. Podlaha entdeckt und in vier Gruppen geordnet (Klostergründer, geistliche Würdenträger, Priester und Mönche, Sonstige) herausgegeben hat: Paběrky z rukopisů knihovny metropol. kapitoly v Praze. Řada první III. Nekrologia kartouského (kláštera) u Prahy ze XIV. a z počátku XV. století. *Věstník české akademie věd a umění* 18 (1909) 331—334.

[25] Aus der allgemeinen Literatur kann noch genannt werden der Aufsatz von H. Schuler, Die Gebetsverbrüderungen des Prämonstratenserstiftes Wilten. *Veröffentlichungen des Museum Ferdinandeum in Innsbruck* 8 (1928) 543—556.

widerspiegeln können. Da sie meist nur Tagesangaben verzeichnen, ist es ungemein schwer, ja größtenteils völlig unmöglich, die absolute Chronologie herzustellen. Aber auch die relative Chronologie ist häufig kaum erstellbar, da die Paläographie nur zeitlich voneinander entferntere Schreiberhände eindeutig einzureihen vermag. Wenn also mehrere Hände mit kurzen Vermerken dicht aufeinander folgen bzw. einander durchdringen, sind höchstens diese Tatsachen festzustellen. So können manchmal nur statistische Beobachtungen gemacht werden, ohne der Dynamik gerecht zu werden. Das ist zwar recht unangenehm, doch für historisch fest umgrenzte Zeiträume mit nicht großer Spannweite und für Schlüsse auf den Bereich des inneren Lebens, was eben hier der Fall ist, nicht allzu störend, so daß wir diesmal darauf verzichten können. Denn wir haben hier nicht nur den jeweiligen Terminus a quo, nämlich einerseits die Gründungsdaten der in Betracht kommenden Institutionen, andererseits die Daten der betreffenden Verbrüderungsurkunden (soweit sie zufälligerweise erhalten geblieben sind), sondern auch den Terminus ante quem, den Ausbruch der hussitischen Revolution, also das Jahr 1420, das ein beträchtlicher Teil der böhmischen Konvente nicht überlebt hat. So kann diese Periode als ein relativ einheitliches Ganzes betrachtet werden.

Das Wittingauer Nekrologium ist, obwohl von einem ursprünglich Raudnitzer Chorherrn angelegt, ein bloßer Anlauf zu dieser Quellengattung, da der Begründer keinen Fortsetzer fand und das Werk in den Anfängen stecken blieb. Die meisten der rund 50 Angaben aus den Jahren 1367—1384 sind geistlichen Personen gewidmet. Somit dürfen Schlüsse allgemeinen Charakters kaum gezogen werden, und der quellenkundliche Wert darf nicht allzu hoch geschätzt werden, obwohl hie und da auch mosaikartige Angaben über Bürger- und Adelskreise präsentiert werden.

Das Kartäusernekrologium dagegen — bei ähnlicher Reflexion der allgemeinen Zusammenhänge — wurde dreiviertel Jahrhunderte lang geführt, von mehreren Händen geschrieben, deren Anteil noch nicht untersucht wurde, was aber für unsere Fragestellung von untergeordneter Bedeutung ist.

Dasselbe gilt auch für das Raudnitzer Nekrologium, mit dem aber mehrere Fragestellungen verbunden sind. So ist wichtig, daß es auch nach unserem „Schlußtermin“ weiter geführt wurde (das jüngste feststehende Datum reicht bis zum Jahre 1526), wobei es aber, was die Kreise der Eingetragenen betrifft, auch nach 1420 kaum zu Änderungen kommt. Innerhalb dieser mehr als 180 Jahre fällt das Übergewicht der Einträge in den Zeitraum vor 1420. Die Mannigfaltigkeit der Schreiberhände ist relativ groß, und zuweilen erlaubt die mehrfache Diskontinuität der Einträge nicht, die einzelnen Schreiber eindeutig zu verfolgen, um so weniger, da im Nekrologium selbst mit verschiedenen Rasuren zu rechnen ist, auch wenn diese nicht so zahlreich sind, um die Eindeutigkeit der sonstigen Ergebnisse zu bedrohen. Nach Chaloupecký war gut ein Dutzend Schreiber am Werk, zwei Drittel davon in unserem Zeitraum. Chaloupeckýs Schlüssen ist nicht immer zuzustimmen; eine genauere Auseinandersetzung muß einer eventuellen künftigen Edition vorbehalten werden.

Oben wurde bereits erwähnt, daß die Sterbedaten nicht immer richtig sind. Wir müssen aber noch weiter gehen. Nach einem Vergleich mit dem Wittingauer und dem Kartäuser-Nekrolog stellen wir mit Staunen fest, daß auch die Vollständigkeit dieses Nekrologs fraglich ist, so daß seine Verwendbarkeit in Frage gestellt wird. Wie sieht dies nun konkret aus?

Im Kartäusernekrologium, das mit Sicherheit am Anfang der Hussitenkriege abbricht, sind 40 Mitglieder des Raudnitzer Konventes verzeichnet, überwiegend Priester, in geringerem Maße auch Subdiakone, ja Konversen. Von diesen sind mindestens 13 Namen nicht im Hausnekrologium von Raudnitz zu finden, weitere fünf bis zehn nur mit einer gewissen Wahrscheinlichkeit, die übrigen sind mit einer einzigen Ausnahme (!) zu anderen Tagen eingetragen. Dabei handelt es sich nicht nur um Verschiebungen um einen oder zwei Tage, manchmal machen die Zeitunterschiede über eine Woche, ja vereinzelt bis zu einem halben Monat aus (z. B. 2. bzw. 17. November). So ist es klar, daß in solchen Fällen die Identifizierungsversuche häufiger auftauchender Namen nur hypothetisch bleiben müssen. Die einzige Ausnahme, bei der die Daten übereinstimmen, betrifft einen gewissen Hugo (zum 12. April). Da der Eintrag zur ältesten Schicht des Nekrologiums gehört, ist es wahrscheinlich, daß dieser Priester zur ersten Kolonie des Konvents gehörte. Da der französische Name Hugo in den böhmischen Ländern zu dieser Zeit kaum vorkommt, ist es ebenso wahrscheinlich, daß ihr Träger eher französischer als italienischer Herkunft war. Damit leistet auch das Nekrologium seinen Beitrag zur Frage nach der Gründerkolonie der Kanoniker, worauf schon oben hingewiesen worden ist.

Die Ergebnisse des Vergleichs mit dem ins Stocken geratenen Nekrologium von Wittingau sind ein wenig erfreulicher: von drei Namen stimmen zwei völlig überein, und bloß einer ist nicht in den Raudnitzer Unterlagen zu finden. Welche Schlüsse sind daraus zu ziehen? Jedenfalls der, daß die nekrologischen Angaben nicht kritiklos zu übernehmen sind, sowohl was die Exaktheit der zeitlichen Zuweisungen betrifft (das hat sich übrigens schon früher bei der unregelmäßigen Verteilung der Einzelangaben gezeigt), als auch was die Vollständigkeit anbelangt. Auf den ersten Blick könnte man annehmen, daß in der Vollständigkeit bzw. Unvollständigkeit eine gewisse Ordnung herrscht, so daß etwa die Priester vollständiger aufgenommen, die Konversen dagegen übersehen werden, vornehmlich bei den verbrüderten Institutionen. Aber das ist nicht der Fall; es sind höchstens gewisse Ansätze dazu zu erkennen (z. B. in der Weise, daß in fremden Institutionen die Konversen erscheinen u. ä.). Somit verbleibt uns einzig jene Annahme, die wir zwar nicht gern hören, die aber zweifellos dem mittelalterlichen Leben gerecht wird: die Unvollständigkeit der Einträge und die Unexaktheit ihrer Einreihung als Folge der unsystematischen mittelalterlichen Arbeitsweise. Sie ist begreiflich in Nekrologien fremder Institutionen, die durch die Rotel nicht vollständig informiert werden mußten, ganz abgesehen davon, daß diese bloß eine informatorische Zwischenstufe bildeten. Zu unserem Leidwesen und zu unserer unangenehmen Überraschung gilt das aber auch für „heimische" Hilfsmittel, die also oft aus zweiter Hand informiert wurden. Das gestattet sicher weitere Rückschlüsse auf die Führung dieser Quellengattung, ihre Schreiber usw., doch wollen wir davon Abstand nehmen.

Die obige Feststellung macht uns also in diesem Zusammenhang einen zahlenmäßigen Ausdruck der Verhältnisse zwar unmöglich, doch kann dieser Ausdruck bei Geltendmachung des Gesetzes der großen Zahlen (obwohl die Zahlen in unserem Falle eigentlich nicht gerade groß sind, doch können sie die Relationen widerspiegeln) zu Schlüssen reichen, die die Tendenzen aufzeigen[26]. Und das scheint mir für unsere Fragestellung entscheidend zu sein.

Und nun endlich zum eigentlichen Inhalt des Raudnitzer Nekrologiums. Was die „Gemeinschaft" der Namen betrifft, so sind zwei große Gruppen zu erkennen. Die erste wird von geistlichen, die zweite von weltlichen Personen gebildet. Nur ganz wenige Namen sind in dieser Hinsicht nicht eindeutig einreihbar, wobei freilich eine beträchtliche Anzahl der Weltlichen so eng mit dem wahren Klosterleben in Raudnitz verflochten war, daß sie eigentlich in beiden Gruppen beachtet werden müßte. Diese grobe Einteilung kann aber nicht befriedigen und

---

[26] Hier kann auf die methodisch anregende Arbeitsweise J. MEZNÍKS hingewiesen werden, obwohl es sich um eine andere Thematik handelt; vgl. die Anzeige in: *Deutsches Archiv* 27 (1971) 277.

es muß weiter unterschieden werden. Die geistlichen Personen teile ich demnach folgendermaßen ein: a) Prager Bischöfe bzw. Erzbischöfe; b) weltlicher Klerus; c) Ordensklerus, der wegen seiner Mannigfaltigkeit und auch seines Umfangs weiter gruppiert werden muß, nämlich in fremde Orden und Augustiner-Chorherren. Während fremde Orden fast ausschließlich durch die Kartäuser vertreten sind, ist bei den Augustiner-Chorherren eine größere Streuung zu bemerken, da eigentlich alle Konvente des böhmisch-mährischen Raumes — da der Orden keine Provinzialorganisation hatte, scheint mir die staatspolitische Einteilung die einzig mögliche — vertreten sind; sie sind oben bereits aufgezählt worden[27]. Aber nicht nur das, was dort eingetragen ist, ist wichtig oder kann wichtig sein. Auch das, was nicht dort steht, obwohl es vorausgesetzt werden dürfte, kann zu Überlegungen anspornen und zu konkreten Schlüssen führen.

Zuerst also konkret zu fremden Orden. Da das Raudnitzer Urkundenarchiv nicht erhalten ist, können wir seine Konfraternitäten nicht immer hinreichend genau chronologisch erfassen[28]. Eine der ersten Nachrichten gehört den Beziehungen zu dem ostböhmischen Benediktinerkloster Opatovice, mit dem die Konfraternität abgesprochen wurde, wie der Eintrag von Mitte Januar ausweist; zum selben Tag sind bald darauf etliche Opatowitzer Mönche notiert[29]. Und das ist auch alles.

---

[27] Vgl. auch V. Cinke, Organizace českých klášterů ve 13. a 14. stol. na podkladě provinčním. *Československý časopis historický* 16 (1968) 445, der dortselbst zu den Augustiner-Chorherrenklöstern auch Kostomlaty (s. Anm. 17) und Lysá rechnet (ein Versehen, das offensichtlich dadurch verursacht wurde, daß das Patronatsrecht zur dortigen Pfarrkirche ab 1355 das Prager Karlshofer Kloster besaß). Der beste Beweis für die Nichtexistenz dieser beiden Konvente ist eben unser Nekrolog, das sie einfach nicht kennt.

[28] Vgl. u. a. Machilek, *Ludolf von Sagan* 54f.

[29] Auch im Opatowitzer Material findet sich nichts, ja in der Monographie über die Geschichte dieses Klosters ist der Raudnitzer Konvent gar nicht erwähnt (vgl. E. Nohejlová, *Příběhy kláštera opatovického.* Praha 1925). In den folgenden Zitaten aus dem Nekrolog führe ich der Übersichtlichkeit halber bloß das Datum an, unter dem die jeweilige Eintragung zu finden ist. Der diesbezügliche Text zum 15. Januar lautet: *Hic agitur memoria omnium fratrum de Opatovicz secundum formam fraternitatis mutuo contextam sicut plenius in litera originali desuper confecta continetur.* Der Text setzt durch eine andere Hand fort: *Obiit frater Johannes et frater Nycolaus, monachi de Opatowicz. Item Walter presbyter, Jan et Laurencius, conversi ibidem.* Nach Nohejlová, *Příběhy* 68f. sind die letzten drei sonst völlig unbekannt.

Es scheint somit, daß die gegenseitigen Beziehungen bald wieder — freilich auf eine uns unbekannte Weise — abgebrochen wurden.

Mit dem damals führenden böhmischen Zisterzienserkloster Königsaal bestand erst seit 1413 eine förmliche Konfraternität[30], sie hat jedoch im ganzen Nekrologium keinen konkreten Widerhall gefunden, so daß sie eher geplant als verwirklicht gesehen werden muß.

Noch ephemerer war die Beziehung zum Predigerorden, der hier bloß durch einen gewissen Magister Henricus[31] vertreten ist. Aus dieser vereinzelten und unkonkreten Erwähnung kann man kaum Schlüsse ziehen. Die Beziehung scheint also höchst wahrscheinlich ganz privater Natur gewesen zu sein. Starke und dichte Fäden sind dagegen zum Kartäuserorden, besser gesagt, zur Kartause Mariengarten bei Prag zu entdecken, mit der im Jahre 1376 eine Konfraternität angeknüpft worden war[32]. Für die folgende knappe Jahrhunderthälfte (die Prager Kartause wurde schon zu Beginn der Hussitenkriege vollständig zerstört) zitiert das Raudnitzer Nekrologium nicht weniger als 27 Priester und Diakone sowie 17 Konversen. Interessanterweise steht hier auch noch der Name des letzten Priors, der bereits nach 1419 im Ausland gestorben war. Das bedeutet, daß die Raudnitzer selbst in der Emigration davon benachrichtigt worden sein mußten. Daß bei einem Priester namens Wenzel[33] ausdrücklich *Bohemus* zu lesen ist, bedeutet keinesfalls, daß es sich um eine Ausnahme handelt, denn die Prager Kartause, ursprünglich überwiegend tschechisch, bewahrte sich auch nachher eine starke tschechische Minorität[34]. Andere Kartäuserkonvente tauchen hier nicht auf. Daß es bloß drei (zwei in Mähren und einer in Ostböhmen, also in der Leitomischler Diözese) waren, spielt hier keine Rolle, ebenso wenig andere Orden, so daß wir zu dem Chorherrenorden selbst übergehen können.

Das Kloster Corporis Christi in Kazimierz (Krakau) ist 1405 als *filia* des Glatzer Konventes gegründet worden[35]. Mit ihm ist eine allgemein gehaltene Verbrüderung angeknüpft worden. Neben ihr erscheinen bloß

---

[30] MACHILEK, *Ludolf von Sagan* 55.

[31] Zum 14. Januar.

[32] Vgl. M. JAKUBIČKA, Klášter Zahrada sv. Máří řádu kartusiánského na Újezdě v Praze, *Časopis českého musea* 86 (1912) 251f.

[33] Zum 9. September.

[34] Vgl. OHLBAUM, *Johann Rode* 18f. und der dort zitierte Aufsatz JAKUBIČKAS (wie Anm. 13).

[35] Vgl. J. KŁOCZOWSKI [Hrsg.], *Kosciół w Polsce I, Średniowiecze.* Kraków 1966, 510.

zwei Konventmitglieder konkret erwähnt: ein Priester und ein Diakon[36]. Sonst hört man nichts darüber, so daß hier wahrscheinlich der Glatzer Konvent als Vermittler zu sehen ist[37]. Anders verhält es sich mit allen übrigen zehn böhmisch-mährischen Klöstern, die oft vorkommen und mit denen auch förmliche Verbrüderungsverträge bestanden. Zwar sind nicht alle bekannt, dürfen jedoch vorausgesetzt werden. Erhalten sind Konfraternitäten mit Jaroměř, Glatz (beide schon 1362), Wittingau (1368) und Landskron (1381)[38]. Über jene mit Sternberg gibt es eine förmliche Erwähnung im Nekrologium zum 19. September. Die chronologische Einreihung der betreffenden Vertragsurkunden innerhalb des Jahres muß in engem Zusammenhang mit dem Eintrag des allgemeinen *anniversarius* für alle Brüder jedes einzelnen Konvents stehen[39]; was die Jahresangabe betrifft, so ist sie ziemlich bald nach der Gründung der jeweiligen Konvente zu setzen.

Wenn wir die Konvente der Häufigkeit der Einträge nach ordnen[40], so steht Wittingau eindeutig an erster Stelle, wie es auch dem Ruhme des Klosters entspricht. Nach den zwei Äbten unserer Zeitspanne (mehr waren damals nicht im Amt) sind es drei Prioren, 28 Priester, je ein Diakon, Subdiakon und Akolyth und fünf Konversen, von denen einer als Kochmeister von Wittingau bezeichnet ist. Einer der Priester ist zugleich als

---

[36] Zum 5. Dezember.

[37] Zum 3. Februar heißt es: *hic agitur anniversarius omnium fratrum monasterii Corporis Christi in Kazymiria.* Dieses einmalige Auftreten ist umso auffallender, da wir wissen, daß jenes Krakauer Kloster mit anderen böhmischen Klöstern verbriefte Konfraternitäten anknüpfte (sicher belegt vom 7. Januar 1407 mit Landskron; vgl. J. ŠEBÁNEK, *Archivy zrušených klášterů moravských a slezských.* Brno 1932, Nr. 1104).

[38] MACHILEK, *Ludolf von Sagan* 54f.

[39] Vgl. z. B. Wittingau. Der *anniversarius* ist zum 17. Februar eingetragen, die Konfraternität stammt vom 14. Februar 1368 (vgl. J. KADLEC, *Klášter augustiniánských kanovníků v Třeboni.* Manuskript, Kap. 7, 1 der ersten Abteilung. Dem Verfasser bin ich für die liebenswürdige Bereitstellung des Werkes zu wärmstem Dank verpflichtet). Bloß beim Prager Karlshof, Sadská und Jaroměř sind solche Vermerke nicht zu finden; das mag jedoch eher eine Unaufmerksamkeit sein. Bei Proßnitz kommt dieser Vermerk zwar auch nicht vor, da aber neben diesem Konvent auch fünfmal (11. Juni, 8. und 26. August, 9. September und 26. November) das sonst nicht einreihbare Kloster Prostano (alle Einträge wohl von einer Hand) erscheint, liegt die Vermutung nahe, beide Lokalitäten als identisch zu betrachten.

[40] Erneut muß unterstrichen werden, daß hie und da die Jahresgrenze 1420 überschritten werden konnte, so daß die Zahlen in Wirklichkeit etwas niedriger sein können.

organista (28. März) genannt, ein anderer als *consiliarius* (26. August). Ob er Ratgeber des Klostervorstehers war?

An zweiter Stelle steht der Prag-Neustädter Karlshof mit vier Äbten[41], 23 Priestern, sechs Konversen — einer war zugleich *horologista* (9. September) —, einem Professen und einem nicht charakterisierten Frater. Glatz figuriert mit fünf Pröpsten, 15 Priestern, einem Diakon, zwei Subdiakonen, einem Akolythen und vier Konversen, von denen einer als *occisus* bezeichnet wird, an dritter Stelle. Die gleiche Anzahl gilt auch für Sadská: fünf Pröpste, 16 Priester (darunter einer, der 16 Jahre in Raudnitz weilte), ein Diakon und sechs Konversen. Dann folgen Jaroměř mit drei Pröpsten, zwei Prioren, 19 Priestern und je einem Subdiakon und Konversen sowie das Kloster Rokycany mit vier Pröpsten, einem Prior, elf Priestern und je vier Diakonen und Konversen. An der nächsten, bereits siebenten Stelle finden wir das Stift Sternberg in Mähren, wo neben vier Pröpsten 13 Priester und je ein Diakon und Konverse verzeichnet sind. Die folgenden zwei Stellen nehmen Landskron (drei Pröpste, 10 Priester und ein Subdiakon) und Prossnitz ein (zwei Pröpste, zwei Prioren, sieben Priester, ein Akolyth und zwei Konversen). An letzter Stelle schließlich steht Fulnek mit einem Propst, vier Priestern und je zwei Diakonen und Konversen.

Auf den ersten Blick ist das Ergebnis mager. Das bestätigt auch ein Vergleich mit dem Fragment des Wittingauer Nekrologs, da sich aus ihm dieselben Schlüsse ziehen lassen, die sich aus dem Vergleich mit dem Kartäuser-Nekrologium ergaben. Eine genaue Dokumentation ist wohl nicht nötig. Man sieht, daß die meisten Personen nicht an beiden Stellen zu finden sind, und wenn es der Fall ist, dann haben sie manchmal wieder verschiedene Daten, auch wenn Übereinstimmungen zu finden sind. Die Fragen nach dem konkreten „Nachrichtenwesen" sind nicht zu lösen, doch kann man sich die Lage ziemlich einfach vorstellen, da gegenseitige Besuche einzelner Konventmitglieder, besonders der höher stehenden, keineswegs selten waren. Dadurch, daß z. B. innerhalb einer kürzeren Zeitspanne kein solcher Besuch stattfand, ist auch der Ausfall

---

[41] Zum 22. Februar liest man den Eintrag *obiit venerabilis pater Johannes prepositus in Reno*, der mir in dieser Gestalt unverständlich scheint. Für die einzig vernünftige Hypothese halte ich es, die vom Karlshof abhängige Propstei in (Nieder-)Ingelheim am Rhein, die Karl IV. 1354 gründen ließ, damit zu identifizieren. Leider kenne ich außer dem ersten Propst die betreffenden Vorstände nicht, so daß ich diese Möglichkeit weder stützen noch ausschließen kann.

der Nachrichten zu erklären. Auch Vermittlungen der „Zwischenklöster" können manche Ungenauigkeit verursacht haben.

Bei genauerem Hinsehen können wir aus dem Gebotenen somit in der Tat nur die gegenseitigen Beziehungen herauslesen, die ohnehin vorausgesetzt werden mußten. Nur die schwankenden Zahlen bei den einzelnen Dignitäten können Interesse wecken, ebenso die vereinzelten Angaben über die speziellen Fähigkeiten bzw. Verpflichtungen der einzelnen oben angeführten Ordensmitglieder. Freilich gibt die Reihenfolge nach den Zahlen der Konventmitglieder auch eine rahmenweise Vorstellung über die Größe — die natürlich innerhalb der verfolgten Zeitspanne schwanken kann, was aber nicht zu ermitteln ist — und somit teilweise auch über die gesellschaftliche Anziehungskraft der betreffenden Konvente.

Stärkeres Interesse ruft das hervor, was in diesem Nekrologium zu erwarten gewesen wäre und man dennoch vergeblich sucht. So überrascht das fast vollständige Schweigen über die nichtböhmisch-mährischen Konvente, obwohl Raudnitz Ausgangspunkt einer erfolgreichen Klosterreform war, wie IGNAZ ZIBERMAYR auf eine bis heute grundlegende Weise gezeigt hat. In dieser Hinsicht haben sich andere böhmische Klöster als aktiver erwiesen. Und dasselbe gilt für die spärlichen Beziehungen zu anderen Orden im Rahmen des böhmischen Königreiches, was lediglich besagt, daß hier wenige gemeinsame Züge zu bemerken sind. Doch wäre es verfrüht, nur aus diesen Punkten allgemeinere Schlüsse ziehen zu wollen, obwohl es reizvoll erscheinen mag. Doch das muß für eine andere Gelegenheit reserviert werden.

Aufschlußreicher sieht das Material aus, das die Beziehungen zu Einzelpersonen aus dem weltlichen Klerus widerspiegelt. Die einzige Retrospektive bilden die bloßen Namen von Prager Bischöfen, die hier aus begreiflichen Gründen — wenn auch nicht vollständig — aufgenommen wurden. Von Johann IV. an, dessen Gründertat gelobt wird[42] und dessen weitere Verwandtschaft, geistlich und weltlich, männlich und weiblich, meist als unmittelbare Spender, doch auch nachträglich aus der Zeit vor der eigenen Klostergründung in großer Anzahl im Nekrologium figuriert und bis zum Erlöschen des Stammes verfolgt wird[43], sind hier

[42] Zum 4. Januar. Im Eintrag steht, daß *in cuius anniversario prepositus tenetur ecclesie Pragensi pro prandio decem sex. gros. In hac vero ecclesia XII pauperes debet pascere.*

[43] *Obiit Johannes de Drazicz pronepos fundatoris et in hoc defecit eciam linea genealogie nostri fundatoris. Hic legavit solempne missale huic domui* (9. Oktober).

die ersten fünf Prager Erzbischöfe, die sich auch als Gönner erwiesen haben, genannt. Sie sind teils als großherzige Förderer (Ernst von Pardubitz, Johann Očko von Vlašim, Zbynko von Hasenburg), teils als Unterstützer und *confratres* bezeichnet (Wolfram von Škvorec, Johann von Jenstein, Nikolaus Puchnik)[44]. Die Exponenten des Königs, die am Anfang des zweiten Dezenniums den Prager erzbischöflichen Stuhl bestiegen haben, erscheinen hier nicht. Aus dem Episkopat wird ferner Albrecht von Sternberg, Bischof von Leitomischl, als *magnus fautor* des Ordens erwähnt[45].

Aus den breiteren Kreisen des weltlichen Klerus trifft man in relativ großer Anzahl auf Mitglieder des Prager Kapitels sowie der erzbischöflichen Kurie — aus begreiflichen Gründen. Meist handelt es sich um Prager Kanoniker, aber auch um andere Würdenträger (Inquisitor, Sakristan, Offiziale, Scholaster), keinesfalls aber laufend, so daß eine wirklich konkrete enge Beziehung, ja Verbundenheit vorausgesetzt werden muß. Zu ihnen gesellen sich die Wyschehrader Kanoniker sowie Chorherren zweier Kollegialkirchen des Landes: je zwei aus Leitmeritz und Altbunzlau. Unter diesen Personen gibt es nicht wenige führende Köpfe, was auf das Bestehen guter Voraussetzungen für einen regen Gedankenaustausch schließen läßt, über den wir übrigens aus der Literaturgeschichte unterrichtet sind. Während Einzelnamen hier nicht konkret angeführt werden müssen — ihre große Zahl wäre ohne Einzelcharakterisierungen nicht genügend aussagekräftig —, muß der Name Milíčs von Kremsier, des Vaters der böhmischen Reformation, ausdrücklich genannt werden. Er hat im Unterschied zu den meisten anderen

[44] Ernst von Pardubicz: neben dem allgemeinen Lob wegen der vielen Augustiner-Chorherrenstiftungen spendete er in Bargeld 50 Schock gr. (30. Juni).
Johann von Vlašim: *pro cuius anima legate sunt due tabule ymaginum de opere artificioso* (14. Januar).
Johann von Jenstein: *habens plenam nobiscum fraternitatem ... legavit monasterio partem pepli cum monstrancia et apparatum cum ymaginibus annunciacionis beate Marie virginis et quosdam libros. Quante vero fuit humilitatis et affectionis et communionis erga fratres, difficile est enarrare* (17. Juni).
Wolfram von Škvorec: *habens plenam fraternitatem ... dedit pro monasterio apparatum elegantem de ecsameto cum crucibus* (2. Mai).
Nikolaus Puchnik (gestorben noch vor der Konsekration): *confrater noster specialis et amicus singularis, olym rector scole nostre, qui cum esset officialis Pragensis dedit paratas X. sex. gr. pro cripta* (19. September).
Zbynko von Hasenburg: *dedit XX sex. gros. pro fusura campane magne* (28. September).

[45] 14. Januar.

nichts geschenkt, sondern erscheint als *confrater*[46]. Meist sind diese Personen auch aus anderen Quellen bekannt, doch erscheinen auch neue, unbekannte Namen. Das gilt in erhöhtem Maße für einfache Pfarrherren, die aus der weiteren Umgebung des Klosters stammen und umfangreichere Beziehungen des Klosters mit dem Umland beweisen.

Soweit sie nicht als *confratres* erscheinen, spendeten diese Leute dem Kloster Geld, Bücher, seltener verschiedene liturgische Gegenstände. Stets sind es aber eher Einzelgegenstände, die dem Kloster zumeist testamentarisch vermacht wurden; Konfraternitäten sind hier ziemlich selten[47]. Auch die Höhe der konkreten Gaben schwankt zwischen wenigen Schock Groschen bis 56 Schock (Offizial Peter von Kunzendorf) in Bargeld[48]. Obwohl wir bereits sagten, daß es sich überwiegend um letztwillige Vermächtnisse und nur in wenigen Fällen um in voller Lebenskraft gemachte Geschenke handelte, sind schon vorher konkrete Beziehungen des Klosters zu den Donatoren vorauszusetzen, wie das auch die Nachrichten aus den Urkunden über das Klosterhaus in Prag einleuchtend bestätigen.

Abschließend eine Übersicht der Nachrichten über Klosterangehörige. Daraus resultieren weit über 60 Priester, ein paar führende Würdenträger, über 20 Konversen (von denen einer ausdrücklich als *vinitor* genannt wird), an die sieben Klosterdiener und vereinzelte Subdiakone und Akolythen. Auch ein Maler, leider ohne Spezifikation, wird zum 8. Mai erwähnt. Aus diesen Zahlen geht hervor, daß bei weitem nicht alle Konventangehörigen eingetragen wurden, denn die Kommunität zählte ziemlich viele Mitglieder: sie wird auf rund 40 geschätzt, so daß die oben angeführten Zahlen in unserem Zeitraum einige Male übertroffen wurden. Wie die Auswahl vonstatten ging, läßt sich nicht ermitteln. Daß zufälliges und unsystematisches Vorgehen im Vordergrund steht, scheint jedoch ziemlich sicher zu sein. Eine andere Absicht war wahrscheinlich nicht mit im Spiel.

Die mannigfaltigste Art von Gönnern des Klosters ist im Bereich der Weltlichen zu finden. Schon ihre Zahl ist sehr hoch. Obwohl ich aus den

---

46 Zum 27. Dezember.

47 Ganz einmalig ist der Eintrag bei einem gewissen Johann Pfarrer in Lethaciva(!), den ich nicht genauer identifizieren kann. Dort steht, daß er *cum omnibus domibus ordinis nostri habuit plenam fraternitatem* (20. Oktober), was sicher nur auf die böhmisch-mährischen Häuser bezogen werden darf. Übrigens bin ich nicht völlig im klaren darüber, wie diese Fraternität mit Einzelpersonen konkret zum Ausdruck kam.

48 Zum 8. August.

schon angeführten Gründen keine genauen Ziffern angeben will, darf ich doch rahmenweise von einigen Dutzend Personen verschiedenen Standes sprechen. Es erscheint ratsam, das Material ein wenig zu gruppieren. Vorher aber sei bemerkt, daß ganze Familien regelmäßig zu einem Datum eingetragen wurden, d. h., daß der Eintrag wahrscheinlich beim Ableben der profilierten Gestalt der betreffenden Familie erfolgte, bei welcher Gelegenheit auch die übrigen in Betracht kommenden Namen nachgetragen wurden[49]. Aus der Tatsache, daß das Kloster in einer Stadt gelegen war, ergibt sich, daß die wichtigste und personenreichste Schicht von den Raudnitzer Bürgern gebildet wurde. Aus den höheren Schichten muß der Luxemburger Johann von Görlitz, der jüngste Bruder König Wenzels, angeführt werden, dessen Tod zum 1. März eingetragen ist — diese Angabe stimmt, man möchte fast sagen, seltsamerweise —, und der mit dem Kloster in Konfraternität stand; daher hören wir nichts von seinen etwaigen Spenden. Obwohl diese Konfraternitäten mit weltlichen Einzelpersönlichkeiten nicht überschätzt werden dürfen, weisen sie doch darauf hin, daß zwischen Raudnitz und den höchsten Spitzen der feudalen Welt sowohl zur Zeit Karls IV. als auch während der Regierungszeit seines Sohnes — zumindest in der ersten Hälfte seiner Regierung[50] — direkte und enge Verbindungen bestanden. Andere hohe Feudalherren kommen in der vorhussitischen Zeit nicht vor. Von Zeit zu Zeit hören wir vom niederen Adel des breiteren Hinterlandes, der verschiedene fromme Spenden gab, zumeist wieder bei Todesfällen; Konfraternitäten sind ebenfalls ziemlich selten.

---

[49] Es handelt sich um folgenden Typ: *obiit Jan Hromada, Anka et Marussye conjuges sue pro quibus legate sunt X. sex.* (10. Januar). Ausnahmen können bei größeren Epidemien auftreten, die gerade im 14. Jahrhundert auch Böhmen heimsuchten, wie das auch andere Nekrologien bezeugen, obwohl dabei wenigstens minimale Tagesunterschiede festzustellen sind: vgl. I. HLAVÁČEK, Neznámý český klášter doby lucemburské. *Sborník archivních prací* 22/1 (1972) 169f. Eine andere Ausnahme bildet die Familie des Bürgers Slowanko aus der Stadt Budyně (rund 10 km westlich von Raudnitz, eine Stadt der Herrschaft Hasenburg), die an nicht weniger als acht Stellen zu finden ist.

[50] Was die Beziehungen des Königs zum Kloster betrifft, so wissen wir von ein paar Urkunden laufenden Inhalts: bloß drei geben neue Rechte bzw. Rechtstitel (zu den ersten beiden s. EMLER, *Diplomatář* Nr. 23, 28 und 32). Interessant sind vornehmlich die letzten beiden Urkunden, deren erste dem Kloster gestattet, ein Haus in Prag, in der Altstadt oder Neustadt, zu kaufen, während die zweite dieses inzwischen in der Altstadt gekaufte Haus von Losungen und anderen Verpflichtungen befreit.

Daß auch die Bürger von Budyně, der Stadt in der Nähe von Raudnitz, enge Beziehungen zum Kloster pflegten, wurde bereits erwähnt. Interessanterweise lassen sich im Raudnitzer Nekrologium auch Prager Bürger nachweisen. Der bekannte Florentiner Apotheker Angelo, der unter Karl IV. in der Prager Neustadt das Bürgerrecht erwarb, ist hier als *frater secularis* angeführt (18. Januar). Ferner erscheinen die Eheleute Johann *institor* und Elisabeth, wohl aus der Altstadt, ebenfalls aus der Mitte des 14. Jahrhunderts (dank der Gemahlin, die hier *soror nostra* heißt; zum 28. Oktober), schließlich ein sonst nicht näher erfaßbarer Prager Fischer Peter, der auch mit dem Kloster in Konfraternität stand (10. März). Hierher gehört eigentlich auch das Erscheinen einiger weltlicher Mitglieder des Prager erzbischöflichen Hofes: eines Schneiders, eines Ritters, eines Kammermeisters und wohl noch eines nicht näher charakterisierten Burggrafen (28. September und 28. Oktober), obwohl ihr Erscheinen nur aus der Beziehung zum erzbischöflichen Hof begreiflich ist.

Eine weder landschaftlich noch gesellschaftlich näher einreihbare Gruppe bilden die Erwähnungen der Verwandten der Klosterangehörigen. Manchmal geht ihr Auftreten auf die Initiative des betreffenden Klostermitgliedes zurück, nicht selten aber treten sie aktiv auf, d. h. sie geben in verschiedenen Formen Spenden. Die Variabilität der Raudnitzer Gönner ist groß: von führenden Personen der Stadt bis zu kleinen Leuten[51]: auf der einen Seite der Stadtrichter mit seiner Familie, auf der anderen die Armen des Spitals, das die Raudnitzer Chorherren betreuten und das sicher entscheidend zur Festigung der gegenseitigen Beziehungen beitrug[52]. Es erscheinen auch ein paar Namen, die auf entferntere Örtlichkeiten hinweisen: Saaz, Olmütz. Da es sich aber auch um bloße Herkunftsnamen handeln kann, lassen sich keine weiteren Schlüsse daraus ziehen.

---

[51] Da sich aus dieser Zeit keine Stadtbücher von Raudnitz erhalten haben, sind diese Angaben eigentlich die einzigen, die auch der Stadtgeschichtsschreibung dienen können (u. a. Forschungen über die Nationalitätenverhältnisse); das heutige Urteil, das auf bescheidenerem Material baut, wird bestätigt (vgl. E. Schwarz, *Volkstumsgeschichte der Sudetenländer* I. München 1965, 240). Dagegen hat die Namenforschung hier viele schöne Belege prägnanter tschechischer Namen.

[52] B. Roučka, Špitály, jejich majetek, správa a postavení v daňovém systému českého feudalismu. *Právně-historické studie* 12 (1956) 41—90. Damit hingen auch die Bestimmungen über die Sättigung der Armen zusammen, die teilweise oben Anm. 42 zitiert sind.

So wie die weltlichen Spender, waren auch die Spenden selbst verschieden. In erster Linie war es Bargeld — stets in Schock Prager Groschen. Die Summen schwanken zwischen wenigen Schock und mehr als fünfzig[53]. Neben einmaligen Geschenken werden auch Zinsen gespendet. Ebenfalls verschieden sind die Sachgaben. Sie können eingeteilt werden in Gegenstände, die zum liturgischen Gebrauch und überhaupt zum engeren Bereich des klösterlichen Lebens gehören, und in solche, die weltlichen Zwecken dienten. Bei beiden Gruppen ist mit einer großen Skala konkreter Sachgaben zu rechnen. Zur ersten Gruppe: ziemlich häufig kommen Bücher vor — oft liturgischen Inhalts, daneben auch anders orientierte. Sie überwiegen zwar bei Geistlichen, sind aber auch bei Weltlichen zu finden und waren nicht nur für diesen Zweck speziell bestellt, sondern wie die Formulierungen vermuten lassen, vorher zum Teil im Besitz des Spenders. Mit anderen Worten: hier haben wir einen Beweis, daß auch weltliche Personen verschiedentlich Bücher besaßen und wahrscheinlich auch benutzten. Die übrigen Gegenstände sind Kelche, Stoffe — meist freilich liturgischer Art —, Tafelmalereien etc. und mehrmals auch für konkrete Bauzwecke im Kloster bestimmte Geldsummen: zum Gedächtnis eines Raudnitzer Bürgers werden *due partes ambitus pavimentate* gewidmet (9. Oktober), ein anderer gibt Geld *pro restauracione fenestri* (8. Mai und 20. Oktober) oder *maiorem fenestram in corpore ecclesie suis vitreavit impendiis* (8. November) oder eine *magna campana pro 50 sex. empta* (28. Oktober) für das Seelenheil.

Die Geschenke weltlichen Charakters sind verschieden: mehrmals wird ein Pferd geschenkt. Da sein Wert in Geld angegeben wird, ist wohl klar, daß dergleichen mitunter weiter verkauft wurde. Ferner finden sich unter den Geschenken: eine Kuh, Zahlungen aus Bienenzucht, Stoffe (*stamen nobile*), Liegenschaften in Form von Weinbergen, aber auch eine Mühle und ein paar Häuser verschiedenen Charakters, die aber ausdrücklich verkauft, also gegen Geld getauscht wurden. So verwandelten sich auch die ursprünglich „weltlichen" Geschenke in geistliche, denn es ist ohne weiteres vorauszusetzen, daß das so erworbene Geld zur Ausschmückung des Klosters und für kirchliche Belange verwendet wurde.

---

[53] Zu den kleinsten gehört die Spende von 10 Schock im Namen von mehr als acht Leuten, die von der ältesten Hand eingetragen wurde: *obiit Martinus pater et Neda mater fratris Pauli cantoris, hoc eciam agitur memoria Antonii, Sebastiani, Thome, Mathie, Marussye, Byete et aliorum omnium amicorum fratris memorati, pro quibus legate sunt X sex.* (8. November). Die Formulierung weckt den Eindruck, als könnte es sich bei diesem Paul um den Gründer des Nekrologs handeln.

Daß im Nekrologium Geld oft in Zusammenhang mit konkreten Waren genannt wird, bedeutet, daß hier auch wichtiges — freilich fragmentarisches — Material für Preisstudien vorliegt.

Obwohl hier nur eine ganz flüchtige Beschreibung der Beziehungen des Klosters zu seiner Umwelt gegeben werden konnte, wird man erkennen, daß die Fäden, die das Kloster mit seiner nahen und entfernteren Umgebung verknüpften, sehr fest und von mannigfaltiger Textur waren. Da das Kloster neben dem Spital, dessen Aufgabe in der mittelalterlichen Stadt unersetzlich war, auch mehrere Pfarren in der Umgebung mit eigenen Kräften besetzte, könnte man auch hier Überlegungen über seine weiteren Alltagsverpflichtungen anstellen. Genauso sollten die *Consuetudines Rudnicenses* von diesem Gesichtspunkt aus nochmals interpretiert werden, was eine Kettenreatkion neuer Probleme ergäbe[54]. Wenn man übrigens die ersten Schritte in diesem Problembereich macht, merkt man sofort, welch weites Feld sich hier der Forschung bietet, der allerdings tiefere Quellenstudien zu Grunde gelegt werden müssen. Dieser Beitrag will nur eine keineswegs erschöpfende Stichprobe sein, die einer bisher vernachlässigten Quellengruppe auf den Grund geht.

---

[54] Darüber und über andere Quellen zum inneren Leben der Kommunität vornehmlich zwei Bücher von A. NEUMANN, wo verschiedenes Material gesammelt ist: s. Anm. 16 und *Z dějin českých klášterů do válek husitských*. Praha 1926 (die dort angekündigte Fortsetzung ist nie erschienen).

Géza Érszegi

ZU ALLTAGSLEBEN UND SACHKULTUR UNGARISCHER BENEDIKTINERKLÖSTER DES SPÄTMITTELALTERS

Das 15. Jahrhundert brachte eine Erneuerung des im Niedergang befindlichen Benediktinerordens mit sich[1]. An der Wende zum 16. Jahrhundert begann daraufhin die Reform der ungarischen Benediktinerklöster. Matthäus Tolnai, der Notar der königlichen Hofkanzlei, wurde von König Ladislaus II. im Jahre 1500 zum Erzabt von Pannonhalma ernannt, um eine Reform auszuarbeiten und auch durchzuführen. Durch diese königliche Anordnung wurde das älteste und auch reichste Benediktinerkloster in Ungarn zur Wiege der Reform[2].

Matthäus Tolnai versuchte mit seiner ersten Maßnahme als Erzabt, die in Transdanubien und in West-Oberungarn liegenden Benediktinerklöster zu einer unter dem Supremat von Pannonhalma stehenden Organisation zu vereinigen. Der Verwirklichung dieser Vereinigung ging eine Visitation der ausgewählten Klöster voraus. Die Visitation der siebzehn designierten Klöster wurde von den Äbten von Zalavár und Báta im Jahre 1508 durchgeführt[3]. Im Laufe dieser Visitation registrierten sie nicht nur das materielle Vermögen (Grundbesitz und Gebrauchsgegenstände) der einzelnen Klöster, sondern auch den Personalstand und das Alltagsleben, und notierten, inwieweit die Mönche im täglichen Leben den Forderungen der Benediktinerregel nachkamen. Obwohl die visitierten Klöster keineswegs in voller Blüte standen

---

[1] Hubert Jedin [Hrsg.], Die mittelalterliche Kirche. Vom kirchlichen Hochmittelalter bis zum Vorabend der Reformation. *Handbuch der Kirchengeschichte* 3/2. Freiburg—Basel—Wien 1973, 693—697.

[2] 26. 2. 1500. László Erdélyi [Hrsg.], A pannonhalmi főapátság [Geschichte der Erzabtei Pannonhalma]. *A pannonhalmi Szent-Benedek-rend története* (im folgenden: *PRT*) [*Geschichte der Benediktinerabtei von Pannonhalma*] 3 (Budapest 1905) 553.

[3] Signatur der Visitationsprotokolle: Magyar Országos Levéltár [Ungarisches Staatsarchiv], Diplomatikai levéltár [Diplomatisches Archiv] 21890, publiziert in *PRT* 3, 617—624 und in *Magyar Könyvszemle* 6 (1881) 289—299.

— sie zählten nur wenige Insassen, insgesamt ungefähr sechzig Mitglieder —, fanden die visitierenden Äbte jedoch verhältnismäßig große Mengen von Gebrauchsgegenständen vor. In den siebzehn Klöstern wurden ungefähr 1000 Gegenstände von ca. 200 verschiedenen Arten registriert.

Da sich ein zur Zeit Matthäus Tolnais begonnenes, über ein Vierteljahrhundert geführtes Inventar von Mobilien in Pannonhalma erhalten hat, lassen sich auch Vergleiche zwischen diesem reichsten ungarischen Benediktinerkloster und den anderen, schlechter situierten anstellen[4]. Dank der visitierenden Äbte wissen wir auch, inwieweit das Leben in den einzelnen Klöstern von der Benediktinerregel bzw. von den Vorschriften der vom Erzabt Matthäus Tolnai nach dem Vorbild von Melk zusammengestellten und im Druck herausgegebenen Consuetudines abwich[5]. Es wird auch klar, weswegen gerade der Abt von Zalavár und der Abt von Báta zu *visitatores* bestimmt wurden: diese Äbte waren nämlich Vorstände der beiden ihre Aufgaben noch am besten erfüllenden Klöster. In Zalavár übten die Benediktinermönche Funktionen aus, die im Westen durch öffentliche Notare versehen wurden[6]. Báta aber war wegen der hier verehrten Reliquie des Heiligen Blutes ein berühmter Wallfahrtsort, und als solcher verfügte es über einen außerordentlich reichen kirchlich-liturgischen Mobilienbestand[7]. Ein Großteil — und zwar der wertvollere Teil dieser Ausstattung — ist uns bekannt: 1526 flüchteten nämlich die Mönche von Báta vor den Türken nach Pannonhalma, wo sie ein ausführliches Register über die mitgebrachten wertvollen Mobilien anlegten. Wir kennen nicht nur die einzelnen Stücke, ca. 100, sondern auch deren Wert, der sich damals auf mehr als 1500 ungarische Gulden belief.

---

[4] *PRT* 3, 706—711 (Mobilieninventar von Pannonhalma).

[5] *PRT* 3, 328—337 (Breviarium von Pannonhalma).

[6] Franz Eckhart, Die glaubwürdigen Orte Ungarns im Mittelalter. *MIÖG* Erg.-Bd. 9 (Innsbruck 1914) 395—558.

[7] Inventar von Báta: Státny slovenský ústredný archív, Bratislava [Staatliches Zentralarchiv der Slowakei, Preßburg], Garamszentbenedeki konvent országos levéltára [Glaubwürdiges Archiv des Konvents von Garamszentbenedek] fasc. 17, Nr. 51, auszugsweise abgedruckt bei Stephanus Katona, *Historia critica regum Hungariae* 20. Kolozsvár 1794, 25 und Nandor Knauz, *A Garan-melletti Szent-Benedeki apátság* [*Die Abtei von Garamszentbenedek*]. Budapest 1890, 48f. Vgl. auch Pongrácz Sörös [Hrsg.], Az elenyészett benczés apátságok [Die untergegangenen Benediktinerabteien]. *PRT* 12b (Budapest 1912) 119—134 und József Holub [Hrsg.], A bátai apátság és Krisztus-vére ereklyéje [Die Abtei von Báta und ihre Blut-Christi-Reliquie]. Pécs 1940.

Die Visitation begann vermutlich deshalb im Kloster Zselicszentjakab, weil es auf halbem Wege zwischen Báta und Zalavár liegt. In diesem Kloster, einer Adelsstiftung aus dem Jahre 1061, erschienen die Visitatoren zur Fastenzeit, am 15. März, dem Tag des Fronfastens. Es zählte damals einen Abt und fünf Mönche als Insassen[8]. Von hier wandten sich die Visitatoren nach Norden. In Somogyvár trafen sie am 26. März 1508 ein. Das dortige Kloster war im Jahre 1091 von König Ladislaus dem Heiligen als Obödienz der Abtei Saint Gilles gestiftet worden. Zur Zeit der Visitation stand es unter der Leitung eines Kommendators und wies fünf Konventualen auf, die kaum imstande waren, ihren Pflichten als Mönche und als Personal eines glaubwürdigen Ortes nachzukommen[9]. Dienstag, den 20. März, visitierten die Äbte Babócsa, eine Adelsstiftung aus der Mitte des 13. Jahrhunderts. Außer dem Abt, der Organist in Somogyvár war, lebte im Kloster nur noch ein Weltpriester[10]. Am nächsten Tage wurde das Kloster in Murakeresztur visitiert. Es wird das erste Mal im Verzeichnis der päpstlichen Dezimatoren am Anfang des 14. Jahrhunderts genannt[11]. Die Einwohner des Klosters waren der Abt und ein kranker Mönch. Freitag, den 24. März, kamen die Visitatoren in Hahót an. Das dortige Kloster war, obwohl adeliges Eigenkloster, bereits im Jahre 1091 zur Filiale des Klosters in Somogyvár geworden. Die Visitation befreite den Abt vom weltlichen Pfarrer der Klosterkirche, mit dem er in ständigen Streitigkeiten lebte, und der ihm den Eintritt in die Kirche verwehrte[12]. Am nächsten Tag wurde in Csatár Visitation gehalten. Diese Adelsstiftung aus der Zeit um 1140 hörte — neben anderen Klöstern — im Jahre 1351 auf, ein glaubwürdiger Ort zu sein, verlor an Bedeutung und war zur Zeit der Visitation nur vom Abt und einem Mönch aus einem anderen Orden bewohnt[13]. Die Visitation wurde erst Freitag, den 7. April, in dem um die Mitte des 12. Jahrhunderts von einem Adelsgeschlecht gestifteten Kloster in Kapornak fortgesetzt. Hier lebten außer dem Abt noch 9 Mönche. Der hohe Personalstand ist der Tatsache zuzuschreiben, daß

---

[8] L. Bernát Kumorovitz, A zselicszentjakabi alapitólevél 1061-ből [Die Stiftungsurkunde von Zselicszentjakab aus dem Jahre 1061]. *PRT* 12b (Budapest 1912) 238—248.

[9] *PRT* 12b, 149—160.

[10] *PRT* 12b, 344—347.

[11] *PRT* 12b, 322—327.

[12] *PRT* 12b, 252—256.

[13] *PRT* 12b, 256—265 und Tünde Wéhli, Az admonti biblia [Die Admonter Bibel]. *Müvészettörténeti Füzetek* [*Kunstgeschichtliche Hefte*] 11 (Budapest 1977).

diese Abtei damals noch ein bedeutender glaubwürdiger Ort war[14]. Noch am selben Tag visitierten die Äbte Almád. In dieser adeligen Stiftung aus dem Jahre 1121 lebten der Abt und zwei Mönche[15]. Am darauffolgenden Samstag wurden die visitierenden Äbte in der Abtei Tihany empfangen. Sie war im Jahre 1055 von König Andreas I. gestiftet worden und stand zur Zeit der Visitation unter der Leitung eines Kommendators, der das von vier Mönchen bewohnte Kloster gut führte[16]. Am 10. April wurde das Kloster Bakonybél visitiert, eine Stiftung König Stephans des Heiligen, vermutlich aus dem Jahre 1035. Die Visitatoren wurden hier vom Abt und seinen drei Mönchen empfangen[17]. Nach zwei Tagen, am Mittwoch, dem 12. April, visitierten sie Koppánymonostora an der Donau. In diesem zu Anfang des 13. Jahrhunderts von einem Adelsgeschlecht gestifteten Kloster wohnte der Abt mit zwei Mönchen[18]. Donnerstag, den 13. April, kam das zu Beginn des 11. Jahrhunderts gestiftete Kloster in Tata an die Reihe, welches neben dem Abt nur ein Mönch bewohnte[19]. Am Freitag waren die Visitatoren schon in Lekér, dessen greiser Abt allein im Kloster lebte[20]. Die nächste Visitation am Montag nach Palmsonntag, dem 17. April, galt dem 1075 von König Geisa I. gestifteten Kloster Garamszentbenedek. Zu dieser Zeit lebten dort der Abt und neun Mönche; wieder ist diese relativ große Zahl von Insassen auf die Funktion als glaubwürdiger Ort zurückzuführen[21]. Die nächste Station ist Kolos. In jener Adelsstiftung aus der Zeit vor 1230, wo die visitierenden Äbte am 18. April eintrafen, lebte nur ein einziger Mönch, während der Abt ständig in der Hauptstadt Buda wohnte[22]. Der Aufenthaltsort der Visitatoren während der darauffolgenden Karwoche ist unbekannt. Jedenfalls hielten sie die nächste Visitation am Ostermontag in Szkalka. Dieses Kloster wurde im Jahre 1224 von Bischof Jakob von Nyitra gestiftet und stand zur Zeit der Visitation unter der Leitung eines achtzehnjährigen weltlichen Klerikers,

---

[14] *PRT* 12b, 268—279.

[15] *PRT* 12b, 314—320 und *Magyar Nyelv* (1927) 361.

[16] László Erdélyi [Hrsg.], A tihanyi apátság története [Die Geschichte der Abtei von Tihany]. *PRT* 8 (Budapest 1908) 5—69.

[17] Ders. [Hrsg.], A bakonybéli apátság története [Die Geschichte der Abtei Bakonybél]. Ebd. 9—215.

[18] *PRT* 12b, 231—238.

[19] *PRT* 12b, 201—207.

[20] *PRT* 12b, 191—196.

[21] *PRT* 12b, 94—119 und Knauz (wie Anm. 7).

[22] *PRT* 12b, 177—182.

der noch studierte. Außer ihm wohnten im Kloster noch zwei Mönche[23]. Die letzte Visitation betraf das zu Beginn des 14. Jahrhunderts von einem Pfarrer und einem Laien gestiftete Priorat in Stóla, eine Filiale der Abtei Garamszentbenedek. Dabei wurde das Priorat selbst gar nicht besucht, sondern nur der Prior durch ein Schreiben in die naheliegende Stadt Lőcse geladen, wo am 1. Mai 1508 die Begegnung stattfand[24].

Die Aufzählung der visitierten Klöster sollte zunächst nur eine kurze Charakterisierung jener geben. Der folgende Abschnitt betrachtet nun die Klosterinsassen in ihrer zahlenmäßigen Verteilung und Zusammensetzung. Insgesamt 63 Klosterbewohner waren auf die 17 visitierten Klöster ziemlich ungleichmäßig verteilt. In Lekér z. B. lebte der Abt allein im Kloster, während in anderen Klöstern bis zu neun oder zehn Personen wohnten, wie in Kapornak und Garamszentbenedek. Als Grund für den hohen Personalstand in letztgenannten Klöstern ist die Funktion als glaubwürdiger Ort anzusehen. Für den Nachwuchs hat man, soweit aus unseren Dokumenten ersichtlich, nur in einem Kloster Sorge getragen (ein *novitius* in Garamszentbenedek). In anderen Fällen, wie zum Beispiel in Kolos, lebten Mönche aus Pannonhalma. Die Frage des Nachwuchses war also allem Anschein nach nicht gelöst, da in einigen Klöstern, wie in Babócsa und Szkalka, auch Weltpriester lebten. Das Beispiel von Csatár, wo man auf einen flüchtigen Mönch aus einem anderen Orden traf, war kein Einzelfall. In Garamszentbenedek lebten sowohl Augustiner als auch Franziskaner, in Szkalka war einer der Mönche Zisterzienser. Auch das Alter und der Gesundheitszustand der Mönche war nicht gerade geeignet, dem Benediktinerorden eine Erneuerung zu verheißen. Der Abt in Lekér trug sich wegen seines hohen Alters mit dem Gedanken zu resignieren. Von den wenigen Mönchen in Somogyvár waren zwei so krank, daß sie nicht einmal den Gottesdienst verrichten konnten. Ein Mönch in Murakeresztur war fast blind.

In den Klöstern lebten nicht nur Mönche, sondern auch eine mehr oder weniger große Anzahl von Laien. So beanstandeten die Visitatoren die vielen weltlichen Diener in Zselicszentjakab und Garamszentbenedek. In Almád verbrauchte die große Verwandtschaft des Abtes die Einkünfte des Klosters. In Koppánymonostora war alles in den Händen der im Meierhof wohnenden und den Abt bedienenden Frauen. Nicht nur hier lebten Frauen auf Kosten des Klosters, an manchen Orten wohn-

---

[23] *PRT* 12b, 416—423.

[24] *PRT* 12b, 198—200.

ten sie sogar im Kloster. Ein extremes Beispiel ist Kolos. In diesem Kloster lebte eine Frau mit ihren beiden Töchtern sowie ein junger Mann, der *provisor curiae* war. In Hahót ließ der Abt seiner Schwester ein Haus im Dorf bauen, in dem auch er selbst wohnte.

Die folgenden Betrachtungen sollen zeigen, wie sich das Alltagsleben der Klosterbewohner — sowohl das der Mönche als auch das der Laien — gestaltete. Die Vorsteher und die Mönche standen meist in gespanntem Verhältnis zueinander. Auf beiden Seiten kam es zu extremen Vorfällen. In Csatár z. B. griff ein Mönch den Abt mit dem Messer an. In Garamszentbenedek lebte der Abt von seinen Mönchen völlig abgesondert und stützte sich ausschließlich auf seine weltlichen Diener. Er ließ die Mönche, wenn sie ihm nicht gehorchten, von Laien einsperren. Darüber hinaus schimpfte er unaufhörlich über sie — sogar im Meßgewand vor dem Altar —, indem er sie „schlechtes Blut" nannte[25]. Was aber zu den größten Auseinandersetzungen Anlaß gab, war die Verköstigung der Mönche. Nach den Vorschriften der Ordensregel muß der Vorsteher des Klosters hiefür Sorge tragen und mit den Mönchen tafeln. In Somogyvár bekamen aber die Mönche vom Kommendator nicht einmal Lebensmittel. In Koppánymonostora ließ der Abt zwar im Meierhof kochen, gab jedoch den Mönchen nichts davon. Der Abt von Garamszentbenedek nahm die Mahlzeiten nicht mit den Mönchen gemeinsam im Refektorium ein, sondern speiste allein. Die Reste seiner Mahlzeit versteckte er und gab seinen Mönchen die Nahrung erst in verdorbenem Zustand. Hingegen aßen die weltlichen Diener zusammen mit den Mönchen im Refektorium und verzehrten zu deren Schaden die Güter des Klosters. Kein Wunder, daß vielfach auch andere, die Mahlzeiten regelnde Vorschriften, so etwa jene für das Fleischessen und Weintrinken, nicht eingehalten wurden. In Garamszentbenedek war der Fleischgenuß im geheimen allgemein üblich, und die Mönche kauften sich für die Oblationen Wein. Die Mönche in Murakeresztur, in Almád und in Csatár waren trunksüchtig.

Auch die das Schlafen betreffenden Vorschriften wurden übertreten. In Somogyvár konnte man im Dormitorium nicht schlafen, weil die Decke des Raumes einzustürzen drohte. In Garamszentbenedek schliefen die Laien ebenfalls im Dormitorium, das wegen ständiger Verletzung des Silentiums keine wirkliche Ruhestätte war, besonders dann, wenn jene mit Freunden dort zechten.

---

[25] *PRT* 3, 623: *Et quod absurdum est eciam dum in sacramento altaris constituitur* [sc. *abbas*], *solet fratres increpare dicens gonosz verek* [schlechtes Blut] *saecularibus audientibus in dedecus religionis.*

Mitteilungen über die Bekleidung sind ausschließlich verschiedenen Beanstandungen zu verdanken. Bekleidungssorgen hatten die Mönche in Koppánymonostora und in Garamszentbenedek.

Wie konnten die Mönche bei dieser Lebensweise ihren weltlichen und geistlichen Pflichten nachkommen? Eine mit dem glaubwürdigen Ort verbundene Tätigkeit übten nur drei Klöster aus. In Somogyvár waren von den fünf Mönchen drei ständig unterwegs, um Aufträge des Königs auszuführen. In Kapornak herrscht überhaupt völlige Ordnung. Hier wurde sogar die Vorschrift eingehalten, das Siegel des Konvents unter drei Schlössern zu verwahren, zu denen der Abt, der Custos und der Konvent je einen Schlüssel hatten, während in Garamszentbenedek der Abt das Recht zur Aufbewahrung des Siegels ungeachtet der Ordensvorschriften für sich beanspruchte. Man wundert sich nicht, daß unter den geschilderten Umständen auch die Erfüllung der religiösen Pflichten sehr zu wünschen übrig ließ. Der Gottesdienst, die wichtigste Pflicht, fiel zuweilen ganz aus oder wurde nicht gemäß der Ordensregel gehalten. Die kranken alten Mönche in Somogyvár waren außerstande die Messe zu lesen. In die Kirche von Murakeresztur hatte man kurz vor der Visitation eingebrochen und dabei den Abt verwundet. Obwohl eine Rekonsekration nötig gewesen wäre, hielt der Abt nach wie vor Messen ab. In Garamszentbenedek wurden die Gottesdienste durch Schreien und Schimpfen des Abtes gestört. Außerdem vernachlässigte man wochenlang die Erneuerung des Sakramentes. Zur Sakristei und zu den darin befindlichen liturgischen Gegenständen hatte nur ein Bauer Zutritt, der jedermann mit Mißtrauen begegnete. Die Mönche waren gezwungen, das *officium beatae Mariae virginis* auf dem Chor zu halten. Auch die Verletzung anderer Pflichten war zu beanstanden. Das Silentium wurde in jedem Kloster verletzt; ja die Mönche hatten sogar einen bei der letzten Visitation an die Tür des Dormitorium gehängten Zettel, der an das Silentium gemahnte, mit den Zähnen zerrissen. Die Mönche speisten zwar im Refektorium, jedoch ohne den Abt und in Gesellschaft von Laien. Die Mahlzeiten gingen ohne Verlesung der heiligen Lektionen vor sich. Beim täglichen Kapitel gab es keine öffentliche Buße, und der Prior unterließ es, dem Konvent Verfehlungen vorzuhalten. Konventmessen wurden im Jahr davor nur zwölfmal gehalten. Sie waren den Mönchen aber in bester Erinnerung, weil ihnen an diesen Tagen ein ordentliches Mittagsessen zugeteilt wurde.

Die Mönche von Garamszentbenedek vermißten in ihrem Kloster unter anderem die *solacia regularia* nach dem Muster von Pannonhalma, jene Möglichkeit, sich nachmittags für ein, zwei Stunden zu versammeln, um miteinander zu sprechen[26]. Das unmäßige Weintrinken wurde schon erwähnt. Dazu kamen Verletzungen des Keuschheitsgelübdes. Der Abt von Babócsa hatte vier Konkubinen und auch Kinder aus dem Konkubinat. Der Abt von Murakeresztur hieß in der Gegend wegen seiner Konkubinen nur „Stutenmönch"[27]. In Bakonybél wurde der Vorgänger des Abtes regelmäßig von Mädchen besucht, einmal lieferte ihm ein Bauer sogar weitere Mädchen mit dem Wagen ins Kloster. Außerdem tat dieser Abt Frauen von Hörigen Gewalt an. In Koppánymonostora sprach man nur von den Kindern des Abtes.

Vor der Erörterung des Vermögensstandes der einzelnen Klöster seien kurz die Einkünfte jener drei Klöster betrachtet, die als glaubwürdiger Ort fungierten. Wie bereits erwähnt, war diese Tätigkeit der eines öffentlichen Notars ähnlich, mit dem Unterschied, daß die glaubwürdigen Orte auch die Befehle des königlichen Hofes übermittelten. Die Vertreter des glaubwürdigen Ortes waren bei der Belehnung eines neuen Grundbesitzers anwesend und hatten diese urkundlich zu bestätigen. Infolge der genannten Vertrauensstellung war die personelle Zusammensetzung glaubwürdiger Orte bestimmten Normen unterworfen. Im Jahre 1492 schrieb ein Landesgesetz mindestens sieben, nach Möglichkeit jedoch zehn Personen vor, die alle geweihte Priester sein mußten. Die Tätigkeit des glaubwürdigen Ortes wurde selbstverständlich von den Klienten bezahlt. Im Jahre 1492 kostete die Ausstellung einer Urkunde eine Summe zwischen 12 und 400 Denaren, das sind vier Goldgulden. Jeder Mönch erhielt auf einer Dienstreise außer der vollen Verpflegunge in Taggeld von 12 Denaren[28].

Außer solchen gelegentlichen Einkünften besaß jedes Kloster auch ein Vermögen. Die Visitatoren interessierten sich für alle beweglichen und unbeweglichen Güter der Klöster, die Kloster- und Kirchengebäude mitinbegriffen. An einigen Orten waren Kloster und Kirche baufällig, wie in Somogyvár, in Csatár, in Almád, in Bakonybél und in Stóla. Die Klöster in Kapornak, Tata, Tihany, Garamszentbenedek und Kolos befanden sich jedoch in gutem Zustand. Erwähnenswert ist, daß der Abt von Babócsa sowie der Abt von Hahót, der in das für sich und seine Schwester im Dorf erbaute Haus auch Inventargegenstände des Klosters

---

[26] *PRT* 3, 401—402.

[27] *PRT* 3, 618: *Qui* [sc. *abbas*] *eciam per quosdam fide dignos fuit infamatus, quod esset hospes latronum, raptorum et quod esset lascivus dicentes kanczas barath* [Stutenmönch].

[28] LÁSZLÓ MÁRKUS [Hrsg.], *Corpus Iuris Hungarici* 1. Budapest 1899, 1492 96. und 95. Art. und ECKHART (wie Anm. 6) 491—497.

disloziert hatte, wie Bauern in strohgedeckten Häusern wohnten. Eine umfassende Bestandsaufnahme der sonstigen Güter und Besitzungen erfolgte leider nicht, teils weil die Äbte den Vermögensnachweis in Ordnung fanden, wie in Zselicszentjakab, in Somogyvár und in Kapornak, teils aus Zeitnot. An die Klöster in Babócsa und in Murakeresztur erging der Auftrag, ein Inventar anzufertigen und dieses dem nächsten *capitulum generale* zu unterbreiten. In Garamszentbenedek wurde von den Visitatoren auf die Aufnahme eines Inventars verzichtet, da hier alles in den Händen von Laien war. Somit wurde nur in neun von jenen 17 Klöstern ein Inventar aufgenommen. Das Vermögen dieser neun Klöster bestand teils aus Immobilien und Vieh, teils aus Gebrauchsgegenständen, und soll den Gegenstand der folgenden Betrachtung bilden. Grundbesitz ist nur bei zwei Klöstern — in Almád und Szkalka — ausdrücklich erwähnt, aber bei weiteren fünf der obigen neun Klöster an Hand der dort lebenden Hörigen faßbar, die sich auf 200 Fronhöfe verteilen. Die Klöster in Almád und in Szkalka hatten die meisten Hörigen (67 bzw. 50), Kolos verfügte über 32, Lekér über 20 und Csatár über 12 Fronhöfe. Zu den Immobilien wurden ferner die Äcker, Gärten, Obstgärten, Fischteiche sowie vor allem die Mühlen gerechnet und gesondert eingetragen. Das Kloster in Csatár besaß sieben Mühlen, an anderen Orten hatten die Klöster je eine Mühle. Über die Art der Mühlen finden wir nur die Bemerkung, daß in Lekér eine Drei- und in Tata eine Zweiradmühle arbeitete. Die Viehhaltung in den erfaßten Klöstern war verhältnismäßig umfangreich. Mit einer einzigen Ausnahme, Bakonybél, scheint in jedem Kloster wenigstens eine Gattung von Haustieren auf. Am häufigsten begegnen Schweine, insgesamt etwa 150 Stück in sechs Klöstern, wobei auf Almád allein 60, auf Csatár aber nur zwei entfallen. Schafe wurden lediglich in Tata registriert, hier aber 125 Stück. Geflügel ist nur in Szkalka vertreten (zehn). An Großvieh schienen in sechs Klöstern Ochsen auf, davon in Almád acht, in Csatár und in Tata je einer, sonst je zwei. Ebenfalls in sechs Klöstern wurden Kühe gehalten: in Kolos sieben, in Tata fünf, in Szkalka vier, sowie in Almád, in Csatár und Lekér je zwei; Kälber hingegen nur je zwei in Lekér und in Almád. Außer zwei Stuten in Tata begegnen Pferde noch in Csatár (drei), in Hahót (zwei) und in Lekér (eines). Jungochsen hielt man in zwei Klöstern: drei in Lekér und einen in Tata.

Zahlreich sind die in den einzelnen Klöstern befindlichen Gebrauchsgegenstände. Am häufigsten und bedeutendsten sind Meßgewänder vertreten. In den neun Klöstern ist man im Zuge der Visitation auf insgesamt 73 Meßgewänder gestoßen, von denen sich in Kolos vier, in

Koppánymonostora 13 befanden. Die Anzahl von elf bis zwölf Meßgewändern in Almád, Bakonybél und in Hahót kann als durchschnittlich betrachtet werden, während die Anzahl von fünf bis sechs Meßgewändern in Tata, Lekér und Szkalka als verhältnismäßig klein zu bezeichnen ist. Dies zeigt am deutlichsten ein Vergleich mit den wertvolleren Meßgewändern in Báta und in Pannonhalma, deren Anzahl sich auf 29 bzw. 50 belief. Es ist zu bedauern, daß die Visitatoren von Meßgewändern nur sehr dürftige Beschreibungen geben. In Bakonybél und in Szkalka finden sie grüne und rote Meßgewänder vor, ferner ein weißes und ein safrangelbes. Bemerkungen zum Material der Meßgewänder sind ebenfalls nicht die Regel. Eine Ausnahme bilden Meßgewänder, die aus teuerem Stoff, z. B. aus Damast oder mit Goldfäden durchwirktem Purpur, gefertigt waren, wie diejenigen in Almád und in Bakonybél. Besonders ist auf das Inventar des Klosters Báta hinzuweisen, wo weiße, goldene, gelbe, schwarze, purpurfarbene, rote und lila Meßgewänder angeführt werden. Das Fehlen der grünen Farbe ist auffallend, jedoch damit erklärlich, daß Grün die Farbe der Wochentage war, während die anderen, kostbareren Gewänder dem Kloster Báta hauptsächlich von hochadeligen Gläubigen geschenkt und an Festtagen getragen wurden. Dalmatiken wurden nur zwei in Almád und sechs in Bakonybél verzeichnet. Das andere unerläßliche Requisit für die Messe, den Kelch, hat man insgesamt 40 Mal gezählt, davon sieben in Tata und in Hahót, je fünf in Almád, in Bakonybél und in Koppánymonostor. Verhältnismäßig gering war die Anzahl der Kelche in Csatár, in Lekér und in Szkalka (je drei) sowie in Kolos (nur zwei). Das Material wurde in jedem Falle angegeben und war meistens Messing oder Silber. Es gab jedoch auch einige vergoldete: in Bakonybél bestand der obere Teil eines Kelches sogar aus purem Gold. Wenn wir die angeführten Kelche mit denen des Klosters Pannonhalma vergleichen, so ergibt sich weder hinsichtlich der Mengen, noch hinsichtlich des Materials ein Unterschied zu letzteren. In Pannonhalma war nur der Kelch des Abtes prunkvoller als die übrigen. Merkwürdigerweise bestanden die Kelche meistens aus billigem Material und waren einfach ausgeführt. Solche Kelche sind nicht nur in Pannonhalma zu finden, sondern auch für Báta zu vermuten. Aus diesem Kloster haben die vor den Türken flüchtenden Mönche keinen einzigen Kelch mitgenommen, was den Schluß zuläßt, daß es sich nicht lohnte, sie zu retten. Diese für die Zeit charakteristische Einfachheit der Kelche ist umso auffälliger, als gegen Ende des 11. Jahrhunderts in Pannonhalma von 24 Kelchen zwölf aus purem Gold gearbeitet und drei sogar mit Edelsteinen geschmückt waren. Wir gehen wohl nicht fehl in der Annahme, daß die Kelche — und wahrscheinlich die meisten metallenen liturgischen Gebrauchsgegenstände — deshalb von so einfacher Ausführung waren, weil, wie die Erfahrungen der Jahrhunderte lehrten, teure liturgische Gegenstände bei vielen Gelegenheiten leicht zum Ordnen der zerrütteten Finanzverhältnisse des Herrschers oder des Kirchenpatrons herangezogen wurden[29].

Daß mit dieser Einfachheit nur der Schutz der unerläßlichen liturgischen Geräte beabsichtigt war, bestätigt die Tatsache, daß sich zur selben Zeit in den visitierten neun Klöstern auch sehr wertvolle Gegenstände befanden, wie z. B. ein vergoldetes *Agnus Dei* in Tata oder ein silbernes Handreliquiar. Auch unter den Schätzen in Báta scheinen neben den Meßgewändern Kostbarkeiten, wie die silberne Sankt Acatius-Statue von halber Manneshöhe, die zwei Silberkronen oder die zwei auf Silberketten hängenden Pectoralia auf.

Aus Inkonsequenz haben die visitierenden Äbte die Patenen nur in Tata, wo sie fünf vorfanden, gezählt. Ebenfalls nur an einem Ort, in Almád, registrierten sie die Ampullen. Daraus kann man jedoch nicht auf das Fehlen dieser Objekte in den anderen Klöstern schließen; man kann annehmen, daß die Erwähnung der Patenen deswegen unterblieb, weil man sie als zum Kelch gehörig betrachtete. Auf die Möglichkeit, daß die erwähnten Patenen reicher verzierte Schüsseln waren, deutet die in Báta zusammengestellte Liste hin, in der keine Kelche vorkommen, wohl aber eine Patene. Ähnlich ist der Fall in Koppánymonostor, wo die *ornamenta sacerdotalia* nicht im Detail beschrieben wurden, obwohl acht davon vorhanden waren.

Das Missale, ein anderes wichtiges Requisit der Meßfeier, wurde in den neun Klöstern insgesamt 28 Mal vorgefunden, die größte Anzahl (acht) in Bakonybél, die wenigsten in Csatár, Lekér, Szkalka und Tata (je zwei). In Almád, Hahót, Kolos und Koppánymonostor befanden sich immerhin je drei Meßbücher. In Almád und Tata handelte es sich durchwegs um gedruckte Missalia, in Koppánymonostor, Lekér und Kolos war je ein Missale gedruckt. Nur in Szkalka wird ein *missale Strigoniense* und ein *missale Sancti Bernardi* erwähnt. Das ist verständlich, wenn man bedenkt, daß nur einer der drei Klosterinsassen zum Benediktinerorden gehörte.

Ein kurzer Blick auf die Bücherstatistik weist Antiphonare in zwei Klöstern, Bibeln nur in einem aus. Breviere wurden an zwei Orten

---

[29] Ferenc Kollányi, *A magánkegyuri jog hazánkban a középkorban* [*Das Privatpatronatsrecht Ungarns im Mittelalter*]. Budapest 1906.

registriert, darunter ein zweibändiges in Koppánymonostor. In Tata hatte man ein *Breviarium Iustinense* und ein *Breviarium Mellicense.* Auf *Chronica* stießen die Äbte in zwei Klöstern, auf ein Evangeliar nur in Bakonybél. Von zwei vorgefundenen Gradualien befand sich das eine in Szkalka und gehörte selbstverständlich dem Zisterzienserorden. In Koppánymonostor und in Szkalka war der Bestand an alten Büchern ziemlich groß. Ferner war in Bakonybél ein Band der *Moralia* des heiligen Gregor vorhanden. Zwei Psalterien notierte man in Szkalka, das eine davon gehörte dem Zisterzienserorden. Sowohl in Bakonybél als auch in Lekér sind die *Sermones discipulorum* nachzuweisen, vermutlich ein Werk des Dominikaners Johannes Herolt († 1418), in Bakonybél, außerdem ein Legendarium mit dem Titel *Historiae Lombardicae* und ein Pontificale.

Von den liturgischen Gewändern sind die erzpriesterlichen Insignien hervorzuheben. Bekannt ist, daß die Äbte des Benediktinerordens sehr früh nach ihnen gestrebt haben, und der tatsächliche Gebrauch dieser Insignien wird dadurch bewiesen, daß die Visitatoren in fünf Klöstern Bischofsstäbe und ebenso oft Infeln vorgefunden haben. Die Infeln waren meistens mit Edelsteinen geschmückt. Unter den Bischofsstäben befanden sich zwar auch solche mit einem Schaft aus Holz und einer Krümme aus Messing, doch hatten die Bischofsstäbe von reicherer Ausführung einen Schaft aus versilbertem Messing und einen Messingkopf. Ringe, die ebenfalls zu den Insignien kirchlicher Würdenträger gehörten, schienen in großer Anzahl in Koppánymonostor auf, davon fünf aus Silber, während in Lekér bloß zwei Messingringe registriert wurden. In Tata konnte der Abt bei festlichen Gelegenheiten die nur hier in das Inventar eingetragenen *chirothecae* anziehen und einen vergoldeten Silberring an den Finger stecken. Auch ein Teil der Kreuze fiel unter die erzpriesterlichen Abzeichen. Ihre Verteilung auf die Klöster kann als gleichmäßig bezeichnet werden, da insgesamt zehn Kreuze in sieben Klöstern anfielen. Sie waren meistens aus Silber verfertigt, bzw. im Falle von Messing entweder versilbert oder vergoldet. Vom Kreuz in Bakonybél vermerkte man seine Funktion als *processionalis crux.* Eines der beiden Kreuze in Almád ist ein Pectorale mit Silberkette, das andere eine Monstranz, die man anläßlich der Fronleichnamsprozession verwendete. Das Kreuz in Lekér heißt ebenfalls *pectorale.*

Die Uhr, ein heute alltäglicher Gebrauchsgegenstand, scheint als *horologium* nur in Lekér zweimal auf. Die größere von ihnen verkaufte der bettelarme Abt mit Genehmigung der Visitatoren.

An alltäglichen Gebrauchsgegenständen, wie Teller und Schüsseln, erwähnt das Visitationsprotokoll nur wenige: so zwölf Teller (*discus*) in Szkalka und fünf in Lekér, im Besitz des Abtes in Lekér fünf Teller und neun Schüsseln (*scutella*) sowie je vier Schüsseln für die Mönche in Szkalka und das Kloster Tata. Die Teller und Schüsseln waren ausschließlich aus Zinnguß, nur die vier in Tata waren aus Blei. Außer den kirchlichen und alltäglichen Gebrauchsgegenständen bestand der Besitz der Klöster aus unzähligen sonstigen Sachgütern. Erwähnenswert sind hier eine Kanone aus Kupfer in Lekér und zwei Hakenbüchsen in Szkalka. Das Vorhandensein dieser Waffen beweist, daß diese Klöster befestigt waren und gut verteidigt werden konnten.

Bei der Erörterung der Vermögensverwaltung ist daran zu erinnern, daß in mehreren Klöstern die Laien in der Überzahl waren. Dementsprechend wurde das Vermögen von ihnen verwaltet. In Kolos nennt man die mit der Verwaltung des Klostervermögens beauftragte Person *provisor curiae*. In Bakonybél hat man den verwahrlosten Zustand des Klosters darauf zurückgeführt, daß der vorige Abt keinen guten und treuen *dispensator* hatte. Auch war es nicht außergewöhnlich, daß die Äbte selbst Gegenstände aus dem Vermögen des Klosters verpfändeten. Auf diesem Weg gelangte der Bischofsstab von Lekér zu einem Goldschmied in Esztergom. In Stóla fiel fast alles an die weltlichen Besitzer der Umgebung. Selbst den Abt von Kapornak, der sein Kloster in Ordnung hielt, tadelten die Visitatoren, weil er mit Wein handelte und an die Hörigen Geld verlieh, wenn auch nicht zu Wucherzinsen (nur 6—7%). Auch der Verbrauch der den Klöstern erteilten Oblationen war nicht vorschriftsmäßig. In Garamszentbenedek behielten die Mönche — nach Aussage des Priors — auf Zureden des Abtes die Oblationen. Es ist eine andere Sache, daß sie dafür Wein kauften. In Szkalka lebten die Mönche um 12 Gulden pro Jahr und verteilten die Oblationen untereinander. Dergleichen kam sogar in dem am korrektesten verwalteten Kloster Tihany vor, da die Mönche auch hier zu Jahresbezahlung gehalten werden[30]. Die Praxis, daß die Äbte über die Verwaltung des Klostervermögens den Mönchen keine Rechenschaft ablegen, wurde zwar nur dem Abt in Garamszentbenedek zum Vorwurf gemacht, kann aber als allgemein üblich betrachtet werden.

---

[30] *PRT* 3, 619: *Habet* [sc. *commendator*] *autem quatuor fratres, tres sacerdotes, unum autem conversum, quos pro annuo salario tenet, quod nos redarguimus et tali modo fratres tenere ipsi omnino prohibuimus.*

Nach den bisherigen Ausführungen könnte vielleicht ein zu schlechter Eindruck von den spätmittelalterlichen Benediktinerklöstern in Ungarn entstanden sein. Dieses Bild ist aber einseitig, weil von den ungarischen Benediktinerklöstern bloß 17 vorgestellt werden konnten. Einseitig muß es auch deshalb sein, weil die Visitation hauptsächlich den in der Nähe des von Pannonhalma liegenden besonders verwahrlosten Klöstern galt. Als Gegenstand der vorliegenden Betrachtungen waren diese Klöster aber deswegen besonders geeignet, weil über die anderen Benediktinerklöster kein so großes und verhältnismäßig einheitliches Forschungsmaterial zur Verfügung steht. Über Pannonhalma etwa besitzen wir nur sporadische Listen der Besitzstücke, das Alltagsleben ist nicht dokumentiert. Der Versuch, sich ein wahrheitsgetreues Bild vom Alltag in den Klöstern aufgrund des nach Melker Muster erstellten und im Jahre 1507 ausgegebenen Breviers zu verschaffen, ist aus guten Gründen nicht als zielführend zu erachten. Die Bekanntheit dieses Breviers, sowie die Ungewißheit, ob die Mönche wirklich nach den Regeln lebten, zwingt uns, nach anderen Quellen zu greifen. Die Mehrzahl der visitierten Klöster war für ein wirkliches Ordensleben leider nicht geeignet, allein schon wegen der geringen Anzahl der Mönche. Am besten bekannt ist — dank der Klagen der dort lebenden Mönche — das Leben im Kloster Garamszentbenedek. Welches Bild entsteht aber, wenn wir uns einmal den Soll-Zustand vor Augen halten? Das Klostergebäude bestand aus den vom Abt bewohnten Gebäuden, den Zellen der Mönche, dem gemeinsamen Dormitorium und Refektorium sowie dem Kreuzgang. Außerdem waren ein Infirmarium und *officinae necessariae* vorhanden.

Der Abt war verpflichtet, für die Verköstigung und Bekleidung seiner Mönche zu sorgen und ihnen jährlich einmal Rechenschaft darüber abzulegen, wie er das Vermögen des Klosters verwalten ließ. Falls das Kloster ein glaubwürdiger Ort war, war das authentische Siegel unter drei Schlössern zu verwahren. Die Zeitspanne zwischen dem abendlichen Completorium und dem morgendlichen Capitulum galt als obligatorisches Silentium. Im Capitulum wurde öffentliche Buße gehalten, wobei der Abt oder der Prior persönliche Verfehlungen jedes einzelnen aufzählte und über die Mönche eine Strafe verhängte. Eine vom Abt auferlegte Pönitenz konnte vom Prior gemildert werden. Darauf folgte die Konventmesse. Zu Mittag wurde im Refektorium gemeinsam gegessen. Dabei las man zwischendurch heilige Lektionen. Am Nachmittag bestand die Möglichkeit einer gemeinsamen Unterhaltung (*solacia regularia*). Wenn wir annehmen, daß an den Orten, wo die Visitatoren nichts beanstandeten, wie Kapornak und Tihany, das oben Beschriebene weitgehend verwirklicht wurde, erhalten wir schon ein günstigeres Bild von unseren Klöstern.

Bei einer abschließenden Bilanz über die Ergebnisse der Visitation kommt man zur Erkenntnis, daß die einzelnen Klöster hinsichtlich Sachkultur und Alltagsleben zu einem gegebenen Zeitpunkt keine engen Beziehungen zueinander aufwiesen. Die Sachkultur ist das Ergebnis eines längeren historischen Prozesses und wird selbstverständlich durch die Lebensweise aller aufeinanderfolgenden Mönchsgenerationen geprägt. Diese Lebensweise scheint vom Vermögensstand der einzelnen Klöster nicht stark beeinflußt zu sein. In einem verhältnismäßig gut ausgestatteten Kloster wie jenem in Lekér, welches über Immobilien, Fronhöfe und bedeutende Mobilien verfügt, wohnte der Abt dennoch allein im Kloster und hungerte. Auch die verbreitete Annahme, der Grund für das Scheitern der Benediktinerlebensform sei in den Kirchenpatronen und Kommendatoren zu sehen, wird durch das Visitationsprotokoll nicht bestätigt. Vielmehr ist eine Rückwirkung der geänderten weltlichen Lebensformen auf die Benediktinerlebensformen anzunehmen, ohne daß die benediktinische Tradition eine Rezeption dieser verweltlichten Lebensform zugelassen hätte. Die Klöster, die eine zusätzliche Funktion hatten, wie die Klöster in Báta (Wallfahrtsort) oder wie die Klöster in Zalavár, Kapornak und Garamszentbenedek (glaubwürdige Orte), waren in jeder Hinsicht stärker begünstigt als die für die ursprüngliche Zielsetzung, die Kontemplation, bestimmten Klöster. Die Lösung ließ aber in Ungarn noch lange auf sich warten. Zuvor haben die Türken noch zahlreiche Klöster verwüstet, dann wurde der Orden aufgelöst und fand erst am Anfang des 19. Jahrhunderts seine neue Funktion im Unterrichtswesen[31].

---

[31] Pongrácz Sörös [Hrsg.], A pannonhalmi főapátság története [Geschichte der Erzabtei Pannonhalma]. *PRT* 6b (Budapest 1916) 59—60.

Tabelle 1

Der Personalbestand der visitierten Klöster

	abbas	prior	commendator	clericus	presbyter saecularis	fratres	Summe
Almád	1					2	3
Babócsa					1	1	2
Bakonybél	1					3	4
Csatár	1					1	2
Garamszentbenedek	1	1				7	9
Hahót	1				1		2
Kapornak	1					9	10
Kolos	1					1	2
Koppánymonostor	1					2	3
Lekér	1						1
Murakeresztur	1					1	2
Somogyvár			1			5	6
Stóla		1					1
Szkalka				1		2	3
Tata	1					1	2
Tihany			1			4	5
Zselicszentjakab	1					5	6
Summe	12	2	2	1	2	44	63

Tabelle 2

Mobilien und Immobilien der visitierten Klöster

	Almád	Bakonybél	Csatár	Hahót	Kolos	Koppánymonostora	Lekér	Szkalka	Tata	Summe
armarium								1		1
caldaria							4	1		5
canthari								1	1	2
cista								1		1
currus							1			1
disci							5	12		17
fenile								1		1
horologia							2			2
hortus									1	1
lecticae							4	2	2	8
mensae								3		3
molendina	7		1				1		1	10
morderia							1	1		2
paplan (= operimentum lecti)									1	1
pelvis								1		1
piscinae			1					1	1	3
pomerium								1		1
possessiones	4							5		9
pulvinaria							3	2	2	7
pyxides (szakállas vocatae)								2		2
scutellae							9	4	4	17
tapeta		3					3		2	8
vasa									29	29
vineae	5		2	2						9

Tabelle 3

Viehbestand der visitierten Klöster

	Almád	Bakonybél	Csatár	Hahót	Kolos	Koppánymonostora	Lekér	Szkalka	Tata	Summe
alvei apum								2		2
boves	8		1	2		2	2		1	16
equaces									6	6
equi			3	2			1			6
iuvenci							3		1	4
oves									125	125
pecora								10		10
porci	60		2		16		15	12	45	150
vaccae	2		2		7		2	4	5	22
vituli	2						2			4
Summe	72		8	4	23	2	25	28	183	345

Tabelle 4

Liturgische Geräte der visitierten Klöster

	Almád	Bakonybél	Csatár	Hahót	Kolos	Koppánymonostora	Lekér	Szkalka	Tata	Summe
agnus Dei									1	1
ampullae	2									2
anuli						5	2		1	8
baculi	1					1	1	2	1	6
calices	5	5	3	7	2	5	3	3	7	40
candelabra	2	2								4
cappae	2	5							1	8
casulae	12	12	5	11	4	13	5	5	6	73
chirotecae									2	2
cruces	2	1		1	1	1		1	3	10
dalmaticae	2	6								8
infulae	1	1				1	2		3	8
manus argentea									1	1
mappulae									1	1
monstrantiae	2	2					1			5
ornamenta altarium	3	6				7				16
ornamenta sacerdotalia						8				8
ornamentum simplex	1									1
patenae									5	5
pectoralia	1							1		2
pontificale		1						1	1	3
pyxis	1								1	2
tintinnabulum	1									1
turribulum	1									1
Summe	39	41	8	19	7	41	14	13	34	216

Tabelle 5

Bücher der visitierten Klöster

	Almád	Bakonybél	Csatár	Hahót	Kolos	Koppánymonostora	Lekér	Szkalka	Tata	Summe
antiphonaria							1	2		3
biblia	1									1
breviaria						2			2	4
chronica		2					1			3
evangelia		1								1
gradualia							1	2		3
Historiae Lombardicae		2								2
libri						25				25
missalia	3	8	2	3	3	3	2	2	2	28
Morales s. Gregorii		1								1
psalteria								2		2
Regula s. Benedicti								1		1
Sermones discipuli		2					1			3
Summe	4	16	2	3	3	30	6	9	4	77

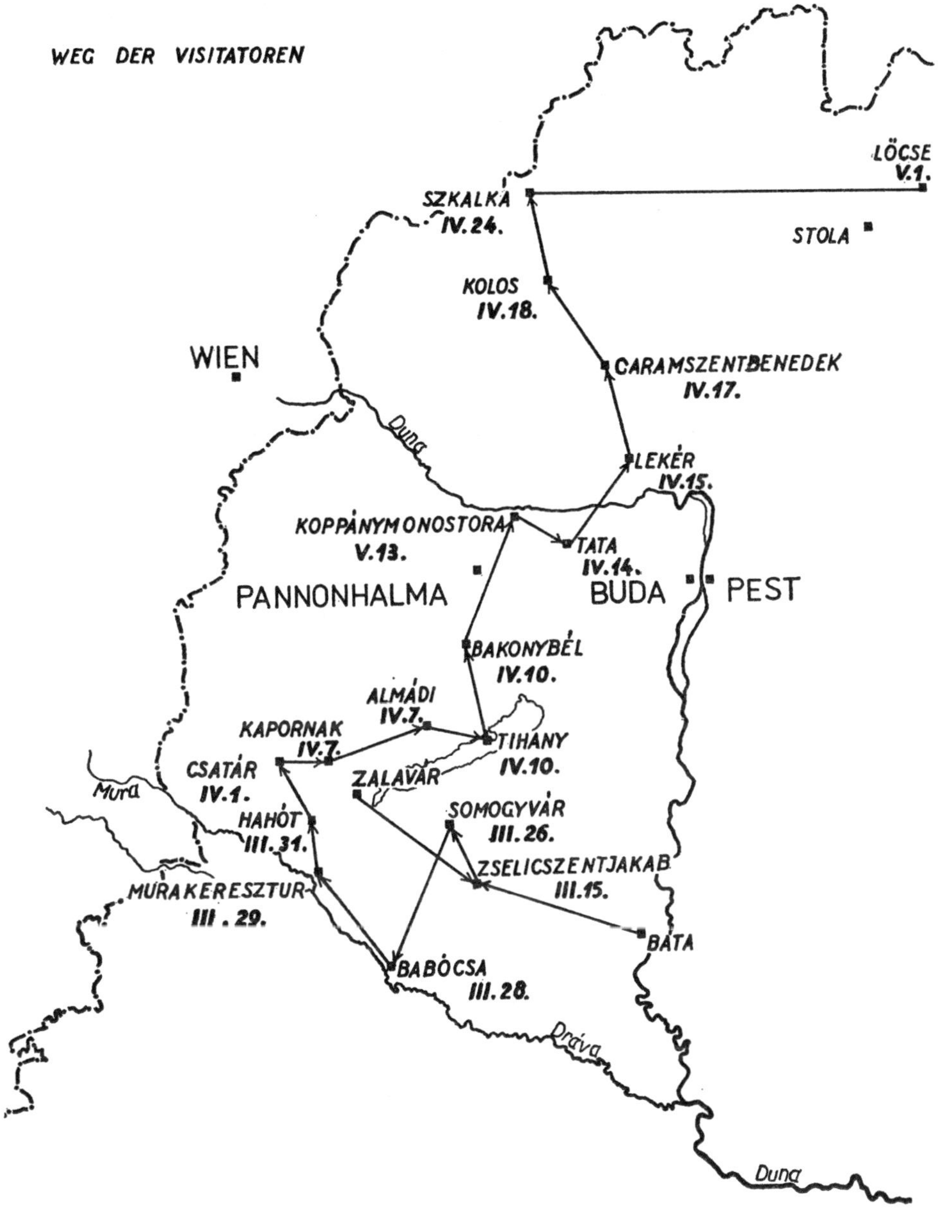

10. Die Visitation des Jahres 1508

Floridus Röhrig

DIE MATERIELLE KULTUR DES CHORHERRENSTIFTES KLOSTERNEUBURG UNTER BESONDERER BERÜCKSICHTIGUNG DER AUSSAGE VON RECHNUNGSBÜCHERN

Das reichhaltige Klosterneuburger Stiftsarchiv bewahrt mehrere fast geschlossene Reihen von Rechnungsbüchern auf, die bis ins 14. Jahrhundert zurückreichen (teilweise noch weiter) und schon für viele realienkundliche Untersuchungen ergiebigen Stoff lieferten. Zunächst seien diese Bücher kurz charakterisiert[1].

Die Propstrechnungen können Ausgaben auf allen Gebieten enthalten (oft nur als Durchgangsposten). Sie verzeichnen als einzige auch alle Einnahmen ganz genau nach der Herkunft.

Die Rechnungen des Oberkellners (*supremus cellerarius*) gehen zum großen Teil damit parallel, verzeichnen in der Regel jedoch nicht die Herkunft der Einnahmen, wenn diese vom Propst zugewiesen wurden. Beim Oberkellner finden sich vor allem die Einkünfte und Ausgaben, die nicht besonderen Ämtern zugewiesen waren.

Der Kämmerer war zuständig für das Bauwesen und die Hauswirtschaft. Die Rechnungen des Kammeramtes sind daher sehr ergiebig für unsere Zwecke, hier finden sich alle Angaben über Handwerker, Bauarbeiten usw.

Der Custos war Stiftspfarrer im heutigen Sinn und übte zugleich das Amt des *vestiarius* aus. Er war daher nicht nur für die Bekleidung, sondern auch für alle persönlichen Bedürfnisse der Chorherren zuständig. In seinen Rechnungen stehen die Ausgaben für den gottesdienstlichen Bedarf ebenso wie für die persönlichen Bedürfnisse der Konventmitglieder.

Die Küchenrechnungen reichen bis 1324 zurück und sind unschätzbare Quellen für die Ernährungsweise im Spätmittelalter. Außerdem verzeichnen sie die Gäste jedes Tages.

---

[1] Eine genaue Übersicht über die vorhandenen Bestände findet sich bei Floridus Röhrig, Das kunstgeschichtliche Material aus den Klosterneuburger Rechnungsbüchern des 14. und 15. Jahrhunderts. *Jb. des Stiftes Klosterneuburg* NF 6 (1966) 145ff.

Das Oblay-Amt verwaltete die dem Kloster gewidmeten Stiftungen und überwachte deren Persolvierung. Um 1420 übernahm diese Agenden der Oberkellner.

Für die Weingärten, die Haupteinnahme des Stiftes, bestand keine einheitliche Verwaltung. Sie wurden von jenen Ämtern mitverrechnet, für deren Unterhalt sie jeweils gestiftet waren. Zur Zeit der Weinlese wurden aber trotzdem manchmal eigene Weinbaurechnungen angelegt. Ähnlich verhielt es sich mit Baurechnungen, die in der Zeit großer Bauunternehmungen eigens geführt wurden, sonst aber in den Büchern des Kammeramtes zu finden sind. Weiters bestanden eigene Rechnungsbücher für das Spitalamt, das Pfisteramt und später auch das Forstamt.

Seit der Einführung der Augustinus-Regel (1133) war Klosterneuburg ein Doppelkloster. Das Chorfrauenstift, welches dem Propst des Herrenstiftes unterstand und von einem *custos dominarum*[2] betreut wurde, führte jedoch nur zeitweise eigene Rechnungsbücher[3]. Auch diese sind nicht vollständig, denn für sehr viele Bedürfnisse des Frauenstiftes sorgte das Herrenstift. Die Chorfrauen lebten in strenger Klausur, beteten das Chorgebet wie die Herren in lateinischer Sprache (die Rubriken in den Chorbüchern des Frauenstiftes sind jedoch deutsch!) und befaßten sich mit kunstvollen Handarbeiten.

So interessant die Rechnungsbücher sind, geben sie doch kein erschöpfendes Bild von der Sachkultur des Stiftes. Sie verzeichnen gewöhnlich nur die Kleinigkeiten des täglichen Lebens. Die wichtigen Dinge, vor allem die großen künstlerischen Unternehmungen, waren Gegenstand von Stiftungen und Abmachungen und sind daher — wenn überhaupt — durch Urkunden oder Chroniken zu belegen. Für den größten Teil der im Spätmittelalter ungemein reichen Klosterneuburger Kunstproduktion fehlen schriftliche Belege.

Die Wohnung der Chorherren befand sich im alten Klostergebäude, das den monastischen Gepflogenheiten entsprach (Refektorium, Dormitorium, Hypocaustum usw.). Neben der Infirmarie innerhalb des Klosters, die für die kranken Konventmitglieder bestimmt war, bestand auch das Stiftsspital in nicht ganz 1 km Entfernung mit der Kirche St. Gertrud und einer zweiten, nicht mehr erhaltenen Kapelle, die den Heiligen Barbara und Margaretha geweiht war. Ursprünglich diente das

[2] Stiftsbibliothek Klosterneuburg, CCl 20: *Albertus Saxo, custos librorum et dominarum.*

[3] Vgl. die Übersicht bei GERHARD JARITZ, Aderlaß und Schröpfen im Chorfrauenstift Klosterneuburg. *Jb. des Stiftes Klosterneuburg* NF 9 (1975) 79.

reich bestiftete Spital der Pflege kranker Pilger. Später wurden hier alte und kranke Stiftsbedienstete gepflegt. Jene Chorherren, deren Amt fortgesetzte Kontakte zur Außenwelt erforderte, wohnten in eigenen Gebäuden außerhalb des *claustrums*: Propst, Dechant, Oberkellner, Custos, Oblaymeister.

Zum Unterhalt diente im Prinzip das Stiftungsgut, vermehrt durch viele Stiftungen, die ganz bestimmten Zwecken zugedacht waren (so z. B. ein Weingarten am Kahlenberg, der heute noch „Jungherrn" heißt, zum Unterhalt der studierenden Kleriker). Im Spätmittelalter bildete sich nach dem Vorbild der weltlichen Kanonikate die Bezeichnung „Pfründe" aus. Sie diente auch als Mengenangabe, so z. B. wenn 70 Pfründen verrechnet werden, die auf Geheiß des Propstes ins Frauenstift geschickt werden[4]. Die „Herrenpfründe" bestand aus Kost, Kleidung und einem bestimmten Geldbetrag, den jeder Chorherr monatlich erhielt (der Dechant die doppelte Summe)[5]. Die Herrenpfründe war aber auch eine Versorgung für Außenstehende. Zwei Pfründen waren von vornherein für Arme vorgesehen, das heißt, es wurde täglich der entsprechende Wert ausgespendet[6]. Man konnte sich aber auch in eine Pfründe einkaufen, sozusagen als Leibrentenvertrag. Witwen machten gerne Gebrauch davon. Der Vertragspartner erhielt Wohnung in einem außerhalb der Klausur gelegenen Trakt des Stiftes, gewöhnlich mit Bedienungspersonal, und volle Verpflegung, alles vertraglich genauestens geregelt. Die Inhaber solcher Pfründen hatten in der Regel ihren Besitz dem Stift verschrieben[7].

Die höheren weltlichen Angestellten des Stiftes, die „Klosteroffiziere", nahmen eine gehobene soziale Stellung ein und waren häufig ritterlichen Standes. Hier herrschte ein sehr handfester Nepotismus: Brüder oder Neffen des regierenden Propstes tauchen oft als Hofmeister, Stiftshauptleute, Schloßhauptleute u. dgl. auf. Wie sehr sich eine ganze Familie als Nutznießer des Stiftes fühlen konnte, bewiesen die Verwandten des Propstes Hadmar aus dem Geschlecht der Esel von Gaden, die sich mit der Absetzung ihres Bruders im Jahre 1301 nicht abfinden wollten und das Stift in einem Handstreich zurückzuerobern suchten[8].

---

[4] StAKl (Stiftsarchiv Klosterneuburg) Rb 3/1, fol. 18^{v}.

[5] Hartmann Zeibig, Urkundenbuch des Stiftes Klosterneuburg (*FRA* II, 10) 1857, S. XLVI.

[6] Diese Pfründen hießen *praebendae marchionis* (ebd.).

[7] Gerhard Rill, Die Pröpste des Stiftes Klosterneuburg. *Jb. des Stiftes Klosterneuburg* NF 1 (1961) 52ff.

[8] Z. B. StAKl Urk. 1377 XII 18.

Das Stift und seine Insassen waren überhaupt sehr stark in der Gesellschaft verankert.

Dies beweist auch der ungewöhnlich starke Zustrom von Gästen. Bedingt war er sicherlich durch die Nähe der Residenz, aber wohl auch durch die bekannt hohe Qualität des stiftlichen Weines. Es verging fast kein Tag, an dem nicht vornehme Herrschaften (sehr oft die Landesfürsten) zu verpflegen waren. Im November 1328 veranstalteten die Habsburger im Stift sogar einen Familienkonvent, dessen hohe Kosten das Stift tragen mußte[9]. Eine noch größere Belastung bedeutete 1520 die Abhaltung zweier Landtage im Refektorium des Stiftes, weshalb die Chorherren vier Monate lang in einem behelfsmäßigen Raum essen mußten[10]. Manchmal mußte das Stift sogar anreisende Gäste aus ihrer Herberge auslösen, wenn sie dort die Zeche nicht zahlen konnten[11]. Die extrem in Anspruch genommene Gastlichkeit führte zeitweise zu echten finanziellen Krisen. Zu diesen Belastungen muß noch der große Aufwand für die Armenspenden gerechnet werden, der vor allem jedes Jahr am Gedenktag des Stifters Markgraf Leopold (15. November) gewaltige Ausmaße annahm.

Im Gefolge der hohen Gäste sind häufig Musiker und Schauspieler, die dann gleich für Darbietungen im Stift herangezogen wurden[12]. An hohen Festtagen, wie etwa Fronleichnam, nahm man solche Künstler eigens auf[13]. Aufführungen von Fastnachtspielen durch die Scholaren des Stiftes sowie Reif- und Schwerttänze sind erst seit dem Anfang des 16. Jahrhunderts schriftlich bezeugt.

Die Kirchenmusik wurde mit besonderer Vorliebe gepflegt. Davon zeugen die alten musikalischen Codices der Stiftsbibliothek. Eine Spezialität der Augustiner-Chorherren waren die liturgischen Spiele, besonders die Osterspiele. Das Klosterneuburger Osterspiel ist ja berühmt geworden. Ebenso wurde aber auch die polyphone Kirchenmusik und der deutsche Volksgesang gepflegt[14]. Schon im 15. Jahrhundert

---

[9] ALPHONS LHOTSKY, *Geschichte Österreichs 1281—1358*. Wien 1967, 305.

[10] FLORIDUS RÖHRIG, Die angebliche Plünderung des Stiftes Klosterneuburg im Jahre 1519. *Jb. für Landeskunde von Niederösterreich* 36 (1964) 290f.

[11] StAKl Rb 1/7, fol. 23r; fol. 51r.

[12] StAKl Rb 3/1, fol. 15r; Rb 3/2, fol. 17r.

[13] StAKl Rb 3/1, fol. 29v.

[14] WALTHER LIPPHARDT, Studien zur Musikpflege in den mittelalterlichen Augustiner-Chorherrenstiften des deutschen Sprachgebietes. *Jb. des Stiftes Klosterneuburg* NF 7 (1971) 7ff.

existierten in der Klosterneuburger Stiftskirche zwei Orgeln, eine große für die Festtage und eine kleine für den täglichen Gebrauch. Sehr häufig ist in den Rechnungsbüchern der Ankauf von Musikinstrumenten verschiedenster Art verzeichnet.

Im Stift wurden täglich mehrere Tafeln gehalten. Am Konventtisch im Refektorium nahm der Propst gewöhnlich nicht teil, sondern er hielt meist, gemeinsam mit den vornehmen Gästen, eine eigene Tafel. Das „Oberessen“ war die Tafel für die schon genannten Stiftsoffiziere und unterschied sich von der Konventtafel dadurch, daß die Fastenbräuche nicht so streng waren. Deshalb wurde in die Herrenpfründen-Verträge immer die Klausel aufgenommen, daß der Nutznießer täglich das Essen der Konventtafel, an Fasttagen jedoch das des Oberessens erhalten sollte. Im Prinzip waren aber die Unterschiede zwischen diesen Tafeln nicht sehr groß. Daneben gab es noch das Gesinde- und das Pfründneressen (hier sind Pfründner als Rentner, als ausgedientes Gesinde zu verstehen). Selbstverständlich gewährte man auch den Kranken eine eigene Kost.

Der Speisezettel war sehr arm an Abwechslung. Das einzige Gemüse war Kraut. Fleisch gab es nicht sehr oft, häufiger Geflügel. An den Werktagen aß man meist Eier- und Mehlspeisen. Süßigkeiten gab es nur sehr selten, häufig jedoch Fische. Davon lieferte die Donau damals die besten Sorten, wie Hechte, Salme und Welse. Bachfische (Forellen) galten als minderes Essen. Eingesalzene Stockfische und Heringe wurden eingekauft. An Obst hatte man keine große Auswahl, Kirschen mußten gekauft werden und galten als Festtagsschmaus. Auch Semmeln gab es nur zu besonderen Anlässen, denn die Stiftsbäckerei buk nur Schwarzbrot. Für das Trinkwasser sorgte eine eigene, aus dem Wolfsgraben herangeführte Wasserleitung, die schon gegen Ende des 12. Jahrhunderts erwähnt wird[15] und noch heute in Betrieb ist.

Bis zum heutigen Tag haben sich auch manche Speisetraditionen im Stift erhalten, und zwar nicht nur so allgemein übliche wie die Martinigans oder der Weihnachtskarpfen. An den Sonntagen der Adventzeit gibt es eine eigene Sorte von Bratwürsten in der Kohlsuppe. Dieser Brauch geht bis ins Mittelalter zurück, als man im Advent an den Wochentagen so streng fastete, daß an den Sonntagen schon die Suppe möglichst nahrhaft sein sollte. Und am Katharinentag werden noch heute als Nachtisch Mandelbögen gereicht, — ein Brauch, der schon im

[15] Codex Traditionum n. 409 (*FRA* II/4) 89.

15. Jahrhundert überliefert ist und das gebrochene Rad der heiligen Katharina symbolisieren soll.

Im Stift gab es mehrere Badstuben, die der heute üblichen Sauna entsprachen[16]. Eine Badstube war für den Prälaten bestimmt, eine für die Chorherren, eine für die Chorfrauen und eine bei der Oberkammer für das Gesinde. Man nahm die Bäder sehr wichtig, es wurden verhältnismäßig große Summen dafür ausgegeben. Sie besaßen eigene Brunnen und waren der Schauplatz medizinischer Behandlung. In Klosterneuburg gab es allerdings nur einen Bader. Für ernstere Krankheitsfälle mußte man den Arzt aus Wien holen. Auch die Arzneien mußten im Mittelalter aus Wien besorgt werden.

Jede Badstube bestand aus einer geheizten *abziechstube* und der eigentlichen Schwitzkammer. Die Öfen mußten häufig repariert werden. Als Aufgußsteine verwendete man harte Kieselsteine, die aus der Donau geklaubt wurden. Wohl wegen der extremen Klimabelastung hatten die Badstuben fast nur Glasfenster und kaum Pergamenthäute. Man badete in der Regel im Badehemd, reinigte sich mit echten Schwämmen und schlug sich gegenseitig mit dem aus Zweigen gefertigten Badewedel. Wenn das Bad geheizt war, wurde zum Zeichen dessen ein Badewedel ausgesteckt[17].

Die persönlichen Bedürfnisse der Chorherren wurden, spätmittelalterlichen Gepflogenheiten entsprechend, sehr individuell befriedigt. Dies bezieht sich nicht auf die einheitliche Kleidung — sie war im Sommer aus Leinwand, im Winter aus Tuch, das Almutium im Sommer aus Tuch und im Winter aus Lammfell. Propst und Dechant hatten feinere Kleider[18]. Wie die Zellen eingerichtet waren, ist nicht hinreichend bekannt. Sicher hatten alle Betten einen „Himmel", einmal sind solche sogar über Tischen bezeugt[19]. Im allgemeinen wurde bei den Bedürfnissen stark differenziert: manche Chorherren hatten eigene Schreiber zur Verfügung, andere bekamen nur Schreibmaterial zugeteilt. Geschrieben wurde im Kloster offenbar sehr viel. Im 12. und 13. Jahrhun-

---

[16] Vgl. dazu die ausführliche Artikelserie von ERWIN MEHL, Das Klosterneuburger Badewesen im Mittelalter. *Klosterneuburger Nachrichten* 1948, 21. Februar—12. April.

[17] Von diesem Brauch leitet sich der ausgesteckte Buschen beim Heurigen her.

[18] ZEIBIG, *Urkundenbuch* S. XLIV.

[19] StAKl Rb 2/6, fol. 46^r.

dert wurden die Handschriften in der eigenen Schreibstube illuminiert, später zog man dazu Lohnmaler heran, darunter die Künstler der Wiener Herzogswerkstatt, deren Namen man nur aus den Klosterneuburger Rechnungsbüchern kennt[20]. Für die Bibliothek wurden stets große Summen ausgegeben. Man sorgte nicht nur für reichhaltige Materialien zur Bücherherstellung (sowohl in Schreibstube wie Buchbinderei), sondern schickte eigens Beauftragte nach Frankreich und Italien, um dort für teures Geld Handschriften einzukaufen[21]. Auch viele andere Gegenstände kaufte das Stift ein: Becher (sie waren oft als Geschenke ausersehen), Gläser, Petschafte, einmal sogar ein Straußenei für die Stiftskirche[22].

Der Gottesdienst stand selbstverständlich im Mittelpunkt des Klosterlebens. Die Aufwendungen dafür sind seltsamerweise auch stark differenziert. Es gab ganz billige Meßgewänder aus waschbarem Leinen[23], andererseits wurden große Summen für Pontifikalornate ausgegeben. Allein für Pontifikalhandschuhe zahlte man 1458 die horrende Summe von $32\frac{1}{2}$ Pfund Pfennig[24]. Auch Kleidungsstücke, die heute ganz schmucklos sind, wie Schultertücher (*humeralia*), waren mit Perlen und Edelsteinen aufs kostbarste verziert[25]. Wie kostbar die gottesdienstlichen Geräte waren, kann man an den wenigen Exemplaren ermessen, die bis heute erhalten geblieben sind.

Altäre und Bilder gab es in der Stiftskirche und den angrenzenden Kapellen in großer Zahl. Neben Tafelbildern sind schon sehr früh Leinwandgemälde, „bemalte Tücher", überliefert[26]. Die Rechnungsbücher liefern viele Nachrichten über Maler und über Bilder, aber leider lassen sie sich in den wenigsten Fällen mit bestimmten Objekten oder Personen identifizieren. Man war — wie die erhaltenen Kunstwerke bezeugen — durchaus auf der Höhe der Zeit und verarbeitete stets die neuesten künstlerischen Anregungen. Das Heilige Grab — 1498/99 entstanden —

---

[20] GERHARD SCHMIDT, in: FRITZ DWORSCHAK und HARRY KÜHNEL [Hrsg.], *Die Gotik in Niederösterreich.* Wien 1963, 95ff.

[21] BERTHOLD CERNIK, Das Schrift- und Buchwesen im Stift Klosterneuburg. *Jb. des Stiftes Klosterneuburg* 5 (1913) 104ff.

[22] StAKl, Rb 5/1, fol. 104^r.

[23] StAKl Rb 3/1, fol. 5^v; fol. 28^r.

[24] StAKl Rb 2/1, fol. 325^r.

[25] StAKl Rb 5/1, fol. 76^v.

[26] RÖHRIG, *Das kunstgeschichtliche Material* 141.

war mit wechselnden Figurengruppen von Gründonnerstag bis Christi Himmelfahrt ausgestattet[27]. Für die sehr zahlreichen Glasmalereien ist 1331 ein eigenes Glasamt überliefert, das sowohl die Herstellung als auch die Instandhaltung der kostbaren Fenster zu finanzieren hatte[28]. Das Stift war überhaupt zu einer Zeit, als dies noch nicht allgemein üblich war, mit gläsernen Fenstern ausgestattet.

Die Bautätigkeit im Stift war enorm. Irgendein Trakt oder Haus wurde stets umgebaut. Dabei fällt aber auf, daß man so gut wie niemals ein Gebäude abbrach, sondern immer nur veränderte und hinzubaute. Daher sind gerade in den letzten Jahren überraschende Funde gelungen, indem man den ältesten Baubestand aus späteren Ummantelungen herausschälen konnte[29]. Die Generalrestaurierung des Stiftes, die derzeit im Gange ist, fördert laufend Überraschungen zutage. Man kann damit rechnen, daß in der nächsten Zeit noch viele neue Erkenntnisse über die Geschichte Klosterneuburgs gewonnen werden.

---

[27] StAKl Rb 2/2, fol. 317r; Rb. 5/6, fol. 160v; Rb 5/5, fol. 190v.

[28] ZEIBIG, *Urkundenbuch* 240.

[29] ADALBERT KLAAR, Eine bautechnische Untersuchung des Altstiftes von Klosterneuburg. *Jb. des Stiftes Klosterneuburg* NF 9 (1975) 7ff.

Gerd Zimmermann

EIN BAMBERGER KLOSTERINVENTAR VON 1483/86 ALS QUELLE ZUR SACHKULTUR DES SPÄTMITTELALTERS

Inventarium bonorum mobilium et immobilium monasterii Sancti Michaelis wird eine Handschrift des Benediktinerklosters Michelsberg bei Bamberg bezeichnet, die im Jahre 1483 auf Veranlassung des Abtes Andreas Lang angelegt und später ergänzt wurde. Abt Andreas gilt als „ordnungsliebender Haushalter“ und als „Verwaltungstalent ersten Ranges“[1]; sein Klosterinventar ist beredter Ausdruck dieser Eigenschaft. Er entsprach mit diesem Werk in ungewöhnlicher Gründlichkeit der Maßgabe Benedikts, der in Kapitel 32 seiner Regel empfiehlt, daß der Abt ein Verzeichnis aller Gerätschaften und Gegenstände führen solle[2]. *Mobilia* — an anderer Stelle der Handschrift werden sie als *supellectilia*, d. h. Hausrat, näher gekennzeichnet — gehören zu den Sachgütern, den Realien, denen sich das Interesse der Forschung neuerdings verstärkt zuwendet. Einige richtungsweisende Arbeiten haben eine erste Definition bzw. exemplarische Untersuchung erbracht, so die von G. Jaritz, H. Kühnel, D. Schwarz, um nur drei Namen zu nennen[3].

[1] Andreas Lahner, Die ehemalige Benedictiner-Abtei Michelsberg zu Bamberg. *51. Ber. des Histor. Vereins Bamberg* (1889) 200; Harry Bresslau, Bamberger Studien. *NA* 21 (1895) 173.

[2] *Reg. Benedicti*, cap. 32: *Substantia monasterii in ferramentis vel vestibus seu quibuslibet rebus praevideat abbas fratres ..., et eis singula ... consignet ... Ex quibus abbas brevem teneat, ut ... sciat, quid dat et quid recipit*; vgl. Adalbert de Vogüé *und* Jean Neufville [Hrsg.], La Règle de Saint Benoît, T. 2 (*Sources Chrétiennes* 182, *Série des textes monastiques d'occident* XXXV) Paris 1972, 560. — Es handelt sich dabei allerdings mehr um ein Verzeichnis der an die Mönche auszugebenden Dinge.

[3] Gerhard Jaritz, Die Reiner Rechnungsbücher (1399—1477) als Quelle zur klösterlichen Sachkultur des Spätmittelalters. *Die Funktion der schriftlichen Quelle in der Sachkulturforschung = Veröff. d. Inst. f. mittelalterliche Realienkunde Österreichs* 1 (*Sb. Ak. Wien. Phil.-hist. Kl.* 304/4) Wien 1976, 145—249; Harry Kühnel, Realienkunde des Mittelalters und der frühen Neuzeit. *Jahrbuch f. Landeskunde von Niederösterreich 37* (*Festschrift K. Lechner*) 1967 215ff.; ders., Aufgaben und Probleme der Realienkunde des Spätmittelalters. *Veröff. d. Verbandes österr. Geschichtsvereine* 21 (Wien 1977) 52ff.; Dietrich W. H. Schwarz, *Sachgüter und Lebensformen.*

Inventare sind vielleicht eine der typischesten und unmittelbarsten Quellengattungen innerhalb der Gruppe schriftlicher Zeugnisse der Sachgüter früherer Epochen, freilich ein etwas sprödes und nicht eben zugängliches Material. Mit erhaltenen Originalen und auch mit den Abbildungen in der darstellenden Kunst tun wir uns etwas leichter. Sie sind anschaulich und eindrucksvoll, gar ansehnlich oder wertvoll. Museen und Sammlungen sind voll davon, und die an Bedeutung gewinnende mittelalterliche Archäologie wird uns eine Fülle von Studienobjekten erbringen. Aber bei der Fülle bleibt es doch von vielerlei Zufälligkeiten bedingt, was da an Gegenständen oder Abbildungen heute zur Verfügung steht. Überdies ist uns deren Bezeichnung, die damalige bzw. auch die heutige, oftmals nicht bekannt; oder wir wissen für uns nicht mehr vertraute Objekte nicht immer den einstigen Verwendungszweck. Relativ selten, etwa bei Kultgeräten und deren Inventarisierungen, ist beides vorhanden, die Sache und der Name.

Bei den schriftlichen Quellen stehen wir vor dem entgegengesetzten Problem. Wir lesen viele Namen, wissen aber oft nicht, wie der Gegenstand wirklich aussah, mitunter nicht einmal, was er war. Das andere Hindernis ist besagte Sprödigkeit dieser Quellenart: Schwer identifizierbare Bezeichnungen in langer, langweiliger Reihung, oder aber verstreut in verschiedensten Quellen, also nur zufällig auffindbar, oft auch noch schlecht lesbar. Für den mit dem Material nicht bereits vertrauten Benutzer einer solchen Quelle ergeben sich ungewohnte Schwierigkeiten. Und infolge der noch relativ geringen Vergleichsmöglichkeiten und Hilfsmittel[4] ist er oft auf die Durchsicht und Interpretation einer einzelnen Quelle oder Quellengruppe verwiesen, die freilich auch schon

---

Einführung in die materielle Kulturgeschichte des Mittelalters und der Neuzeit. Berlin 1970. — Vgl. außerdem z. B.: Walter Dexel, *Das Hausgerät Mitteleuropas.* Braunschweig—Berlin 1962; Helmut Hundsbichler, Realien zum Thema „Reisen“ in den Reisetagebüchern des Paolo Santonino (1485—1487). *Die Funktion der schriftlichen Quelle* a. O. 55—143; Laurenz Strebl, *Zu Schreibung, Sprache und Kulturleben in Klosterneuburger Rechnungsbüchern.* Diss. phil. Wien 1956; *Das Leben in der Stadt des Spätmittelalters = Veröff. d. Inst. f. mittelalterliche Realienkunde Österreichs* 2 (*Sb. Ak. Wien. Phil.-hist. Kl.* 325) Wien 1977.

[4] Lorenz Diefenbach, *Glossarium Latino-Germanicum mediae et infimae aetatis.* Frankfurt a. M. 1857, unveränd. Nachdr. Darmstadt 1973; ders., *Novum Glossarium Latino-Germanicum mediae et infimae aetatis.* Frankfurt a. M. 1867 (Neudruck Aalen 1964). — Neben der in Anm. 3 erwähnten Literatur zum Vergleich wichtig: Oswald von Zingerle, *Mittelalterliche Inventare aus Tirol und Vorarlberg mit Sacherläuterungen.* Innsbruck 1909; und Moritz Heyne, Das deutsche Wohnungswesen von den

in sich ihren Aussagewert haben kann, sobald man bereit ist, die zu registrierenden Details als ein Stück des Lebens in früheren Epochen vor dem Hintergrund ihrer Zeit zu sehen, sich das Zeitbild in Erinnerung zu rufen — so wie in der Malerei Gebrauchsgegenstände als Accessoires zum Gemälde gehören.

Bei dem hier vorzustellenden Beispiel handelt es sich um zwei Handschriftenbände der ehemaligen, im frühen 11. Jahrhundert gegründeten Abtei Michelsberg bei Bamberg. Sie werden heute im Staatsarchiv Bamberg unter der Signatur Repertorium B 110 Nr. 2 und Nr. 3 aufbewahrt[5]. Der Pergamentcodex Nr. 3 kann wohl als Original gelten; die Handschrift Nr. 2 auf Papier ist in den uns interessierenden Teilen eine nur wenig jüngere Abschrift der ersteren. Der spätere Einbandtitel der Handschrift 3, *Allerhand ligender undt habenter Fahr undt anderer gerechtigkeit des Klosters anno 1483*, kann nur ungefähr wiedergeben, worum es geht. Der Band Nr. 2 wird als *Liber sub titulo Inventarium Andreae abbatis monasterii Sti. Michaelis Bambergae 1483* bezeichnet. Beide ließ Abt Andreas Lang bald nach seinem Amtsantritt 1483 beginnen und dann fortführen — eine Art Nachschlagebücher und Bestandsaufnahmen des Klosters.

Diese Bestandsaufnahme wird in der Literatur zu Recht stets erwähnt, wenn Abt Andreas 1483—1502 als der große Reorganisator des Klosters seine Würdigung findet. Wie viele andere Klöster des 15. Jahrhunderts war die Benediktinerabtei Michelsberg fast zu einem Adelsinstitut geworden. Zum Jahre 1430 etwa sind ausschließlich adelige Mönche verzeichnet[6]. Die klösterliche Disziplin ließ dann weiter nach,

ältesten geschichtlichen Zeiten bis zum 16. Jahrhundert (*Fünf Bücher deutscher Hausaltertümer* 1) Leipzig 1899.

[5] Staatsarchiv Bamberg Rep. B 110, Nr. 2 und Nr. 3 (im folgenden werden nur noch die Bände 2 und 3, sowie in den Fußnoten die Folien zitiert). — Vgl. dazu Staatsbibliothek Bamberg ad RB. Msc. 49: 3 Indices zum Catalogus und Fasciculus abbatum des Abtes Andreas Lang sowie dessen Inventar des Klosters Michelsberg; diese Indices stammen aus dem 17. bzw. 18. Jahrhundert, vgl. dazu: Hans Fischer, *Katalog der Handschriften der Kgl. Bibliothek zu Bamberg*, 3. Bd. Bamberg 1912, 26; zu Andreas Lang, der mehrere seiner Werke in doppelter Ausfertigung hinterließ, ebd. 24.

[6] Lahner a. O., 149ff., auch zum folgenden. — Vgl. Johannes Linneborn, Ein 50-jähriger Kampf (1417—1467) um die Reform und ihr Sieg im Kloster ad sanctum Michaelem bei Bamberg. *Studien und Mitteilungen zur Geschichte des Benediktinerordens* 25 (1904) 252ff., 579ff. und 718ff. sowie 26 (1905) 55ff., 247ff. und 534ff.

als in der letzten Phase des Immunitätenstreites 1435 die Bürger das Kloster verwüstet und geplündert hatten und den rasch wechselnden Äbten jeglicher Versuch der geistigen und materiellen Wiederherstellung mißlang, ja die Mönche einen Abt vertrieben und schließlich gar keine Wahl zustandebrachten. Ein 1463 von Rom eingesetzter auswärtiger Abt, Eberhard von Venlo, führte die Bursfelder Reform ein, mit dem Erfolg, daß die adeligen Insassen das Kloster verließen — unter Mitnahme des Klosterschatzes[7]. Einige Reformmönche hatte der neue Abt aus Mainz mitgebracht, einige einheimische Neuzugänge kamen hinzu, darunter bald Andreas Lang aus Staffelstein im Bamberger Hochstift.

Als Andreas Lang 1483 zum Abt gewählt wurde, bestand der Konvent bereits wieder aus fünfundzwanzig Mönchen, darunter einem einzigen von Adel, drei Konversen und fünf Donaten sowie zahlreichen Bediensteten. Der Besitz war restituiert, das Kloster eingerichtet. Abt Andreas konnte an sein viel gelobtes Werk gehen und begann es mit jener Bestandsaufnahme, die durch eine kleine Gruppe von Vertrauensleuten, eine Art Kommission, durchgeführt wurde[8]. Das dabei erstellte Inventar von 1483 ließ der Abt durch den Dekan von Sankt Jakob in Bamberg, Magister Johann Balckmacher, den das Kloster in Rechtsangelegenheiten zu Rate zog, sowie zwei Notare bestätigen und schon einen Tag vor seiner Investitur, am 13. Februar 1483, notariell beglaubigen[9]. Es enthält zuallererst Verzeichnisse der Naturalzinse und der Dienstleistungen, die nach Orten aufgeführt sind, der Zehntrechte, geordnet nach Art der Abgaben, der Klosterhöfe und der klösterlichen Gerichte, eine Liste der Konventualen etc. Dann folgt der Abschnitt *In Supellectilibus*, also der Hausrat[10]. Es schließen sich Inventare

---

[7] LAHNER a. O. 177ff.; SIGMUND FREIHERR VON PÖLNITZ, Die bischöfliche Reformarbeit im Hochstift Würzburg während des 15. Jahrhunderts unter besonderer Berücksichtigung der übrigen fränkischen Diözesen. *Würzburger Diözesangeschichtsblätter* 8/9 (1940/41) 111f.

[8] LAHNER a. O. 200ff.; BRESSLAU a. O. 139f. und 173ff. — Vgl. JOSEF HEMMERLE, Die Benediktinerklöster in Bayern (*Germania Benedictina* 2) Ottobeuren—Augsburg 1970, 153.

[9] Nr. 3, fol. 2 und 2v und fol. 22—24; Nr. 2, fol. 2 und fol. 10v—11, jeweils Vorrede und Beglaubigung. — Zu J. Balckmacher vgl. FRIEDRICH WACHTER, *General-Personal-Schematismus der Erzdiözese Bamberg 1007—1907*. Bamberg 1908, 22 und JOHANNES KIST, Die Matrikel der Geistlichkeit des Bistums Bamberg 1400 bis 1556 (*Veröff. d. Ges. f. fränk. Gesch.* IV/9) Würzburg 1965, 15.

[10] Nr. 3, fol. 11v—14v; Nr. 2, fol. 6—7v.

der Sakristei und weiterer Kleinodien an, umfangreiche Bibliothekskataloge[11] und endlich die notariellen Beglaubigungen.

Fortgesetzt wurde der Pergamentcodex von oft wechselnden Schreibern — wie schon innerhalb des Inventars — mit den *Minderung und abgängk des vorgenantten Inuentarii*[12], Urkunden und Notizen über Käufe des Abtes Andreas, wobei es sich meist um Besitzungen handelt. Dann folgen zwei Renovationen der Inventare samt Angabe der Neuanschaffungen und Abgänge durch Abt Andreas, beide von 1486, diesmal wieder Einrichtung, Geräte, Bücher betreffend, sowie ein Inventar der michelsbergischen Propstei St. Getreu in Bamberg[13]. Die nun eingeschobenen Jahresabrechnungen beziehen sich leider nicht auf Hausratseinkäufe des Klosters. Nach einigen weiteren Berichten folgt ein Inventar der Kapelle St. Gertraud[14]. Die Parallelquelle auf Papier bietet anschließend an das Inventar von 1483 Berichte über die Bautätigkeit Andreas Langs, über Anschaffungen für Sakristei, Altäre und Bibliothek[15], Verzeichnisse über Einkunft von den Außenbesitzungen, u. a. über Bauten dort, das Protokoll des Konventsbeschlusses über Anfertigung eines neuen Siegels 1489[16], Abschriften von Urkunden, von Verträgen, Lehensbriefen, Stiftungen sowie einen umfangreichen Teil über Angelegenheiten der Bursfelder Reform.

In beiden Bänden ist eine Unmenge von Material zur Realienkunde im weiteren und engeren Sinne enthalten. Doch wurde es von der Forschung bisher nur sehr partiell ausgewertet. Sakristeiausstattung und Kirchenschatz wären für die realienkundliche Untersuchung von Interesse, müssen jedoch hier unberücksichtigt bleiben. Einige Besonderheiten dazu sind bei LAHNER 1889 vermerkt[17]. Den Bibliothekskatalogen haben 1895 HARRY BRESSLAU und 1939 PAUL RUF die Edition und die gebührende Würdigung zukommen lassen, auch das Inventar der Buchbinderei samt den Nachträgen ist bei BRESSLAU ediert[18]. Die

---

[11] Nr. 3, fol. 14v—22; Nr. 2, fol. 7v—10.

[12] Nr. 3, fol. 26—31.

[13] Nr. 3, fol. 64—73v, 74—75 und 75v—76.

[14] Nr. 3, fol. 207—207v.

[15] Nr. 2, fol. 13ff.

[16] Nr. 2, fol. 94.

[17] LAHNER a. O. 201ff.

[18] BRESSLAU a. O. 174ff., 189ff. (Ankäufe), 192ff. (Buchbinderei); PAUL RUF, *Mittelalterliche Bibliothekskataloge Deutschlands und der Schweiz*, Bd. III/3. München 1932, 348—399; zur Buchbinderei kurz auch JEAN LOUBIER, Die Herstellung der mittelalterlichen Bücher nach einer Miniatur des XII. Jahrhunderts. *Zeitschr. f. Bücherfreunde* 12, 2 (1908/09) 411.

Urkunden beider Bände wurden schon 1853 von C. A. SCHWEITZER exzerpiert[19]. Für Verwaltungs- und Wirtschaftsgeschichte sind die Handschriften neuerdings wieder verwendet worden von RAINER BRAUN[20]. Ich kann mich auch deshalb auf das eigentliche Haushalts-Inventar und die Nachträge dazu, auf die *supellectilia* also, beschränken.

Im ursprünglichen Inventar, dem von 1483, wird als erstes die recht beachtliche Einrichtung der Abtsräume aufgelistet, *in primis Abbatiae*. Es folgt die *hospitalaria*, das Gästehaus, mit 29 Betten und sehr zahlreichem Gerät unterschiedlicher Qualität, das wohl in diversen Räumen für vornehme und weniger vornehme Gäste untergebracht war. Die Wohnung des Vogtes und die Kammer für dessen Diener weisen fast nur Bett und Bettzeug und einige Waffen auf. Bäckerei, *pistoria*, und Brauerei, *praxatorium*, sind mit je einem Bett ausgestattet und mit dem nötigen zahlreichen Handwerkszeug. Als nächstes sind die Ställe kurz aufgeführt, einer für acht Zugpferde, einer für sieben Reitpferde, in ersterem zwei Betten für die Pferdeknechte. Der Kammer des *magister curiae*, hier des klösterlichen Verwalters, folgen zwei Kammern mit je einem Bett und eine mit vier, 1486 mit drei Betten, anscheinend für Klosterbedienstete, denn z. T. werden Personennamen beigefügt[21], dann Pforte, *porta*, und Schreibstube, *camera scribarum*, und die Küche, *coquina*[22]. Nach der *infirmaria*, dem Krankenhaus, ist der Ziegelhof mit seinem Viehbestand eingefügt, die *curia laterum dicta Ziegelhoff*, der

---

[19] CASPAR ANTON SCHWEITZER, Das Urkundenbuch des Abtes Andreas im Kloster Michelsberg bei Bamberg in vollständigen Auszügen mitgetheilt. *Bericht des Historischen Vereins Bamberg* 16 (1853) 1—147 und 17 (1857) 1—175.

[20] RAINER BRAUN, Das Benediktinerkloster Michelsberg 1015—1525, Eine Untersuchung zur Gründung, Rechtsstellung und Wirtschaftsgeschichte (*Die Plassenburg* 39) Kulmbach 1978.

[21] Nr. 3, fol. 13: *In camera Wilhelmi* . . ., *In camera Schmausen* . . ., *In camera S. Ottonis* . . .; Nr. 3, fol. 73: *Oßwadus scriptor cum socio suo* . . ., *Heinricus cum socio suo* . . .; fol. 73ᵛ: *In der forster Kammern* . . ., *Wilhelmus* . . ., *In Camera sti. Ottonis* . . .

[22] Demnach hätte es auf dem Michelsberg nur eine Küche gegeben — anders als z. B. von den großen Abteien des Hochmittelalters bekannt ist, vgl. GERD ZIMMERMANN, Ordensleben und Lebensstandard. Die Cura corporis in den Ordensvorschriften des abendländischen Hochmittelalters (*Beiträge zur Geschichte des alten Mönchtums und des Benediktinerordens* 32) Münster i. W. 1973, 73f.

Meierhof vor dem Kloster[23], der 1486 dann auch mit einem Bett ausgestattet war. Es folgen nun die Kellerei, *in cellario*, mit dem typischen Befund und die *uestiaria*, die aber sich nicht als Kleiderkammer präsentiert, wie nach Regula Benedicti oder Consuetudines zu erwarten wäre, sondern als Domäne des Camerarius, als recht gut bestücktes Lager für allerlei Hausrat und Küchenzubehör. Im Abschnitt über das Refektorium ist bei dem eher zufällig erwähnten Stichwort Dormitorium eine Bemerkung über das Bettzeug der 28 Mönche und Konversen eingeschoben. Zum Refektorium selbst sind nur die dort dauernd belassenen Geräte notiert, ebenso zur *stuba fratrum laicorum*, dem Speiseraum der Laienbrüder[24]. Nach dem Rasierraum, der *rasura*, ist die Buchbinderwerkstatt, die *officina ligaturae librorum*, an der Reihe mit ihrem vielfältigen Werkzeug, dann Sakristei, Kirchenschatz und Bibliothek. Die gleiche Abfolge erwähnen die Notariatsinstrumente[25].

Man hat den Eindruck, als wäre die Kommission bei der Inventur die Räume abgegangen[26]: Abt-, Gäste- und Vogtwohnung, Wirtschaftsräume, Pforte und Infirmarie, dann den Ziegelhof außerhalb der Ummauerung; daran schließen sich die altbekannten Teile eines Klosters an, die den Inhabern der Offizien gemäß der Benediktsregel unterstehen, und die, einst jedenfalls, im Konventsbau sich befanden: Cellerarium, Vestiarium, Refektorium und das kurz erwähnte Dormitorium, in deren Nähe schließlich Brüderstube und Rasura. Die Buchbinderwerkstatt könnte sich irgendwie an Sakristei und Bibliothek angeschlossen haben. Leider wissen wir zu wenig über den alten Baubestand des Michelsbergs[27]. Auch in den einzelnen Räumen ist man vielleicht von einem

---

[23] Nr. 3, fol. 13v: im Ziegelhof standen 1483 sechs Kühe, zwei Kälber, ein Stier, fünfundvierzig Schweine und Eber, drei Hühner. — Der große viereckige Hof gegenüber der Klostereinfahrt heißt noch heute Ziegelhof. Aus der auffallend geringen Zahl der Hühner ist wohl zu folgern, daß der Ziegelhof nicht eigentlich der Hühnerhaltung diente, bzw. daß zum Winterende (Inventar vom Februar!) die Abgabe der Fastnachtshühner bevorstand (vgl. Braun a. O. 167f., 278ff.).

[24] Nicht der Konversen!

[25] Nr. 3, fol. 22—24 und Nr. 2, fol. 10v—11.

[26] Trotz aller Unterschiede erinnert man sich an den sogenannten St. Galler Klosterplan des 9. Jahrhunderts, vgl. Hans Reinhardt, Der St. Galler Klosterplan (*92. Neujahrsbl.*, hrsg. v. Histor. Verein d. Kantons St. Gallen) St. Gallen 1952.

[27] Vgl. die Angaben bei Heinrich Mayer, Bamberg als Kunststadt (H. Mayer, *Die Kunst im alten Hochstift Bamberg und in seinen nächsten Einflußgebieten* 1) Bamberg u. Wiesbaden 1955, 154ff.

Aufbewahrungsplatz zum anderen notierend weitergegangen; so z. B. wäre es erklärbar, wenn in der Infirmarie[28] nach Becken und Kanne, also einer Waschgarnitur, zwei Zinnleuchter, zwei kleine Zinnschüsseln für den Altar und zwei Weihwasserkesselchen, *caltariola pro aspersorio*, eines aus Zinn, das andere aus Messing, genannt sind, denen diverse Trinkgefäße folgen. Weiter unten beginnt mit zwei kostbaren Kommuniontüchern, *mappae pretiosae pro communicandis*, und zwei Tischtüchern für den gleichen Zweck, *mensalia ad idem*, die Aufzählung der Tischwäsche. Eine letzte Gruppe bilden eine *tabula depicta in altari*, *una parva mensa*, sowie — vor der Erwähnung eines Lektionars und eines Diurnales — *duae sedes pro purgandis*[29], die sich hier seltsam einfügen. Da jedoch unmittelbar vor dem Altarbild zwei Betten und Zubehör genannt wurden, könnte man annehmen, daß die Krankenbetten und eben auch jene Stühle für die Kranken in der Nähe einer Altarnische, wo auch die beiden Gebetbücher griffbereit lagen, aufgestellt waren, während Altargeräte und -decken untertags in Kästen bei den entsprechenden Dingen verwahrt wurden. Später kamen zwei zinnerne Weihwasserkesselchen hinzu, ein Missale und ein Brevier[30].

Als ein weniger verwirrendes, knappes Beispiel möge das Refektorium dienen[31]: *In Refectoria: Vnum discum stanneum ad sal benedictum*, also ein Zinnteller für das geweihte Salz, das wohl ständig bereit ist; dann *duas libras cum mediis ponderibus*, zwei Waagen mit mittleren Gewichten, wohl für das Abwiegen der Brotration gemäß der Regula[32]; *unum cribriolum*, ein kleines Sieb, mag sein, man hatte es parat, wenn etwas in den Becher gefallen ist oder etwa Faßrückstände im Getränk waren; *duo* (!) *fusoria*, das sind die Wassergießgefäße, *unum in refectorio aliud in dormitorio* — hier folgt der erwähnte Einschub. Weiter: *sex mensalia*, Tischtücher, die Reserven lagen in der Vestiarie; *sex antipendia*, Vorhängetücher, an anderen Stellen entsprechen diesen die *circumpendia*, in deutschen Nachträgen *umblege auf die Tisch*[33], anscheinend ergänzte man die oft zu waschenden Tischtücher mit einer Art Zierbehang oder Volant; sodann *triginta salinaria*, also für jeden Konventualen ein Salznäpfchen; *viginti quatuor manutergia*, Handtücher, die reichen allerdings

---

[28] Nr. 3, fol. 13v.

[29] Wohl Nachtstühle für jene, die ein Abführmittel verordnet bekamen.

[30] Nr. 3, fol. 74: *caldariola stannea pro aqua benedicta*; ebd. fol. 70.

[31] Nr. 3, fol. 14 und Nr. 2, fol. 7 (mit orthographischen Korrekturen).

[32] Vgl. Zimmermann a. O. 53f.

[33] Nr. 3, fol. 64: *ad defectum* ... *I circumpendium consumptum*; ebd. *Inuentarium nouum abbacie* ..., IIII *umblege auf die Tisch*.

nicht für alle; *octo praecinctoria,* später heißt es *pro servitoribus mense,* also Schürzen[34], im Kloster Rein *Fürtücher* genannt[35]; *octo candelabra,* Kerzenhalter; *duas pelues,* Becken fürs Waschen; *duas mappulas,* Tüchlein; *dua praecinctoria pro mandato fratrum,* Schürzen für die zeremonielle Fußwaschung, die im Refektorium stattfand; die zwei Becken befinden sich also hier bei den Geräten für das Mandatum, die zwei Krüge woanders; sonst werden oft *fusoria et pelues* als Waschgarnitur zusammen erwähnt — die gleiche Anzahl ist auch hier gegeben.

Die Nachträge sind zum Großteil Ergebnis einer neuerlichen Inventarisierung 1486, diese nun freilich nicht so hochamtlich. Wieder werden die einzelnen Räume vorgeführt, in ganz anderer Reihenfolge allerdings, anscheinend nach der Wichtigkeit zumindest hinsichtlich des Inventares: Abtei, Sakristei, Vestiarie und Infirmarie, Gästehaus, Küche, Buchbinderei, Keller, Rasura, dann aber von Vogtei bis Ziegelhof die Wirtschaftsteile in gleicher Ordnung wie 1483[36]; manche Räume sind noch ein drittes Mal kurz notiert[37]. In den einzelnen Abschnitten wird nun meist gegliedert in Neuanschaffungen, Verluste und nunmehrigen Bestand, oft sortiert nach Material: Tuch, Messing, Zinn, Holz etc. Diesmal nahm man sich Zeit zur Systematisierung. In der Ergänzung zur Ergänzung werden vier Neuanschaffungsposten der Abtei ausnahmsweise mit Wert- bzw. Gewichtsangaben notiert: u. a. zwei Tischtücher 1 Gulden, ein Messingleuchter 6 Pfund[38]. Die meist knappen Abschnitte über Verluste geben nicht allzuviel her. Nicht mehr Benötigtes oder Abgenutztes wird in andere Abteilungen abgegeben, etwa von der Abtei in die Infirmarie[39]. Verschlissenes wird ausgeschieden und ersetzt, z. B. Tisch- und Handtücher. Einiges ist zerbrochen, so einzelne Gläser; anderes einfach abhanden gekommen, *perditum,* da eine Lichtputzschere im

[34] Nr. 3, fol. 75: *octo percinctoria.*

[35] Jaritz a. O. 233.

[36] Nr. 3, fol. 64—73v. — Die Rubriken lauten meist: *melioratio inuentarii* . . ., oder ähnlich. Zum Keller lautet die Überschrift: *Inuentarium fratris Jacobi cellerarii* (fol. 72v). Auf die *Rasura* folgt ein *Inuentarium ferramentorum* (fol. 72v—73).

[37] Nr. 3, fol. 74—75v.

[38] Nr. 3, fol. 74: *unam mensam seratam pro VII fl., duo mensalia noua pro I fl., duo circumpendia pro IIII lb., unum lucibulum de auricalco cum quattuor cannis pro VI lb.* — Eine weitere Wertangabe findet sich für die Pferdegeschirre, vgl. Anm. 80.

[39] Nr. 3, fol. 64: (*abbacie*) . . . *ad defectum II mensalia vetustate consumpta, I mensale datum infirmario, I circumpendium comsumptum, I fusorium auricalceum ad infirmariam, I lucibulum auricalceum ad scripturam, I sedile ad hospitalariam, I vitrum venecianum destructum* als Beispiele.

Krankenhaus, dort vier Salznäpfe und ein Löffel im Gästehaus[40] — ob die gar ein Gast mitgenommen haben könnte? Die Neuanschaffungen sind z. T. aufschlußreich für die Bedürfnisse eines Klosters jener Zeit, gerade durch die relativ wenigen wirklich auffallenden Dinge.

Bei der Aufbereitung des Michelsberger Inventars sind als erstes einige sprachliche Besonderheiten festzuhalten. Das Verzeichnis von 1483, also das ursprüngliche, ist durchweg lateinisch abgefaßt, mit klassischen oder mittellateinischen Bezeichnungen, wie sie den Mönchen und den Gebildeten jener Zeit vertraut waren. Manche Ausdrücke stammen dabei aus dem Griechischen, wie etwa die der Trinkgefäße, *cantharus* oder *crater* für Becher, *scyphus* für Pokal; doch finden sich diese schon in den Consuetudines und älteren Quellen[41]. Ein geläufiger Begriff war auch jener für das Gerät *clepsydra*, nur ist die Interpretation nicht eindeutig. Ursprünglich bedeutete es Trichter, später Wasser- und auch Sanduhr[42]. Die zwei *clepsedrae*, die sich 1486 in der Infirmarie befinden, könnten wohl Trichter gewesen sein, doch ist das einzelne Gerät 1483 im Gästehaus wahrscheinlich eher eine Uhr, was dann auch für die beiden anderen gelten müßte[43]. Während man hierbei damals Bescheid wußte, sah sich in anderen Fällen die Kommission genötigt, Gegenstände, für die man partout keinen passenden lateinischen Namen hatte, umständlich zu umschreiben: als *instrumenta* mit denen dies oder das gemacht wird. Oder man kam nicht umhin, mit einem *vulgariter* oder *nuncupatus* erläuternd die deutsche Bezeichnung beizufügen.

So sind mehrfach *Stützen* erwähnt, die es noch heute in Franken gibt, mittelgroße Henkelkrüge aus Holz oder Metall, auf dem Michelsberg meist aus Blech, mit denen Wein oder Bier vom Faß geholt wird. Zwei Zinnbecher, *canthari stannei uulgariter dicti Schenckkantel* und vier Zinnbecherchen, *canthuelli stannei dicti uulgariter quartenkantel,* stehen in der Infirmarie, letztere mit dem Zusatz *Stentner et Beuckher*[44]. Die

---

[40] Nr. 3, fol. 71 (*hospitalarie*) . . . *ad defectum . . . quattuor parua salsariola perdita, unum ciphum amissum, . . . sex cocliaria perdita.*

[41] Für die Bezeichnungen der Gegenstände sei generell auf die mittellateinischen und mittelhochdeutschen Lexika, sowie auf die Stichwortverzeichnisse der in Anm. 3 und 4 genannten Literatur verwiesen.

[42] Vgl. DIEFENBACH, *Glossarium* 127; ZINGERLE a. O. 47; ALBERT D'HAENENS, *La clepsydre de Villers* (*1257*) in diesem Band S. 321—342.

[43] Nr. 3, fol. 70v: *duo clepsedra* aus Zinn; fol. 12: *unam clepsytram*; ebd. Nr. 2, fol. 6v: *unam cleppsedram.*

[44] Nr. 3, fol. 13; ebd. Nr. 2, fol. 7: . . . *dicti vulgariter stenntner et peuchen quartenkandel.* — Zu *schenkkandel* (mit Schnabel) vgl. ZINGERLE a. O. 361.

octo uitra lapidibus redimita uulgariter Steingleeser, sind sicher zum Gebrauch für vornehme Gäste gedacht[45]. Am häufigsten benötigt man deutsche Erläuterungen in der Küche: Vier große und kleine Siebe heißen *durchschleg*, gebogene Eisen zum Braten *dicta Böckh*, was schon der Abschreiber wegließ; man hat *instrumenta, in quibus frixantur tortae uulgariter dictae scherd*[46].

Die volkssprachlichen Bezeichnungen bereiten mitunter Schwierigkeiten, vor allem, da man bei der Neuinventur 1486 nicht nur abermals deutsche Erläuterungen beifügte, sondern diese Umständlichkeit, z. B. *unum instrumentum de auricalco proprie kellenn*, offensichtlich leid wurde. Da heißt es dann etwa in einem lateinischen Abschnitt zur Vestiarie einfach *XVII Steingleser, XXIIII Waltgleser*[47] oder im noch lateinischen zweiten Kücheninventar *I creagram proprie ein gabell domitt fleysch auf hebt (et) pisces*[48]. Schließlich schrieb man es lieber gleich deutsch auf, so für den Buchbinder und den Kellermeister und die Bestände *officinarum et familie*, also jener Klosterleute, die sowieso kein Latein verstanden, und im Nachtrag von 1488, dem Inventar von St. Getreu[49]. Merkwürdig ist nur, daß für die Abtei die Zu- und Abgänge lateinisch, das *Inuentarium novum* aber deutsch verzeichnet sind[50] — vielleicht weil auch hier sehr spezieller Hausrat exakt notiert werden sollte.

Wichtig erschien dem Prälaten schon 1483 die Angabe des Materials, vor allem, wenn es sich um solches von Wert handelte — 1486 sortierte man dann oft danach. Daß Gold bei dem Hausrat fehlt, versteht sich. Aus Silber gibt es wenige Dinge und diese nur in den Räumen des Abtes. Er verwahrt zwölf Löffel aus Buchsbaumholz mit silbernen Griffen, sowie 12 Mark 2 Unzen und 1 halbe Quint Silber in Bechern zusammen mit anderen Silbersachen des Goldschmieds — alles, auch die Löffel, wohl in einem gesicherten Kasten; es ist der letzte Posten innerhalb der Abteiliste[51]. Zinn hingegen ist das Material besserer Gebrauchsgegenstände. So besitzt der Abt ein *fusorium*, ein Wassergefäß, das im oberen

[45] Nr. 3, fol. 12; Nr. 2, fol. 6v: . . . *Steinglesser*

[46] Nr. 3, fol. 13; ebd. Nr. 2, fol. 6v: . . . *tria curuata ferra dicta* (*böcke* hier als Marginalergänzung) *super quibus assatur.*

[47] Nr. 3, fol. 75 und 70.

[48] Nr. 3, fol. 72.

[49] Nr. 3, fol. 73—73v und 75v—76v.

[50] Nr. 3, fol. 64.

[51] Nr. 3, fol. 11v: . . . *cum aliis rebus argenteis apud aurifabrum.*

und unteren Teil aus Zinn ist[52], Bierkannen, Teller, Salznäpfchen. Im Gästehaus gibt es zwei Waschgeräte, *fusoria cum peluibus infra positis*, fünf Zinnkannen für Bier, 18 Zinnteller, in der Vestiarie werden 32 Zinnbecher verwahrt. Zinnbecher in der Infirmarie wurden bereits erwähnt; es sind insgesamt 35 größere und kleinere Trinkgefäße, von vier Maßkrügen, *canthari continent unam mensuram*, bis zu zwei Medizinbecherchen[53], dann sechs Teller sowie die Altargeräte. Im Keller befinden sich zwei einfache Krüge, *qui non sunt de pleno stanno*, sowie ein bauchiges Zinnkrüglein. Und aus Zinn ist das große Gefäß für Essig. In der Küche werden einfach 4 Zentner 33 Pfund Zinn an Schüsseln, Tellern und anderen Utensilien notiert, später sind es nur 4 Zentner und 29 Pfund. Nur einmal, bei der Nachinventur 1486, machte man sich die Arbeit des Zählens; Schüsseln, Teller, Becher etc. etc. in erstaunlichen Zahlen, etwa je dreißig bis sechzig und jeweils aufgelistet[54].

Weit beliebter bzw. häufiger war Messing, wofür damals ja Nürnberg ein besonderes Produktionszentrum gewesen ist. Aus Messing sind vor allem im Abts- und Gästebau sowie der Infirmarie: Tafelzierat und Lampen, Leuchter in ziemlicher Zahl, Lichtputzscheren, auch Topfringe, Waschbecken und -kannen, *Gyeßkandell* 1486 genannt[55], große und kleine Leuchter, auch noch als Reserve im Vestiarium, in der Küche zwei Kufen, im Rasierraum Waschzeug — um nur einige Beispiele zu nennen. Aus Kupfer hat der Abt ein Gefäß, zu dem drei zinnerne Bierkannen gehören. Im Gästehaus stehen zwei Kupferbecken für die Fußwaschung, im Rasierraum ein Wassergefäß, im Ziegelhof ein kupferner Ofenkessel, der 1486 *Kupfferling* heißt[56]. Verwunderlich sind die *viginti octo crateres plumbei* im Vestiarium; später werden dreiunddreißig Bleibecher *in aliud usum pro melioracione* abgegeben[57]. Vier eherne

[52] Nr. 3, fol. 11v: *unum fusorium in superiori et inferiori partibus stanneum.* — Die Zusammensetzung scheint bezeichnend für diese Fusorien, d. h. Gießfässer oder Wasserkästen an der Wand, vgl. JARITZ a. O. 216f. und ZINGERLE a. O. 315f. — Noch deutlicher ist das bei den Waschgefäßen des Gästehauses zu erkennen, Nr. 3, fol. 12: *dua fusoria cum duabus peluibus infra positis stanneis*, also mit darunter gestellten Becken, und *duo armariola ad fusoria*, d. h. Wandschränkchen für die Wasserkästen. — Vgl. Anm. 55.

[53] Nr. 3, fol. 13—13v: *duos canthruellos stanneos syropis.* — Vgl. Anm. 71.

[54] Nr. 3, fol. 13; Nr. 3, fol. 75; ebd. fol. 71v.

[55] Nr. 3, fol. 64: *III Becken, II Gyeßkandell, . . . I Groß gißuaß mit VI porn.* — Vgl. dazu Anm. 52.

[56] Nr. 3, fol. 73v: *1 kupfferling in ouen*; ebd. fol. 13v: *unam ollam cupream in fornace.*

[57] Nr. 3, fol. 14 und fol. 75.

Töpfe, *ollae*, vier eiserne Kufen, *cuppae*, zwanzig große und kleine eiserne Löffel, neunundzwanzig Blechschüsseln in der Küche, vierzehn Stützen aus Blech im Keller, drei in Vorrat, wären als Beispiele zu erwähnen.

Glas wurde gut verwahrt; zweiundvierzig *vitra* im Vestiarium, zehn venezianische Gläser für Wein in der Abtei, eines davon ist 1486 *destructum*, die acht Steingläser für Gäste, etliche verschieden bezeichnete *gleser und flesch* in der Infirmarie, dort auch zehn *steingefesse* zum Trinken. Sieben *flasch* im Keller sind 1486 *alle abgangen und neu kauft.* Holz, und zwar Buchsbaumholz, wird als Material für Löffel genannt, so die silbergestielten in der Abtei, achtzehn Buchslöffel für Gäste, zehn für Kranke und zwei Ebenholzbecher. Spezielle Textilien finden nur beim Bettzeug Erwähnung, die Tischwäsche etc. war wohl durchwegs aus Leinen, der Abt hat eine *mappula stragulata serico,* also aus Seide; drei seidene Kissen stehen hohen Gästen zur Verfügung, auch eine Bettdecke aus Byssus und acht Paar Leintücher. Fünf Byssustücher sind im Vestiarium vorhanden, ansonsten Leintücher, Wolldecken, neunzehn im Gästehaus, Hanfdecken, und zwar gute und schlechte; Decken aus Fell stehen für Bedienstete zur Verfügung, für Gäste gibt's zwei Decken aus Wolfsfell. Daß für die einfachen Decken, die in deutschen Nachträgen *Schalaun* heißen[58], nicht mehr Tuch aus Chalons verwendet wurde, ist im 15. Jahrhundert klar.

Die Beobachtung des Materials ließ einen gewissen nobleren Wohnstil in einigen Räumen erkennen, mit wertvollem Hausrat, z. B. venezianische Gläser, Steingläser, ein Ebenholzbecher, Löffel mit Silbergriff. Ergänzend wären anzuführen zwei steinerne Schüsseln mit Löffeln aus Serpentin beim Abt, ebenda ein Messingpferd als *fusorium,* also eines der bekannten figuralen Aquamanile, und zwei Messingringe, *circuli,* die bei Tisch unter die Schüsseln gestellt werden[59]. Weiters hat der Abt ein Schreibbrett, nachher als das *schwartz schreibbrett* notiert. Zwischen 1483 und 1486 kaufte er u. a. zwei Schreibzeuge, einen Kupferkessel zur Zubereitung von Getränken, acht *ovaria,* Eierfäßlein, und sieben *vitra Venetiana preciosa,* vierzehn Löffel mit Zinngriffen in einem Futteral und vierzehn mit Silbergriffen. In Infirmarie und Hospitalarie gibt es einen bzw. zwei große Hängeleuchter aus Messing, im Gästehaus noch

---

[58] z. B. Nr. 3, fol. 73. — Vgl. Zingerle a. O. 360.

[59] Nr. 3, fol. 11v: *duas scutellas lapideas cum duobus cochlearibus de serpentino, . . . unus aurichalceus equus ualens fusorium, . . . duos aurichalceos circulos ad mensas infra scutellas ponendos*; ebd. fol. 64: *I Roßlein zu giessen . . .*

einen aus einem Hirschgeweih[60], wie sie heute noch in Gaststuben, z. B. auf dem Michelsberg, hängen. Auch drei Vorhänge vor den Fenstern, und ein *magnum tapetum pro ornatu stubae*, wohl ein Wandbehang, Einzelstücke von Wert also, zieren die Gästezimmer.

Auffallend ist bei den Verzeichnissen der einzelnen Räume, daß Möbel verhältnismäßig selten erwähnt sind. Schränke, Regale, Kästen galten wohl als feste Bestandteile der Zimmer, waren vielleicht z. T. verankert, müßten aber für die vielen Dinge dagewesen sein, ebenso wie die Tische. Genannt sind nur kleinere Stücke. Truhen z. B. sind in Brauerei und Vogtei und im Gästehaus zu finden. Tische und Stühle bzw. Bänke in der Laienbrüderstube, beim Diener des Vogtes, in der Pforte und im Ziegelhof. In der Infirmarie steht ein kleiner Tisch. Im Gästehaus allerdings sind fünf Tische, zwei Hängetische an der Wand, ein Tischchen, vier Tische nochmals in einer Kammer, drei Sessel und bezogene Bänke und Kissen verzeichnet, sowie ein Schränkchen für die Waschgeräte[61], der Abt hat drei bezogene Bänke, *scamna*, zwei Tische, zwei Sessel und ebenfalls ein Schränkchen für Waschgeräte[62]. 1486 war einiges hinzugekommen, z. B. *una mensa preciosa cum sera*, 1488 noch eine *mensa serata pro VII fl.*, verschließbare Tische, die der umsichtige Abt zweifellos brauchte[63]. Leider fehlen Angaben über eine Schlafgelegenheit des Abtes. Es ist nicht anzunehmen, daß er die Nacht im Dormitorium der Mönche verbrachte oder den Gästebau, der neben den Abteiräumen lag, aufsuchte.

Die 29 Gästebetten waren recht unterschiedlich ausgestattet, neunzehn einfachere, acht bessere, zwei mit Byssus- bzw. Leinendecken; Decken, Felle, Kissen, Federbetten u. dgl. sind von verschiedener Qualität[64]. Die Betten im Wirtschaftsbereich des Klosters waren durchweg einfacher. Sie bestehen meist aus Bettkasten, *sponda*, eigentlichem Bett, *lectum*, gelegentlich Strohsäcken, zwei Paar Leintüchern, *leylacken*, zum Wechseln, *pulvinare* oder *cervicale*, so in der Gästeabteilung, also Nackenstütze, in den Nachträgen heißt es *pfülben*, zwei Kissen,

---

[60] Nr. 3, fol. 12: *duo magna lucibula aurichalcea desuper pendentia, unum lucibulum magnum de cornibus cerui.* — Zu Wandbehängen vgl. Jaritz a. O. 167, mit Literatur.

[61] Nr. 3, fol. 12.

[62] Nr. 3, fol. 11v.

[63] Nr. 3, fol. 64 und fol. 74. — Vgl. Jaritz a. O. 166.

[64] Nr. 3, fol. 12.

cussini, 1488 Hauptkissen genannt[65], einer einfachen Decke, *tectura*, später *Schalaun* bezeichnet, und einer *tectura pellicea* oder einem *torale pelliceum* oder auch deren zwei, z. B. in Stall und Brauhaus, fünfzehn Paar Leintücher für Diener *vel aliis occurrentibus* liegen als Reserve in einer Dienerkammer[66]. 1488 sind auch für St. Getreu zwei Federbetten erwähnt[67]. Man hat den Eindruck, als seien die relativ wenigen Ersatzstücke in den Räumen gleich vorhanden gewesen.

In der Vestiarie, die sich als das eigentliche Hausratslager erweist, findet sich kaum Bettzeug. Aber auch Kleidung für die Mönche wurde nicht mehr in der einstigen Kleiderkammer[68] verwahrt, jedenfalls nicht erwähnt. Die Kleidung war demnach Sache der Mönche selbst. Wir finden vielmehr eine reiche Ausstattung an diverser Tischwäsche und an Tischgeschirr. Die Zahlen von 1483 sind hier das Erstaunliche, oft zweistellig: 27 Tischdecken verschiedener Art z. B., 30 Bierkrüge, 67 Becher, 66 Teller, 52 Salznäpfe, 40 Löffel, 30 Messer in einem Futteral[69]; die zwei Käsekörbchen und zwei Mörser mit Stößel, *martariola cum pisellis*, sind später in der Küche aufbewahrt[70]. Schon die knappe Auswahl von Angaben läßt eine großzügige Reservewirtschaft erkennen.

Schier wirkt auch die Infirmarie als ein zweites, etwas unsystematischeres Depot, das vor allem durch eine reichhaltige und z. T. auch gediegene Ausstattung mit Tischgerät auffällt, gute Stücke, oft mit eigenen Namen, bestehend aus Messing, Zinn, Glas, Stein: Leuchter, Geschirr bis hin zu zwei Ebenholzbechern, Trinkgefäße mit den verschiedensten Bezeichnungen. Ganz speziell für Kranke bestimmt sind natürlich sicher die zwei Betten und die *sedes pro purgandis* und vielleicht die zwei *cantruelli stannei syropis*, denn Siropus scheint ein medizinisches

---

[65] Nr. 3, fol. 76: *Haubt Kussenn.* — *Cussinum* wird schon in den hochmittelalterlichen Hirsauer Quellen mit *capitale* gleichgesetzt, vgl. Zimmermann a. O. 453.

[66] Nr. 3, fol. 13: *quindecim paria linteaminum pro diuersis famulis et aliis occurrentibus.*

[67] Nr. 3, fol. 76 (in diesem Nachtrag von 1488 ist für St. Getreu in deutscher Sprache zahlreiches Bettzeug aufgezählt); Nr. 3, fol. 70v—71 und 73—73v.

[68] Vgl. Zimmermann a. O. 105f.

[69] Nr. 3, fol. 13v—14.

[70] Nr. 3, fol. 71v (korrekt *mortariola*).

die Aderlaß- oder Abführtherapien vornehmen ließen — die älteren Consuetudines berichten oft davon[72] —, ist diese Ausstattung nicht ganz Elixier zu sein[71]. Mit der besseren Versorgung der Kranken und derer, erklärbar. Fast möchte man für die Zeit vor Andreas Lang unterstellen, daß man sich in der Infirmarie von härterem Konventsleben erholte, oder daß Teile der Hinterlassenschaft verstorbener Mönche in der Krankenabteilung verblieben.

Genau inventarisiert sind die Wirtschaftsräume und Werkstätten, kulturgeschichtlich wohl am interessantesten die Buchbinderei, die hier jedoch übergangen werden muß. Die übrigen Einrichtungen mögen wenigstens mit einigen charakteristischen Details angesprochen werden. In der Bäckerei vermißt man eigentlich das Spezielle, so den sicher eingebauten Backofen. Vorhanden sind z. B. Fässer, Tröge, *dolia*, Kufen, Kessel oder Zuber, *caldare*, Butten, Scheffel und Siebe, weiter Schaufel, Hacke, Axt, Beil, später zwei Mehlkästen, Säcke. In der Ergänzung werden u. a. Saukübel oder -zuber für Schweinefutter erwähnt[73]. In der Brauerei steht das *magnum caldare praxibile*, — später *Brewkuffen* genannt, 1486 dazu auch acht *Kulkuffen* —, achtzehn große und kleine *dolia ualentia ad praxandum* sind wohl Bierfässer, *duo brasia* bleiben fraglich. Es gibt Worfler, *duo uendilabra lignea*, Tücher zum Trocknen der Gerste, vier Siebe zum Reinigen u. a.[74].

Im Keller scheinen wiederum die Fässer fest eingebaut zu sein, denn erwähnt ist nur eine große Zahl von Trag- und Trinkgefäßen: *ut(e)res* sind eigentlich Schläuche, so auch 1486, vielleicht Ledereimer, denn sie dienen dem Weintransport, *per quos mittantur uina*, insgesamt gibt es neunundzwanzig Kannen, *cannae*, für Wein und Bier, vierzehn Blechstützen, *pro familia*, sieben Flaschen, sechzehn Becher, vierzehn Becherchen mit Größenangaben, dazu zehn Körbe etc. 1486 ist eine große Zahl von Geräten dazugekommen, u. a. Zapfhähne, Heber, Trichter, aber auch Blasebälge und *XXVIII hantzwelln*, das sind Handtücher[75]. Die Küche enthält viel einfaches Geschirr, das z. T. schon erwähnt wurde, die über vier Zentner Zinngeschirr, dazu noch zwanzig große und kleine Pfannen, *patellae*, sieben Koch- und Bratlöffel, die vier Siebe. Das

---

[71] Nr. 3, fol. 13—13^{v} (vgl. o. Anm. 53). — Zu *syropus* vgl. DIEFENBACH, *Glossarium* 538.

[72] Vgl. ZIMMERMANN a. O. 565.

[73] Nr. 3, fol. 12^{v} und fol. 73: . . . *ein sewkubell*, . . . *I Sewzuber*.

[74] Nr. 3, fol. 12^{v} und fol. 73—73^{v}.

[75] Nr. 3, fol. 13^{v} und fol. 72^{v}, — Zu *hantzwelle*, *hantzwehel* vgl. ZINGERLE a. O. 322f.

Instrument zum Backen, die Scherte, die drei Böcke, auf denen gebraten wurde, eine *rotula,* das ist ein Drehspieß zum Braten, stehen in der Küche, ein Fleischfaß auch und vier Kessel, drei große und ein kleiner. Töpfe, Krüge etc., Walzen, Krauthauen und Hackmesser, *axtanos* (1486 *axtones*), Beile, Äxte, Feuerhaken, *andenae,* Besen vervollständigen die Einrichtung, später auch Waagen und Gewichte. Doppeläxte, *bippennes pro carnibus,* Fleischgabel, Mörser, Bratpfannen, *IIII patellae ad frixandum tortas,* Deckel für die Kessel, Brandreuten[76].

Knapper sind die Verzeichnisse einiger weiterer Abteilungen. In der Rasierstube finden sich Becken und Kannen aus Messing, Becher, Löffel, ein Kupferfaß für die Lauge, *ad lixiuium,* 33 Rasiertücher und der Wetzstein, *cos.* Das Rasiermesser hatte seit eh und je jeder Mönch selbst. Anscheinend besorgte er es auch selbst, denn es werden nirgends Reserven angegeben. Der Abt hat 1486 seine vier *schertücher,* Rasiertücher, in der Wohnung, er ließ sich demnach dort rasieren[77]. In der Wohnung des Vogtes und seines Dieners sowie der Stube des Schreibers sind neben den Betten das Kennzeichnende die Waffen, die 1483 lateinisch, 1486 deutsch benannt werden: zwei Armbrüste, *ballistae,* ein Köcher, *phareta,* eine Lederschlaufe, *stropa,* zwei Eisenhüte, *mytrae ferreae,* sowie eine *bombarda ualens manibus* für den Diener, ein Panzer, *lorica,* und ein Koller, *cholerium,* des Schreibers[78]. Der *magister curiae,* der Verwalter, hat außer einem Bett in seiner Kammer verschiedene Geräte für den Landbau, für die Steinmetzarbeit und andere Handwerke, jedoch nichts von großem Wert. Deshalb wird es hier nicht gesondert aufgezählt[79]. Das Geschirr der sieben Reitpferde mit deren Sätteln, Zaumzeug und allem anderen Zubehör wird ebenfalls nicht im einzelnen inventarisiert, jedoch auf etwa 105 Gulden geschätzt[80]. Zu weiteren

---

[76] Nr. 3, fol. 13, fol. 71v—72 und fol. 75. — Nr. 2 fol. 6v—7 bietet auch hier öfter die bessere Schreibweise.

[77] Nr. 3, fol. 14 und 72v sowie fol. 64.

[78] Nr. 3, fol. 12v und 73 (mit deutschen Bezeichnungen der Waffen); fol. 13 und 73 (*Oßwadus scriptor cum socio suo*).

[79] Nr. 3, fol. 12v—13: *et alias diuersa instrumenta ad culturam ruralem atque laborum lapicidarum et aliorum artificiorum ualentia et tamen non magnae reputationis*; dazu auch fol. 73v. — Der Nachtrag für St. Getreu von 1488, Nr. 3, fol. 76, bietet u. a. *Inuenta in utensilibus domus* mit zahlreichen deutsch benannten Haus- und Gartengeräten von einem *klein drifuß* bis zum *eysenn rechen.*

[80] Nr. 3, fol. 12v: . . . *septem equos equitabiles cum eorum sellis, frenis et omnibus aliis attinentiis suis aestimati ad centum et quinque florenis.*

acht Pferden in einem anderen Stall gehört die Ausstattung der Wagen, deren Wert jedoch nicht angegeben wird.

Wie nicht anders zu erwarten, lassen sich aus dem Inventar an vielen Stellen Hinweise auf Lebensgewohnheiten, Gepflogenheiten und Umgangsformen erkennen. Über die bereits erwähnten hinaus, seien einige Beobachtungen nachgetragen bzw. hervorgehoben. Sie fügen sich in die Kulturgeschichte der Zeit an irgendeiner Stelle ein, bleiben von einem einzelnen Inventar aus gesehen freilich nur Streiflichter, die der umfangreichen Vergleiche bedürften. Der Bogen spannt sich weit genug von Schlafgewohnheiten bis zur Gastlichkeit. So scheint es, daß in den Gesindestuben auch zwei in einem Bett schliefen, während im Gästebau z. T. einiger Komfort der Bettausstattung bestand[81]. Und sogar vier blecherne Nachtgeschirre, *urinalia*, waren dort vorhanden. Zum Baden in der Infirmarie brauchte man *cappas balneales*, Badeumhänge, deren fünf bereit lagen[82].

Zahlreich waren Bemerkungen dieser Art in den Küchcninventaren zu finden, nicht zuletzt dank der schon besprochenen Notwendigkeit, die Gegenstände durch Angabe des Verwendungszweckes näher zu kennzeichnen. Zu den erwähnten Beispielen hinzuzufügen wäre etwa, daß in der Küche aber auch zweiunddreißig Zinnschüsseln für Suppen oder Knödel, *pro offis*[83], dreiundvierzig für Gemüse, *pro pulmentariis*, je vierunddreißig, dreißig und fünfundzwanzig für Fisch vorhanden waren, je eigene Messer für Fleisch und für Speck, eine Fleisch- und Fischgabel, zwei eiserne Hämmer zum Schlagen der Stockfische, *ad cudendum strumulos*, das ist die übliche Fastenspeise[84], ein Zinnreinigungsgerät u. a. Bei Tisch war es üblich, daß jeder sein — meist zinnernes — Salznäpfchen hatte, im Refektorium, im Gästehaus und in der Abtei, dort ein *salsorium habens quatuor salsoriola ad idem pertinentia*, 1486 heißt

[81] Nr. 3, fol. 73: z. B. wird in mehreren Fällen nur 1 Bett für einen Handwerker und dessen Diener genannt (vgl. Anm. 21); Nr. 3, fol. 12 (Gästebetten).

[82] Nr. 3, fol. 12: *quattuor urinalia laminea ferrea*; fol. 70: *quinque cappas balneales*.

[83] Nr. 3, fol. 71v. — Zu *offa* vgl. Diefenbach, *Glossarium* 393; Hundsbichler a. O. 129; Emmanuel von Severus, *Klösterliche Sachkultur im Rituale Hyparchiae des Abtes Johann Augustin Machhausen von Laach (1553—1568)* in diesem Band 247—265.

[84] Nr. 3, fol. 13 und 72. — Vgl. Diefenbach, *Glossarium* 557; Jaritz a. O. 184f. — In der Provence wird Stockfisch noch heute mit dem Hammer zerkleinert.

dieses *I groß saltzuaß mit IIII kleinen von Zinn*, sicher eine hübsche Garnitur; zweiundfünfzig Salznäpfe wurden in Reserve gehalten[85]; ein großes Salzgefäß mit fünf kleinen wurde 1483 an den michelsbergischen Klosterhof Rattelsdorf abgegeben[86].

Und auch der Senf wurde anscheinend einzeln zugeteilt, denn in der Küche standen 1486 einundfünfzig zinnerne kleine *scutellae pro sinapo* bereit, die bald darauf umgegossen wurden zu sechzig[87]. Die Tischdiener trugen Schürzen, es gibt Topfuntersetzer, das sind Ringe aus Messing, Holz oder Flechtwerk, so für Gäste[88], eigene Schüsseln zum Abtragen der Reste. Daß der Abt anscheinend meist sechs Gäste zu bewirten pflegte, entnehmen wir der Anschaffung von sieben- bzw. vierzehnzähligem Tischgerät — in Wil bei St. Gallen bekam der Abt stets sieben Portionen Essen ins Abtsschloß geliefert[89]. Das gibt einen Einblick in die Gastlichkeit, wie auch die Ausstattung des Gästehauses selbst. Dazu gehört auch die Beobachtung, daß im Keller Messer zum Brotschneiden sowie drei Körbe für die Almosen bereitlagen[90] — so als ob man dort „Weinproben" veranstaltete, bei denen die Eingeladenen sich durch eine Spende für die Armen erkenntlich zeigen sollten; doch ist eher anzunehmen, daß der Cellerarius das Brot für die Armenspeisung vorbereitete.

Nur auszugsweise konnte in diesen Überlegungen die Fülle von Haushaltsgegenständen erfaßt werden, die in den Inventaren des Abtes Andreas Lang aufgelistet ist. Manche Dinge befanden sich in etlichen, ja zahlreichen Exemplaren im Kloster, weil sie mehrfach benötigt wurden oder wegen des raschen Verbrauchs in Reserve liegen mußten. Anderes ist nur jeweils einmal da und wurde bei Verlust ersetzt. Das Inventar enthält Gegenstände, deren Vorhandensein — auch heute —

---

[85] Nr. 3, fol. 11v und fol. 64.

[86] Nr. 3, fol. 12v.

[87] Nr. 3, fol. 71v: *LI scutellas paruas pro sinapio*; Nr. 3, fol. 75: *sexaginta Scutelle pro sinapo noue facte ex antiquis que fuerant vero LI.*

[88] Nr. 3, fol. 11v und 12 z. B. *in Hospitalaria: Tres aurichalceos circulos, unum plectum circulum, duos circulos simplices ligneos ualentes ad mensam*; vgl. auch oben Anm. 59. — Vgl. Jaritz a. O. 220.

[89] Nr. 3, fol. 64: 7 venetianische Gläser, 14 Löffel mit Zinngriffen, 14 mit Silbergriffen z. B. — Vgl. dazu Dietrich W. H. Schwarz, *Die Küchenordnung des Abtes Ulrich VIII. Rösch von St. Gallen für den Hof in Wil von etwa 1480* in diesem Band S. 267—277.

[90] Nr. 3, fol. 13v: *tres sportas ad eelemosynam, unum cultrum pro scindendis panibus ad discos.*

selbstverständlich ist, manches ist uns nicht mehr vertraut, anderes erscheint mitunter verwunderlich. Die Gesinde- und Personalstuben wirken dürftig eingerichtet im Vergleich zu Infirmarie, Gästehaus und Abtswohnung, welch letztere durchaus als Prälatur im Sinne des ausgehenden Mittelalters angesprochen werden kann[91].

Der Wert der Quelle liegt auch darin, daß hier einigermaßen komplett der Hausrat eines Klosters und die Verteilung der Gegenstände auf die einzelnen Räume ersichtlich ist. Aufgeführt werden freilich nur *utensilia domus* und *supellectilia*, Geräte und Geschirr. Bettzeug und Tischwäsche bilden den Hauptbestand des Inventars. Es geht nicht um die Gesamtausstattung, nicht z. B. um die großen Möbelstücke und die fest eingebauten Einrichtungen wie etwa Öfen[92], noch weniger etwa die damals reparierte Wasserleitung oder den großen Dansker des Klosters[93]. In den Abschnitten über die Bautätigkeit des Abtes enthält das Inventar einige Angaben dazu[94]. Weiters sind die Verbrauchsgüter hier nicht verzeichnet, Wachs, Holz, Nahrungs- und Futtermittel, Arbeitsmaterial etc., lediglich das Silber für den Goldschmied ist genannt. Die Kleidung im weitesten Sinne war ebenfalls nicht Sache der Inventur, weder die des Abtes und der Mönche, noch die des Klosterpersonals. Sie gehörte dem einzelnen oder war zumindest in dessen alleiniger Obhut. Denn das Inventar enthält nur jene Bestände, für die der Abt verantwortlich war. Daher fehlt auch all das, was die Mönche in ihren Zellen hatten; nur deren Betten sind kurz registriert[95]. Ob daraus auf persönliches Eigentum der Konventualen geschlossen werden muß, bleibe freilich dahingestellt.

Abt Andreas hat, das bezeugen gerade die Neuanschaffungen nach 1483, auf das Beste vorgesorgt für das Kloster insgesamt, aber auch für sich selbst, so wie es eben seinem Rang und Stand angemessen war. Es ist die jeweils durchschnittliche Wohnkultur der gehobenen Schichten und auch die der einfacheren Leute jener Zeit[96], von der sich das Kloster in seinen diversen Abteilungen kaum unterscheidet, kaum unterscheiden kann. Wie der Prälat der vornehmsten Abtei des Hochstifts seinen Repräsentationspflichten genügen und dafür eingerichtet sein mußte, so

[91] Vgl. JARITZ a. O. passim.

[92] Nur der Ofen im Ziegelhof wird erwähnt wegen des in ihm eingesetzten Kupferkessels, s. Anm. 56. — Vgl. JARITZ a. O. 168f.

[93] LAHNER a. O. 210, MAYER a. O. 179.

[94] Nr. 2, fol. 13ff.; LAHNER a. O. 203ff.

[95] Vgl. oben S. 231.

[96] Vgl. HEYNE a. O. passim.

brauchte auch jeder der Klosterleute das seiner Funktion Entsprechende, nicht anders als der Handwerker oder Bauer. Und daß der Abt offensichtlich Freude an mancherlei nicht unbedingt nötigen Luxusstücken hat, auch das gehört in die Epoche um 1500 — wie *mutatis mutandis* in jede andere Zeit.

Vergleiche mit Quellen zur Sachkultur des späten 15. Jahrhunderts, der klösterlichen, der adeligen wie der bürgerlichen, vor allem im fränkischen Raum[97] könnten das Michelsberger Inventar und dessen Bestand einordnen in ein Bild des Lebensstandards jener Generation, könnten vielleicht regional Typisches herausholen. Durch Vergleiche mit den ausführlichen Angaben der älteren benediktinischen Consuetudines-Literatur[98] wäre die Veränderung im klösterlichen Wohn- und Lebensstil aufzuzeigen. Auf beides muß hier verzichtet werden, um den Rahmen eines Referates nicht zu sprengen. Anhand des Michelsberger Inventars, das Andreas Lang uns hinterlassen hat, sollte nur ein kleiner Beitrag zur klösterlichen Sachkultur des Spätmittelalters geleistet werden, ein Beitrag zur Materialsammlung[99]. Daß man dabei bisweilen der Gefahr erliegt, sich im Detail schier zu verlieren und obendrein noch Spaß daran zu finden, sei abschließend vom Referenten eingestanden.

---

[97] Zwei kurze fränkische Klosterinventare des Jahres 1546 aus dem Benediktinerinnenkloster Paradeis in Heidingsfeld bei Würzburg veröffentlichte Paulus Weissenberger OSB, Beiträge zur Kunst- und Kulturgeschichte mainfränkischer Benediktiner- und Zisterzienserklöster. *Mainfränk. Jahrb.* 2 (1950) 233—236.

[98] Vgl. Zimmermann a. O. passim.

[99] Für den Hinweis auf die Handschrift sowie für wertvolle Hilfe bei der Arbeit daran danke ich freundschaftlich meinem Assistenten Heinz Pfuhlmann.

Emmanuel von Severus

KLÖSTERLICHE SACHKULTUR IM RITUALE HYPARCHIAE DES ABTES JOHANN AUGUSTIN MACHHAUSEN VON LAACH (1553—1568)

1.0 Das Rituale Hyparchiae des Abtes J. A. Machhausen; Universitätsbiliothek Bonn, Ms. S 354

1.1 Beschreibung der Handschrift

Das Rituale Hyparchiae des Klosters Laach, das ich hier unter dem besonderen Gesichtspunkt der klösterlichen Sachkultur vorstelle, ist eine 172 Blätter umfassende Papierhandschrift der Bonner Universitätsbibliothek von 326 mm Höhe, 209 mm Breite und 30 mm Dicke in einem dunkelbraunen Originalledereinband. Dieser ist auf dem Rücken und an den Kanten der Deckelecken stark beschädigt und weist die Spuren ursprünglich vorhandener Schließen auf. Die eingepreßten Ornament- und Blumenmuster sind stark abgegriffen. Der Rücken zeigt oben die Signatur der UB Bonn mit dem Aufdruck S 354, unter dem noch Reste einer älteren Signatur erkennbar sind, unten die Größenbezeichnung 2°. Auf dem Vorderdeckel findet sich ein mit schwarzem Blumenmuster umrahmtes Papierschildchen 50 × 70 nun mit der Signatur 26 in schwarzer Tinte, dessen Herkunft erst ein sorgfältiger Vergleich mit den anderen Handschriften Laacher Provenienz ergeben kann. Die auf fol. 1^{r} befindlichen Rundstempel der Bibliothèque Nationale (rot) von Paris und der Königlichen Universitätsbibliothek Bonn (blau) kennzeichnen den Weg, den die Hs. mit vielen anderen der Laacher Klosterbibliothek nach der Aufhebung des Klosters im Jahre 1802 genommen hat. Die gleichen Stempel finden sich auf fol. 172^{v}, während das Schutzblatt des hinteren Buchdeckels in Blau- bzw. Rotstift noch die Signaturen K. 354 und S 223^{a} aufweist.

Die ersten Blätter unserer Hs. bieten eine schwer überschaubare Reihe von Widmungen, z. T. in Gedichtform, und Ermahnungen, in die auf fol. 2^{r} die eigentliche Titelei eingeschoben ist, während der Text des Rituale erst auf fol. 11^{r} mit dem ersten Hauptstück beginnt[1]. Mit einem Epilog fol. 109^{r} schließt der erste Teil des Werkes, in dem die foll. 6^{v}, 7^{rv} und 110^{r}—113^{r} sich als Schimmelseiten erweisen. Diese zeigen deutlich das Wasserzeichen des verwendeten Papiers[2].

Fol. 113^{v} beginnt sodann von gleicher Hand geschrieben, nach 1568 fortlaufend von jüngeren Händen ergänzt bis zum Amtsantritt des Abtes Joseph Meurers im Jahre 1766, der *Catalogus Abbatum Lacensium*. Unter Auslassung der Blattbezifferung 115, 116 und 117 schließt sich daran der 2. Teil des Buches, das fol. 161^{v} endet. Fol. 162^{r}—fol. 163^{r} folgt ein von jüngerer Hand geschriebenes Inhaltsverzeichnis und 163^{r}—170^{v} ein *Calendarium una cum brevi annotatione consuetudinum et quorumdam quae usu venire solent per anni circulum in conventu Fratrum monasterii Lacensis*. Die Mehrzahl dieser *annotationes* betrifft

---

[1] Der Universitätsbibliothek Bonn, insbesondere der Leiterin der Handschriften-Abteilung, Frau Oberbibliotheksrätin Dr. I. FISCHER, danke ich sehr für die Möglichkeit, die Handschrift auf dem Lesesaal der Laacher Abteibibliothek und im Archiv des Klosters benutzen zu dürfen. — Das Rituale ist in seiner Ganzheit noch nicht untersucht worden. Arbeiten, die sich auf einzelne Kapitel beziehen oder zu bestimmten Themen herangezogen wurden, werden unten jeweils genannt. Allgemein vgl. P. RICHTER, Die Schriftsteller der Abtei Maria Laach. Studien zur rheinischen Kloster- und Literaturgeschichte, mit Textbeilagen. *Westdeutsche Zeitschrift* 17 (1893) 81—85.

[2] Vgl. dazu G. PICARD, *Die Kronenwasserzeichen*. Stuttgart 1961, VII 84 a (1539—1561); DERS., *Die Ochsenkopfwasserzeichen*. Stuttgart 1966, V 401 (1560—1562); ähnlich C. M. BRIQUET, *Les filigrans*. Leipzig ^{2}1923, 12337 u. 12364; außerdem Adler, Ochsenkopf u. Buchstabe P.

liturgische Daten und Handlungen. Dem *Calendarium* folgen, von zwei verschiedenen Händen geschrieben, 171^r—172^r *Notabilia quaedam* verschiedenen Inhalts — z. B. Primizgebräuche, die Beleuchtung des Refektoriums, der *usus mitrae* nach den Anordnungen des Generalkapitels von 1605 und ein Plan für die Schriftlesung im Refektorium.

1.2 Der Verfasser des Rituale

Der Verfasser des Rituale ist uns verhältnismäßig gut bekannt. Abt Johann Augustin Machhausen, nach älterer Schreibart *Machhuis* oder *Machhaus*, der 25. Abt des Klosters, stammt aus einem in Boppard, Koblenz und Münstermaifeld noch heute ansässigen Geschlecht. Familien des gleichen Namens leben heute noch in Boppard und Koblenz. Er wurde in Koblenz in der gleichen Pfarrei Liebfrauen geboren, in der nach der Aufhebung des Klosters Laach im Jahre 1802 der letzte Cellerar des Klosters, P. Columban Albrecht, Pfarrer wurde[3]. P. Johann Augustin erscheint 1539 als Prior des Klosters und wurde am 6. Februar 1553 zum 25. Abte der Pfalzgrafenstiftung am See gewählt. Er leitete sie bis zum 10. Juli 1568. Neben dem Rituale Hyparchiae, das er schon als Prior des Klosters geplant hatte — er bekleidete das Amt 15 Jahre hindurch vor seiner Wahl zum Abte (fol. 5^v) —, ist sein Andenken im Kloster vor allem durch künstlerische Werke, die er teils selbst schuf (vgl. fol. 72^v und 73^v), teils förderte (fol. 80^v—81^r), festgehalten.

Er hat etwa 1558 mit der Niederschrift des Rituale begonnen (fol. 5^v) und, durch schwere Krankheit behindert, jahrelang daran geschrieben. Fol. 88^v nennt er den 24. Februar 1563 ausdrücklich als terminus post quem der dort mitgeteilten Nachricht. Das Vorwort ist jedoch bereits vom Vortag des Benedictusfestes 1560, dem 20. März, datiert. Eines

---

[3] Das älteste beurkundete Mitglied der Familie scheint ein Koblenzer Ratsherr Antgin Machuiß zu sein, den J. Wegeler im Diarium des trierischen Sekretärs Peter Maier aus Regensburg über seine Ein- und Ausgaben für den 3. 6. 1508 nachweist. Vgl. *AHVNRh* 8 (1860) 3. Die Familie Machhaus erscheint ferner in den Taufbüchern der Pfarrei Unserer Lieben Frau zu Koblenz am 2. 3. 1654 (vgl. *Ahnentafeln berühmter Deutscher* I. Leipzig 1929—1932, 127). Das von der Familie Machhausen bis in die Neuzeit bewohnte Haus Castorstr. 337 in der Pfarrei Unserer Lieben Frau in Koblenz, deren Taufbücher erst ab 1601 erhalten sind, wurde im 2. Weltkrieg zerstört. Der Bopparder Zweig der Familie nennt sich Machhaus, der seit 1662 im bayerischen Tittling ansässige Zweig Machaus. Wertvolle Auskünfte verdanke ich zur Familiengeschichte Dr. Johannes Hofmann OSB (Abtei Niederaltaich) sowie Herrn J. Machhaus in Boppard und Dr. Max Machhausen in Koblenz.

der ältesten Gebäude der Laacher Klosteranlage neben der Kirche, die alte Klostermühle von 1560, stammt aus seiner Regierungszeit.

1.3 Bestimmung und Inhalt des Rituale

Abt Johann Augustin kommt im Laufe seiner von Schwulst und Weitschweifigkeit gekennzeichneten Schreibweise wiederholt auf die Absicht zu sprechen, die er bei der Abfassung des Rituale verfolgte. Es ist in der Sprache unserer Tage eine Dienstanweisung für den Prior des Klosters, wie sie etwa in den Kongregationen der benediktinischen Restauration des 19. Jahrhunderts als sogenannte Instruktionen bis in die Zeit vor dem Zweiten Vatikanischen Konzil üblich waren. Es entspricht der Vorliebe des rheinischen Klosterhumanismus, den Prior als Hyparchos, seinen Auftrag als Hyparchia zu bezeichnen — Graezisierungen, die an vielen anderen Stellen für andere Ämter ebenfalls auftreten.

Bereits in der Widmung an den Adressaten des Rituale Hyparchiae, den Prior Matthias von Cochem[4], spricht Abt Johann Augustin die Absicht seiner Arbeit klar aus: Er möchte die Lebensgewohnheiten und Riten des Klosters *a tempore reformatae religionis* (fol. 3^r^) darstellen, um sie vor dem Vergessenwerden zu bewahren und sie als die Lebenspraxis, die das Laacher Kloster mit der Bursfelder Reform am 20. VIII. 1474 (fol. 168^r^) angenommen hatte, sichern. Er will verhindern, daß Elemente, die er für die Lebensführung seiner Mönche als unerläßlich ansieht, aus wie immer gearteten Gründen mißachtet werden (fol. 3^v^). Wie sehr Abt Machhausen die Bursfelder Reform und das von ihr verkörperte Ideal am Herzen lag, darf man wohl auch aus seiner Wahl zum Definitor der Union auf dem Generalkapitel vom 24.—27. April 1558 zu St. Pantaleon in Köln schließen[5]. Diese Beziehung zu Bursfeld muß bei allen Notizen des Rituale beachtet werden, da sie den Zeitpunkt seiner Abfassung für das Kloster Laach wie seine Eigenart innerhalb der Ordensgeschichte kennzeichnen.

---

[4] Er ist wohl der zweite Prior des Abtes J. A. Machhausen (nach dem Prior Arnold von Arnheim) und wird im Nekrolog, der auf dem Generalkapitel vom 24.—26. April 1575 in St. Pantaleon in Köln vorgelesen wurde, als *prior meritissimus* aufgeführt. Vgl. P. VOLK OSB, *Die Generalkapitelsrezesse der Bursfelder Kongregation*. II. Band: *1531—1653*. Siegburg 1957, 224.

[5] Vgl. VOLK, *Generalkapitelsrezesse* II, 127. Über die Anwesenheit und Abwesenheit des Abtes Johann Augustin auf den jeweiligen Generalkapiteln und die dort von ihm übernommenen Aufgaben, Ämter usw. erhält man leicht Aufschluß mittels der Register bei VOLK, *Generalkapitelsrezesse* IV. Siegburg 1972, 68.

2.0 KLÖSTERLICHE SACHKULTUR IM RITUALE HYPARCHIAE

2.1 Klösterliche Sachkultur im ordensgeschichtlichen Kontext

Bereits der zitierte Satz *a tempore reformatae religionis* (fol. 3r) zeigt, daß der Bursfelder Reformgedanke das Rituale Hyparchiae entscheidend bestimmt. Wenn die Geschichte der Bursfelder Union in den letzten Jahrzehnten auch eingehend erforscht wurde[6], so fehlen uns heute doch noch zuverlässige Untersuchungen über die Spiritualität dieser vorreformatorischen Erneuerung im benediktinischen Mönchtum, der die meisten Abteien im westdeutschen Sprachgebiet ihr Weiterbestehen bis zur Säkularisation verdankten, und an welche Abteien, die im 19. und 20. Jahrhundert wiederbesiedelt wurden, anknüpfen konnten[7]. Allein Spezialuntersuchungen können Aufschluß darüber geben, welche Zusammenhänge zwischen der Bursfelder Spiritualität mit der *devotio moderna* der niederländischen Fraterherren bestehen[8], wie z. B. auch das Schriftverständnis und die immerhin nicht dürftige Väterkenntnis unseres Rituale zu verstehen, und wo sie einzuordnen sind. Wie sehr der Bursfelder Erneuerungsgedanke das klösterliche Leben in Laach bestimmte, zeigt nicht nur der schon zitierte Satz, sondern auch die Tatsache, daß die Grabsteine der Laacher Äbte ihre Toten nicht mehr von der Gründung des Klosters an zählen, sondern *a reformatione*[9], also von der Aufnahme in die Bursfelder Union. Das Bursfelder Caeremoniale gehört darum nach der Heiligen Schrift und der Regula Benedicti zu den bevorzugten Quellen des Rituale Hyparchiae. Gelegentlich bekennt sich darum Abt Machhausen mit Emphase zu den Bursfelder Bräuchen (z. B. fol. 149r), aber es zeugt auch von seinem historischen Wissen und seiner guten Methode, wenn er den Beginn der Erneuerung mit der am Rande des Konstanzer Konzils in

---

[6] Hier sind vor allem die Arbeiten von P. VOLK OSB zu nennen; vgl. Bibliographie P. PAULUS VOLK, Privatdruck Siegburg o. J. (bis 1963 incl.), v. a. Nr. 23, 25—28, 38, 40, 47—50, 57f., 60, 62f., 68—71, 74f., 77, 79, 82—91, 96—100, 103, 106f.; ferner die Ergänzungen bei VOLK, *Generalkapitelsrezesse* IV, XII.

[7] Während der Drucklegung dieser Arbeit erschienen: P. ENGELBERT OSB, Die Bursfelder Spiritualität im 15. Jahrhundert. *Germania Benedictina* VI (1979) Anhang I, 503—524 u. H.-W. KRUMWIEDE, Zur Dialektik christlicher Existenz. *JNKG* 76 (1978) 155—168, wobei letztere Arbeit nicht frei von Mißverständnissen ist.

[8] Einige Aufschlüsse geben dazu die in diesem Band veröffentlichten Beiträge.

[9] Dieses Merkmal trifft auch auf andere monastische Reformbewegungen des Spätmittelalters zu.

Petershausen tagenden Äbteversammlung von 1416 ansetzt[10]. Zu seiner Zeit beobachtete Verfallserscheinungen beurteilt er stets aus dem Vergleich mit dem Bursfelder Usus. Daraus darf nicht ohne weiteres auf einen allgemeinen Verfall geschlossen werden — betont Abt Machhausen doch, daß er in den 38 Jahren seines klösterlichen Lebens noch nie eine Exkommunikation erlebt habe (fol. 58r). Anderseits scheint es in der gesamten Ordensgeschichte ein fast naturgesetzlicher Vorgang, daß sich in der 3. Generation einer Klostergemeinschaft gewisse Erschöpfungserscheinungen bemerkbar machen. Die Berufung auf Bursfeld und das durch seine Bräuche gegebene Vorbild und der häufige Vergleich mit ihnen rechtfertigen es auch, daß wir im Zusammenhang mit den in diesem Bande vorgelegten Abhandlungen ein Werk aus der 2. Hälfte des 16. Jahrhunderts behandeln. Es darf noch als Quelle für spätmittelalterliche Sachkultur gelten, weil die Bursfelder Bräuche aus dem 15. Jahrhundert für den Verfasser des Rituale den Stoff liefern und ein Vorbild darstellen.

2.2 Die Sachkultur in ihrer Beziehung zur Pellenz und zur Landschaft zwischen Rhein und Mosel

Während die Behördensprache der Gegenwart, zum Beispiel die Deutsche Bundespost, das neuzeitliche Kloster Maria Laach zur Eifel zählt, und die moderne Publizistik ihr darin vielfach folgt, spricht die Wissenschaft feiner unterscheidend meist von der „Laacher Landschaft“. Sie ordnet diese zwischen Brohltal und Pellenz ein[11]. Der Name Pellenz, allmählich im Schwinden begriffen, muß hier deshalb genannt werden, weil er zum Gründer des Klosters in besonderer Beziehung steht und den interessanten Fall einer Landschaftsbezeichnung darstellt, die mit dem Grundbesitz eines Beamten verbunden, in Westdeutschland mehr als eine Gegend bezeichnet[12]. Andererseits prägte er das Bild mancher Gemeinden, in denen das alte Kloster Laach bis zur Säkularisation Herrschaft, Rechte und Grundbesitz innehatte, bis in die Gegenwart. Der Stifter des Klosters Laach begabte das Kloster jedoch auch mit Höfen, Weinbergen, Äckern und Weiden an Rhein und Mosel. Wir wollten darum mit den Namen Pellenz, Rhein und Mosel die Einflüsse kennzeichnen, unter denen sich die klösterliche Sachkultur in Laach entwickelt hat. Der keltische Mutterboden, die römische Militär- und

[10] Vgl. fol. 149v, wo er schreibt: *quando patres Constantiensis et Basiliensis Consilii eliminatis irreformatae vitae corruptelis.*

[11] Vgl. J. Busley — H. Neu, *Die Kunstdenkmäler des Kreises Mayen.* 1. Halbband. Düsseldorf 1941, 1.

[12] S. ebd. 20.

Zivilverwaltung, ihr Handels- und Wirtschaftsleben mit den dazugehörigen Bauten dürfen dabei freilich nicht vergessen werden. Die Provinzgrenze zwischen der *Germania inferior* und *superior* verlief nicht weit von der Laacher Landschaft im Vinxtbachtal. Die von ihr mitbestimmten Rivalitäten zwischen Kurköln und Kurtrier zogen das Kloster oft genug in Mitleidenschaft, und bis zur Wohlstandsgesellschaft der westdeutschen Bundesrepublik war diese Grenze noch maßgebend für das Brot, das die Laacher Mönche auf den Tischen des Refektoriums vorfanden.

2.3 Die Sachkultur im Bereich des Gottesdienstes

Obwohl die liturgischen Angaben unseres Rituales verhältnismäßig zahlreich sind — z. B. über die Weihedaten der Altäre und die in ihnen eingeschlossenen Reliquien —, erfordert unser Thema eine Beschränkung auf die Realien im engeren Sinne. Diese beziehen sich z. B. auf die Beleuchtung der bis heute ja sehr dunklen Laacher Kirche. Das Rituale unterscheidet hier zwischen *lampades*, die in verschiedener Anzahl an den einzelnen Altären zu entzünden sind (fol. 77^{v}), also Öllampen, *luminaria* (fol. 72^{v}, 77^{v}), Fackeln und Spänen sowie *candelae* (fol. 28^{v}, 152^{v}), Kerzen. Während bei den meisten Angaben auf die Caeremoniae oder die Instruktionen für den Sakristan verwiesen wird, erfahren wir gelegentlich doch Einzelheiten: so z. B., daß in der Weihnachtsnacht der Subdiakon mit einem hochgehobenen Triangel hinter dem Abte steht — offensichtlich, um ihm für die Verkündigung des Evangeliums das notwendige Licht zu spenden; oder daß in der gleichen Nacht auf beiden Chorseiten Kohlenbecken aufgestellt werden (fol. 28^{v}), und daß zu bestimmten Zeiten Mönche den Chor verlassen, um die Heizung in Wärmestube und Refektorium in Gang zu setzen (fol. 28^{v}), eine Aufgabe, die an Ferialtagen zu Beginn der Suffragien zu besorgen ist (fol. 35^{r}), an Festtagen besonders bestimmt wird. Die Priestermönche sind freilich davon befreit (fol. 35^{v}).

Im Zusammenhang mit dem Gottesdienst ist wiederholt auch von Speisen die Rede. Wir behandeln aus sachlichen Gründen diese Hinweise später, weil sie nur in wenigen Fällen mit dem liturgischen Jahr und dem innerklösterlichen Leben zusammenhängen — es sei denn, wir lesen bei den Bemerkungen zur Segnung des Weines am Tag des Evangelisten Johannes, daß den jüngeren Mönchen, denen sonst an drei Tagen der Woche eine Suppe als Frühmahlzeit erlaubt ist, an diesem Tage erst nach dem Trinken des Johannesweines das *ientaculum* gestattet ist. Die Notizen über die Weihe der einzelnen Altäre geben uns z. T. auch Aufschluß über die Art des künstlerischen Schmuckes und dessen Kosten[13]. So berichtet Abt Machhausen von einem gemalten Glasfenster, das *per quendam fratrem huius nostrae congregationis encaustico opere facta est* (fol. 72^{v}), unter welcher Bescheidenheitsformel er sich selbst verbirgt (vgl. fol. 73^{v} *vitreae quoque fenestrae encausticum opus, quidam huius contubernii frater fecit;* hier nennt er aber auch seinen Lehrer in der Glasmalerei: *Nicolaum de Mendich, paedagogum nostrum*)[14].

Anderswo bemerkt er, daß sein Vorgänger Abt Petrus von Remagen (1529—1553) zum Anna-Altar ein Tafelbild habe anfertigen lassen, für das der berühmte Maler Meister Hubert in Aachen einen Lohn von 50 Talern erhalten habe und nach Ablieferung der Tafel im Jahre 1542 noch ein Honorar (*munus honorarium*) von 7 Gulden. In Aachen, also wohl vom gleichen Meister, wurde auf Kosten des Pfarrers Johannes Segen in Kruft eine Tafel für 65 Taler im Jahre 1546 für den Hieronymusaltar geschaffen. Zum Preis bemerkt Abt Machhausen, das seien zum gültigen Kurs 140 Gulden und 20 Silbergroschen. Für den 1367 konsekrierten Bartholomäus-Altar nächst der Friedhofspforte im nördlichen Seitenschiff hat Abt Johann Augustin nach eigener Angabe in Brabant eine *tabella eleganter quidem deaurata .... ad omnipotentis dei honorem* anfertigen lassen (fol. 80^{v}). Für den gleichen Altar bezeugt er die Stiftung einer „Ewigen Lampe", über deren Sinn und Beibehaltung es nach Einführung der Bursfelder Reform Meinungsverschiedenheiten gab (fol. 80^{v}—81^{r}).

2.4.0 Die Sachkultur im klösterlichen Alltag

2.4.1 Das 2. Gelübde der Regula Benedicti als Gelübde des klösterlichen Alltags

Das zweite Gelübde, das der Mönch nach der Aufnahmeordnung der Regula Benedicti (58, 17)[15] im Kloster Laach ablegte, ist vor allem ein Gelübde des klösterlichen Alltags. Die *conversatio morum*, wie es genannt ist, besagt nichts anderes als die monastische Lebensführung in ihrem streng geregelten, aber doch mit buntem Vielerlei gefüllten Ablauf von Stundengebet, dem geistlichen Leben mit Studium, persönlichem Gebet, der Disziplin und der Berührung mit der Außenwelt, vor allem aber

---

[13] „Die Altäre der Laacher Kirche nach dem Rituale des Abtes Johannes Augustinus Machhausen" stellte C. OTTEN in H. EMONDS [Hrsg.], *Enkainia. Gesammelte Arbeiten zum 800jährigen Weihegedächtnis der Abteikirche Maria Laach am 24. August 1956.* Düsseldorf 1956, 347—364 dar.

[14] Vgl. A. SCHIPPERS, Die Glasmalerei in Maria Laach im XVI. Jahrhundert. *Zschr. für christl. Kunst* 29 (1916) 92—94. Zur Illumination des Cod. Harl. 2835 im Brit. Museum vgl. RICHTER, *Die Schriftsteller* 85 und 115.

[15] Künftig als RB abgekürzt.

auch die vielen Dienste in den lebensnotwendigen Arbeitsbereichen des klösterlichen Haushalts. Wir umreißen ganz allgemein den letzten Bereich zuerst, weil auch die Regula Benedicti die Sondersituationen, die vom Klima, den Jahreszeiten und der Außenwelt mitbestimmt werden, stets den allgemeinen Regelungen folgen läßt.

2.4.2 Der Küchenzettel des Klosters Laach

Als guter Hausverwalter, aber wohl auch aus seiner langjährigen Erfahrung, schickt Abt Machhausen dem täglichen Küchenzettel eine allgemeine Einführung darüber voraus, welche Ernährungsmöglichkeiten für das Kloster Laach bestehen. Sie spiegeln deutlich die aus der Geschichte der Bursfelder Kongregation sattsam bekannten Diskussionen über den Genuß und das Verbot von Fleischspeisen wider[16]. Die mit großer Weitschweifigkeit angeführten Zitate klassischer und kirchlicher Autoren und die dazugehörigen Randbemerkungen zeigen, daß es auch in Laach nicht ohne Auseinandersetzungen abging, andererseits aber Abt Johann Augustin vor allem von dem Wunsch beseelt war, die zu seiner Zeit beobachtete fleischlose Nahrung möge mit Gottes Hilfe auch in den folgenden Jahren beibehalten werden (fol. 150^r). Im Sommer z. B. bietet der See nur vier „Fischarten": *lupos* (Flußbarsche), *parcas* (Barsche), *rubelliones* (rote Seebarben), *cancros* (sic!) (Krebse)[17]. Im Winter müssen Mosel und Rhein den Tisch der Mönche beliefern, falls die silberne Angel bereitliegt, also Geld zur Verfügung steht (*argenteus Hamus in prompto*, wie Machhausen fol. 150^r scherzhaft sagt). Dabei geht es um *carpiones* (Karpfen), *barbones* (Flußbarben), *gobiones* (Gründlinge), *prasini* (grüne Brassen), *salmones* (Lachse), *anguillae* (Aale), *percae* (Barsche), *trutae* (Forellen), *auratae* (Goldbrassen, Goldforellen), *tenchae* (Schleien[18]), *tunduli* (Stockfische ?), *harengae* (Heringe) in Sauce oder gedörrt (*passae* fol. 150^r); ebenso Stockfische

---

16 S. bei VOLK, *Generalkapitelsrezesse* IV (Registerband 1972) 284 unter *carnium esus*; ferner bei VOLK, *Bibliographie* Nr. 31 und 38.

17 Bei den beiden erstgenannten Fischen handelt es sich um Flußbarsche, die in Deutschland in Flüssen und Seen vorkommen. Seen mit klarem Wasser bilden ihren Lieblingsaufenthalt. Im Laacher See erreichte einmal einer das seltene Gewicht von mehreren Kilogramm. Vgl. A. BREHM, Die Fische (*Brehms Tierleben* 3, unter Mitwirkung von V. FRANZ neu bearbeitet von O. STECHE) 4. Aufl. 1920, 439. Auch um die Mitte des 20. Jahrhunderts gehörte der Barsch noch zu den vier am stärksten im Laacher See vertretenen Fischarten (vgl. B. KRÜMMEL, *Die Gutswirtschaft der Abtei Maria Laach*. Maria Laach 1948, 90).

18 Eigentlich *Tinca*, im Französischen jedoch Tanches, im Englischen Tenches. Vgl. B. GRZIMEKS *Tierleben* 4. 1970, 518.

(*salpae*), Meerweihen (*milagines*), gesalzene Rheinfische, *pectines torridi salsi* (gebratene, gesalzene Kamm-Muscheln), Rochen, Salme und Aale gepökelt (*raiae, salmones, anguillae salsae*). Vom Genuß der Meeraale (*congri sive anguillae marinae*) rät der Abt jedoch ab, weil sie Ekel erregen (fol. 150r). Andererseits vergißt Abt Machhausen nicht zu bemerken, daß die Brüder früher Rapfen[19] mit Vergnügen verspeist hätten, diese jedoch jetzt nicht mehr zu beschaffen seien (fol. 150v).

Unter den schon in der Regula Benedicti 39, 1 genannten *pulmentaria* versteht man in Laach vor allem mit Milch zubereitete Suppen und Breiarten (fol. 150r); Kohlsuppen (*brassica capitata*, also Rosenkohl), *rapulae* (Rübchen), *pastinacae* (Möhrchen bzw. Karotten). Andere allgemeine Bemerkungen dieser Art, z. B. über die in Laach üblichen drei Käsesorten, werden an einzelnen Tagen nachgetragen (vgl. fol. 150v).

Im Verlauf einer Woche sieht dies dann ungefähr so aus[20]: Sonntags gibt es zu Beginn der Mahlzeit eine Milchsuppe (*pulmentum ex lacte et similagine*) mit Weizenmehlfüllung[21]. Der Verfasser vergißt nicht, darauf aufmerksam zu machen, daß es in Laach nicht üblich sei, *ut duo simul ex una scutella edant* (fol. 150v), sondern daß jeder seinen Anteil einzeln erhält, Käse und Butter jedoch zur allgemeinen Bedienung an den Tischen angeboten werden. Nach dieser Milchsuppe sind je nach Möglichkeit zwei Eier oder ein gesalzener oder geräucherter Hering zu reichen. Als Hauptgericht erscheinen dann frische Fische — im Sommer aus dem Laacher See, im Winter aus Rhein und Mosel. Wenn der Fangertrag nicht groß genug ist, muß der Gastpater für Ersatz sorgen. Als Nachtisch wird Käse angeboten, von dem es in der Regel drei Sorten gab: *hollendinum*, den man in Laach *ovillum* nennt, also Schafkäse, *flamineum*, einen gelben, vermutlich mit Eigelb bereiteten Käse, und einen grünen Käse, *quem vulgo Cantert vocant* (fol. 150v)[22]. Sollten diese Käsesorten nicht angeboten werden können, so gibt es statt dessen Rinderkäse, der von den Laacher Höfen stammt. In der Fastenzeit und im Advent gibt es statt dessen Nüsse, aber keine Feigen oder Rosinen,

---

[19] Vgl. Grzimek 4, 339.

[20] Vgl. dazu St. Hilpisch, Der Küchenzettel im alten Kloster Laach. *Eifelkalender 1927* (Bonn 1926) 54f. Hilpisch teilt allerdings nur wenig Einzelheiten mit. Die nach ihm häufig gebotene Bohnensuppe kommt bei Machhausen nicht vor. Es handelt sich stets um Erbsen.

[21] Auch diese Suppe gab es vor dem 2. Weltkrieg in den Eifel- und Moselgemeinden der Nachbarschaft Laachs als sog. „Knüppkessuppe".

[22] Bei diesem Käse handelt es sich um einen mit Gewürznelken zubereiteten Frischkäse, den J. Müller, *Rheinisches Wörterbuch* IV. 1938, 146 für Trier und andere rheinische Landschaften ausweist.

wie ausdrücklich vermerkt wird (fol. 151^{r}). An den höchsten Festen treten an die Stelle des Käses *striblitae aut lagana*[23].

Für den Montag ist zuerst Erbsensuppe bzw. -brei vorgesehen, dann zwei Eier oder ein Hering; dann Fisch in zerlassener Butter, dann je nach der Jahreszeit Radieschen oder Rote Bete oder ein Gemüsepüree; am Schluß wie sonntags Käse. Dies gilt vor allem an Tagen, an denen kein Abendessen gereicht wird.

Der Dienstag sieht zunächst die gleiche Milchsuppe vor wie der Sonntag. Es folgen die üblichen zwei Eier oder im Sommer Bratfisch, im Winter Stockfisch, ferner ein dünner Eierfladen mit einer Essigsauce. Machhausen bemerkt, daß dieser Eierkuchen zu seiner Zeit nur noch bei großer Sommerhitze gegeben werde, im Winter jedoch mit gepfeffertem Schwarzkohl. Zum Beschluß gibt es wiederum Käse.

Am Mittwoch stehen wiederum Erbsen, dann zwei Eier oder Hering zur Verfügung; als drittes Gericht gekochtes Gemüse, wenn Fasttag ist, sonst frische Fische oder — falls sie nicht vorhanden sind — eingesalzene; am Schluß wieder Käse.

Für den Donnerstag ist eine Milchsuppe wie sonntags vorgesehen, dann zwei Eier oder ein Hering. An Fasttagen folgt ein Erbsenbrei, an den anderen Tagen, falls am Dienstag der Eierfladen ausfiel, dieser oder ein gut gefüllter Rosinenpfannkuchen in Pfeffersauce (*placenta crassior suffarcinata uvis passis in iure piperato*). Der Abt gibt hier sogar ein ausführliches Rezept für gefüllte harte Eier an: Der Dotter wird aus ihnen entfernt, mit Gewürzen gespickt, dann in Butter gebacken und schließlich mit Safransauce gereicht. Sollten die Brüder am Donnerstag fasten müssen, dann gibt es statt dessen Hering in saurem Rahm.

Am Freitag gibt es wiederum Erbsensuppe, gedörrte oder gekochte Fische nach Jahreszeit oder im Sommer Eier; dazu Kohl oder gelbe Rüben und Käse.

Am Samstag wird Erbsensuppe gereicht, dann der übliche gekochte oder getrocknete Hering und schließlich, was fast als Gesetz gilt — *quasi pro lege receptum est* —, drei Spiegeleier, *quae vulgus oculos vitulinos vocat* (fol. 151^{v}). Abt Augustin vergißt nicht, darauf hinzuweisen, daß man, wenn eben möglich, diesen Speiseplan variieren solle, und daß man auch einmal in der Woche den Brüdern an einem Tage, an dem es keine Abendmahlzeit gibt, eine solche als *coena graciosa* gewähren solle (fol. 151^{v}).

---

[23] *Scriblita*: warmes Gebäck, Krapfen (fol. 151^{r}); *lagana*: Plinsen (Mehlfladen) oder Kuchen aus mehreren Schichten.

Diese Bemerkung gibt Abt Johann Augustin noch Anlaß, auf das Menü der Abendmahlzeiten hinzuweisen, falls solche von der Regel gestattet sind. Sie unterscheiden sich kaum von den genannten Mittagsmahlzeiten, ja man gewinnt den Eindruck, daß die Zuteilungen zum größten Teil Reste der Mittagsmahlzeiten darstellen oder die Gerichte des Mittagessesn reduziert werden, um Portionen für den Abend zu erhalten. Die gleiche Praxis, die in der Regula Benedicti für das Brot vorgesehen ist (39, 5), wendet unser Rituale auf die Zahl der Eier an: man reicht mittags eines weniger, um es am Abend geben zu können (fol. 152^{v}). Dazu gibt es noch Käse und Früchte. Daß Abendmahlzeiten nach der Regula Benedicti eine Ausnahme für bestimmte Zeiten sind, dessen ist man sich so sehr bewußt, daß man sie als *gratiae indultae* oder als *merenda* bezeichnet (fol. 152^{r}). Sie sind in der mit dem 13. September beginnenden monastischen Fastenzeit nur aus bestimmten Gründen Dienstag, Donnerstag und Samstag gestattet, da, wie der Verfasser bemerkt, *patres nostri non prorsus omnis fuerunt humanitatis expertes* (fol. 152^{v}).

2.4.2.1 Die Beleuchtung der Speiseräume

Gelegentlich der Vorschriften über die Abendmahlzeiten erfahren wir auch, daß es im Kloster Laach zwei Räume gab, in denen Mahlzeiten eingenommen werden durften. Der eine ist das Refektorium für die milden und warmen Jahreszeiten, der andere das Hypocaustum für die Wintermonate. Für die Beleuchtung beider sorgt am Abend der Sakristan: Im Refektorium gibt es am Oberntisch eine Kerze, dann für jeden Tisch zwei Kerzen. Diese Leuchten werden vor den Tischen aufgestellt. Im Hypocaustum gibt es einen zweiarmigen Hängeleuchter — *candelaber pendulus* —, an dem an Fasttagen zwei Kerzen, an Tagen mit *merenda* drei, an Tagen mit Abendessen vier Kerzen aufgesteckt werden, für die der Sakristan zu sorgen hat (fol. 152^{v}).

2.4.2.2 Das Maß der Speisen bei klösterlichen Strafen

Der enge Zusammenhang von *oratorium* und *mensa* in der Regula Benedicti wirkt auch in unserem Rituale insofern nach, als Fehler im Chor Strafen im Refektorium zur Folge haben oder Zensuren an beiden Orten ihren bestimmten Ausdruck finden. So werden Fehler, die den Verlauf des Stundengebetes stören, durch Versetzung an den Novizentisch geahndet (fol. 60^{r}); wer sich im Chor lärmend schneuzt, dem wird bei der Mahlzeit der Wein entzogen (fol. 59^{v}), die gleiche Strafe trifft, wer die Regeln des Silentiums nicht einhält (fol. 59^{v}). Bei schwereren Vergehen schließlich gibt es nur Wasser und Brot (fol. 59^{r}). Als Strafverschärfung gilt, daß man die Mahlzeit vor einem Tischchen, auf dem

Boden sitzend, einnehmen muß (fol. 59r). Von anderen Strafen berichtet Abt Machhausen, daß sie vor seiner Zeit üblich gewesen seien, heute, nur vom Hörensagen bekannt, abgeschafft worden seien, weil man sie als komisch oder kindisch empfand. Z. B. mußte, wer nachts eine Kerze auf seiner Zelle brennen hatte, oder Gegenstände, deren Gebrauch nicht gestattet war, diese während der gemeinsamen Mahlzeit mit erhobener Hand präsentieren (fol. 60r).

2.4.2.3 Das Maß der Speisen bei besonderen Arbeiten und Anlässen

Wie die Regula Benedicti sowohl für Speisen als auch für Getränke besonders schweren Arbeiten Rechnung trägt (vgl. 39, 6; 40, 5), so kennt auch das Rituale Hyparchiae in dieser Beziehung seine Ausnahmen. Dazu gehört die Zeit der Heumahd — *foenisecium* (fol. 94r) — im Sommer und alle Arbeiten, die im Herbst unter freiem Himmel zu verrichten sind (fol. 94r). Außer den notwendigen Kopfbedeckungen, nämlich Sonnenhüten (fol. 95r), leichten weißen Tuniken (fol. 95r), nehmen die Mönche auf die Wiesen auch neben Bier und Wein ein Verpflegungspäckchen mit, das aus Brot und Käse besteht (fol. 95r). Der Prior hat ebenso dafür zu sorgen, wie für die Gebete vor und nach der Arbeit, Teile des Officiums, die etwa wie die Kleinen Horen zu verrichten sind, anzuordnen und die Erlaubnis zur Unterhaltung zu erteilen oder wieder aufzuheben (fol. 95r). An besonders heißen Tagen kann zwischen 13 und 14 Uhr Rast unter einem Sonnenschirm (*umbraculum*)[24] gehalten werden. Neben den üblichen Käsebroten kam es gelegentlich zu einer Zukost: Fladen aus geriebenem Eidotter und allerlei *opiparia lauticinia*. (fol. 96r)[25].

2.4.2.4 Zukost an Bade- und Lässetagen

Zu den Aufgaben des Priors gehört es auch, etwa viermal im Jahre Bade- und Aderlaßtage anzusetzen und die dafür notwendigen Listen aufzustellen. Ferner hat er dafür zu sorgen, daß auf dem Küchenzettel an diesen Tagen Fische nie fehlen. Anstelle der üblichen dicken Suppen tritt an diesen Tagen Reisbrei, und das Weinmaß darf nach seinem Ermessen größer sein (fol. 100v und 101r). Ein Problem scheint der

[24] Ob darunter einfach ein schattiger Platz zu verstehen ist, was wahrscheinlich ist, oder ein Sonnendach nach Art einer Marquise aufgestellt wird, muß offenbleiben.

[25] Hier scheint es gelegentlich Schwierigkeiten gegeben zu haben. Denn einerseits betont Machhausen, die Kost solle nicht aufwendiger sein als das übliche Käsebrot mit Wein oder Bier, anderseits bemerkt er, daß die Brüder bei Zugaben *sese splendida satis ac largis opipariisque lauticiis refectos putant* (fol. 96r).

Spaziergang an solchen Tagen hervorgerufen zu haben, der vom Visitator 1537 als nicht kongregationsüblich verboten, dann wegen der einsamen Lage des Klosters doch wieder gestattet und schließlich durch die Zukost eines gezuckerten Pfannkuchens ersetzt wurde (fol. 101v). An Badetagen wird außerdem abends ein Süppchen (*sorbiuncula*) aus Eiern und Wein gereicht (fol. 101v).

2.4.2.5 Das wöchentliche Colloquium und die Fastnachtstage

Vergünstigungen wie an Bade- und Lässetagen gab es auch sonst im Jahr. Abt Machhausen berichtet, daß nach längeren Disputen unter seinem Vorgänger Petrus von Remagen einmal in der Woche das Colloquium gestattet wurde. An diesen Tagen gab es Speisen aus geschlagenen und gekochten Eiern und die früher unbekannten *striblitae* (fol. 102v). Er vergißt nicht, hinzuzufügen, daß eine Regelung kostensenkender gewesen sei, als es dem jeweiligen Küchendienst zu überlassen (fol. 102v). Ausnahmen der gleichen Art — Colloquium mit Zukost bei Tisch — erwähnt er noch für die Sonntage Gaudete und Laetare (fol. 101v), Kirchweih- und Benedictusfest (fol. 102r). Eine besonders hübsche Begründung gibt er für das Fest des heiligen Evangelisten Johannes. Seine Kapelle wird an diesem Tag nicht nur zu seiner Verehrung und zum Gebet aufgesucht, sondern dort wird nach heimatlichem Brauch (*patrio usu*) das in der Krippe liegende Jesuskind mit Liedern und fröhlichen Sprüchen (*laetis fasceninis et cantilenis*) gefeiert (fol. 102r). Für den Sonntag Esto mihi aber betont der Laacher Abt, daß nach dem besseren Brauch der Christen Priester und *religiosi* sich zum gemeinsamen Mahl zusammenfinden, um sich zu erholen und zu entspannen. Bei allen Germanen habe deshalb dieser Sonntag die gängige Bezeichnung *Carnisprivium* (fol. 102r). An den beiden diesem Sonntag folgenden Tagen darf der Abt bei Tisch und Colloquium der Brüder nicht fehlen, und er soll eine Flasche Wein (*flasconem ut vocant*) und Naschwerk (*tragemata*) (fol. 102v) anbieten. Dies waren Zugeständnisse, die diskutiert und umstritten waren — um so notwendiger war auch die Regelung unter dem Vorgänger unseres Abtes (fol. 103r).

2.4.2.6 Die Mahlzeiten an kirchlichen Hochfesten, an klösterlichen Festtagen und bei besonderen liturgischen Anlässen

Auch an den Hochfesten des liturgischen Jahres wird der Zusammenhang zwischen *oratorium* und *mensa* im Rituale Hyparchiae deutlich. Es scheint seinem Verfasser nur billig, daß an den Tagen, an denen das Münster festlichen Schmuck aufweist, die liturgischen Gesänge großartiger erschallen, auch die Zurüstung des Tisches reichhaltiger sei (*ut Mensae etiam apparatus paulo solito splendidior*) (fol. 153r). So schreibt er auf, was er vierundvierzig Jahre hindurch beobachtet hat: Am Ostersonntag ist die übliche Milchsuppe statt mit Mehlklößchen mit Reis gefüllt und mit Zucker bestreut (*ex lacte et oriza, zaccaro inspersum*) (fol. 153^{r}). Es werden ferner drei Eier gereicht, von denen eines nach Landesbrauch gefärbt ist (*patrio more coloratum esse solet*) (fol. 153^{r}). Anstelle des Käses gibt es ein Dessert, dessen Rezept noch genauer mitgeteilt wird: *laganum unum zaccaro inspersum . . . ex colostro, ovis, et farinula munda, arte furnaria* (fol. 153^{r}), also ein Kuchen aus Rahm, Eiern, Weizenmehl, fein gebacken[26]. Auch das Brot ist an diesem Tag von feinerer Qualität (*licet satis eleganter*) (fol. 153^{r}). Der Abt weist darauf hin, daß die gleichen Regelungen mit gewissen Abänderungen auch zu Weihnachten gelten. Freilich gibt es anstelle der drei Eier nur zwei, und wenn das Fest auf einen Dienstag, Mittwoch oder Freitag fällt, soll anstelle der Erbsensuppe eine klare mit Safran und Pfeffer gewürzte Suppe geboten werden (*colata croco et pipere condita clari*) (fol. 153^{r}).

Reisbrei wie zu Ostern gibt es auch zu Kirchweih, Pfingsten, Trinitatis, Fronleichnam, Mariae Aufnahme und Allerheiligen (fol. 153^{v}). Die Oktavtage von Ostern und Weihnachten sind noch dadurch ausgezeichnet, daß die Brüder *ex more galrenam habeant* (fol. 153^{v})[27]. An hohen Festen, die jedoch geringeren Ranges sind, wie Christi Himmelfahrt, Peter und Paul, die Marienfeste Heimsuchung, Geburt, Darstellung, Empfängnis und zu Epiphanie gibt es Reisbrei mit Zucker oder aber *pisa percolata pipere et croco condita* (Erbsenbrei mit Pfeffer und Safran) (fol. 153^{v}). Für die Quadragesima gibt das Rituale eine Reihe von Fischgerichten an: Heringe, Stockfische, einen *milago* genannten Fisch, Hirseklöße, *pectines recentes salsos, quos quidam passeres vocant, anguillae* (Aale), *lardum marinum* (gepökelte Fische), *olium olivarum*, Kohlgemüse, Feigen und Rosinen.

Die Küchenzettel ließen sich noch in ermüdender Weise fortsetzen. Es sei noch gestattet, auf einen Anlaß hinzuweisen, der für die Mönche

---

[26] Abt Machhausen führt außerdem noch für Ostern an: *Gelu in patina ut vocant Galrena*, worunter vermutlich eine Sülze zu verstehen ist, wie Herr Professor D. SCHWARZ (Zürich) in der Diskussion meines Vortrags bemerkte. *Laganum ex colostro* ist wohl der bis zum Aufkommen der modernen Gas- und Elektroherde in der Eifel und im Moselland übliche Rahmkuchen, ein mit dickem Rahm, Zucker und Zimt bestrichener Hefeteigboden, der bis zur Goldbräune des Rahms im Ofen blieb und mit Zuckerwasser glasiert wurde. Auskunft darüber verdanke ich meinen Mitbrüdern W. STEFFENS, W. HECKENBACH und ST. GROSS.

[27] S. Anm. 26.

des Laacher Klosters zwar nicht viel an der gewohnten Einfachheit ändert, wohl aber die Sorge des Klosters für die Gäste zeigt. Dies ist das Essen am Primiztage. Liturgisch ist für diesen Tag festgesetzt, daß die Neupriester ihre erste heilige Messe stets am allen Märtyrern geweihten Altar feiern (fol. 78ᵛ). Das Festmahl nimmt der Abt mit dem Primizianten und dessen Angehörigen und Freunden ein. Abt Machhausen erinnert sich eines solchen Primizessens, an dem er selbst die Gäste bedient hat — am Weißen Sonntag des Jahres 1549. Primiziant war P. Johannes von Remagen, ein Verwandter des Abtes Petrus, weshalb von dessen Familie besonders viele Gäste anwesend waren. Deshalb gab es Erbsenpüree mit Wursteinlage, Eiern in Schüsseln und Schweinskopfstücken; danach gesottenes Schweine- und Rindfleisch, dann Kalbfleisch und Hasenpfeffer, danach Hasenbraten, Geflügel und Spanferkel, danach Kuchen (*lagana*) und Käse. Der Tisch der Mönche blieb auch an diesem Tage fleischlos, wenn auch neben den Laacher Fischen Rheinfische und Seefische und unter diesen wieder besonders der Stör (*sturio*) hervorgehoben wird (fol. 156ᵛ).

Zu den besonderen liturgischen Anlässen, bei denen die Küche des Klosters in Anspruch genommen wurde, gehörten auch die Prozessionen der Gemeinden Kruft und Wehr. Die *Krofftenses nostri*, wie Abt Machhausen nicht ohne gewissen Stolz sagt (fol. 91ʳ), kamen an der Vigil von Christi Himmelfahrt. Für die Mädchen, die ihre Festtagskleider angelegt hatten, wurde eine Bewirtung unter freiem Himmel oder unter den Bäumen im Umschwung der Abtei veranstaltet, und zwar auf einfachem Holztisch. Sie erhielten eine Suppe und Eier. Die Schulknaben (*pueri Scholastici*) durften mit ihrem Pfarrer und Kaplan das Klostergebäude betreten, wo sie den gleichen Imbiß erhielten, dazu freilich noch einen Becher Wein bzw. Bier. Bei der am Mittwoch in der Pfingstwoche stattfindenden Prozession aus der Pfarrei Wehr wird besonders auf das Fastengebot des Tages hingewiesen. Sonst herrscht für den an diesen Tagen in größerer Zahl anwesenden Klerus der Nachbarschaft im Refektorium eine feste Ordnung. Die rechte Seite ist für die Mönche vorbehalten, die linke unter dem Vorsitz des Priors den Gästen. Abt und Prior bleiben auch allein bei den Gästen im Refektorium zurück, während die Mönche in gewohnter Weise das Tischgebet im Münster beenden und nicht mehr ins Refektorium zurückkehren.

2.4.3 Die klösterliche Sachkultur im Bereich der Verwaltung

Von jeher nahm in den Benediktinerklöstern nach den Vorschriften der Regula Benedicti 31—34 die Verwaltung des Klostergutes und die aus dessen Erträgnissen zu befriedigenden Bedürfnisse einen wichtigen

Platz ein. In unserem Rituale ist darum dem *oeconomus monasterii* ein umfangreiches Kapitel (II 3 fol. 128v—132v) gewidmet, in dem neben allgemeinen Angaben über Zeiten und Orte der Ernte, Schafschur, und Schweinemast auch Einzeldaten über bestimmte Bereiche vermerkt sind. So erfahren wir z. B. über den Holzverbrauch: Das *hypocaustum*, die Wärmestube, verbraucht jährlich 15 Fuhren Holz, die Heizung im Chor und in der Krankenstube 12, das Gästegebäude 7, die Abtei 12 (fol. 130)[28]. Leider fehlen solche Zahlenangaben für den Bedarf in der Schusterei, Schneiderei, Sattlerei, Fischerei — nur ganz allgemein wird der Oekonom darauf verwiesen, daß diese Betriebe ihr Material in genügender Menge von ihm erwarten (fol. 130r und 130v). Ähnlich ist es bei den Textilien, aber diese werden nicht im Hause gewebt, sondern unter Aufsicht des Cellerars von Frauen der Nachbarschaft in einem jährlichen Bedarfs- und Erneuerungsplan verarbeitet (fol. 130v). Leider erfahren wir auch nur, daß es Mäher, Drescher und Winzer in den Diensten des Klosters gibt, nicht aber, auf welche Weise sie entlohnt werden (fol. 130v). Der Laacher Hof Borstal, dessen Name heute noch im Kataster der Gemeinde Glees festgehalten ist, wurde zur Zeit des Abtes Johann Augustin noch von den Mönchen selbst bewirtschaftet, und zwar bis 1584[29], während die Höfe Kruft, Kretz, Bell und Bendorf entweder verpachtet oder von zehntpflichtigen Untertanen bewirtschaftet wurden. Ernte- und Drescharbeiten vor dem Michaelsfest werden höher bewertet als die nach ihm folgenden (fol. 132r). Merkwürdigerweise findet sich der Bereich des Gemüse- und Gewürzanbaus nicht unter der Zuständigkeit des Oekonomen, sondern des *hospitalarius*. Ihm wird vorgehalten, daß die Vernachlässigung dieser Pflicht dem Kloster einmal einen Rechnungsbetrag von 15 Gulden im Jahr gekostet habe. Wir erfahren, daß es dabei um Kohl, Kichererbsen (*ervilia domestica ut vocant*), französische Erbsen, Möhren, Rosenkohl, Zwiebel, Porree, Kopfsalat, Salbei, Rosmarin, Rettiche und Radieschen ging (fol. 158v).

Der *refectorarius*, dem schließlich noch ein eigener Abschnitt gewidmet ist (fol. 160r—161v), hat nicht nur für das Tischgerät im Sinne der Schüsseln, der Becher für Bier und Wein zu sorgen, sondern auch für die im Refektorium und seinem Bereich notwendige Wäsche an

[28] Abt Machhausen macht auch darauf aufmerksam, daß dieser Bedarf zum Trocknen gestapelt werden müsse (*ex more quotannis exsiccanda in annum reponuntur*).

[29] Dies entnehme ich einer handschriftlichen Notiz von P. A. SCHIPPERS OSB in der in Laach angefertigten Abschrift der Bonner Handschrift.

Handtüchern und Servietten. Drei Handtücher am Brunnen dem Refektoriumseingang gegenüber werden seiner Aufmerksamkeit in punkto Sauberkeit besonders empfohlen (fol. 161ʳ). Er muß auch besonders darauf achten, daß die Bierkrüge keinen Grünspan ansetzen oder das Bier wegen schlechter Lüftung der Bierkammer sauer wird (fol. 161ʳ).

3.0 Ergebnisse

3.1 Das Rituale Hyparchiae und die bisherige Wertung der Laacher Klostergeschichte

Das Rituale bestätigt die bisher stets hervorgehobene Eigenart des Klosters Laach. Es ist infolge der besonderen Verhältnisse zur Zeit der Stiftung und der landschaftlichen Lage ein verhältnismäßig bescheidenes klösterliches Gemeinwesen. Bescheidenheit zeigt gerade auch das Rituale Hyparchiae in seinen geringen Möglichkeiten für den Lebensstandard und die klösterliche Sachkultur.

Nicht ohne Grund wiederholt es immer wieder die Aufforderung an den Prior, die von der Regula Benedicti als besondere Tugend herausgestellte *discretio* im Sinne der Maßhaltung, aber auch der Unterscheidung des Notwendigen und Überflüssigen herauszustellen. Die von mir kurz skizzierte ordensgeschichtliche Situation forderte geradezu heraus, gewissermaßen jeden Quadratzentimeter klösterlichen Lebens mit einer regulären Vorschrift zu belegen, und man wollte an dem Bursfelder Ideal unter allen Umständen festhalten, auch dann, wenn die wirtschaftliche Lage etwas anderes empfahl.

Der Schrecken der lutherischen Reformation und ihr antimonastischer Affekt sitzt den Mönchen zutiefst in den Knochen, und man weiß darauf zunächst keine Antwort zu geben außer der eisernen Einhaltung des Bursfelder Erneuerungsgedankens. Andererseits zeigt sich im Rituale Hyparchiae eine enge und von berechtigtem Stolz getragene Bindung an die Laacher Geschichte, an den Bischof von Trier, an die Adelsfamilien und Pfarreien. Das alles dürfen wir mit Recht als ein lebendiges Ferment auch einer gewissen klösterlichen Kultur ansehen.

3.2 Das Rituale Hyparchiae in der Sicht moderner Problemstellung

Wenn uns seitens der Bursfelder Visitatoren, wie im Falle des Weingenusses, eine gewisse Enge begegnet, so haben wir doch bescheidene Ansätze einer Anpassung an die Zeit — der Problemkreis der *accommodata renovatio*, wie die Formel seit Papst Pius XII. in der Kirche heißt, wird nicht übersehen: Strafen werden abgeschafft, weil ihre Vollzugsform als dem Menschen der Zeit nicht angemessen, schärfer formuliert, kindisch empfunden wird. Ausnahmen und Vergünstigungen werden beibehalten, weil sie als dem Heimatbrauch konform und menschlich empfunden werden.

Klösterliche Kultur wächst aus dem Gelübde der Stabilität; der klösterliche Alltag, wie Professor D'HAENENS glücklich als *la quotidienneté* formulierte, ist der Stoff, an dem sich das Gelübde der *conversatio morum* verwirklichen muß. Der Dienst des Priors ist ein wichtiges Element im Bereich des Gehorsams, der neben seiner Bedeutung in der Spiritualität auch die wichtige Aufgabe hat, Arbeiten und Dienste sinnvoll zu koordinieren. Die Hyparchia, wie sie unser Rituale versteht, hilft dazu, daß in der Abtei St. Benedikts das Leben als Gemeinde gelebt wird, in der die 24 Priester, drei Kleriker, zwei Donaten mit allen Hörigen, Zehntpflichtigen und Dienstleuten ihr Christentum lebendig verwirklichen.

Dietrich Schwarz

DIE KÜCHENORDNUNG DES ABTES ULRICH VIII. RÖSCH VON ST. GALLEN FÜR DEN HOF IN WIL VON ETWA 1480

Das Kloster St. Gallen war im Spätmittelalter von seiner einstigen religiösen und kulturellen Höhe in karolingischer, ottonischer und noch salischer Zeit tief herabgesunken, in lokale und regionale Fehden verstrickt und finanziell am Rande des Abgrundes. Seine Leiter und Konventualen kamen ihren Pflichten häufig nur mangelhaft nach. Um die Mitte des 15. Jahrhunderts regierte Abt Kaspar von Breitenlandenberg, der die Umwandlung der Benediktinerabtei in ein weltliches Chorherrenstift anstrebte und der Finanzmisere unter anderem dadurch zu begegnen suchte, daß er die weltlichen Rechte des Klosters der Stadt St. Gallen verkaufte. Diese ehemals klösterliche Stadt hatte es verstanden, den Niedergang der Abtei auszunutzen und sich unabhängig zu machen. Nun wollten deren Bürger, die namentlich durch Leinwandgewerbe und -handel reich geworden waren, durch diesen Kauf auch zu einem bedeutenden ländlichen Herrschaftsgebiet gelangen.

In dieser kritischen Lage setzten sich einige Konventualen, unter ihnen der junge Ulrich Rösch, der schon mit 25 Jahren Großkeller geworden war, gegen den Abt für ihr Kloster zur Wehr. Der Verkauf der klösterlichen Hoheitsrechte wurde mit Hilfe der Eidgenossen, die mit der Abtei unlängst einen Schirmrechtsvertrag abgeschlossen hatten, rückgängig gemacht und der wenig pflichtbewußte Abt in seiner Handlungsfreiheit stark eingeschränkt. Dennoch ergaben sich während einiger Jahre heftige Auseinandersetzungen im Kloster, die zu zweimaliger Einkerkerung des P. Ulrich Rösch führten. An Kardinal Aeneas Silvius Piccolomini fand dieser aber gewichtige Unterstützung. 1463 mußte Abt Kaspar resignieren; kurz darauf starb er. Nun ernannte Papst Pius II. ohne Rücksicht auf das Wahlrecht des Kapitels den energischen, schon vorher zum Administrator eingesetzten Ulrich Rösch zum Abt[1].

---

[1] Zur St. Galler Geschichte und zur Person des Fürstabtes Ulrich Rösch bieten folgende Werke ausführlichere Angaben: Walter Müller, Abt Ulrich Rösch (1426—1491), in: P. Bischofsberger und B. Schmid [Hrsg.],

Ulrich Rösch wurde 1426 in Wangen im Allgäu, wo die Abtei St. Gallen begütert war, als Sohn eines Bäckers geboren. So kam der offenbar aufgeweckte Junge schon früh in das Galluskloster, wo er sich zunächst in der Küche betätigt haben soll. Doch bald wurde seine hohe Intelligenz, gepaart mit eisernem Willen, erkannt. Er erhielt darum eine Ausbildung, die ihm den Eintritt in den Konvent ermöglichte. Wie schon angedeutet, wurde er in jungen Jahren Großkeller und energischer Verfechter der materiellen Interessen seines Klosters, zugleich aber auch Verteidiger der angestammten Regel. Er begann, zahlreiche in Vergessenheit geratene Rechte der Abtei wieder aufzugreifen und durchzusetzen, versiegte Einnahmequellen wieder zum Fließen zu bringen. Als Abt führte er diese Politik noch energischer weiter. Dies trug ihm bei den Betroffenen naturgemäß nicht viel Sympathie ein, war aber für die Weiterexistenz des Klosters unerläßlich. Die Schulden wurden abgebaut, und 1468 gelang ihm der Kauf der Grafschaft Toggenburg. Damit wurde das Hoheitsgebiet des Klosters erheblich ausgedehnt. Den auf verschiedenartigen Rechtstiteln beruhenden Machtbereich der Fürstabtei begann Abt Ulrich rechtlich zu vereinheitlichen und zu organisieren. Er kann damit als einer der Begründer neuzeitlicher Landeshoheit in der Schweiz gelten. Im Kloster selbst sorgte er für Zucht und Ordnung.

Um den ständigen Reibereien mit der Stadt St. Gallen ein Ende zu bereiten und gleichzeitig die stiftliche Verwaltung zu konzentrieren und zu vereinfachen, faßte Abt Ulrich den radikalen Plan, das Kloster aus der Stadt in die Nähe der klösterlichen Markt- und Hafenstadt Rorschach am Bodensee zu verlegen. Der schon weit gediehene Klosterbau wurde jedoch vor seiner Vollendung durch einen Gewaltakt der Appenzeller und St. Galler vernichtet. Durch Eingreifen der Schirmorte wurden die Friedensbrecher wohl zum Schadenersatz verurteilt, aber der Plan der Klosterverlegung mußte aus realpolitischen Gründen doch aufgegeben werden. Zwei Jahre nach diesen aufregenden Ereignissen des „Rorschacher Klosterbruches“, die einen schweren Rückschlag für seine Politik bedeuteten, ist Ulrich Rösch 1491 in dem Abtshof des Städtchens Wil gestorben.

Grosse Verwaltungsmänner der Schweiz. 1975 (mit Literaturangaben); JOHANNES DIERAUER, *Geschichte der Schweizerischen Eidgenossenschaft*, Bd. 2. 1920³, bes. 364—373; *Handbuch der Schweizergeschichte*, Bd. 1, Zürich 1972 (Spätmittelalter v. W. SCHAUFELBERGER); WILHELM EHRENZELLER, *St. Gallische Geschichte im Spätmittelalter und in der Reformationszeit*, 2 Bde. 1931 und 1938.

Einen kleinen, aber bezeichnenden Ausschnitt aus der umfassenden Verwaltungstätigkeit Ulrichs VIII. Rösch stellt die Küchenordnung für den Hof in Wil dar[2]. In diesem Städtchen ,wo es keine Anstände mit der Bürgerschaft gab, hielt sich Ulrich Rösch häufig und gerne auf. Es war eine kleine Hofhaltung hier eingerichtet, die von einem Statthalter — meist einem Konventualen von St. Gallen — geleitet wurde. Für diese Hofhaltung erließ Abt Ulrich die Küchenordnung, wohl um 1480, um auch hier klare Verhältnisse zu schaffen. Da diese Küchenordnung einen systematischen Speisezettel für eine ganze Woche enthält, zudem Einblick in die Arbeitsweise einer gehobenen klösterlichen Küche bietet, dürfte eine Wiedergabe im Rahmen der Beschäftigung mit der klösterlichen Sachkultur des Spätmittelalters willkommen sein. Sie wurde zwar schon 1866 von dem Archivar W. E. von Gonzenbach in St. Gallen ediert[3]. Diese Ausgabe entspricht jedoch den heutigen Anforderungen an eine Edition nicht mehr und enthält mehrere Mißverständnisse. Diese Feststellung soll allerdings das Verdienst des seinerzeitigen Herausgebers nicht allzu sehr schmälern, denn es standen ihm viele Hilfsmittel noch nicht zur Verfügung, die wir heute in Griffweite haben. Es schien anderseits aber richtig, an dieser Stelle keine textkritische Edition zu geben, sondern eine neuhochdeutsche Übersetzung des in spätem Mittelhochdeutsch ostschweizerischer Prägung aufgezeichneten Originaltextes. Eine eigentliche Edition möchte ich mir für die kommenden Jahre vorbehalten[4].

Was nun den Inhalt der Küchenordnung betrifft, so wird zunächst der stiftliche Fischer als Küchenmeister eingesetzt und sein Pflichtenheft festgehalten. Dabei erfährt man, was an Lebensmitteln und Zutaten in der Wiler Küche gebraucht wurde und wie es beschafft worden ist, welche Hilfskräfte dem Küchenmeister an die Hand gingen und zu welchen Tageszeiten die Mahlzeiten aufgetragen wurden. Neben dem Fürstabt und seinen allfälligen Gästen sind das Gesinde und die Pfründner verpflegt worden. Letztere waren meist vermögendere Leute, die

[2] Stiftsarchiv St. Gallen, A 110, Kopialband des 15. Jh., 2. Hälfte, Papier, fol. 35r—37v. Für freundliche Hilfe bin ich Herrn Stiftsarchivar Dr. N. Vogler zu Dank verpflichtet.

[3] W. E. von Gonzenbach, Zwei Ordnungen aus den Zeiten Abt Ulrichs VIII., aus dem Stiftsarchiv mitgetheilt. *Mitteilungen zur Vaterländischen Geschichte* 3, 1866, 188—194.

[4] Den Herren Dr. R. Trüb und Dr. Th. A. Hammer, Redaktoren des Schweizerdeutschen Wörterbuches, Zürich, habe ich für wertvolle Auskünfte zu danken. In den Anmerkungen zur folgenden neuhochdeutschen Fassung des Textes habe ich einige sprachliche Erläuterungen beigefügt.

sich für den Rest ihres Lebens als Pensionäre im Stift und seinen Außenposten eingekauft hatten. Diese Einrichtung trug ebenfalls zur Gesundung der klösterlichen Finanzen bei. Dann folgt der Speisezettel für eine Woche, wobei anzunehmen ist, daß sich dieser zweiundfünfzigmal im Jahr wiederholt hat. Die Eventualangaben, namentlich auch für die Fastenzeiten, legen dies nahe. Dennoch blieb für eine gewisse Abwechslung genügend Spielraum. Den Abschluß bildet das Pflichtenheft für den Bäcker, der nach dem Küchenmeister wohl der für die Ernährung der Bewohner des Abthofes wichtigste Mann war. Leider fehlen Vorschriften für den Kellermeister, sodaß wir nichts über die in Wil kredenzten Getränke und deren Ausmaß erfahren.

Dem heutigen Betrachter fällt auf, daß Fleisch in erheblicher Menge aufgetischt worden ist, daß aber Innereien, die heute von einer gepflegten Tafel verbannt sind, häufig in der Speisenfolge erschienen. Süßigkeiten kommen nur sehr wenig vor. Am Mittwoch, Freitag und Samstag wurde kein Fleisch serviert, was an die ursprünglich in der Regel des Hl. Benedikt angestrebte Abstinenz von Fleischgenuß erinnert. Überhaupt darf behauptet werden, daß es an der Tafel dieses spätmittelalterlichen Fürstabtes nicht üppig zuging und daß seine fürstliche Stellung weniger durch die Auserlesenheit als durch die Menge der ihm zugemessenen Speisen unterstrichen wurde. Für Einzelheiten sei auf den hier folgenden Text verwiesen[5].

---

[5] Für die Thematik von Lebensmitteln, Speisen und Küche sei insbesondere auf MORIZ HEYNE, Das deutsche Nahrungswesen von den ältesten geschichtlichen Zeiten bis zum 16. Jh. (*Fünf Bücher deutscher Hausaltertümer* 3) 1901, hingewiesen, ferner auf J. und W. GRIMM, *Deutsches Wörterbuch.* 1854—1960; M. LEXER, *Mittelhochdeutsches Handwörterbuch.* 1872—1878; H. FISCHER, *Schwäbisches Wörterbuch.* 1904—1936; *Schweizerisches Idiotikon. Wörterbuch der schweizerdeutschen Sprache,* seit 1881 (im folgenden als *Idiotikon* zitiert).

Hier folgt eine gute Verordnung, die mein gnädiger Herr gemacht hat.

Der Fischer[1] soll Küchenmeister und Fischer heißen und sein und die Küche ordnungsgemäß und gut versorgen durch Einkauf von frischem Fleisch, Wildbret, Fisch und Vogel, auch mit Trockenfleisch, auch mit Schultern, Schinken und halbgeräuchertem Fleisch und mit Herrichten von geräucherten Zungen; und er soll die Speisen häufig ändern und darauf aus sein, daß sauber und ordnungsgemäß gekocht werde. Er soll schwarzen Pfeffer[2], gelben Pfeffer[3] zu getrockneten Zungen geben, zu guten Mastdärmen und Kaldaunen[4], Euterchen und dergleichen, und von Zeit zu Zeit anstelle eines Bratens eine Schulter und einen Stotzen in Essig mit Zwiebeln geben. Zu Zeiten soll er auch eine Brühe[5] zu Kalbfleisch oder ähnlichem und Sulzen und Sülzlein und dergleichen machen lassen, zu Zeiten einen Hafenbraten[6] aus frischem Fleisch, oder einen teuren kleinen Pfeffer[7] zu Hühnern oder ähnlicher Speise, desgleichen Fische, wenn es sich ergibt, und er soll Fische sieden, braten, backen, in Sulz legen, es seien Heringe, Stockfische[8] oder andere, wie sie eben zu haben sind. Und er soll dies alles in der Metzg und auf dem Markt einhandeln und bewerkstelligen.

Item soll er dazu gute Gemüse beschaffen, rote und weiße Erbsen, einmal durchgedrückt, einmal ganz, dann Bohnen[9], Zieger-

---

[1] Beim Fischer muß es sich um einen weltlichen Bediensteten der Abtei St. Gallen handeln.

[2] Pfeffer im Sinn von gepfefferter Brühe, die durch Zugabe von Blut schwärzlich wird.

[3] Pfeffer im Sinne von gepfefferter Brühe mit Zugabe von Eiern und evtl. weiterer Gewürze, die gelb färben.

[4] Im Orig.: *kuttlen* (*Idiotikon* III, Sp. 574f.).

[5] Im Orig.: *jüssel* (*Idiotikon* III, Sp. 76: . . . *aqua coctae carnis, iussellum*).

[6] Grimm IV, 2, Sp. 124: übrig gebliebenes Fleisch, gehackt und wieder zubereitet. Hier aber wohl Hackbraten aus frischem Fleisch.

[7] Im Orig.: *türes pfefferli.* Wohl wegen der teuren dafür verwendeten Gewürze so benannt.

[8] Die beiden Meerfischarten sind entweder getrocknet oder in Salzwasser eingepökelt durch den Fernhandel in die schweizerischen Gebiete importiert worden. Man vergleiche dazu etwa den Rheinfelder Zolltarif von etwa 1415, wo für ein Faß Heringe elf Pfennige als Zoll zu entrichten sind (D. Schwarz [Hrsg.], *Urbar der Feste Rheinfelden.* 1973, 73).

[9] Es handelt sich um die seit der Antike angebauten Saubohnen. Die grünen Bohnen (Gartenbohnen) kamen erst nach den Entdeckungen nach Europa.

brühe[10], Käsebrühe[11], frisches und geröstetes Hafermus, Grützmehl, Hirse, Hühnerhirse[12] und dies alles zeitgemäß abwechseln, wie es sich jeweilen gebührt.

Item soll er dafür sorgen, daß die Küche mit allem, was dort ist und vorhanden sein muß, wohl versorgt sei, gemäß allen Bedürfnissen; und mit der Magd dafür sorgen, daß Schüsseln, große und kleine Teller, zinnene und hölzerne, die Häfen und anderes sauber und wohl gewaschen werden[13].

Item soll er niemanden in die Küche gehen lassen, es sei Hofgesinde oder andere Personen, so weit dies immer möglich ist[14]. Im Gegenteil soll alles an dem Anrichtefenster ausgegeben werden. Und er kaufe Eier und anderes, was nötig ist, mit Wissen des Herrn Hansen[15], der ihm auch das Geld dazu gebe. Und er habe gegenüber den Metzgern ordentlich Kerbhölzer[16]; und daß an allen Fronfasten in Beisein von Herrn Hansen mit den Metzgern abgerechnet werde. Und er soll der Köchin behilflich sein in der Küche in bezug auf Pfeffer und Sulzen, soweit er kann und mag. Und er soll alle Mahlzeiten bestimmen und anrichten, auch stets in die Schüsseln verteilen und jederzeit zuletzt mit der Köchin zusammen essen, mit dem Keller und andern, welche jeweilen am Tisch bedienen. Und er soll sich in allem wie ein guter Hausvater verhalten und als ob es sein eigen wäre, in bezug auf Salz, Schmalz, Gewürze, Fastenspeisen[17] und anderes, was darein und dazu gehört. Und er soll dies alles der Köchin aushändigen und allezeit am Abend

---

[10] Die ausgeprägte Milchwirtschaft in den St. Galler Landstrichen führte zur Verwendung zahlreicher Milchprodukte in der Wiler Küche. Ziegerbrühe entsteht beim Erhitzen saurer Milch.

[11] Molke.

[12] Im Orig.: *fench.* Fennich (*Idiotikon* I, Sp. 834).

[13] Diese Aufzählung läßt auch auf eine verhältnismäßig einfache fürstäbtliche Tafel schließen.

[14] Das Verbot des Betretens der Küche soll verhindern, daß sich dort Müßiggänger und Nascher ein Stelldichein geben.

[15] Herr Hans ist wahrscheinlich der damalige Statthalter in Wil, entweder P. Johannes Karrer aus Winterthur, der für 1493 urkundlich als Statthalter nachgewiesen ist, oder P. Johann Wetzel von St. Gallen. Vgl. P. RUDOLF HENGGELER, *Professbuch der fürstl. Benediktinerabtei der Heiligen Gallus und Otmar zu St. Gallen.* 1929, 238f.

[16] Im Orig.: *paylen.* Derartige Kerbhölzer oder Rechenstäbe sind für regelmäßige Notierung von Bezügen von Milch, Wasser oder Fleisch bis ins 20. Jh. in den alpinen Gebieten der Schweiz verwendet worden (*Idiotikon* IV, Sp. 1161f.).

[17] Im Orig.: *fastengrät* (*Idiotikon* VI, Sp. 1621).

festlegen, was man am [nächsten] Tag essen wolle, desgleichen am Tag, was man zu Nacht essen wolle, und zwar beizeiten, damit sich die Köchin danach zu richten wisse. Und daß immer im Sommer die Hauptmahlzeit um neun Uhr bereit sei und im Winter um zehn Uhr und in der Sommerzeit das Nachtessen um vier Uhr und im Winter um sechs Uhr[18], dem Herrn, den Pfründnern und den Bauern, jeglichem, was ihm zusteht.

Hier folgt nach, was man durch die Woche hin zu essen geben soll:

Am Sonntag.

Zum Imbiß[19].

Item ein Voressen[20], wenn man an meines gnädigen Herren Tisch Fleisch ißt, es seien Obere Innereien, Gekrös[21] oder Leberwürste und Blutwürste, oder ein Hirn, mit Eiern gekocht, oder ein gelbes Erbsmus, Schaffleisch oder dergleichen. Item Kraut oder Rüben und Fleisch dazu, frisches oder getrocknetes. Ein Braten und dazu ein Gemüse von Haferkernen oder Grützmehl oder Brotbrei, weiß oder gelb[22]. Und so sollen durch das Jahr hin gewöhnlich drei Essen vorgesetzt werden. Wenn aber mein Gnädiger Herr Gäste haben will, so soll man, wenn es irgend möglich ist, vier Essen haben: Hühner in einer gelben Brühe, oder ein Wildbret-Pfeffer oder ein Pfeffer zu geräucherter Zunge oder was man dann eben zur Verfügung hat.

Item zu Nacht.

Item ein Pfeffer oder eine Erbsbrühe zu einem Gekröse oder einem Vogel oder eine Fleischbrühe zu Kalbfleisch und dergleichen. Etwas Gebratenes und ein Apfelmus oder Haferkerne dazu, und wenn mein Gnädiger Herr Gäste hat, drei Essen, wann und so weit es möglich ist.

---

18 Die Zeitangaben erfolgen nicht nach den kanonischen Tagzeiten, sondern nach der sog. „Kleinen Uhr“ (2 mal 12 Stunden von Mitternacht zu Mitternacht), die mit unserer heutigen „Großen Uhr“ (von 1—24 Uhr) weitgehend übereinstimmte (H. Grotefend, *Taschenbuch der Zeitrechnung des deutschen Mittelalters und der Neuzeit*. 1960[10], 23f.).

19 Im Orig.: *ymbiss*. Dies ist die St. Galler Bezeichnung für die Hauptmahlzeit.

20 Ein Gericht, das dem Hauptgericht vorausgeht, meist aus zerschnittenem Fleisch, evtl. Innereien, an einer Brühe bestehend (*Idiotikon* I, Sp. 526).

21 Im Orig.: *ain grickli* (die edleren Eingeweide eines Schlachttieres, *Idiotikon* VI, Sp. 818); Krös ist namentlich Fetteingeweide des Kalbes (*Idiotikon* III, Sp. 859).

22 Je nach der Zutat von Milch oder Eiern, eventuell auch Safran.

Am Guten Tag[23].

Zum Imbiß.

Ein gutes Gerstenmus mit einem geräucherten Stück Schulter, mit Schübling[24], geräucherten Würsten und dergleichen. Item ein guter Hafenbraten[25], mit Zwiebeln wohl gemacht, ein gelbes Müslein von Milch oder ein weißes von einem Patenbrot[26] oder sonstigem Brot gemacht.

Zu Nacht.

Füßchen oder etwas Kaltes in Essig, etwas Gebratenes und ein Müslein oder dergleichen oder eine Tunke zu kaltem Essen.

Am Dienstag.

Zuerst ein Gekröse oder ein Kalbskopf und Kalbsfüße, und davon wenig. Item Suppe und Fleisch oder Hühner. Danach Kalbsbraten oder sonst Gebratenes und ein Müslein von Hühnerhirse oder Hirse oder dergleichen.

Zu Nacht.

Ein Pfefferlein zu einem Euterlein oder einem Mastdarm oder dergleichen, etwas Gebratenes, es sei ein Hafenbraten oder sonst Braten und ein Mus, Äpfel oder was das sei.

Am Mittwoch.

Für die Stube meines Gnädigen Herrn eine Ziegerbrühe von fettem Zieger oder ein gegilbter „Armer Mann"[27] mit Weinbeeren; darnach weiße Erbsen, gesottene Fische. Ein langes Kraut oder sonst Kraut, gebratener Fisch dazu, oder gebackener oder getrockneter Fisch oder Apfelküchlein[28] oder sonst etwas Gebackenes, ein Müslein von Gerste.

Zu Nacht.

Ein gutes Weinwarm[29] und darein geschnittenes würfelförmiges Brot, nicht zu viel, oder eine gute Suppe mit eingerührten Eiern und

---

[23] Guter Tag = Montag.

[24] Geräucherte Wurst aus Schweinefleisch, heute noch eine geschätzte St. Galler Spezialität (*Idiotikon* VIII, Sp. 92f.).

[25] Siehe Anm. 6.

[26] Im Orig.: *göttiprott*. Besonders weisses Brot, das vom Paten geschenkt wurde (*Idiotikon* V, Sp. 960).

[27] In Eigelb gedrehte, dann gebackene Brotschnitten (GRIMM VI, Sp. 1569).

[28] In Teig gebackene Apfelscheiben.

[29] Gewärmter Rotwein.

dazu Bratfisch oder etwas Gebackenes wie Apfelküchlein oder sonst dergleichen. Und ein Müslein von gebrochenem Weizen oder sonst ein Müslein.

Am Donnerstag.

Ein Voressen, was das auch sei, und wenig, es seien Würste oder anderes. Rüben und Fleisch oder Suppe und Fleisch. Etwas Braten und ein Mus dazu, was das sei.

Zu Nacht.

Eine Brühe oder Tunke und etwas Gebratenes, oder ein Sülzlein, wohl gemacht für die Brühe oder Tunke.

Am Freitag.

Durchgedrückte Bohnen oder Erbsen und ein wenig gepfeffert, oder ein gutes Gerstengericht oder Haferkerne zuerst, und dazu Fisch, wenn man solchen kriegen kann, oder ein Pfeffer zu gebackenen oder gefüllten Eiern, oder gebratene oder gebackene Fische, Apfelmüslein und dergleichen. Und wenn[30] . . . Gäste hat, drei Essen, was das dann werde, es sei ein Tauber[31] und getrocknete Gangfische dazu oder was da möglich ist.

Zu Nacht.

Eine Suppe mit Eiern oder ein „Armer Mann', etwas Gebackenes und Fische darunter gemischt, wenn man solche hat, und ein Müslein.

Samstag.

Schwarze Erbsen[32]. Item Eier in einer weißen Brühe mit Zwiebeln und Äpfeln hineingeschnetzelt. Fische oder Gebackenes und Haferkern.

Zu Nacht.

Eine Ziegerbrühe, frisch oder gedörrt[33] . . ., ein Sülzlein von Fischen, dazu ein Grützmüslein.

Item und wechselt alle Dinge aus, wie ihr die Speise dann haben mögt, es sei Fisch oder anderes, und vernehmt hier, wie ihr euch verhalten sollt und vergeßt auch nicht die Stockfische, jede Woche ein Mal. Item kocht alle Tage für meinen Gnädigen Herrn für sieben Personen, er habe Gäste oder nicht, und nichts desto weniger koche man für die Pfründner und die Knechte, was ihnen zukommt. Und lasse man es mit

[30] Hier ist ausgefallen: . . . mein gnädiger Herr.

[31] Im Orig.: *kut* (*Idiotikon* III, Sp. 570).

[32] Darunter sind wohl schwarze Bohnen zu verstehen (*Idiotikon* I, Sp. 429).

[33] Hier muß im Orig. ein Wort ausgefallen sein.

den Mahlzeiten in der Untern Stube gebührlich zugehen, d. h. mit einem Essen mit Fleisch und dergleichen und Mus und Zieger und Käse und zu Zeiten auch mit Braten oder einer Tunke für die Pfründner, aber nicht jederzeit.

Item daß jedermann esse, wann mein Gnädiger Herr ißt, ausgenommen der Keller, der Koch und die Tischdiener.

Item wenn man Rüben essen soll, so holt Steckrüben und grüne Kräutlein, wenn man sie bekommen kann, und Salat oder eine Hammelkeule in Essig[34]. Und man möge die Dinge auf und ab verbessern und auswechseln. Und dabei darf man niemanden, soweit es möglich ist, die Küche betreten lassen. Und man soll die Waren bereit halten, mit Hering und frischen und getrockneten Fischen, auch dazu Gemüs, das immer in Trögen vorhanden sein soll.

Der Bäcker[35].

Item der Bäcker soll die Schlüssel der Pfisterei bei sich haben und darauf bedacht sein, daß der Mehlkasten immer voll Mehl sei, damit man das Mehl nicht so warm (frisch) brauchen muß. Und er soll stets mit dem Keller[36] vorausberechnen, daß das Brot nicht zu neubacken sei. Und der Keller soll mit ihm dafür sorgen, daß das Brot immer von gleicher Qualität sei, nicht bald rauh und noch rauher, bald nicht weiß, bald weißer[37]. Und er soll die Pfisterei mit all ihrem Zubehör, es seien Tücher, Teigbretter, Mulden, sauber halten und darin niemandem sich herumzutreiben gestatten, zu baden oder zu waschen[38] oder andere Dinge, als was einem von der Pfisterei aus zusteht. Und wenn das Brot gebacken wird, soll er dem Keller helfen, es ordentlich zu versorgen und beizeiten das Korn in die Mühle geben und dorthin und wieder zurückgehen und überwachen, daß es ordentlich gemahlen wird, und allzeit den Mühlemeister fragen, ob zur Zeit viel in der Mühle sei, und daß auch das Mistelkorn[39] neben dem andern Korn verarbeitet werde. Dazu soll er auch die Schweine besorgen und die in guten Ehren halten und es sollen deren sechs vorhanden sein. Dazu soll er ihnen die Speiseabfälle und Kleie geben und zu den gehörigen Zeiten Hafer und Gerste und

[34] Im Orig.: *schaffüssli* (*Idiotikon* I, Sp. 1094).

[35] Im Orig.: Der *pfister*.

[36] Vom lateinischen: *cellerarius*, Kellermeister.

[37] Eine etwas unbeholfene Satzkonstruktion. Es sollte damit verdeutlicht werden, daß die Qualität des Brotes stets gleich bleiben solle.

[38] Die Küche, wo am ehesten heißes Wasser erhältlich war, diente im Mittelalter häufig als Raum, wo der Badbottich aufgestellt wurde.

[39] Mischelkorn aus Weizen und Roggen gemischt (*Idiotikon* III, Sp. 472).

wovon sie wohl geraten, und ihnen stets zu fressen geben und sie im Sommer zu dem Hirten gehen und zu gegebener Zeit in dem Weiher schwemmen und waschen lassen. Er soll auch den Tisch decken helfen und den Pfründnern, Zins- und Werkleuten das Essen am Tisch auftragen, helfen Korn in Empfang zu nehmen, Herrn Hansen helfen, Geld einzuziehen und zu fordern[40], und tun, was dieser ihm in solchen Sachen befiehlt. Und so er nichts zu tun hat, soll er irgendwelche kleine Arbeiten verrichten, sei es für sich selbst Holz scheiten oder sonst etwas tun, was irgend nützlich sein kann[41], und angriffig sein in dem, was ihm anvertraut ist, und wenn er etwas bemerkt, das dem Gotteshaus Schaden bringen kann oder könnte, soll er es melden oder selbst abwenden.

Und er soll den Brunnen im Hof stets sauber halten und niemandem ohne Wissen des Herrn Hansen etwas geben, bei dem Eide, den er deswegen leisten wird. Item und soll auch dem Küchenmeister beim Räuchern des Fleisches helfen und dann zumal und sonst überhaupt die Pfisterei wohl verschlossen halten.

---

[40] Der Pater Statthalter hatte für den Einzug der Zinsen und Abgaben zu sorgen. Abt Ulrich VIII. hatte ein besonderes Augenmerk auf den richtigen Einzug der dem Kloster geschuldeten Zahlungen gerichtet.

[41] Im Orig.: *teggellen*. Heute noch mundartlich verwendet für die Verrichtung von kleinen, oft unnützen Arbeiten (*Idiotikon* XII, Sp. 1144).

Joachim F. Angerer

KLÖSTERLICHES MUSIKLEBEN UNTER BESONDERER BERÜCKSICHTIGUNG DER EINFLÜSSE DER MELKER REFORM

„Klösterliche Sachkultur" ohne Einbeziehung ihrer musikalischen Komponente ergäbe weder ein vollständiges, abgerundet lebendiges Bild noch einen vitalen Einblick in die Innenwelt der Klöster des Mittelalters; denn Musik, Gesang und alle Formen des gemeinsamen Sprechens im Dienste des *opus dei* bedeuten Sinngebung und Lebensinhalt des Menschen im Kloster, sei es des Mönchs, oder sei es in gleicher Weise des Kanonikers. Wer es daher unter rein phänomenologischem Aspekt, allein aus der Einsicht der unterschiedlichen, allerdings musikwissenschaftlich relevanten Quellen — sie mögen als lesbare Noten oder lediglich (!) als rhythmisch entzifferbare, dechiffrierbare Neumen, als Musikinstrumente, Berichte oder in anderer Form überliefert sein — unternimmt, das Musikleben in den Klöstern, losgelöst vom Gesamtphänomen Kloster, darzustellen, der wird der Gefahr kaum entgehen, nur Einzelerkenntnisse vorzulegen, deren Einordnung sowohl innerhalb des klösterlichen Tages- und Jahresablaufes schwerlich möglich ist, wie denn auch diese Einzelfunde in ihrer Querverbindung zum musikalischen Zeitgeschehen außerhalb des klösterlichen Bereichs kaum den entsprechenden Stellen- bzw. Zeitwert widerzuspiegeln vermögen. Nicht selten ergeben sich aus solch eingeengter Sicht falsche Schlußfolgerungen, insbesondere wenn die Vergleichsbasis allein im Formalen gesucht wird, und manche sind geneigt, „Rückständigkeit" oder „Einseitigkeit" des Musiklebens in den Klöstern anzunehmen, obwohl dieser gleichsam „heilige Bezirk" nur von außen betrachtet und beurteilt wurde, ohne vorher tiefer in das eigentliche, geistig-geistliche Leben dieser Welt, dieser eigengearteten Welt eingedrungen zu sein[1]. Klösterliches Musikleben bleibt in der Beschreibung also Stückwerk, wollte man nicht in

[1] Unter diesem Gesichtspunkt wäre das in den musikalischen Einzelfakten durchaus verdienstvolle, in der Gesamtbeurteilung leider einseitige und damit Fehlern ausgesetzte Buch von Peter Gülke, *Mönche, Bürger, Minnesänger. Musik in der Gesellschaft des europäischen Mittelalters.* Wien—Köln—Graz 1975, zu nennen.

einem umfassenden Verständnis den Urgrund für alle anscheinend nur äußerlichen Erscheinungsformen suchen und in die Beurteilung auch unter musikwissenschaftlicher Schau miteinbeziehen. Es mag daher auf Verständnis stoßen, wenn wir in wenigen Strichen jenes Bild entwerfen und skizzieren, für dessen inhaltliche Gestaltung die Musik in ihrer vorerst noch nicht näher bestimmten Ausprägung die Farbe und die Form, das Dinghaft-Materielle insgesamt abgibt. Nur auf diesem Hintergrund wird uns einerseits der Zugang zu Wert oder Unwert des klösterlichen Musiklebens zu eröffnen sein, wie andererseits die bunte Mannigfaltigkeit dieses Aspekts klösterlicher Sachkultur erst in ihrer Totalität zur vollen Geltung gelangen wird. Einordnung und Rangordnung aller nachfolgend darzustellenden Gegebenheiten erhalten solcherart ihren adäquaten Platz und sozusagen den Sitz im Leben eines Mönches, der schließlich, ob als Psalmensänger, Zuhörer, Theoretiker oder ausübender Musiker, der Träger der klösterlichen Kultur war und noch immer ist. In der Gegenwart freilich unter veränderten Bedingungen, die durch die Übernahme der Muttersprache und die Einführung zahlreicher, mehr zur Welt und aus Weltoffenheit gegebener, grundlegender Veränderungen einen tiefgreifenden Einschnitt innerhalb einer jahrhundertealten Gesamtentwicklung bedingen, dessen Folgen und Veränderungen vorläufig nur im Blick zurück in die Geschichte zu überschauen sind, wobei der Betrachter plötzlich erkennen wird, daß er selbst zum „Altertumsforscher" wurde, wohingegen für die Zukunft die Dinge gerade erst in Bewegung geraten zu sein scheinen. Diese meines Erachtens notwendige Feststellung erfolgt *sine ira et studio*, allerdings aus dem Bewußtsein, das im Selbstverständnis des Christlichen insgesamt verankert ist, wonach klösterliche Sachkultur und Realienforschung in Bezug auf Abläufe und Leben in den Klöstern letztlich nur aus theologischer Sicht zu verstehen sind. Von dieser Warte aus, sie mag meinetwegen als Vision, als Utopie sogar, vom Außenstehenden, Nichtbetroffenen abgetan werden, steht dem Dynamischen, Vorwärtsdrängenden, zu einer Letztvollendung in der Parusie Hinstrebenden nicht das Konservative eines zeitlich und historisch Konservierbaren gegenüber, sondern ein personifizierbares und, weil göttlich, noch heute lebendiges, kraftausströmendes Faktum, die Inkarnation nämlich des Logos, die Fleischwerdung des Sohnes Gottes. Realienkunde und hier insbesondere jene des Musiklebens im liturgischen Alltag des Klosters fällt damit nicht unter die Kategorie „konservativ—progressiv", sondern nimmt einerseits aus der Tradition in immer neu zu verwirklichender Besinnung auf ihren Ausgangspunkt, den Erlösertod, ihren Anfang, wirkt andrerseits aber nicht konservierend, sondern nur konkretisierend, an Zeit, Ort und Menschen gebunden, die ihrerseits unter „Seufzen und Geburtswehen", wie Paulus es sagt[2], ihrer Letztvollendung in je und je andersgearteter dinghafter, menschlicher Aktualisierung entgegenschreiten. Die Darstellung des Musiklebens in den Klöstern wäre daher blutleer, wollte man diesen Ansatzpunkt unausgesprochen lassen, wobei vorauseilend gleich vorweggenommen werden darf, daß die Musik und ihre Pflege im Kloster immer, zumindest von Amts wegen, am Ideal der Klosterregel gemessen wurde, und alle übrigen Kriterien zweitrangig oder weniger regulär waren. Daß einer solchen Ausrichtung nicht nur normativer Charakter zugesprochen werden darf, ergibt sich bereits aus der belegbaren Praxis, aber auch aus der Adaption, die trotzdem, wie wir noch sehen werden, möglich war. Im übrigen geht es uns um den theologischen Ansatzpunkt, der im Rahmen einer Veranstaltung, die so sehr im Zeichen interdisziplinärer Zusammenarbeit steht, eben nicht zu kurz kommen sollte.

In jeder Regel, sei es jene des heiligen Augustinus oder des heiligen Benedikt[3], sei es die der Kartäuser oder der reformierten Zweige der Benediktiner und Chorherren, nämlich der Zisterzienser und Prämonstratenser, ist die eben umrissene gemeinsame Basis bei unterschiedlicher verbaler Auslegung festzustellen. Damit wären auch gleich jene klösterlichen Gemeinschaften aufgezählt, die in unserem Referat, bei besonderer Bevorzugung des Melker Reformkreises selbstverständlich, berücksichtigt werden können: die sogenannten „alten Orden" im Gegensatz zu den im Spätmittelalter bereits überall tätigen, aber von uns zu übergehenden „Bettelorden", die gerade, was das klösterliche Musikleben betrifft, die Szenerie weitgehend veränderten.

---

[2] Röm. 8, 21.

[3] Sowohl für Augustins, wie auch Benedikts Regel gibt es zahlreiche Ausgaben. Wir benutzten: R. Arbesmann — W. Hümpfner, Jordani de Saxonia Ordinis Eremitarum S. Augustini Liber Vitasfratrum. *Cassiciacum. Studies in St. Augustine and the Augustian Order* 1 (1943) 489—493 (Appendix B: Regula sancti Augustini prima) und 494—504 (Appendix B: Regula sancti Augustini secunda). — Für die Regel Benedikts wäre sehr wohl die Hanslik-Ausgabe heranzuziehen, doch für den mehr praktischen und ebenso wissenschaftlichen Alltagsgebrauch ist die Ausgabe meines Lehrers zu empfehlen, die mit einer entsprechenden Einleitung versehen ist: Basilius Steidle, *Die Benediktusregel lateinisch-deutsch*. Beuron [2]1975. Unsere Angaben beziehen sich auf dieses Werk. Für weitere Literaturangaben verweisen wir, ohne an dieser Stelle auf Details einzugehen, auf Giles Constable, Medieval Monasticism. A select Bibliography (*Toronto Medieval Bibliographies* 6) Toronto 1976.

Untersucht man also aus dem Eigenverständnis der Regeln Benedikts bzw. des Augustinus die dort gemachten Aussagen hinsichtlich ihrer Relevanz für das Musikleben in den Klöstern, dann ergibt sich folgendes Bild:

Augustinus spricht — gemäß seiner *Regula secunda*[4] — im 3. Kapitel vom Gebet, das zu festgesetzten Zeiten — *temporibus constitutis* — zu verrichten sei. Nach Angaben über das Verhalten im Oratorium heißt es dort weiter: *Psalmis et hymnis cum oratis deum, hoc versetur in corde, quod profertur in voce. Et nolite cantare nisi quod legistis esse cantandum: quod autem non ita scriptum est ut cantetur, non cantetur*[5].

In dieser Textstelle wird bereits der Akzent mehr auf das Verständnis und weniger auf den Vortrag der Psalmen und Hymnen gelegt. Hier dürfte noch nicht die Überzeugung vorherrschen, daß, wer singt, zweifach betet, im Gegenteil! Die Abgrenzung des Gesungenen vom Gesprochenen kommt einer Einschränkung oder fast einer Abwertung des Gesungenen gleich, wobei wir in dieser Annahme durch den Kommentar des Jordan von Quedlingburg bzw. von Sachsen[6] zu dieser Regelstelle bestärkt werden. Jordanus de Saxonia erklärt diese Textstelle aus der Tatsache, daß zur Zeit des Augustinus die Offiziumsordnung noch nicht endgültig festgelegt war und jeder singen konnte, wann und wie es ihm in den Sinn kam oder eingegeben wurde; ausschlaggebend war allein die Einstellung, die Haltung zum Gebet: *Non vox, sed votum, non musica cordula*[7], *sed cor, non clamor, sed amor cantat in aure dei*[8].

---

[4] Über die Regeln des Augustinus und ihre Problematik siehe STEFAN WEINFURTER, Neuere Forschung zu den Regularkanonikern im deutschen Reich des 11. und 12. Jahrhunderts. *HZ* 224 (1977) 379—397.

[5] Regula secunda sancti Augustini, Kap. III. Vgl. ARBESMANN — HÜMPFNER a. O. 495, Z. 36—38.

[6] Jordan von Quedlinburg bzw. von Sachsen, geb. um 1300, gestorben 1380 oder 1370 in Wien oder Vienne. Bedeutsam u. a. seine Studien zur Frühgeschichte der Augustiner. Er selbst war Augustiner-Eremit. Vgl. ARBESMANN — HÜMPFNER a. O. XI—XXIII oder F. RENNHOFER, Jordanus v. Quedlinburg. *LThK* 5 (1960) 1120.

[7] *Cordula* könnte als *chordula* vielleicht von *chorda* (Darm, aber auch Darmseite) abgeleitet werden. In der klassischen Literatur ist *cordula* nur als Nebenform von *cordyla* (= die junge Brut der Thunfische) bekannt, was in diesem Zusammenhang sicherlich auszuschließen ist. Vgl. KARL ERNST GEORGES, *Ausführliches lateinisch-deutsches Handwörterbuch* 1. Basel—Stuttgart 1967, 1119 bzw. 1692 und 1693.

[8] ARBESMANN — HÜMPFNER a. O. 182 (Regelkommentar des Jordan von Quedlinburg zur schon zitierten Stelle aus der *Regula secunda* des Augusti-

Zahlreiche andere ähnliche Textstellen, Interpretationen oder als Anekdoten vor allem aus der patristischen Literatur dargebotene Berichte, gipfeln alle in der gleichen Feststellung: *Cantus autem clamosos et fractos, qui non ad laudem dei, sed ad vanam gloriam fiunt, deus parum reputat et daemon approbat*[9]. Bei dieser auffallenden Geringschätzung der gesanglichen Ausführung der liturgischen Texte mag vielleicht noch der Antagonismus gegenüber der heidnischen Opfer- und Tempelmusik in der Antike mitschwingen. Für uns soll festgehalten werden:

Bei Augustinus und anderen Vätern fällt in erster Linie der liturgische Text ins Gewicht. Der Text zählt mehr als seine musikalische Ausführung, die sogar Anlaß zu sündhafter Lust bieten konnte, wie Augustinus von sich selber bekennt: *Cum mihi accidit, ut me amplius cantus quam res, quae cantatur, moveat, poenaliter me peccare confiteor et tunc mallem non audire cantantem*[10]. Von daher ist auch verständlich, wenn Augustinus über Bischof Athanasius von Alexandria berichtet, *quod tam modico flexu vocis faciebat legi psalmos, ut lector pronuntianti similior esset quam canenti*[11]. Der liturgische Text als Gebet empfunden, unterliegt einer Wertschätzung, die ihn zum unantastbaren Text werden läßt, während die Form seiner musikalisch relevanten Wiedergabe als zweitrangig zu sehen und lediglich in dienender Funktion zu betrachten ist. Diese Einstellung, und das erscheint mir wichtig zu sein, bleibt über Jahrhunderte erhalten und bestimmt die weitere Entfaltung des musikalischen Geschehens in den Klöstern.

---

nus im 3. Kapitel). Zwei Handschriften und zwar P = Papiensis, Pavia, Universitätsbibliothek, cod. membr. 579 (15. Jh.), dann S = Sicilianus, Rom Biblioteca Angelica 1108 (geschrieben 1465—1470), sowie der Erstdruck von A. Fivizzani, Rom 1587, bieten zu dieser Textstelle des Kommentars folgende Ergänzung, die verdient, angeführt zu werden:

Non enim intelligitur simpliciter Deo cantare, qui negligit cantum addiscere et bestialiter cantare, quia qui cum ignorantia cantat, bestialiter cantat, immo sicut bestia latrat, et talis Deo non placet, sed displicet, quia noluit scire quod potuit. Sunt enim aliqui indispositi ad recte cantandum tum ratione vocis tum etiam ratione naturae. Tamen cantare debent, sicut sciunt, post alios, et si dissonant ab aliis, taceant nec se praesumant esse, quod minime valent, nec in suo fatuo cantu glorientur, sicut multos in Ordine audivi. ARBESMANN — HÜMPFNER a. O. 182, textkritischer Apparat zu Zeile 51.

[9] Ebd. 183, 1—2.

[10] Confessiones X, 33.

[11] ARBESMANN — HÜMPFNER a. O. 182, 59—62. — Vgl. dazu auch JACQUES HANDSCHIN, *Musikgeschichte im Überblick*. Luzern und Stuttgart [2]1964, 110—115.

Beim heiligen Benedikt klingen ähnliche Motive an, wie etwa, wenn er im 52. Kapitel seiner Regel vorschreibt, man möge die Gebete nicht *in clamosa voce, sed in lacrimis et intentione cordis*[12] verrichten, oder im Kapitel 43: ... *nihil operi dei praeponatur*. In demütiger Haltung, mit geneigtem Haupt, die Augen nach unten, zu Boden gerichtet (Kap. 7, v. 63), so bemühe sich der Mönch dem höchsten und einzigen König Kriegsdienste zu leisten (Kap. 51, 10). Über allem gilt natürlich, *ut mens nostra concordet voci nostrae* (Kap. 19, 7).

Der Ausdruck *opus dei* deutet schon an, daß der Regula Benedicti eine Weiterentwicklung des Betens in der klösterlichen Gemeinschaft zugrundeliegt. Während Augustinus sich auf wenige Angaben über die Ordnung des Gotteslobes beschränkt — in der *Regula prima* im 2. Kapitel über die Psalmenverteilung auf die verschiedenen Gebetszeiten und in der *Regula secunda* im 3. Absatz jene Angaben, die bereits wiedergegeben wurden —, schafft Benedikt eine sehr ausführliche und genaue Ordnung — in den Regelkapiteln 8—20 — für das *officium divinum*, das den Tag und die Nacht im Kloster gliedert, bestimmt und ihnen förmlich einen eigenen Rhythmus verleiht. Der Mönchsvater von Montecassino kann dabei auf Modelle des Psalmenvortrags und -gebets bei den alten Mönchen und Mönchsvätern zurückgreifen, was seine Formulierungen in der Regel bestätigen, wenn er schreibt: ... *secundum consuetudinem* (XIII, 3), oder ... *cum canticis consuetudinariis* (XVIII, 24). Dabei beten seine Mönche — *nos tepidi* — in einer Woche das, was „unsere heiligen Väter in ihrem Eifer an einem einzigen Tag vollbracht haben"[13]. Benedikt kann außerdem bereits festlegen und verweisen: *sicut psallit ecclesia Romana* (XIII, 10). Diese Weiterentwicklung zeigt sich noch in einer anderen Tatsache, die im 47. Kapitel zum Ausdruck kommt. Obwohl nämlich Benedikt den Kantor als ständigen Offizialen oder auch als wöchentlichen Vorsänger noch nicht bestellt haben dürfte, lesen wir dort: *Cantare autem et legere non praesumat, nisi qui potest ipsud officium implere, ut aedificentur audientes; quod cum humilitate et gravitate fiat ,et cui iusserit abbas*. Unterschiedliche Ausdrücke für die

---

[12] Regula Benedicti Kap. 52, 4.

[13] Kap. XVIII, 25. — In diesem Zusammenhang sind folgende Arbeiten zu erwähnen: J. HANDSCHIN a. O. 119ff. — STEPHAN HILPISCH, Der Psalmenvortrag nach der Regula Benedicti. *Studien und Mitteilungen zur Geschichte des Benediktinerordens* (im folgenden: *Stud. Mitt. OSB*) 59 (1941—1942) 105—115. — CORBINIAN GINDELE, Die römische und monastische Überlieferung im Ordo officii der Regel St. Benedikts (Kap. 8—20; 45 und 52). *Studia Anselmiana* 42 (1957) 171—222.

Ausführung des Chorgebetes, wie *cantare* (IX, 5, 6; IX, 3), *psallere* (XI, 6; XVII, 6 u. a.), *recitare* — *ex corde recitanda* (IX, 10), *memoriter recitanda* (XIII, 11 usw.) —, *dicere . . . in directum* oder *in directum psallere* (XVII, 6) bzw. *qui psalmi directanei sine antifona dicendi sunt* und *legere*, alle diese Stellen lassen erkennen, daß bei Benedikt ein gewisser Höhepunkt einer über Jahrhunderte vorbereiteten Entwicklung zu einem gewissen Abschluß gelangt ist. Trotz aller Weiterführung des Überkommenen darf aber dennoch nicht übersehen werden, daß es Benedikt ist, der zwar die Freiheit zur Umgestaltung, sogar zur Kürzung seiner Offiziumsordnung einräumte und den Abt dazu ermächtigte, daß er aber trotzdem eine genau umschriebene Ordnung für das Chorgebet einführte, an der er selbst festhielt, und nicht wollte, daß sie leichtfertig und ohne Grund verändert würde. So wird die Siebenzahl der Tagzeiten festgesetzt (Kap. XVI): die Stundenaufteilung des Tagesablaufes richtet sich nach Matutin, Prim, Terz, Sext, Non, Vesper und Komplet, und dieser Tagesrhythmus wird in allen Details geordnet, angefangen vom Zeichen und der zu bezeichnenden Stunde für das *opus dei* (Kap. 47) — wofür der Abt selbst verantwortlich gemacht wird, wollte er nicht diese wichtige Sorge einem „verläßlichen Bruder" anvertrauen — bis zur Aufstellung, in welcher Reihenfolge die Brüder die Antiphonen, Verse und Psalmen anzustimmen haben (Kap. 47). Nichts darf dem Zufall überlassen bleiben (vgl. Kap. 38), alles erhält Ordnung und festes Gefüge, womit für die nachfolgenden Jahrhunderte das Leben in den abendländischen Klöstern grundgelegt war; denn Zisterzienser[14] wie Prämonstratenser[15], letztere verbunden mit den Zisterziensern durch die Übernahme der *charta caritatis*, jenem Dokument, das für die Zisterzienser neben der Regel Benedikts zum zweiten Grundgesetz wurde[16], auch diese Orden — und sie sind im eigentlichen Sinne des Wortes Orden, die ersten überhaupt! — beziehen ihre monastische und liturgische Grundlage und Ordnung aus der Regel Benedikts, ebenso wie die Kartäuser, die Kamaldulenser, Vallombrosaner und die vielen übri-

---

[14] Vgl. neuerdings Karl Mitterschiffthaler, Die liturgische Musikpraxis nach der Gesetzgebung des Zisterzienserordens. *Stud. Mitt. OSB* 89 (1978) 472—509.

[15] Siehe Pl. F. Lefèvre, La Liturgie de Prémontré, Histoire, Formulaire, Chant et Cérémonial (*Bibliotheca Analectorum Praemonstratensium* I) Louvain 1957.

[16] Als Überblick genügt eine Einsichtnahme in das Werk Ambrosius Schneider, Adam Wienand, Wolfgang Bickel und Ernst Coester [Hrsg.], *Die Cistercienser. Geschichte, Geist, Kunst.* Köln ^{2}1977, 24—29.

gen Spielarten von Klöstern und klösterlichen Gemeinschaften, die einmal die mittelalterliche Klosterlandschaft bereicherten. Alle diese Kommunitäten waren und sind geprägt von jener geistig-geistlichen Welt, aus der eine musikalische Ausgestaltung erst ausfließen konnte, und stehen letztlich, was die Liturgie des Offiziums anbelangt, in der Tradition, die auf Benedikt und sein Werk zurückzuführen ist.

Diese Kontinuität bestand, wenn auch vielfach gefährdet, verändert, modifiziert und variiert, im Prinzipiellen bis in unsere Tage und wurde zu allen Zeiten nicht am Fortschritt, Zeitgeist oder Geschmack, sondern am Vor- bzw. Urbild gemessen. Erst unter dieser Voraussetzung werden alle Maßnahmen gerade auf dem musikalischen Sektor verständlich, die jede Re-form ausmachen und für uns am Beispiel der Melker Reform, bei guter und umfangreicher Quellenlage, der Vergangenheit entrissen werden können, um den musikalischen Alltag im Kloster, genauer gesagt, im Benediktinerkloster des 15. Jahrhunderts zu rekonstruieren. Es sei allerdings nicht übersehen, festzuhalten, daß bei den Benediktinern eine für mehrere Klöster verbindliche Aussage bis zur Ausbildung geeigneter Klosterverbände, wie sie später nach dem Tridentinum Pflicht wurden, nur auf der Basis einer durch gleiche Consuetudines entstandenen, einheitlichen Observanz möglich ist[17]. Deshalb kommt für den österreichisch-bayerischen Raum der Melker Reform, die 1418 auf Wunsch des Herzogs Albrecht V. nach eingehender Beratung mit den Professoren der Wiener Universität, allen voran mit Nikolaus von Dinkelsbühl, unter Mithilfe geeigneter, in Subiaco geschulter und stabilierter „Reformmönche" von Melk ihren Ausgang nahm[18], eine ganz besondere Bedeutung zu. Auf diese Weise ist der Historiker in die Lage versetzt, für seine Untersuchungen und Aussagen einen klaren Trennungsschnitt vorzunehmen und einerseits das musikalische Geschehen in den Benediktinerklöstern des Melker Reformkreises vor diesem Reformeingriff zu beleuchten, wie andererseits die im Sinne einer

---

[17] Vgl. zur Einführung JOACHIM ANGERER, Zur Problematik der Begriffe: Regula-Consuetudo-Observanz und Orden. *Stud. Mitt. OSB* 88 (1977) 312—323.

[18] Einzelheiten siehe bei JOACHIM ANGERER, Die liturgisch-musikalische Erneuerung der Melker Reform. Studien zur Erforschung der Musikpraxis in den Benediktinerklöstern des 15. Jahrhunderts (*Veröffentlichungen der Kommission für Musikforschung 15*) *Sb. Ak. Wien. Phil.-hist. Kl.* 287/5 (1974). — Alle Literaturverweise und Quellenangaben sind hier enthalten. Sie werden daher nicht mehr wiederholt.

echten Rückführung und Rückbesinnung entstandene neue, reguläre Observanz in ihrem ganzen Umfange darzustellen[19].

Welcher Situation sahen sich die Visitatoren in den Klöstern gegenübergestellt[20]? Beschränkt man sich auf die musikwissenschaftlich interessanten Berichte der Visitationsdokumente, vor allem der ersten Jahre der Reform, dann tritt folgendes zu Tage:

In den Klöstern beklagen die Visitatoren ein verweltlichtes Leben. Nur wenige Mönche meist vornehmer, adeliger Abstammung belebten die Abteien und sollten, wenn sie es überhaupt wollten, eine würdige Feier des *opus divinum* vollziehen, was allerdings in den meisten Klöstern nicht gelang. Angesichts dieses von den Visitatoren keineswegs als regulär zu bezeichnenden Lebens, Treibens oder Lassens in den Klöstern zu Beginn des 15. Jahrhunderts — auf Einzelheiten kann verzichtet werden, sie sind bereits veröffentlicht — werden im Spiegel einer regulären, gemäß den Vorschriften und Einrichtungen Benedikts und anderer Väter genaue Forderungen aufgestellt und ausgesprochen, die Rückschlüsse auf die tatsächliche musikalische Praxis zulassen.

In fast allen Visitationsakten wird bemerkenswerterweise der Wortlaut für den Text über die regelmäßige Feier des Offiziums aus dem 27. Kapitel der *Benedictina,* jener berühmten Reformbulle *Summi magistri* des aus dem Zisterzienserorden stammenden Papstes Benedikt XII. vom 20. Juni 1336 übernommen, der seinerseits schon im Reformdekret des Provinzialkapitels der Benediktinerklöster, das im Jahre 1417 in der vor den Toren der Konzilsstadt Konstanz gelegenen Abtei Petershausen abgehalten worden war, einen Niederschlag gefunden hatte[21].

Der Kürze wegen sei die Textvariante von Petershausen wiedergegeben. Die einschlägige Stelle lautet:

---

[19] Zum bisher Gesagten siehe die kurze Zusammenfassung in: Gustav Fellerer, *Geschichte der katholischen Kirchenmusik* 1: *Von den Anfängen bis zum Tridentinum.* Kassel usw. 1972, vor allem S. 31.

[20] Wir beschränkten uns auf einen Überblick, der vor einem Auditorium erforderlich war, das sich aus Teilnehmern zusammensetzte, bei denen allgemeine Kenntnisse über die Melker Reform nicht vorausgesetzt werden konnten.

[21] A. M. Cherubini, *Magnum Bullarium Romanum* 1/A/b. Leone Magno, ad Paulum IV. Luxemburg 1727, 218—237. J. Zeller, Das Provinzialkapitel im Stifte Petershausen im Jahre 1417. Ein Beitrag zur Geschichte der Reformen im Benediktinerorden zur Zeit des Konstanzer Konzils. *Stud. Mitt. OSB* 41 (1922) 1—73.

Et primo ab opere dei inchoantes ordinamus, quod diurnum pariter et nocturnum officium devote, tractim, pausatim, non transcurrendo, non syncopando et horis competentibus, prout in regula beatissimi patris nostri Benedicti continetur, celebretur[22].

Alle Verordnungen beginnen beim *opus dei*, womit neuerlich unterstrichen wird, daß der Tages- und Lebenslauf im Kloster nicht nach Nützlichkeit, Zweckmäßigkeit oder irgendwelchen anderen menschlichen Erwägungen geregelt, sondern vom Werk für Gott förmlich diktiert wird, dem die günstigste Stunde und die besten Kräfte nutzbar zu machen sind. Die Ausdrücke *devote*, fromm, andächtig, mit Hingabe, *tractim* gedehnt, langsam, nach und nach, bzw. Silbe für Silbe, wozu das *non transcurrendo* paßt, nicht übereilt, das durch das *non syncopando*, nicht einzelne Silben überbetonen oder verkürzen, ergänzt wird, wie auch durch das *pausatim*, mit Absätzen, mit Pausen, alle diese Termini stammen aus der *Benedictina* und fanden ihren Niederschlag in der einen oder anderen Version bei allen Vorschriften der Melker Reformer[23]. Das heißt also — blickt man auf die Zeit vor 1418 zurück —, daß in den meisten Klöstern das Chorgebet schnell, zu schnell vermutlich, abgehackt, ohne Mittelpausen im Psalmenvortrag verrichtet wurde. Martin von Leibitz, der als dritter Abt nach dem Abzug der Schotten der Wiener „Schottenabtei" in den Jahren 1446—1460 vorstand und eigene Consuetudines, allerdings in Übereinstimmung mit der Observanz von Subiaco-Melk zusammenstellte, schreibt in diesem Zusammenhang, daß allzu hastiges Rezitieren ein Zeichen von *indevotio* und *irreligiositas* sei[24]. So ließe sich an Hand zahlreicher Texte, Verordnungen und Ermahnungen zeigen und nachweisen, daß vor 1418 dem Chorgebet wenig Bedeutung zugemessen wurde, die Mönche sogar bestrebt waren, ihr „Pensum" möglichst schnell zu persolvieren. Beim Pensum der Gebetsverpflichtungen sei jedoch der Genauigkeit halber gleich hinzugefügt, daß die große Zahl von Nebenoffizien — Marien-, Toten-, Benediktsoffizium, die Pönitenzialpsalmen u. a. —, die an Ferialtagen zum Hauptoffizium hinzukamen, eine Gebetslast abgaben, die für heutige Verhältnisse geradezu unerträglich erscheint. Verständlich daher, daß sich die

---

[22] Siehe ebd. 57 n. 11. Vgl. ANGERER, *Die liturgisch-musikalische Erneuerung* 81.

[23] Ebd. 80ff.

[24] C. J. JELLOUSCHEK, Martini de Leibnitz abbatis monasterii B. M. V. ad Scotos Vindobonensis Trialogi ascetici. *Scripta Monastica a Monachis Benedictinis Abbatiae Prataleensis Edita* 13 (1932) 145.

Melker für die Abschaffung dieser Nebenoffizien später auf dem Konzil von Basel einsetzten[25].

In den einzelnen Klöstern half man sich — zumindest vor der Reform — auf mehr pragmatische Weise, indem man zur Verstärkung oder Entlastung Chorknaben und weltliche Sänger auch beim Gesang oder der Rezitation des Offiziums und nicht nur bei der Meßfeier einsetzte, was freilich ebenfalls den Unwillen der Visitatoren hervorrief. Aus anderen Texten ist sodann eine weitere Form der Selbsthilfe abzuleiten, die sogenannte Alternatimspraxis: gewisse Gesänge wurden *alternatim*, abwechselnd einstimmig oder mehrstimmig bzw. versweise verteilt auf Sänger und Instrumentalisten oder ausschließlich auf das Instrument der Orgel vorgetragen, wobei gerade wenn die Orgel jeweils den zweiten Vers übernahm, die Sänger eine gewisse Erleichterung erfuhren. Von daher die Ermahnung, man möge nicht in den Chorstallen stehen, während ein Vers gespielt oder von den Sängern gesungen wurde, und in den Chorbüchern herumblättern[26]. Vor diesem Hintergrund wird dann auch die spätere Verordnung des Basler Konzils verständlich, die Texte, wie Gloria oder Credo der Messe, für deren feierliche Ausgestaltung man Sänger und Sängerknaben zuließ, müßten *integre*, also nicht nur gespielt, sondern eben gesungen werden, von Kürzungen ganz abgesehen[27].

Damit ist bereits angedeutet, daß in den Klöstern, die später zum Melker Reformkreis gehörten, vor der Reform weltliche Sänger bei den Gottesdiensten, aber auch beim Offizium mitwirkten. Es besteht also kein Zweifel, daß solcherart das Musikleben durchaus weltlichen Einflüssen unterlag. In sehr vielen Klosterkirchen gab es bereits Orgeln[28]. Dank der Visitationsprotokolle, die uns aus dieser Zeit für viele Klöster erhalten geblieben sind, kann der Schluß gezogen werden, daß die Orgel damals bereits zum festen Bestandteil des liturgischen Instrumentariums und Geschehens in den Klosterkirchen gehörte; denn mit nur geringen Ausnahmen bzw. Veränderungen findet sich fast in allen Visitationsdokumenten der ersten Reformwelle um die zwanziger Jahre des 15. Jahrhunderts — um die Mitte des Jahrhunderts wurden im Rahmen der sogenannten Cusanusvisitation noch einmal alle Abteien besucht und

---

[25] ANGERER, *Die liturgisch-musikalische Erneuerung* 126ff.

[26] Ebd. 110.

[27] Ebd. 113.

[28] Vgl. OSKAR EBERSTALLER, Orgeln und Orgelbauer in Österreich (*Wiener musikwissenschaftliche Beiträge* 1) 1955 und ANGERER, *Die liturgisch-musikalische Erneuerung* 110f.

inspiziert[29] — folgender Zusatz, der weder im Petershausener Reformstatut, noch in der *Benedictina* enthalten ist:

... *volumus et ordinamus, ut divinum officium secundum regularem institutionem in omni loco cum morum gravitate ac reverentia clare et distincte cum debitis pausis, inclinationibus, discoopertionibus et genuflexionibus, ut moris est, exclusis clamoribus et discantibus organis ac personis saecularibus tam legendo quam cantando devotissime persolvatur*[30].

Auf diesem Hintergrund läßt sich eindrucksvoll nachweisen, daß unabhängig von der Frage, ob entsprechendes Notenmaterial erhalten blieb oder nicht, am Beginn der Melker Reform alle damals gültigen und gebräuchlichen Formen des Musizierens und Singens in den Klöstern nicht nur bekannt oder geduldet waren, sondern zum festen Bestand des liturgischen Alltags zählten.

Es erübrigt sich fast zu erwähnen, daß die Visitatoren sich ebenfalls gezwungen sahen, die überflüssigen, jedoch sehr beliebten und weit verbreiteten Prosen und Sequenzen samt einer Vielzahl von Tropen zu unterbinden, was insgesamt den Schluß zuläßt, daß man vor der Melker Reform durchaus die Fülle aller damals gebräuchlichen Musizierformen sowohl kannte, wie auch in der Praxis verwendete.

Alle diese eben beschriebenen Praktiken wurden von den Reformern als weltlich und gegen die reguläre Observanz gerichtet und verstoßend abgelehnt und verboten, wobei sie feststellen mußten, daß die weltlichen Einflüsse sich sogar bei der Art und Weise des Hymnenvortrags bemerkbar machten; denn die Hymnen sang man meist rhythmisiert, nach Art italienischer Tanzweisen. Die darauf bezugnehmende Aufforderung der Reformer lautete, die Hymnen seien wieder in den *antiquitus* gebräuchlichen und überlieferten Weisen der guten, alten monastischen Tradition und zwar *nude et aequaliter* und nicht *secundum metrum seu praecepta prosidiae* vorzutragen[31]. Im übrigen gibt es auf-

---

[29] Vgl. I. ZIBERMAYER, Johann Schlitpachers Aufzeichnungen als Visitator der Benediktinerklöster in der Salzburger Kirchenprovinz. Ein Beitrag zur Geschichte der Cusanischen Klosterreformen (1451—1452). *MIÖG* 30 (1909) 258—279.

[30] Alle Belege in JOACHIM ANGERER, Die Begriffe ‚discantus, organa' und ‚scolares' in reformgeschichtlichen Urkunden des 15. Jahrhunderts. Ein Beitrag zur Pflege der Mehrstimmigkeit in den Benediktinerklöstern des österreichisch-süddeutschen Raumes. *Anz. Ak. Wien, phil.-hist. Kl.* 109/1972 (1973) 145—170.

[31] ANGERER, *Die liturgisch-musikalische Erneuerung* 89f.

fallend viele Textstellen, in denen der Tanz im und um das Kloster verboten wird[32].

Ohne auf weitere Details einzugehen, erlaubt und ermöglicht uns die Einsicht in die Visitationsprotokolle der Melker Reform die Feststellung, daß am Beginn des 15. Jahrhunderts in den Benediktinerklöstern Bayerns und Österreichs das Musikleben durchaus auf der Höhe seiner Zeit stand und alle Formen miteinbezog, die aus anderen Quellen für diese Klöster häufig nicht nachzuweisen sind, obwohl sie zeitgemäß waren. Diese Feststellung erscheint deswegen bedeutsam zu sein, weil aus dem Nachlaß an Notenmaterial ein völlig anderes Bild entstehen könnte, wollte man nicht in die Überlegung miteinbeziehen, daß die Noten, aber auch die Musik als solche zu dieser Zeit noch nicht in unserem Sinne archiviert wurden. Darüber hinaus vermitteln unsere Quellen, weil ihre Angaben nicht aus Abhandlungen der Musiktheorie stammen und damit eine sozusagen tendenziöse musikwissenschaftlich relevante Interpretation kaum denkbar ist, einen wertvollen und zugleich lebendigen Einblick in das eigentliche praktische Musikgeschehen dieser Zeit und dieser Klöster.

Was für uns eine wertvolle Erkenntnis ist, war freilich in den Augen der Reformer und der gestrengen Visitatoren nicht nur ein Zeichen gefährlicher Verweltlichung, sondern, was noch mehr zählt, ein Abweichen von der *regularis observantia*, die Nichterfüllung jener Normen, wie sie aus der Regel und regulären Überlieferung abzuleiten gewesen wären, in jener vitalen und persönlichen Auslegung, wie sie vom jeweiligen Abt hätte erwartet werden können.

Mit diesem Hinweis, daß nämlich in den meisten Klöstern die *regularis practica quasi per omnia in obscuritatem conversa* sei[33], begannen die Mönche aus Subiaco ihr Reformwerk. Nach jener Zäsur, die durch die Visitationen entstanden war, folgte nun die zweite Etappe dieser Entwicklung: die Neueinführung und Rückbesinnung auf die *regularis observantia.* Wichtigstes Instrument hiezu in der Hand der Reformer waren die Consuetudines, die Lebensgewohnheiten nach dem Vorbild der Klöster in Subiaco, in denen man eine sowohl monastisch einwandfreie, wie auch aus dem Geist der Regel genuin erwachsene Lebensweise

[32] Ebd. 90—91.

[33] Prolog zu den Consuetudines von Subiaco, die vorläufig nur in folgender überholter Ausgabe vorliegen: Bruno Albers, Consuetudines Cluniacenses Antiquiores (B. B[1]. E. C.) necnon Consuetudines Sublacenses et Sacri Specus nunc primum ex variis apographis inter se collatas (*Consuetudines Monasticae* 2). Monte Cassino 1905, hier 118.

garantiert sah. In diesen Consuetudines, oder *caeremoniae regularis observantiae*, die im Prologus als eine *brevissima formula vitae regularis* bezeichnet werden[34], war die Grundlage zu der Neuentwicklung gelegt, die wir als zweite Seite jenes historischen Einschnittes betrachten dürfen, die in der Rekonstruktion der Vorgänge um die Melker Reform freigelegt werden kann. Dabei muß im gleichen Atemzug förmlich hinzugefügt werden, daß die ursprüngliche, aus Subiaco übernommene Form der Consuetudines, deren Annahme allen Benediktinerkonventen des Melker Einflußbereiches vorgeschrieben wurde, im Zeitraum zwischen 1418 bis 1470 circa insgesamt fünfmal verändert und den neuen Gegebenheiten und Notwendigkeiten der Klöster nördlich der Alpen angepaßt wurden. Diese Adaption bei Zugrundelegung und Berufung auf die reguläre, eben aus Subiaco stammenden Observanz ist für Melk charakteristisch und macht zugleich deutlich, daß diese Consuetudines nicht toter Buchstabe, sondern ein lebender Text waren. Damit wird die Frage nach dem normativen Charakter unserer Quellen geradezu von selbst beantwortet. Alle Vorschriften — wir engen auf den musikalischen Teil ein, um nicht unsere Kompetenz zu überschreiten —, wie sie in den Consuetudines zunächst als Normen vorliegen, mußten in der Praxis zur Anwendung kommen, worüber die Visitatoren wachten und uns ihre Aufzeichnungen hinterließen. Bei einer Verlagerung oder Veränderung einer der Normen, fand das in den nachfolgenden, revidierten Consuetudinesformen einen entsprechenden Niederschlag, womit also tatsächlich die Behauptung aufgestellt werden kann, daß unsere Quellen die im angegebenen Zeitraum — gemäß den unterschiedlichen Gegebenheiten gewiß mit graduellen Unterschieden von Kloster zu Kloster — ausgeübte Musikpraxis wiedergeben und beinhalten. Aus diesen Consuetudinestexten läßt sich demnach die Musikpraxis, wie sie als der Regel gemäß im 15. Jahrhundert empfunden und beabsichtigt war, rekonstruieren, wobei diese Aussagen eben nicht Theorie, fahle Vorschrift, sondern Wirklichkeit besagen, die in die Praxis umgesetzt wurde, wie aus den Akten der Cusanusvisitation belegt werden kann. Als weiterer Beweis kommt hinzu, daß es uns gelungen ist, auf Grund der Aussagen und der Termini der Consuetudines fast das vollständige Notenmaterial aus der Zeit der Melker Reform zu finden und als solches zu verifizieren[35].

---

[34] Ebd.

[35] Ein Teil davon, vor allem die Lese- und Psalmtöne bei JOACHIM ANGERER, Lateinische und deutsche Gesänge aus der Zeit der Melker Reform. Probleme der Notation und des Rhythmus, bezogen auf den historischen

Versucht man nun, das klösterliche Musikleben am Beispiel der Melker Observanz darzulegen, dann muß vorausschickend festgehalten werden, daß sich das musikalische Geschehen auf mehreren Ebenen abspielte und vollzog. Auf der untersten Ebene sind alle jene Klanggeräte zu berücksichtigen, mittels derer der Tagesablauf angezeigt und akustisch vernehmbar gemacht wurde. Zur Außenwelt hin waren es die Glocken des Turms, mit denen weithin hörbar die Stunde und die Einladung zum gemeinsamen Chorgebet der Mönche kundgemacht wurde. Wenn schon erwähnt wurde, daß der Klosteralltag durch die Gebetszeiten, die dem Gesamtablauf des Lebens in einem Kloster gleichsam ein festes und sicheres Skelett gaben, seinen Rhythmus erhielt, dann gehören die Glocken im Turm oder an anderen exponierten Stellen zum unabdingbaren Bestandteil jenes Instrumentariums, das notwendig war, um alles geordnet und in gemessener Würde abwickeln zu können. Gleichzeitig war einem säumigen Bruder jeder Entschuldigungsgrund genommen, nicht rechtzeitig im Chor zu erscheinen. Daß die Zeiteinteilung insgesamt und vor allem die Festlegung der *hora matutinalis*, aber auch aller anderen Tagzeiten, der besonderen Obsorge des Abtes oder eines vom Abt delegierten Bruders anheimgestellt war, entspringt ebenfalls der Überlegung und sicherlich auch praktischen Erfahrung, daß von einer genauen Zeiteinteilung, die übrigens für die Melker Observanz am übersichtlichsten in den Tegernseer Consuetudines zusammengefaßt ist[36], der Verlauf des ganzen *officium divinum et etiam dispositio domus quoad exercitia deputata* abhängt[37]. Daraus ergab sich die Notwendigkeit, für alle Zusammenkünfte genaue Zeichen zu geben. Das geschah in der Form, daß insbesondere an Festtagen schon zur ersten Vesper dreimal mit allen Glocken geläutet wurde und zwar *prima vice prolixe, secunda modicum, tertia vice usque ad signum prioris*[38]. In dieser Sublazenser Textvorlage sind alle Glocken während des gesungenen Te deum bis zum Vers *Pleni sunt coeli* zu läuten. Zur Prim

---

Hintergrund und verbunden mit einer Edition der wichtigsten, durch die Reform eingeführten Melodien (*Forschungen zur älteren Musikgeschichte. Veröffentlichungen des Institutes für Musikwissenschaften der Universität Wien* 2) Wien 1979, vor allem 47—113.

[36] Siehe J. ANGERER, Die Bräuche der Abtei Tegernsee unter Abt Kaspar Ayndorfer (1426—1461), verbunden mit einer textkritischen Edition der Consuetudines Tegernseenses. *Stud. Mitt. OSB* 18. Ergänzungsband, Ottobeuren 1968, hier 105ff.

[37] IV. Kapitel der Sublazenser Consuetudines.

[38] Subiaco-Text, Kapitel XXVI.

wird zuerst ein kurzes Zeichen mit der großen Glocke und dann das zweite mit einer von den kleineren gegeben. Die Sublazenser Vorlage spricht also bis in alle Details über die Art des Läutens und bezieht sich auf die Verhältnisse in Subiaco, wo man mindestens drei Glocken im Turm hatte. Die Glocken wurden von der Kirche aus in Schwung gesetzt[39].

In den Abschriften der Melker wurden diese ausführlichen Angaben des Subiaco-Textes modifiziert und auf die jeweiligen Gegebenheiten abgestimmt. Ohne auf Einzelheiten einzugehen — sie werden einmal der textkritischen Edition zu entnehmen sein —, ist wenigstens folgendes für den Melker Reformkreis festzuhalten: In den Türmen der Klosterkirchen hingen zur damaligen Zeit normalerweise drei Glocken, *una maior* und *duae minores*. Dies läßt sich aus den Melker Bearbeitungen der eben angeführten Sublazenser Textstellen ableiten, wobei gelegentlich noch von einer *magna campana* oder von einer *parva campanella* die Rede ist[40]. Während es in Subiaco der Prior war, auf dessen Zeichen hin das Läuten im Turm beendet wurde, schlägt in Melk der Abt zu diesem Zweck auf eine *campanella iuxta se pendens*. Die Art und Dauer des Läutens wird in den Melker Ausführungen bereits genauer beschrieben. Allgemein gilt für das Zeichengeben zu den Chorzeiten, daß das erste Zeichen unabhängig, ob es nun im Turm oder im Klaustrum erfolgte, auf die Länge von zwei Miserere, das zweite auf einen Zeitraum gegeben wurde, währenddessen die sieben Bußpsalmen rezitiert werden konnten[41]. In den Verordnungen des Petershausener Provinzialkapitels wird eine Viertelstunde dafür vorgeschrieben[42]. Während dieser Zeit sollten die Brüder ohne Eile in geziemender Würde zur Kirche gelangen können und gemeinsam das *officium divinum* be-

---

[39] Diese Textschicht dürfte aus Sacro Speco stammen, wo immer nur ein Prior residierte, der das Zeichen zum Läuten bzw. zur Beendigung des Läutens gab. Hier wurden wohl auch die Glocken von der Kirche aus in Schwung versetzt. Solche und ähnliche Fragen können vorläufig nur angerissen werden, die textkritische Edition, mit deren Bearbeitung der Verfasser betraut ist und die im Corpus Consuetudinum Monasticarum erscheinen wird, kann einmal eine Hilfe zur Klärung dieser Probleme bieten.

[40] 1. Kapitel oder 15. Kapitel, aber auch an anderen Stellen der Sublazenser Consuetudines.

[41] 4. Kapitel: *Fiatque primum signum per spatium duorum Miserere, infra quod, ut dictum est, sine mora se levent, et fiat pausa inter primum et secunudum signum tanta, in qua competenter septem psalmi poenitentiales cum litaniis expleri possint.*

[42] ZELLER a. O. 57 n. 11.

ginnen. Doch selbst der eigentliche Beginn des Chorgebetes wurde nochmals angezeigt und zwar indem der Abt mit der Hand *modice* auf das Pult bzw. auf seinen Sitz schlug, allgemein im Text ausgedrückt: *ad omnes horas ultima pulsatione finita abbas vel eius locum tenens faciat signum cum manu percutiens formam*[43].

Man könnte den gesamten Ablauf der verschiedenen und unterschiedlichen Zeichen rekonstruieren, es mag aber genügen, gezeigt zu haben, nach welcher, bis in Einzelheiten festgelegten Ordnung das *opus dei* den Tagesablauf bestimmte. Nachzutragen wäre noch, daß in den Abschriften der Consuetudines von Subiaco-Melk das Ave-Läuten *in crepusculo et in aurora* genau beschrieben wird[44].

Das restliche Instrumentarium der sogenannten Ideophone bestand aus der schon angeführten *campanella chori*, einer *campanella refectorii*, mit der nach der Version von Subiaco das Zeichen zu Tisch gegeben wurde, was in Melk umgewandelt wird in ein erstes, kurzes Zeichen *in campanili* — ein Pater noster lang — und dann in das zweite Zeichen mit drei Schlägen *super cymbalum vel nolam*, wobei einige nähere Angaben einerseits besagen, daß das *cymbalum* oder die *nola* im Klaustrum in der Nähe des Refektoriums oder auch auf dem Dach des Refektoriums hingen, und andererseits geschrieben steht, die Schläge erfolgten *cum malleo super cymbalum vel nolam*[45].

Neben diesen Glocken im Turm, Chor und Refektorium bzw. im Klaustrum oder beim Kapitelsaal begegnen wir in einzelnen Textvarianten noch dem *tintinnabulum*, dem Glöckchen oder der Schelle, bekannt bereits aus den Nonsberger Märtyrerberichten, den frühesten Zeugnissen dieser Art für die österreichische Musikgeschichte[46]. Während der Kartage benutzte man nach den Melker Quellen eine *tabula* oder eine *tabula . . . ad ianuam ecclesiae*, die vermutlich als Vorläuferin unserer Ratschen gewertet werden kann, aber gleichzeitig noch die Brücke darstellt zu jenen Schallgeräten, die heute noch in den orthodoxen Klöstern (etwa auf dem Athos) Verwendung finden[47].

---

[43] 7. Kapitel der Consuetudines Sublacenses.

[44] Ebd. Kap. 30.

[45] Ebd. Kap. 35 und zwar in der Abschrift Perugia (Apparat!).

[46] Siehe Wolfgang Suppan, Bürgerliches und bäuerliches Musizieren in Mittelalter und früher Neuzeit (*Musikgeschichte Österreichs* 1: *Von den Anfängen zum Barock*) Graz, Wien, Köln 1977, 144.

[47] Dort *siderun* und *talanton* genannt. Was die lateinische Terminologie der Sublazenser und Melker Consuetudinestexte anbelangt, entsprechen sie dem damals üblichen Sprachgebrauch, wonach *cymbalum* nicht mehr wie im Alten Testament etwa das Becken bezeichnet, sondern zum Synonym für

Auf dieser ersten Ebene des musikalischen Geschehens in den Klöstern haben wir es also mit einem voll ausgebildeten Instrumentarium von Schallgeräten zu tun, mit deren Hilfe der genaue und gemeinsame Beginn der Chorzeiten und aller übrigen täglichen Verpflichtungen geordnet und angezeigt wurde und wird. Treten wir nun in den weiten Kirchenraum ein, in dem sich die Mönche zu einer der Gebetszeiten oder zur Meßfeier versammelt haben, dann dürfte auch dort der Eindruck zu gewinnen sein, daß alles nach einer bis in Einzelheiten und Kleinigkeiten geregelten Regie vollzogen wurde, die freilich nur den äußeren Ausdruck jener Haltung bedeuten sollte, die in den Worten der Reformer Nachdruck erhielt: *Spiritualia sint semper et ubique in omnibus praeponenda*[48]. Der Regisseur sozusagen dieser Szene ist der Cantor, der zunächst ein Wochenoffiziale war, dann aber sein Amt als *cantor continuus* innehatte, ausgestattet mit entsprechendem Wissen und Können[49]. Die Mönche wurden, gemäß unseren Quellen, auf zwei Chorseiten verteilt, was beispielsweise bei den Petersfrauen in Salzburg und anderswo erst wieder durch die Melker Reform eingeführt wurde[50]. Für den Vortrag jeweils unterschiedlicher Gesänge oder Gebete gab es nicht nur verschiedene Gebetshaltungen, sondern auch unterschiedliche Standorte, wie etwa *in medio chori* oder *in sede*. Bei der Psalmodie stand man *e regione* zueinander, während der Orationen bzw. dem Einleitungsvers einer Hore, dem *Deus in adiutorium*, verharrten die Mönche *versis vultibus ad altare*, wie denn überhaupt das ganze Offizium — die Nebenoffizien und die Lesungen ausgenommen — stehend persolviert wurde, bei nur wenigen Kniebeugen[51]. Erlaubt war allerdings die *appodiatio*, das sich Aufstützen bzw. das Aufsitzen auf die sogenannte *misericordia*, dem kleinen Aufsatz auf der hochgeklappten Rückseite des Sitzes in den Chorstellungen[52]. Sogar das Auf- und Abnehmen der

---

tintinnabula, das Glöckchen, oder der *nola* bzw. *campana*, also die größeren Glocken wird. Dieser Sprachgebrauch ist in den Melker Texten charakteristisch und durchaus zeitgemäß. Vgl. RIEMANN, *Musiklexikon*, 1967, 193 (im Sachteil) unter „cymbala".

[48] Kap. 7 der Sublazenser Consuetudines.

[49] Siehe ANGERER, *Die liturgisch-musikalische Erneuerung* 150—160.

[50] Siehe MAURUS SCHELLHORN, Die Petersfrauen. Geschichte des ehemaligen Frauenkonventes bei St. Peter in Salzburg (c. 1130—1583). *Mitteilungen der Gesellschaft für Salzburger Landeskunde* 65 (1925) 113—207, hier 167ff.

[51] *Quamvis in divino officio ex regula stare debeamus* ... = 10. Kapitel im Subiaco-Text, aber auch andernorts.

[52] 10. Kapitel ebd.

Kapuze war durch Vorschriften aus den Consuetudines Sublacenses respektive Mellicenses genau festgelegt[53].

Bleibt somit zu fragen, wie das Chorgebet rezitiert bzw. gesungen wurde. Grundsätzlich verlangten die Reformer, daß das ganze Offizium, auch jenes bei Nacht, zu singen sei. Da jedoch die Konvente zum Teil weniger als zwölf Konventualen zählten — und zwölf war die Toleranzgrenze, unter der man das Offizium nicht zu singen hatte —, mußten — ebenfalls bis ins Detail gehend — alle anderen Arten des Vollzugs des Chorgebets dargelegt werden, was in allen Textredaktionen mit eben solcher Exaktheit wie für das Zeichengeben geschildert wird. Am umfassendsten enthält ein Reformpapier aus dem Jahre 1441, das in dieser Zusammenfassung aus der Feder eines für die späteren Jahrzehnte sehr wichtigen Reformers stammt, nämlich der Johannes Schlitpachers (oder Johannes von Schongau bzw. von Weilheim genannt)[54], alle Anweisungen, das ganze Programm, das *opus dei* in der regelgerechten Form zu feiern[55]. Ausgehend von den genau festzusetzenden Zeiten und Stunden und den verschiedenen Zeremonien heißt es dann, daß es unterschiedliche Arten, je nach dem Grad der Feierlichkeit gibt und zwar sowohl, was den Gesang, die Melodien, als auch die übrigen Gewohnheiten anbelangt. Als erstes ist der *modus accentuandi* angeführt, der zugleich *religiosus* genannt wird, die einfache Vortragsweise für alle Lesungen, Kapitel, Kollekten und auch für die Tischlesung. Die nächsten Anweisungen beziehen sich auf die Psalterien, in denen die Psalmen in einer nach Pausen, Absätzen und Versen geordneten Aufstellung und Einteilung einzurichten und wiederzugeben sind, wobei natürlich dem Psalmenvortrag ein besonderer Wert zugemessen wurde. Aber auch die Hymnenmelodien, die Singweisen für Kyrie, Sanctus, Te decet laus und Te deum, das Salve regina und andere, sollen je nach Festcharakter in unterschiedlichen Melodien, unter Ausschluß allerdings jeglicher *saecularis melodia — amputetur in eis omnis saecularis melodia* lautet die genaue Stelle — in genügender Anzahl zur Verfügung stehen, ebenso die Weisen für die Präfationen, für Pater noster und Credo. Bei Prosen und Sequenzen möge man auf jeden überflüssigen Gesang verzichten und sich nach dem Beispiel Melks richten, nämlich nur die Sequenzen der wichtigsten Festtage, wie Ostern, Pfingsten mit zwei unterschiedlichen

---

[53] Kapitel 11 und 12 in Subiaco.

[54] Die bibliographischen Daten u. a. siehe bei Franz Hubalek, *Aus dem Briefwechsel des Johannes Schlitpacher von Weilheim* (*Der Kodex 1767 der Stiftsbibliothek Melk*). Diss. Wien 1963.

[55] Siehe Angerer, *Die liturgisch-musikalische Erneuerung* 131ff.

Sequenzen, Fronleichnam und Allerseelen, in das Repertoire aufzunehmen, was erst nach dem Tridentinum allgemein verbindlich wurde. In Melk lautete die Begründung für den Verzicht auf die sonst so beliebten Sequenzen, die einen Teil einer der Weiterentwicklungen und Ausgestaltung der Liturgie — insbesondere durch die nördlich der Alpen beheimateten Völker — in den vorausgehenden Jahrhunderten darstellte: diese Sequenzen würden meist nur *studio curiositatis* vorgetragen. Für den Psalmengesang wurden die Psalmtöne von Subiaco eingeführt. Ähnlich verhielt es sich mit dem Hymnar[56]. Insgesamt — und das betont Schlitpacher abschließend — gibt es eine dreifache Form, das Offizium *diligenter* zu gestalten und zwar: *dicendo simpliciter, psallendo in directum et plene cantandum.* Allein aus der terminologischen Gestaltung dieser Texte wird offenbar, daß sie alle auf die Regel Benedikts Bezug haben. Die Melker Reform stellt also in der Tat eine Rückführung zu den ursprünglichen Quellen dar, auch in musikalischer Hinsicht: „Re-form" demnach in des Wortes eigentlicher Bedeutung.

Die Begründungen für einen solchen als Rückschritt zu empfindenden Eingriff in den Entwicklungsstrom werden aus jener Gesamtschau abgeleitet und gerechtfertigt, die eingangs aus der ganz eigengearteten Spiritualität dargelegt wurden. Neuerlich wäre an dieser Stelle zu betonen, daß es in den Klöstern nie um die Frage ging, wie weit und ob der Gesang, die Liturgie zeitgemäß oder modern waren, sondern als Gradmesser galt fast ausschließlich, wie weit sie regelgetreu zur Ausführung kamen.

Was die Melodien anbelangt, wäre zu bemerken, daß der Großteil dieser Gesänge den noch heute üblichen sogenannten gregorianischen, in der Kirche tradierten entsprach, wobei sehr wohl zu bedenken ist, daß es für diese Melodien zwar seit Papst Pius X. eine offiziöse, aber keine textkritische Edition gibt. Gerade bei Vergleichen verschiedener uns bekannter Gesänge der Melker mit jenen im Graduale Romanum abgedruckten konnte ich feststellen, daß es in den Abschriften aus unterschiedlichen Klöstern zahlreiche Melodienvarianten gibt, geringfügige gewiß, aber vielleicht gerade darin typische[57].

Für den richtigen *modus psallendi* wird als Autorität jener Reformator herangezogen, der als Garant für die herbe Strenge regulärer

[56] Die Psalmtöne sind, wie bereits erwähnt, im Druck erschienen, die Hymnare sind noch zu veröffentlichen, wenn auch ein Gutteil in der angekündigten Arbeit Berücksichtigung findet.

[57] Sie könnten eventuell dazu dienen, mit Hilfe der Differenzenuntersuchungen, wie sie FLAVY anstellte, aufschlußreiche Ergebnisse zu erbringen.

Observanz galt: Bernhard von Clairvaux. Seine Weisungen und exakten Angaben über das Verhalten des Mönchs beim Chorgebet — selbstverständlich immer geistig, pneumatisch oder charismatisch, wie immer man es bezeichnen möchte, begründet — gehören zur Pflichtlektüre eines jeden wahren Mönchs der damaligen Zeit der Reformen vor der Reformation. Sie sind aufgenommen in den Bestand der Consuetudines nicht nur von Melk, sondern davor schon von Kastl, dann St. Maximin in Trier (Johannes Rode), und wurden sogar bei dem bereits zitierten Jordanus de Saxonia besprochen und in seinem Kommentar zur Augustinusregel wiedergegeben[58].

Fazit also: Die Vorgänge musikalischer Art in den Klöstern können nur aus der Gesamtschau des spirituellen Lebens ebendort beurteilt und dargestellt werden, womit bereits gesagt ist, daß dieses klösterliche Musikleben aus Quellen gespeist wurde, die nicht parallel verlaufen zum Entwicklungsstrom außerhalb dieser Klöster, sondern sich nur aus ihrem Eigenverständnis ableiten und interpretieren lassen. Gradmesser war immer die *vita secundum regulam*, die *regularis observantia.*

War demnach jede Art von Fortschritt auf musikalischem Sektor, sollte es einen solchen gegeben haben, *contra regulam*? Fragen wir, ob in Melk und in den Klöstern gleicher Observanz jede Weiterentwicklung mit der Reform des Jahres 1418 zum Stillstand kam, unterbunden und begraben wurde. Keineswegs, im Gegenteil! Unabhängig von dem bisher Geschilderten, das die offizielle Feier des Offiziums zum Gegenstand hatte, gab es echte und vermutlich sogar bahnbrechende, in die Zukunft weisende Neuerungen. Worin sind sie zu suchen?

Auf dem Basler Konzil wurde durch die Bemühungen gerade der Melker Vertreter, allen voran des Martin von Senging, ein Reformstatut für die Benediktiner ausgearbeitet. Hier ist sogar die Rede von einem *ritus Mellicensis*[59]. Es war folgendes geschehen: In der Einleitung dieses Basler Textes über das *officium divinum* werden alle jene Passagen übernommen, die uns aus den Visitationsakten des Jahres 1418 aus Melk bekannt sind, auch jene Stelle mit dem Verbot der *clamores*, des *discantus* und mit dem Ausschluß der *scolares* und weltlicher Sänger. Dennoch wird ein echter Kompromiß erwirkt: Für die Vereinheitlichung wird zunächst die Einführung der *rubrica Romana* vorge-

---

[58] Siehe Zusammenfassung bei JOACHIM ANGERER, Die Consuetudines Monasticae als Quelle für die Musikwissenschaft. *Sacerdos et Cantus Gregoriani Magister* (*FS Ferdinand Haberl zum 70. Geburtstag*) Regensburg 1977, 23—37, hier 32—33.

[59] Salzburg, Stiftsarchiv St. Peter, cod. a IX 35, f. 90v.

schlagen, gleichzeitig jedoch die Mehrstimmigkeit für hohe Festtage — allerdings in eingeschränktem Maß — erlaubt, was ebenfalls für die Verwendung der Orgel zutraf. Die Textgestaltung und Formulierung ist so bezeichnend und aussagekräftig, daß sie im Original wiedergegeben sei:

Usum autem organorum, cum ipse videtur simplicitati ordinis quodammodo obviare, sic temperandum decernimus, maxime in monasteriis curam animarum habentibus, ut in festis maioribus tantum in missa conventuali usque ad offertorium dumtaxat inclusive, necnon in primis et secundis Vesperis usus eorundem continuetur. In aliis vero locis, curam huiusmodi minime habentibus eundem omnino dissuademus[60].

Beachtlich die Tatsache, daß das Orgelspiel der Seelsorge wegen — diese Einschränkung wurde in späteren Texten und Abschriften gestrichen — und nur zu Festtagen erlaubt wurde, was doch letztlich einer erheblichen Aufwertung des mehrstimmigen Gesanges und der Orgel gleichkam. Es verwundert daher nicht, daß zumindest fragmentarisch eine Orgeltabulatur in einem Melker Codex in Vorsatzblättern erhalten blieb, wie auch Teile eines vierstimmigen Gloria[61]. Die zeitgenössische Musik konnte somit neuerlich Einzug halten in die Klosterkirchen, dieses Mal sozusagen nicht mehr durch die Hintertür, sondern in feierlicher Form durch das Hauptportal, und hierin liegt der entscheidende Fortschritt. Man fand folglich den Anschluß, stand auf der Höhe der Zeit, ohne die Pflege des eigentlich monastischen Dienstes zu gefährden. Man war im übrigen immer auf dem Stand des musikalischen Fortschritts, wie die einfachen Formen früher Mehrstimmigkeit beweisen, wie etwa die zweistimmigen Weihnachtslektionen aus Göttweig und andere Zeugnisse aus Melk, die zwar als Abschriften ins 15. Jahrhundert gehören, aber sicherlich eine weit ältere Praxis tradieren und bestätigen. Man bewegte sich tatsächlich auf unterschiedlichen Ebenen und verzichtete bewußt darauf, diese mehr von außen eindringende Musik, die man kannte, auch aufzuführen, und zwar zu Gunsten jener liturgischen Formen, die ganz und gar eigengestaltet waren im Sinne der *observantia regularis*. Die Abschriften der Traktate *de musica mensurabili* beispielsweise, wie sie in Melk selbst aus dem Jahre 1462 erhalten geblieben, aber auch in anderen Abteien belegbar sind, mögen

---

[60] Salzburg, Stiftsarchiv St. Peter, cod. A. 202, f. 37^{r}. Für diese wichtigen Texte liegt zwar eine Wiener theologische Dissertation vor, die allerdings keine befriedigende textkritische Edition bietet.

[61] ANGERER, *Die Begriffe ‚discantus, organa' und ‚scolares'*, vor allem im Bildteil.

für das eben Gesagte als Beleg und Beweis gelten. In den Schreibstuben gab es im übrigen nicht nur die reinen Kopisten, sondern es waren, wie am Codex 950 aus Melk zu zeigen ist, durchaus kritische Kompilatoren, Schreiber und Schriftsteller am Werk. Jener Mönch jedenfalls, der 1462 die Niederschrift des Codex 950 in Melk beendete, beklagt sich bei der Wiedergabe der durch die Reformer eingeführten Psalmtöne, wie *minus elegantiores* diese neuen Töne im Verhältnis zu den vorausgehenden seien. Um schließlich unter Beweis zu stellen, daß man in dem streng reformierten Melk trotzdem den Anschluß nie verpaßt hatte, schrieb er das zweistimmige deutsche Marienlied *Begruesset seyst du künigin* nieder[62]. Daß in Anbetracht der Fülle der neu eingeführten Töne, Hymnenmelodien und des gesamten übrigen Repertoires die Schreiber, vorzüglich in Melk, förmlich alle Hände voll zu tun hatten, bedarf kaum einer näheren Erklärung. Erwähnenswert ist freilich, daß im Zuge der Melker Reform die damals in Italien lange schon übliche Quadratnotation auch im Norden eine weite und fast einheitliche Verbreitung fand, während die gotische Schrift immer mehr in den Hintergrund gedrängt wurde. Gut hundert Jahre früher notierte man neben den üblichen, teilweise schon mensural beeinflußten Schreibarten noch in rein adiastematischer Neumenschrift, wofür das in Melk aufgefundene Fragment aus Heinrich von Meißens Frauenlob ein wertvoller Beleg ist[63]. Im übrigen dürfte es selbstverständlich sein, daß gerade in den österreichischen Stiften mit ihren in den weltlichen Alltag reichenden Pflichten und Verbindungen viele andere Kontakte zur „Welt" hin bestanden und sicherlich neben zahlreichen Gästen manch fahrender Scholar, Sänger oder Musicus die Gastfreundschaft eines Klosters in Anspruch nahm.

Bevor wir zu Ende kommen, ohne die gesamte Fülle des überlieferten Materials für einen Einblick in das klösterliche Musikleben gemäß der Melker Observanz weiter ausbreiten zu können, möge noch auf einen sehr wichtigen Punkt unsere Aufmerksamkeit gelenkt werden, auf die geistlichen Gesänge in deutscher Sprache. Es ist uns gelungen, aus dem

---

[62] Die mehrstimmigen Lektionen, wie das deutsche Marienlied — übrigens nicht zu verwechseln mit dem „Melker Marienlied", das unter dieser Bezeichnung in die Literatur Eingang gefunden hat — kamen im Konzert zu Beginn des Kongresses „Klösterliche Sachkultur des Spätmittelalters" in der Kremser Dominikanerkirche zur Aufführung. Texte und Melodien siehe Angerer, *Lateinische und deutsche Gesänge* 153ff. — Der cod. 950 aus Melk wird im Rahmen einer Dissertation untersucht und publiziert werden.

[63] Ebd. 10ff.

Bestand des Melker Reformgutes verhältnismäßig viele deutsche Lieder nachzuweisen, von denen die meisten Übersetzungen lateinischer, zur Liturgie gehörender Texte sind, wie das Salve regina, das Te deum, verschiedene Sequenzen und Cantiones, das Credo u. a., wobei einige schließlich auch auf selbstständige Texte und Weisen zurückzuführen sind[64]. Im Zuge der Aufwärtsentwicklung in den Klöstern legten viele Donaten und Konversbrüder Profeß ab. Diese beteten zunächst, während die Patres das Officium in Latein persolvierten, eine genau angegebene Anzahl von Pater noster, Credo und Ave Maria in lateinischer Sprache. Später stellte man für eben diese Konversbrüder und Donaten ein deutsches Offizium zusammen. Über die Laienbrüder, vielleicht schon bei den Zisterziensern, war die Notwendigkeit gegeben, deutsche Gebete und Gesänge einzuführen, was wiederum einer echten Aufwertung dieser Gesänge gleichkam, weil sie solcherart nicht mehr als rein paraliturgisch und unerlaubt oder nur geduldet eingestuft werden konnten. Hier, wie an vielen Stellen, sind neue Forschungen abzuwarten und in Vorbereitung.

Unser Überblick bliebe unvollständig, wollten wir nicht auch der Schulen gedenken, die nicht nur ein Fenster zur Welt waren, sondern in denen u. a. zahlreiche tüchtige Sänger im überlieferten Sinn, aber nicht weniger im Zeichen des musikalischen Fortschritts herangebildet wurden. Gerade in Melk zeigen erhaltene Vorlesungsskripten, daß das Fach „Musica" in dieser zweifachen Form gelehrt wurde.

Man kann also zusammenfassend sagen: Das klösterliche Musikleben zur Zeit der Melker Reform ist ein reges, intensives und mehrschichtiges. Insgesamt wird man allerdings das musikalische Geschehen in den Klöstern, wie manch anderes, immer aus jener ungeteilten Sicht des Mittelalters vorzunehmen haben, die wir versuchten darzustellen, und die trotz aller Abweichungen von Norm, Ideal und Zielsetzung immer eine Ganzheit bildete. Dabei darf nie übersehen werden, daß zu allen Zeiten eben jene Motive den Ausschlag gaben, die selbst für den Fall, daß sie das Rad der Geschichte zurückzudrehen und sich dem Fortschritt entgegenzustemmen schienen, höher standen als alle übrigen, weil sie aus der Regel des Gründers und Stifters oder dem Geist des Evangeliums abgeleitet oder entnommen wurden. Man wird jedenfalls durch eine bloße Aneinanderreihung von Einzelfakten oder, was noch gefährlicher ist, durch eine Projektion sozialkritischer Aspekte etwa in die Vergangenheit zumindest der Welt der Klöster und ihrer Geistigkeit, auch

---

[64] Ebd. 90ff. und 142—150.

als Musikwissenschaftler, der bis zu einem gewissen Grad ebenfalls Realienkunde betreibt, nicht gerecht werden können. Solcherart entgingen uns wertvolle Quellen, die erst die eigentlichen Zusammenhänge einschätzen und lebendig werden lassen. Wichtig also erscheint uns die Gesamtschau, in die sich alle Einzelfakten einordnen lassen, wobei festgehalten sei, daß bisher vieles gerade in den österreichischen Stiften in ununterbrochener, jahrhunderte-, ja jahrtausendealter Kontinuität bis in unsere Tage tradiert wurde und damit erhalten und lebendig blieb. In unseren Tagen allerdings stehen wir an einer Wende, die theologisch begründbar, für unsere Zeit eventuell unabdingbar ist, aber im Fluß der Zeit und Entwicklungen einen erheblichen Einschnitt darstellt, was nicht beklagt sei, sondern nur als weitere Begründung und Aufforderung zu einer noch intensiveren Beschäftigung mit dieser somit vergangenen Welt der Klöster im Sinne der Realienkunde, aber auch aus der Sicht der Musikwissenschaft verstanden sei[65].

---

[65] Es möge abschließend noch einmal festgehalten werden, daß zwar ein Großteil über die Melker Reform bereits unter musikwissenschaftlichem Aspekt bearbeitet und veröffentlicht wurde, was hier allerdings nicht als bekannt vorausgesetzt werden konnte, deshalb dieser Überblick, daß aber die weitreichenden Folgen und vor allem die Möglichkeit eines weitreichenden Querschnitts repräsentativer Untersuchungen und Aussagen über die klösterliche Musikkultur noch lange nicht ausgeschöpft sind. Man wird insbesondere in analoger Form auch andere Klosterreformen bearbeiten müssen. Unsere Vorarbeiten und Stichproben ergaben in allen Fällen eine reiche Materialausbeute.

Kurt Holter

DER EINFLUSS DER MELKER REFORM AUF DAS KLÖSTERLICHE BUCHWESEN IN ÖSTERREICH

Die nachfolgenden Ausführungen sind aus dem Wunsche entstanden, den musikwissenschaftlichen Studien von Joachim Angerer O. Praem. vom Handschriften- bzw. Buchkundlichen her eine gewisse flankierende Hilfestellung zu geben. Die Fixierung der neuen Musikgewohnheiten setzte zweifellos die handschriftliche oder sonstige textliche Gestaltung voraus. Mit der Melker Reform ist im spätmittelalterlichen monastischen Buchwesen ein recht vielfältiger Aufschwung zu beobachten, ohne daß diesem bisher in ausreichendem Maße Aufmerksamkeit geschenkt worden wäre. So sind also diese Zeilen, war dieser Vortrag als eine Anregung, als eine Aufforderung zu weiterer wissenschaftlicher Beschäftigung und nicht als abschließende Darstellung des behandelten Themas gedacht.

Über Rang und Bedeutung des Buch- und Bibliothekswesens für die Sachkultur und für die Geistesgeschichte des Spätmittelalters besteht keine einhellige Meinung. Das Klischee vom Niedergang des geistlichen Lebens steht vielfach im Widerspruch zur überraschenden Ausbreitung des gedruckten Buches seit Gutenbergs Erfindung um die Mitte des 15. Jahrhunderts. Die Situation im Südosten des Deutschen Reiches, innerhalb und außerhalb seiner Grenzen, in Österreich, Böhmen und Ungarn ist besonders komplex. Einerseits glänzen hier besondere Leistungen — denken wir nur an die Buchmalerei in der Umgebung des habsburgischen Hofes oder an die berühmte Bibliothek des Königs Matthias Corvinus —, andererseits dauert es fast zwei Generationen, bis in diesem Bereich die Druckkunst durchschlagend Fuß fassen konnte, obwohl deren Erzeugnisse überall in großem Maßstab importiert wurden. Den geistlichen Gemeinschaften jener Zeit wird heute vielfach der Verfall ihres Eigenlebens vorgeworfen, ihr Niedergang als wesentliche Ursache für die Reformbereitschaft am Beginn des 16. Jahrhunderts hervorgehoben.

Unseres Erachtens ist diese Epoche anders zu sehen. Bei der Zeichnung des Bildes der Entwicklungen im 15. Jahrhundert standen bisher die zentralen Entwicklungen im Mittelpunkt der Betrachtungen, wobei für Wien der Begriff der Hofminiatoren-Werkstatt in den Vordergrund gerückt wurde[1]. Für Salzburg ist ein ähnlicher, eng begrenzter, allein maßgeblicher Auftraggeberkreis nicht nachzuweisen[2], der Erzbischof Bernhard von Rohr bleibt zu sehr Einzelpersönlichkeit, um für eine durchgreifende Entwicklung allein bestimmend zu sein. In der Steiermark, für die eine zusammenfassende Schau bis vor kurzem fehlte, sind die Entwicklungen sehr dezentralisiert vor sich gegangen, wie ich im Katalog zur Landesausstellung im Stift St. Lambrecht dargelegt habe[3].

Wenn man die Frage nach den hochmittelalterlichen Voraussetzungen, nach möglichen langdauernden Traditionen stellt, so fällt innerhalb der meisten Bestände aus österreichischen Klöstern in der zweiten Hälfte des 14. Jahrhunderts ein Abfall in der Qualität der Schrift und der Ausstattung gegenüber dem Jahrhundertanfang ins Auge. Beim Bucheinband sind sehr dünn gesäte Einzelleistungen zu beobachten, deren geringe Zahl es nicht erlaubt, von einem Aufschwung zu reden. Ist das Zurücktreten des Buchschmuckes verwunderlich? Muß man nicht vielmehr einen Tiefstand annehmen in einem Zeitraum, in dem z. B. anläßlich einer Abtwahl im steirischen St. Lambrecht im Jahre 1387 von 26 Mönchen nur drei das Protokoll eigenhändig unterfertigen konnten, da 23 der Schrift unkundig waren[4]?

Im 15. Jahrhundert hat sich die Melker Reform in ihren verschiedenen Stufen und Maßnahmen immer wieder um das Buchwesen bemüht. Freilich standen die Liturgie, ihre musikalische Pflege und die eigentlichen Lebensgewohnheiten der Mönche durchaus im Vordergrund. Es kann aber kein Zweifel bestehen, daß den verschiedenen Fertigungsstufen der Buchproduktion besondere Aufmerksamkeit geschenkt wurde.

---

[1] Vgl. Gerhard Schmidt, Die Buchmalerei. *Die Gotik in Niederösterreich. Kunst, Kultur und Geschichte eines Landes im Spätmittelalter*. Wien 1963, 93ff., bes. 104ff. (im folgenden: Schmidt, *NÖ* 1963).

[2] Vgl. Kurt Holter, Buchmalerei. Ausstellungskatalog *Spätgotik in Salzburg. Die Malerei 1400—1530* (*Salzburger Museum Carolino-Augusteum. Jahresschrift* 17) Salzburg 1972, 216—257 mit einem Beitrag von Barbara Wohlgemuth 217—221. (Im folgenden: Holter bzw. Wohlgemuth, *Salzburg* 1972).

[3] Kurt Holter, Buchmalerei. Ausstellungskatalog *Gotik in der Steiermark*. Landesausstellung im Stift St. Lambrecht. Graz 1978, 172—197 (im folgenden: Holter, *Steiermark* 1978).

[4] Helmut J. Mezler-Andelberg, Bemerkungen zum Zeitalter der Gotik in der Steiermark. *Gotik in der Steiermark* (wie Anm. 3) 20.

Da J. Angerer eine Edition der entsprechenden Consuetudines angekündigt hat, die auch ihre zeitlichen Entwicklungsstufen berücksichtigen wird, wollen wir nur einige wenige Beispiele nennen, wobei wir solche Handschriften zitieren, die Angerer[5] auch benützt hat. Stets finden wir das Verbot, Bücher aus dem Kloster zu entfernen (Cvp. 3637, fol. 267^r, 4010*, fol. 3^r, 4970, fol. 13^v), und den Visitatoren wird die Kontrolle über die Aufbewahrung der Bücher vorgeschrieben (Cvp. 4970, fol. 31^r). Zur Fastenzeit sollen den einzelnen Brüdern Bücher aus der Bibliothek zur Verfügung gestellt werden (Cvp. 4970, fol. 27^r); diese sollen sich die Hände waschen, bevor sie die Bücher in die Zellen tragen (Cvp. 4010*, fol. 7^v). Unter den Arbeiten, die außerhalb des Dormitoriums gemacht werden dürfen oder sollen, finden wir die Herstellung von Pergament und das Buchbinden (Cvp. 4010*, fol. 5^r/14). Die Bestimmungen für den *librarius* (z. B. Cvp. 4010*, fol. 13^v, 4970, fol. 14^r) sind so allgemein gehalten, daß dieses Amt und seine Pflichten wie selbstverständlich erscheinen; interessant ist, daß für das Material der *vestiarius* zuständig ist (Cvp. 4010*, fol. 21^r/5), der Schreibmaterial, Federn, eiserne Beschläge zur Verfügung halten soll. Diese Daten aus Mondseer Codices, deren Inhalt z. T. auf die Schotten in Wien verweist, gehören verschiedenen Stadien der Reform an, die eine zunehmende Entwicklung und Präzisierung der Maßnahmen erkennen lassen.

Die Auswirkungen dieser Maßnahmen kann man noch heute an den Resten der damaligen Bibliotheksbestände erkennen, die in jener Zeit neu geordnet und neu ausgestattet wurden. Die Bände wurden — man kann wohl sagen in allen Klosterbibliotheken in gleicher Weise — mit je zwei Pergamentzettelchen versehen, von denen der kleinere Zettel einen Buchstaben und eine Zahl trägt und damit eine Standort-Signatur ausweist, welche das Fach des Schrankes oder des Pultes angibt, wo das Buch aufgestellt oder aufgelegt war. Der größere Zettel gibt eine kurze Inhaltsangabe oder einen Autoren-Namen.

Entweder auf dem ersten Innendeckel oder dem ersten Vorsatzblatt findet man bei Sammelhandschriften vielfach Inhaltsangaben des

---

[5] Vgl. Joachim Angerer O. Praem., Die liturgische musikalische Erneuerung der Melker Reform. Studien zur Erforschung der Musikpraxis in den Benediktinerklöstern des 15. Jahrhunderts in Österreich (*Veröffentlichungen der Kommission für Musikforschung 15*) *Sb. Ak. Wien. Phil.-hist. Kl.* 287/5 (1974) passim (im folgenden: Angerer 1974). Die im folgenden zitierten Handschriften befinden sich in der Österr. Nationalbibliothek in Wien.

15. Jahrhunderts, die auch heute noch von Nutzen sind[6]. Auch scheint es kein Zufall zu sein, daß der Großteil der mittelalterlichen Bucheinbände aus jener Spätepoche stammt, wobei oft Versäumnisse von mehreren Jahrhunderten nachgeholt wurden[7]. Fast durchgehend dauerte diese Tätigkeit bis zum Beginn der Reformationszeit an. Erst die inneren Krisen der Klöster brachte dann eine Unterbrechung von mindestens einem halben Jahrhundert; oft dauerte diese aber auch in das 17. Jahrhundert fort, bis wiederum eine so emsige Beschäftigung mit den Bücherbeständen beobachtet werden kann, wie sie in recht abwechslungsreichen Entwicklungen seit dem Beginn der Melker Reform vorliegen.

Die Entwicklungen im klösterlichen Buchwesen des 15. Jahrhunderts wurden, — vergleicht man sie mit den Verhältnissen im 14. Jahrhundert — außerdem durch zwei wichtige Neuerungen beeinflußt. Rein materiell gesehen war das Vordringen des Papiers als Beschreibstoff ein Faktor, der das 15. Jahrhundert in hohem Maße bestimmte und eine viel breitere Tätigkeit erlaubte. Für die Gewinnung von Schreibernachwuchs wurde die Errichtung von Universitäten im Nahbereich der Klöster von großer Wichtigkeit. Während man in der klösterlichen Schreibtätigkeit des frühen 14. Jahrhunderts die individuell gefärbten Einwirkungen der west- und südeuropäischen Universitäten herausschälen kann, gewinnt im späten 14. Jahrhundert die Einbringung von Büchern aus dem Umkreis der Universität von Prag an Gewicht[8]; im 15. Jahrhundert trifft man mit und neben der Melker Reform auf den Einfluß der Wiener Universität — ein Einfluß, dessen zahlen- und inhaltsmäßige Erfassung eine schöne Aufgabe für die Zukunft sein wird.

---

[6] Anhand solcher Eintragungen scheint es durchaus möglich die Durchführung dieser internen Bibliotheksreformen genauer zu datieren. Ein Versuch dazu scheint noch nicht unternommen worden zu sein. Soweit wir Beobachtungen machen konnten, wurden sie erst in der zweiten Hälfte des 15. Jahrhunderts effektiv.

[7] Daß auch bedeutende alte Handschriften lange Zeit hindurch ohne Einband gelegen sind, wird man an der Verschmutzung und Verblichenheit der ersten Textseite oftmals beobachten können. Das nicht seltene Fehlen des ersten Blattes hat wohl auch keinen anderen Grund.

[8] Einige solche Nachweise für Garsten bei KURT HOLTER, Zum gotischen Bucheinband in Österreich. Bemalte Einbände aus Garsten. *Gutenberg-Jahrbuch* (1956) 294. — Für Kremsmünster bei KURT HOLTER, Die Bibliothek, Handschriften und Inkunabeln. *Die Kunstdenkmäler des Stiftes Kremsmünster* II (*Österr. Kunsttopographie* 43/II) Wien 1977, 139 und 141 (im folgenden: *ÖKT* 43).

Gleichzeitig mit diesen neuen Möglichkeiten wuchsen die Ansprüche hinsichtlich der Qualität der Bücher. Diese strahlten sicherlich teilweise von den weltlichen und geistlichen Zentren aus, doch sehen wir mit der Aufnahme der Reform auch in den Klöstern überall die Heranziehung weltlicher Kräfte. Wir werden darauf noch zurückkommen. Auch der Interessentenkreis weitete sich aus. Neben den Klosterbibliotheken lernen wir zumindest seit dem 15. Jahrhundert Ansätze zu Pfarrbüchereien und auch zu bürgerlichen Bibliotheken kennen. Beides können wir anhand des recht umfangreichen Stiftungswesens verfolgen. Zahlreiche Weltgeistliche — besonders solche, die stiftische Patronatspfarren versorgten — und vereinzelt auch Stadtbürger haben ihr Andenken durch Bücherschenkungen an die Klöster gesichert[9]. Auch hier müssen wir wieder die Universitäten erwähnen, nicht nur deshalb, weil die Reformklöster zu ihnen anscheinend lebhafte Beziehungen gepflegt haben, sondern auch, weil der dort zusammenströmende Personenkreis, sei es als Schreiber, sei es als Besteller, vielfach auch als Buchbinder, sich früher oder später auf das flache Land, d. h. hier auf die Pfarreien oder auf die Klöster verteilte und verstreute. Wir finden in biographischen oder besitzanzeigenden Vermerken, daneben aber auch in der Art der Schrift und der Ausstattungen eine Fülle von Quellen, die uns diese Entwicklung vor Augen führen. Die Klosterbibliotheken erhalten nunmehr gelegentlich ganze geschlossene Büchersammlungen[10], gelegentlich verteilen die Donatoren ihre Bestände auf mehrere Klosterbibliotheken.

Trotz der Kenntnis vieler Einzeldaten ist unsere Vorstellung von diesen Entwicklungen im ganzen noch recht unzureichend geblieben.

---

[9] Je nach der Überlieferung der Bibliotheksbestände sind die Verhältnisse in jedem einzelnen Falle verschieden. In dem Namensmaterial ist eine noch weitgehend unausgewertete Quellengruppe enthalten. Ob in einzelnen Fällen ein Einfluß der Reform vorliegt ist noch zu untersuchen. — Beispiele für Lambach sind genannt bei ARNO EILENSTEIN, Zur Geschichte der Stiftsbibliothek in Lambach (Oberösterreich). *Studien und Mitteilungen zur Geschichte des Benediktinerordens und seiner Zweige* 51 (München 1933) 205ff., bes. 207ff. — Vgl. weiter KURT HOLTER, Oberösterreichische Bibliophilen des 15. Jahrhunderts. *Antiquariat* 7 (Wien 1951) Nr. 21—24, 20f. — DERS., Über einige Privatbibliotheken des 15. Jahrhunderts. Ebd. 9 (1953) Nr. 9/10, 137/1—139/3.

[10] Z. B. für Kremsmünster Johann Seld, Pfarrer in Schleißheim, 1440/41. Vgl. WILLIBRORD NEUMÜLLER OSB, Zur mittelalterlichen Bibliotheksgeschichte Kremsmünsters. *Professoren-Festschrift zum 400jährigen Jubiläum des Öffentlichen Obergymnasiums der Benediktiner zu Kremsmünster*. Wels 1949, 293, 295.

Wenn wir nochmals mit dem Material beginnen, so ist festzustellen, daß der nun wichtigste Beschreibstoff, das Papier, durch seine Wasserzeichen präzise Angaben liefert über den Ursprung und damit teilweise über die Wege, auf denen das Material in die Schreibstuben gebracht wurde. Trotz einer entwickelten Grundlagenforschung auf diesem Teilgebiet fehlen uns zusammenfassende Auswertungen anhand von geschlossenen Beständen oder von gelegentlich sogar vorhandenen, entsprechenden örtlichen Verzeichnissen. Da es zahlenmäßig definierbare Materialien gibt, wäre hier ein Ansatz zu einer computerunterstützten Forschung gegeben.

Auch die Erforschung der Schriftentwicklung ist derzeit unzureichend. Die Vielzahl der Schriften jener Zeit, die Verzweigung ihrer Grundtypen, das Eindringen bestimmter Formen von einzelnen Zentren her — auch die Schulung durch die Melker Reform dürfte dazu zählen —, wird kaum noch in Ansätzen greifbar. Über die Definition einzelner Schrifttypen ist man im allgemeinen nicht hinausgekommen.

Etwas besser ist es auf dem Gebiete der Buchmalerei bestellt, obgleich auch hier, wenn man das Material von der Realienkunde her betrachtet, viele wichtige, ja grundlegende Fragen offen geblieben sind. Wir haben schon oben angedeutet, daß man auf dem heute österreichischem Gebiet mit zwei Ausstrahlungszentren rechnen muß, mit Salzburg und Wien, wo fast gleichzeitig neue Entwicklungen beginnen, die nicht nur miteinander, sondern auch mit den anderen benachbarten Zentren in Wechselwirkung stehen.

Die Wiener Entwicklung ist durch Kräfte bestimmt, deren Tätigkeit wir aus Aufträgen für den Hof und seine Umgebung am besten kennen. Die Wege, auf denen darüber hinaus Aufträge aus weiten Teilen Österreichs vermittelt wurden, sind noch nicht aufgedeckt. Sie sind aber schon für die Zeit vor der Reform anzunehmen und scheinen durch diese verstärkt worden zu sein. Bei fast allen Gruppen sind entweder Arbeiten für Melk oder doch zumindest Verbindungen zu diesem Kloster nachzuweisen[12]. Unerforscht ist bisher die Situation in dem nach

---

[11] Ein sehr kennzeichnendes Beispiel bietet Lambach, wo das frühe Auftreten von sehr fortschrittlichen Schriften zu beobachten ist. Vgl. dazu Kurt Holter, Die Handschriften und Inkunabeln, in: Erwin Hainisch, *Die Kunstdenkmäler des Gerichtsbezirkes Lambach* (*Österr. Kunsttopographie* 34) Wien 1959, bes. 220ff. (im folgenden: *ÖKT* 34).

[12] Eine Liste von illuminierten Melker Handschriften findet man bei Schmidt, *NÖ* 1963, 109f. Einzelne Handschriften in Lambach, Ccl. 57, vgl. *ÖKT* 34, 225, Abb. 309, und in Kremsmünster, CC. 232, 292, 367, 411.

1418 von Melker Professen besiedelten Wiener Schottenstift[13], das in der Reform eine bedeutende Rolle gespielt hat. Auffallend ist die Heranziehung von Miniatoren aus der „Hofwerkstatt" für dieses Kloster, auf welche Oettinger vor Jahren hingewiesen hat[14]. Da Beziehungen der wichtigen Künstlerpersönlichkeit, des Miniators Michael, zu der gleichzeitigen Salzburger Miniatorenschule anzunehmen sind[15], bleibt die Möglichkeit einer Vermittlung derartiger Beziehungen durch die hier und dort tätigen Initiatoren der Melker Reform zu überprüfen. Die Aufschlüsselung der wichtigsten Namen verdanken wir den Rechnungsaufzeichnungen von Klosterneuburg, über die von berufener Seite referiert wurde[16].

In allen diesen Fällen fehlen noch paläographische Untersuchungen, die helfen könnten, die Art des Zusammenwirkens der Schreiber, die vielfach aus den Stiften selbst stammen dürften, mit den vorwiegend bürgerlichen Miniatoren aufzuklären. Im Wiener Bereich ist dieser Vorgang, diese Aufteilung der verschiedenen Faktoren bis in die Ungarnzeit gegen Ende des 15. Jahrhunderts anzunehmen. In der Spätzeit tritt das Dominikanerkloster stark hervor, das auch in der Wissenschaftsgeschichte eine bedeutende Rolle gespielt hat[17].

Wie in Wien beginnt auch in Salzburg die neue Blüte der Buchkunst noch vor der Wende zum 15. Jahrhundert und damit zweifellos unabhängig, da vor der Melker Reform. Diese frühen Entwicklungen haben in letzter Zeit mehrfach Aufhellungen durch entsprechende Forschungen und Neuzuordnungen von einschlägigem Material erfahren[18]. Mit der

---

Vgl. Holter *ÖKT* 43, 141ff., Abb. 341—343. 345. — Dazu weiter Kurt Holter, Beiträge zur Geschichte der Buchkunst im Stift Kremsmünster. *Mitteilungen des Oberösterreichischen Landesarchivs* 12 (Wien 1977) 168 usw. (im folgenden: Holter, Beiträge 1977).

[13] Bei Cölestin Roman Rapf, Das Schottenstift (*Wiener Geschichtsbücher* 13) Wien 1974, wird darauf nicht eingegangen. Es wird nur vom Bibliotheksbau durch Abt Martin von Lemitz (1446—1461) und von der Vermehrung der Handschriftenbestände berichtet (S. 33).

[14] Karl Oettinger, Der Illuminator Michael. *Die graphischen Künste* (Wien 1933), Mitteilungen 1ff. — Vgl. auch Schmidt, *NÖ* 1963, 105f.

[15] Vgl. Wohlgemuth, *Salzburg* 1972, 217, 219.

[16] Vgl. Floridus Röhrig in diesem Band S. 217—224.

[17] Nur zu dem letzteren Thema gibt es eine Darstellung: Isnard Wilhelm Frank OP., Hausstudium und Universitätsstudium der Wiener Dominikaner bis 1500 (*Archiv f. österreichische Geschichte* 127) Wien 1968.

[18] Ergänzend zum Katalog von 1972 (s. Anm. 2) vgl. Leonie von Wilckens, Salzburger Buchmalerei um 1400. Was charakterisiert sie und was trennt von der donaubayerischen. *Anzeiger des Germanischen National-*

Durchführung der Reform in St. Peter, die unter Beteiligung des Abtes von Lambach nach 1430 abgeschlossen wurde, sind von seiten des Salzburger Klosters Miniaturenaufträge an Kräfte dieser lokalen Werkstätten vergeben worden, von denen drei Handschriften noch heute in St. Peter verwahrt werden[19]; eine weitere Handschrift, eine Regula S. Benedicti, gelangte in die Lambacher Bibliothek[20].

Von Salzburg strahlte die Buchkunst nach dem Osten aus. An erster Stelle steht St. Lambrecht, das ein aus Salzburg abzuleitendes Missale besaß, das schon vor der Reform in St. Peter, nämlich von 1426, datiert ist[21]. In zeitlicher Reihung folgen dann Beispiele aus Seckau, Michaelbeuren, Admont und Vorau, alle mit jeweils durchaus individuellen Entwicklungen[22]. Wie weit dabei direkte Auswirkungen der Melker

---

museums (1974) 26—37. Die Datierungen sind von CHARLOTTE ZIEGLER (s. unten) teilweise um eine Generation später angesetzt worden. — LEONIE VON WILCKENS, Die Prophetien über die Päpste in den deutschen Handschriften. *Wiener Jahrbuch für Kunstgeschichte* 28 (Wien 1975) 171—180, bes. 178, betreffend Clm. 313. — CHARLOTTE ZIEGLER, Das Mondseer Urbar von 1416. Ein Beitrag zur Frühphase der Werkstatt der Grillinger Bibel. *Zeitschrift für Kunst und Denkmalpflege* 31 (Wien 1977) 115—126.

Das Datum des Mondseer Urbars liegt wie das des Lambacher Urbars von 1414 vor dem Beginn der Melker Reform. Dazu ist einerseits festzuhalten, daß die Reform geistliche und nicht wirtschaftliche Ziele verfolgte, wie sie ja bei der vielfach herrschenden Verweltlichung ohneweiteres gepflegt werden konnten. Andererseits darf nicht vergessen werden, daß der 1416 in Mondsee regierende Abt Johannes Trennbeck zu den Teilnehmern des Konstanzer Konzils zählte, was eine entsprechende Motivation für eine Prachthandschrift nahelegen könnte.

[19] Vgl. WOHLGEMUTH, *Salzburg* 1972, Nr. 238, 240 und 241: Missale v. 1432, St. Peter, cod. a XI 3; Berhardus, Opus in canticis, St. Peter, cod. a X 7; und Augustinus, Opuscula, St. Peter, cod. a VII 27.

[20] Regula Benedicti, Österr. Nat. Bibl., Cvp. ser. nov. 4693. Vgl. HOLTER, *Beiträge* 1977, 169. — Wenn in der Diskussion von ADOLF HAHNL, Salzburg, der Reform-Charakter des Missales negiert worden ist, so steht dies nicht grundsätzlich im Gegensatz zu unserer Auffassung der Förderung des Buchwesens durch die Reform. Der Hinweis könnte vielmehr dazu dienen, zu zeigen, ob und wie weit in St. Peter sogleich mit einer konsequenten Durchführung der Reform gerechnet werden kann. JOACHIM ANGERER (vgl. insbes. die Anm. 5 zitierte Abhandlung) hat mehrfach auf das langsame und widerstrebende Durchdringen der Reform aufmerksam gemacht. Die drei anderen in Anm. 19 und 20 genannten Handschriften sind typische Reformtexte.

[21] Vgl. WOHLGEMUTH, *Salzburg* 1972, Nr. 239. — HOLTER, *Steiermark* 1978, 177. — ZIEGLER (wie Anm. 18) 122, Anm. 32.

[22] Vgl. HOLTER, *Steiermark* 1978, 177ff. Für Michaelbeuren vgl. HOLTER, *Salzburg* 1972, 225, Nr. 249 und ANGERER 1974, 65, Anm. 163.

11. Kreuzigung. Kanonbild eines Mondseer Missales.
Wien, ÖNB, Cvp. 1899, fol. 8v.
Arbeit eines Salzburger Miniators, um 1450

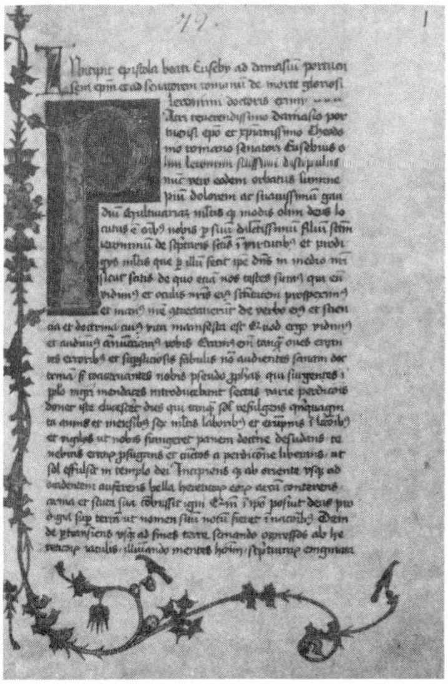

12. Initiale P mit Deckfarbendekor. Stiftsbibliothek Lambach, Cml. LXXII, fol. 1r. Typische Arbeit des Lambacher Skriptoriums, 1449

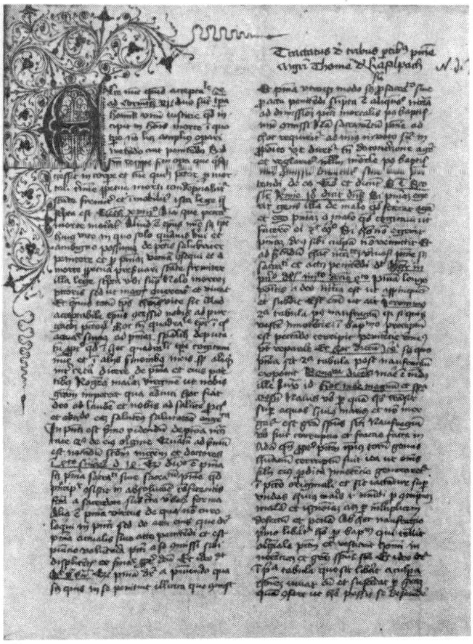

13. Initiale E mit Fleuronnée-Dekor. Stiftsbibliothek Lambach, Ccl. 101, fol. 2r. Typische Arbeit des Lambacher Skriptoriums, um 1460

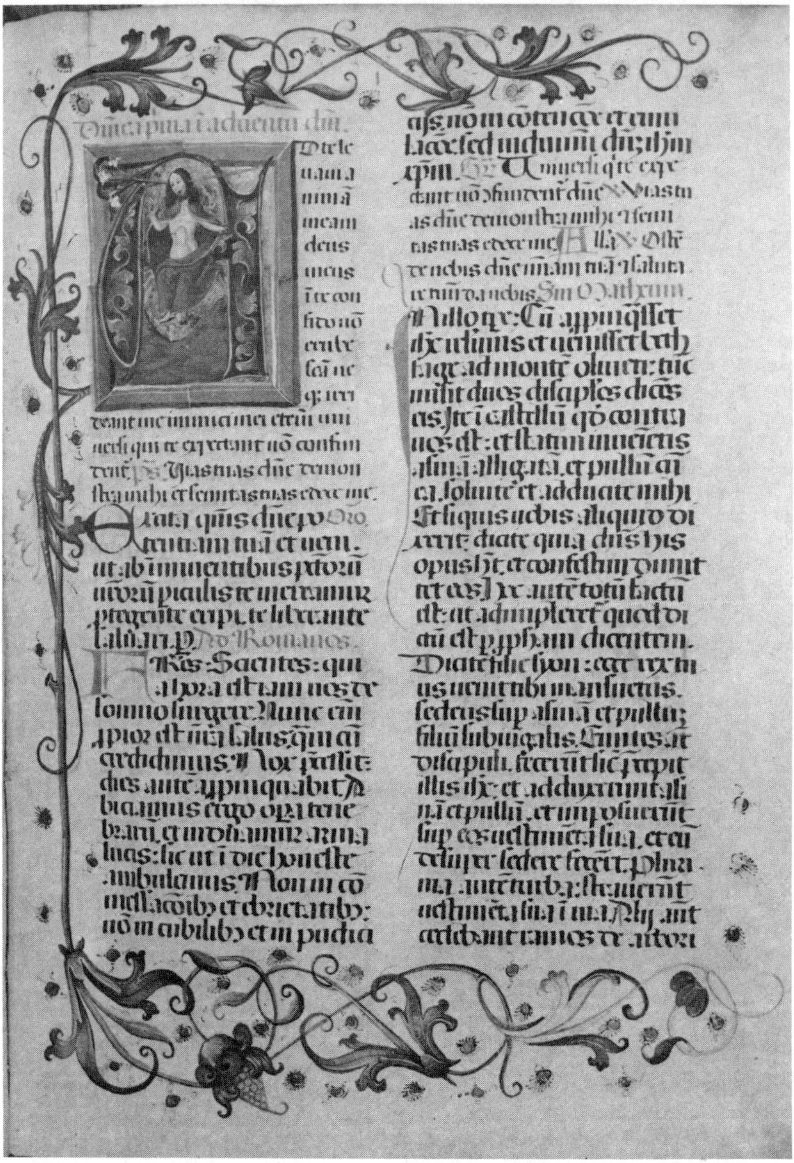

14. Christus als Weltenrichter.
Missale Salisburgense unbekannter Bestimmung.
Wien, ÖNB, Cvp. 14123, fol. 8r. Salzburg-Augsburger Werkstatt, um 1475/80

15. Initiale B mit Deckfarbenrahmen. Stiftsbibliothek Kremsmünster, 2° Ink. 105, fol. 6r. Typische Kremsmünsterer Arbeit in einem Nürnberger Druck von 1478 (Wiegendrucke Nr. 396), um 1480

16. Lederschnitt eines wandernden Buchbinders.
Stiftsbibliothek St. Florian Cod. XI. 413.
Zeitgenössische Inhaltsetikette mit Standortangabe, 2. Hälfte 15. Jh.

17. Blindstempelband aus Spital am P. Stiftsbibliothek St. Paul im Lavanttal, Cod. 2/3. Zeitgenössische Beschläge, Schließen, Inhaltsetikette und Standortangabe (C 9), Spital am P., um 1496

18. Nürnberger Koberger-Blindstempeleinband mit Brokatmuster. Stiftsbibliothek Kremsmünster, 4° Ink. 19. Nürnberg, nach Jänner 1493 (Wiegendrucke Nr. 366)

19. Kremsmünsterer Blindstempeleinband mit Brokatmuster. Stiftsbibliothek Kremsmünster, 4° Ink. 2. Kremsmünster, um 1495 (Wiegendrucke Nr. 504—506)

Reform anzunehmen sind, ist bisher nicht untersucht worden. Die allgemeine Situation spricht für solche. Die Anfänge liegen zweifellos in der ersten Phase der Reform, bevor nämlich Kardinal Nikolaus von Kues ihre zweite Stufe einleitete. Damals war die Pflege des Buchwesens vielfach schon in voller Blüte. Diese hat in den meisten Fällen auch weiterhin angehalten, wobei nach den örtlichen Verhältnissen immer wieder Unterschiede festzustellen sind. Vor allem wechselt der Anteil der klostereigenen Leistungen und das Ausmaß der Beschäftigung von fremden handwerklichen Kräften in erheblicher Weise. Es kann angenommen werden, daß die in diesem Zeitabschnitt in vielen Klöstern zu beobachtenden langen Regierungszeiten der Äbte nicht ohne Bedeutung waren. Einerseits handelte es sich bei den in den dreißiger und vierziger Jahren zur Regierung kommenden Äbte meist um junge Kräfte, deren Wahl und Bestätigung in Übereinstimmung mit den Zielen der Reform erfolgte. Andererseits fällt in den meisten der lokalen Stiftschroniken auf, daß die Bücherfreundlichkeit der Äbte gerühmt wird. Sicherlich ist auch das eine charakteristische Eigenschaft der Reformäbte und damit ein Erfolg der Reform. Dabei ist in den steirischen Stiften St. Lambrecht, Seckau und Admont[23] sowohl bei der Miniaturenmalerei als auch bei den Einbänden der Anteil der von auswärtigen Kräften gefertigten Werke viel größer, als beispielsweise in Vorau, wo man zwar bis zur Jahrhundertmitte vielfach von auswärts, vor allem von Wien größere Bestände erwarb, dann aber zu eigener Produktion überging. Für die Anfertigung von oft sehr großformatigen Handschriften, für ihre Ausstattung und auch für ihre Einbände wird in Vorau nachdrücklich die Leistung der eigenen Kräfte hervorgehoben[24].

In Nieder- und Oberösterreich ist der Aufschwung der Skriptorien im 15. Jahrhundert fast durchwegs die Regel. Wir wissen das von Klosterneuburg und Melk, von Kremsmünster (Abb. 15) und Lambach (Abb. 12 und 13)[25]. In anderen Fällen sind die Bestände nicht nur dezimiert, sondern vielfach fast gänzlich vernichtet. Bezüglich Mondsee, für das J. Angerer eine Anzahl von Quellen herangezogen hat, scheint

[23] Bezüglich Admont fällt auf, daß die klostereigene Buchkunst im 15. Jahrhundert, besonders aber in der zweiten Hälfte zurücktritt. Die bei Paul Buberl, *Die illuminierten Handschriften in Steiermark* I. Leipzig 1911 verzeichneten, aber nicht abgebildeten fleuronnierten Handschriften dieser Zeit bedürfen einer neuen Untersuchung. Angerer 1974, 66, Anm. 167 berichtet über eine sehr langsame Durchführung der Reform in Admont.

[24] Vgl. Holter, *Steiermark* 1978, 179, 192ff., Nr. 168—172. Das gesamte Material bei Buberl (wie Anm. 23).

[25] Zur Literatur vgl. oben Anm. 8, 11, 12.

das Bild der Pflege der Buchkunst eher ungleichmäßig zu sein. Hier ist der Anteil fremder, stark wechselnder Kräfte, die vor allem aus Salzburg kommen, kennzeichnend (Abb. 11)[26]. Gegen Ende des Jahrhunderts sind in Mondsee besondere Leistungen hervorzuheben, wobei der Bedarf für den Wallfahrtsort St. Wolfgang eine bedeutende Rolle gespielt hat[27].

In allen Fällen ist es notwendig, die übergroße Zahl der teils vollständig, teils aber nur fragmentarisch erhaltenen liturgischen Handschriften ins Auge zu fassen. Sie machen die eigentliche Masse der Bücherproduktion der Klöster in der Zeit vor der Verbreitung entsprechender gedruckter Bücher aus. Die meisten sind entweder mit fleuronnierten oder andersartig verzierten Initialen versehen. Ihr Formenschatz geht in der Regel auf Vorbilder aus der hochgotischen Blüte um 1300 zurück. Die Wiederaufnahme dieser Formen scheint als typisch mittelalterliches Charakteristikum zu werten zu sein, das in der gleichzeitigen nicht weniger massiven Wiederaufnahme von alten Texten, nämlich solchen der Kirchenväter und Scholastiker, auch die Anfänge des Buchdrucks bestimmt hat.

Es ist wohl selbstverständlich, daß es ein Fehler wäre, anzunehmen, daß das Bild, welches wir skizziert haben, jenseits der heutigen Landesgrenzen ein wesentlich anderes gewesen wäre. Die Melker Reform hat ja besonders im Westen, etwa in den Reformklöstern Tegernsee[28] oder

---

[26] Vgl. dazu ANGERER 1974, 67. — Das einschlägige Handschriftenmaterial liegt vorwiegend in Wien. Eine Zusammenfassung fehlt. Anläßlich der Ausstellung „Gotische Buchmalerei im südostdeutschen Raum" in der Nationalbibliothek in Wien, 1939, wurden im Katalog von KURT HOLTER unter Nr. 92 und 93 die Handschriften Cvp. 665, 1899, 3700, 3704 und 3785 genannt. Cvp. 1899 ist eng mit der Salzburger Kunst verbunden. Der Großteil der Inkunabeln wird in Linz aufbewahrt. Vgl. KURT HOLTER, Miniaturen des Ulrich Schreier für Mondsee in Inkunabeln der Bundesstaatlichen Studienbibliothek zu Linz. *Biblos* 13 (Wien 1964) 116ff. — Neuerdings HOLTER, *Salzburg* 1972, 240f., Nr. 277—280.

[27] Am bekanntesten sind die „Mondseer Holzschnitte", die mit am Anfang der Donauschule stehen. Eine Zusammenfassung bei KURT HOLTER, *Tausend Jahre Christliche Kunst in Oberösterreich.* Linz o. J. (1949) 64ff., Nr. 116/1—13. — DERS., in: Katalog *Die Kunst der Donauschule 1490—1540* St. Florian und Linz 1965. Linz 1965, 172, 177, Nr. 428.

[28] Für Tegernsee (vgl. ANGERER 1974, 170) besitzen wir Nachrichten, daß dort die Cantoren und Schreiber z. T. personengleich waren. Auch in Kremsmünster scheint ein derartiger Fall vorzuliegen (Fr. Florian Mersinger). Im einzelnen wäre eine Überprüfung eines derartigen Zusammenhanges anhand der Profeßbücher anderer Klöster wünschenswert.

St. Ulrich und Afra in Augsburg weitere eng verbundene Schwerpunkte gehabt, und das gleiche gilt für das Buchwesen dieses Bereiches. Besonders Augsburg bietet ein gewaltiges Material, dessen systematische Untersuchung im Sinne der Thematik dieser Studie erfolgreich sein könnte. Wir denken vor allem an die umfangreiche Gruppe der Erzeugnisse der sogenannten Salzburger oder Augsburg-Salzburger „Missalien"-Werkstatt (Abb. 14)[29], deren Erzeugnisse von Schwaben bis in den äußersten Südosten Österreichs verbreitet waren und sind. Eine Motivation durch die Kräfte der Melker Reform scheint uns ebenso gewiß wie die Tatsache, daß das Verbreitungsgebiet dieser Gruppe mit dem der Melker Reform im wesentlichen übereinstimmt[30]. Bezüglich der zeitlichen Stellung gilt auch hier die Beobachtung, die wir schon gelegentlich angedeutet haben, daß der Schwerpunkt dieser Gruppe in das letzte Jahrhundertviertel fällt, also in eine Zeit, in der die Reform abgeschlossen und durchgeführt war[31].

Die Frage, ob man trotz dieser Chronologie bei derartigen Erscheinungen überhaupt noch von Auswirkungen der Reform sprechen kann, bzw. ob dieser Aufschwung eben aus der Tatsache zu erklären ist, daß nunmehr die zweite Generation der Reform ans Ruder gelangt war, bedarf vieler ins Einzelne gehender Untersuchungen. Es darf dabei niemals vergessen werden, daß, wie schon J. ANGERER betont hat, die lokalen Verhältnisse in allen Fällen individuell verschieden waren, und nur in großen Linien zu gemeinsamen Ergebnissen gekommen sind. Dazu

---

[29] Vgl. HOLTER, *Salzburg* 1972, 246ff.

[30] Vgl. z. B. WOLFGANG IRTENKAUF, Neue Gesichtspunkte zum Ellwanger Prachtmissale des Leonhard Salwirck. *Ellwanger Jahrbuch* 25/1973—1974 (Ellwangen 1974) 196ff.

[31] Vgl. ANGERER 1974, 64. Auch mit diesem Hinweis soll der Wunsch nach weiteren Untersuchungen ausgedrückt werden.

Im schwäbischen Bereich ist die Spätwirkung besonders deutlich festzustellen. So hat ANGERER 1974, 72f. und 174 auf die Schwierigkeit der Durchsetzung der Reform in St. Ulrich und Afra in Augsburg hingewiesen, die erst in der zweiten Jahrhunderthälfte zur Wirkung kam. Andererseits ist gerade dieses Kloster nicht nur für die Verwendung der Buchmalerei ausschlaggebend gewesen, sondern es hat darüber hinaus mit der Errichtung einer eigenen Buchdruckerei für das mönchische Buchwesen in Süddeutschland einen Akzent gesetzt. Dieser muß im Zusammenhang mit dem Benediktiner-Buchdruck in Subiaco gesehen werden (vgl. ANGERER 1974, 128), bei welchem ebenfalls die langsame Abfolge der Geschehnisse auffällt. Wir besitzen in dieser zeitlichen Reihe eine interessante Parallele zu den hier skizzierten Entwicklungen der 70er und 80er Jahre in den österreichischen Klöstern.

gehören natürlich auch die vielfach abweichenden Patrozinienbedingungen, welche einer generellen Vereinheitlichung gewisser liturgischer Details widersprechen.

Den Unterlagen, den Voraussetzungen der Quellen gemeinsam ist eine Tatsache, auf die ebenfalls JOACHIM ANGERER schon hingewiesen hat[32]: Viele der einschlägigen Handschriften sind später, meist in der Barockzeit, als überflüssig erachtet und ausgeschieden worden, und nicht weniges davon ist nur mehr als Fragment erhalten, vieles ist überhaupt zugrunde gegangen. Man machte dabei, wie man immer wieder beobachten kann, auch vor künstlerisch ausgestatteten Handschriften nicht halt. Man wird also, was bisher nur sehr selten geschehen ist, auch innerhalb dieser Thematik der Fragmenten-Forschung erheblich mehr Bedeutung beimessen müssen.

Wir sind damit bei dem letzten Kapitel dieser Übersicht angelangt. Es betrifft den klösterlichen Bucheinband der Spätgotik. Ist die Vermutung zu gewagt, daß es ohne diese Reform einen solchen Reichtum an klösterlichen Buchbinder-Werkstätten nie gegeben hätte? Dabei ist zu beachten, daß in den Anfangszeiten, ehe um die Jahrhundertmitte die Arbeiten von zahlreichen Klosterwerkstätten nachweisbar werden, die wenigen Einbände, welche Aufmerksamkeit verdienen, von wandernden Buchbindern angefertigt wurden[33]. Ihr Stand, ob Kleriker oder Handwerker, bleibt ungeklärt. Aber es darf nicht unerwähnt bleiben, daß diese Einbände, von denen fast jedes Kloster ein halbes bis zu einem Dutzend besaß, zu den Spitzenleistungen dieser Zeit in ganz Europa zählten (Abb. 16). Das gilt sowohl für die Meister und Gruppen, die den Lederschnitt beherrschten[34], als auch für die einsame Erscheinung eines wohl in Oberösterreich um die Mitte der zweiten Jahrhunderthälfte ansässigen Meisters, der den Plattendruck verwendete und darin der später aufblühenden vergleichbaren Mode in

---

[32] JOACHIM ANGERER, Die Begriffe ‚discantus, organa' und ‚scolares' in reformgeschichtlichen Urkunden des 15. Jahrhunderts (*Mitteilungen der Kommission für Musikforschung 22*) *Anz. Ak. Wien. Phil.-hist. Kl.* 109/1972 (1973) 145—170.

[33] Die umfangreichste Bibliographie zu diesem Material wurde von OTTO MAZAL im Katalog der Kremser Ausstellung *Gotik in Österreich*. Krems 1967, 274ff. zusammengestellt. Dazu ergänzend von seiten des Verfassers für Lambach, OÖ., *ÖKT* 34 (1959) 227ff.; für St. Paul i. L. *ÖKT* 37 (1969) 352ff.; für St. Florian, OÖ., *Mitteilungen des Oö. Landesarchivs* 10 (Linz 1971) 183—209 (im folgenden: HOLTER, *St. Florian* 1971); für Kremsmünster, OÖ., *ÖKT* 43/II (1977) 147ff.

[34] Literatur bei MAZAL (wie Anm. 33).

Niederdeutschland zweifellos vorausging[35]. Etwa gleichzeitig mit dem Auftreten der ersten Reformer können wir an einer von Jahr zu Jahr, von Jahrzehnt zu Jahrzehnt zunehmenden Anzahl erhaltener Bucheinbände die Tätigkeit von klostereigenen Buchbindereien verfolgen, wobei uns das vielfach sehr ähnliche, aber doch immer wieder klar zu unterscheidende Material der verwendeten Blindstempel die Berechtigung liefert, derartige Behauptungen aufzustellen. Es scheint, daß im österreichischen Raum die Wiener Klöster führend waren; bezüglich des Reformklosters Melk fehlt noch eine eingehende Untersuchung. In Wien verfügten bald die Schotten, die Dominikaner und das Chorherrnstift zu St. Dorothea über eigene Buchbindereien[36]. In enger Verbindung mit Wiener Buchbindern standen die nahe gelegenen Stifte Heiligenkreuz und Neuberg[37]. Das Stift Rein in der Steiermark stand mit Wiener Neustadt in enger Verbindung[38], Klosterneuburg besaß eine vorzügliche Werkstatt[39]. Nicht in allen Fällen veröffentlicht sind die Werkstätten von Seitenstetten, Garsten und Gleink; über Spital a. P. (Abb. 17), Lambach und Kremsmünster (Abb. 19) haben wir präzise Vorstellungen[40]. Aus diesen Werkstätten sind Hunderte von Einbänden hervorgegangen, die mit der fortschreitenden Entwicklung immer unabhängiger von Wien werden, sich den süddeutschen fortschrittlichen Werkstätten anschließen und darin sogar den Wiener Handwerkern vorausgegangen sein dürften[41].

---

[35] Zuletzt abgehandelt bei HOLTER, *St. Florian* 1971, 188ff.

[36] Vgl. KURT HOLTER, Verzierte Wiener Bucheinbände der Spätgotik und Frührenaissance. Werkgruppen und Stempeltabellen. *Codices Manuscripti.* Sonderheft 1977 (Wien 1978): Dorotheenstift: A. 6, C 2a; Franziskaner zu St. Theobald: B. 9; Schottenkloster: C. 9; Dominikanerkonvent: D. 3a.

[37] Vgl. GERTRAUT LAURIN, Die Blindstempelbände des ehemaligen Zisterzienserstiftes Neuberg in Obersteiermark. *Festschrift Ernst Kyriss.* Stuttgart 1961, 123—147. — KURT HOLTER, Blindstempelbände mit der „Devise" Kaiser Friedrichs III. A. E. I. O. V. *Gutenberg-Jahrbuch* 1967 (Mainz 1967) 237—242. — DERS., Einbände aus Wiener-Neustadt und aus dem Zisterzienserstift Heiligenkreuz. *Gutenberg-Jahrbuch* 1969 (Mainz 1969) 280—287.

[38] GERTRAUT LAURIN, Blindgedruckte Einzelstempelbände des 15. u. 16. Jahrhunderts im Zisterzienserstift Rein bei Graz. *Festschrift J. F. Schütz.* Graz 1954, 10—30.

[39] Vgl. dazu BERTHOLD ČERNIK, Das Schrift- und Buchwesen im Stifte Klosterneuburg während des 15. Jahrhunderts. *Jahrbuch des Stiftes Klosterneuburg* 5 (Wien und Leipzig 1913) 97—176 mit Taf. IV—XI.

[40] S. Anm. 33.

[41] Ebd.

Für Salzburg, für das Stift St. Peter, liegt eine Zusammenstellung von Frederick R. Goff vor, die eine späte Gruppe von Einbänden behandelt, nämlich Inkunabeln, die an die Congress Library in Washington gelangt sind[42]. Goff datiert die einschlägigen Einbände, vielleicht etwas spät, in das 16. Jahrhundert. Daß auch im Chorherrenstift in Mülln eine eigene Buchbinderei bestand, ist bekannt, das Material wurde bisher aber nicht behandelt.

Dieser süddeutsche Einfluß ist leicht damit zu erklären, daß seit dem Jahre 1468 — in diesem Jahre scheinen erstmals in größerer Zahl gedruckte Bücher in die österreichischen Länder gelangt zu sein — gedruckte Bücher zunehmend Absatz gefunden haben. Zunächst kamen diese vielfach aus Mainz und Straßburg stammenden Drucke schmucklos und ungebunden (also in Fässern) in unser Land und wurden hier ausgestattet und eingebunden. Von den späten siebziger Jahren an kann man beobachten, daß diese meist großformatigen Bände bereits mit fleuronnierten und einzelnen gemalten Initialen oder auch Initialminiaturen und mit fertigen, reichverzierten Einbänden geliefert wurden. Dies setzt voraus, daß die Nachfrage nach gut ausgestatteten Büchern rasch zugenommen hatte. Wiederum sind es Hunderte von derartigen Bänden, die sich heute noch im Besitz der Stiftsbibliotheken und ihrer Besitznachfolger befinden. Nunmehr verteilt sich die Hauptmasse der importierten Ware zu etwa gleichen Teilen auf Augsburg und Nürnberg, was man ja anhand der zu unterscheidenden Einbände genau feststellen kann. Dabei ist zu beachten, daß über Augsburg der Großteil der italienischen Drucke kam und daß Nürnberg nicht nur mit der großen Zahl der von Koberger gedruckten, in seinen Werkstätten aber auch ausgemalten und eingebundenen Bücher (Abb. 18) vertreten ist, sondern daß in der Folgezeit auch die rheinischen, insbesondere die Straßburger Drucke in Nürnberg in gleicher Weise behandelt wurden.

Dieses Buchwesen, überall in lebhafter Entwicklung, durchwegs mit europäischem Horizont und mit vielfachen lokalen Varianten, lebte bis in das zweite Jahrzehnt des 16. Jahrhunderts fort. Dann setzen sich die modernen Tendenzen durch, z. B. kleinere Formate, mitgedruckte oder gänzlich fehlende graphische Ausstattung. Von einer Auswirkung der Melker Reform kann man bei dieser Entwicklung nicht mehr sprechen. Man sollte aber nicht übersehen, daß die solide Organisation der

---

[42] Vgl. Frederick R. Goff, Incunabula in the Library of Congress, formerly in the Benedictine Monastery of St. Peter in Salzburg (*VI. Internationaler Kongreß der Bibliophilen, Wien* 1969. *Vorträge*) Wien 1971, 21—36, Abb. 3—7 mit Stempeltabellen.

Bibliotheken, das sorgfältig gepflegte Buchbinderwesen, die fortgesetzte Ausstattung auch der Drucke mit roten und blauen Initialen, daß dies alles über ein halbes Jahrhundert völlig einheitlich erhalten geblieben ist. Wir fassen zusammen: Seit dem zweiten Drittel des 15. Jahrhunderts zeigt sich in den österreichischen Klöstern ein Aufschwung des Buchwesens, der mit Sicherheit mit den Erneuerungsbestrebungen der sogenannten Melker Reform in Zusammenhang zu bringen ist. Diese Erneuerungen umfassen sowohl das Bibliothekswesen als solches, als auch die Herstellung von Büchern bzw. nach Erfindung des Buchdruckes in zunehmendem Maße die Anschaffung von gedruckten Büchern. Das Schreiben der Handschriften geschah, soweit wir entsprechende Vermerke und Nachrichten besitzen, zumindest zu einem erheblichen Teil durch Angehörige der Klöster. Das Gleiche gilt für die Rubrizierung, die sich auch auf die im letzten Drittel des Jahrhunderts in zunehmender Zahl angekauften Drucke erstreckte. Dagegen dürfte der Großteil der Ausstattung mit Miniaturen durch handwerkliche Kräfte erfolgt sein, wobei auffällt, daß nach der Durchführung der Reformen in fast allen Klöstern zu derartigen Aufträgen große Bereitschaft bestand. Manchmal, z. B. in Vorau, wird auch die Ausstattung mit Miniaturen durch Angehörige des Stiftes besorgt und in den Handschriften entsprechend vermerkt. In anderen Stiften, z. B. in Klosterneuburg, herrscht darüber noch nicht völlige Klarheit. Besonderen Wert dürfte man im Rahmen der Reform auf das Einbinden der Bücher gelegt haben. Während zunächst mit großer Wahrscheinlichkeit wandernde Buchbinder, Laien oder Kleriker, für derartige Aufgaben herangezogen wurden — es ergibt sich dies daraus, daß die Werke einzelner Buchbinder oder entsprechende Werkgruppen von allem Anfang an über viele Klöster verstreut sind —, traten schon sehr bald klostereigene Werkstätten auf, deren Lokalisierung teilweise durch Wappenstempel gesichert ist. Sie arbeiteten ausschließlich für ein bestimmtes, eben für das eigene Kloster und gelegentlich für wenige *familiares*. Die heute noch nachweisbare Zahl solcher lokalisierbarer Einbände überschreitet bei mehreren Klöstern das Hundert. Mit der zunehmenden Einfuhr gedruckter Bücher wurden vielfach fertig ausgemalte und gebundene Drucke erworben. Es ist daher nicht erstaunlich, wenn man weitgehend gleichartige Bände in mehreren Klosterbibliotheken antreffen kann. Dieses Bücherwesen, innerhalb dessen bis zu seinem Abklingen immer wieder mächtige handgeschriebene und reich ausgestattete Chorbücher hergestellt wurden, dauerte bis in das zweite Jahrzehnt des 16. Jahrhunderts in sehr gleichartiger Weise an. Auch wenn wir über diese Stufe der Entwicklung der Klosterbibliotheken kaum Verzeichnisse oder Kataloge besitzen, so kann nach den erhaltenen oder aus späterer Zeit überlieferten Beständen erschlossen werden, daß Klöster wie Kremsmünster, Lambach und andere von vergleichbarer Größe und Bedeutung am Ende dieses Zeitabschnittes Bestände von mehreren Hunderten von Büchern besessen haben, nämlich Handschriften, Inkunabeln und Altdrucke, welche zusammen einen einheitlichen und meist auch inhaltlich aufeinander abgestimmten Komplex bildeten. Als nachteilig muß die Tatsache vermerkt werden, daß man bei dieser Erneuerung vielfach alte Bände, die überholt oder schwer leserlich geworden waren, ausschied und vernichtete. Nur weniges davon ist als Fragment dann auf uns gekommen, wenn man einzelne Blätter als Material beim Buchbinden verwendete.

Albert d'Haenens

LA CLEPSYDRE DE VILLERS (1267)

Comment on mesurait et vivait le temps dans une abbaye cistercienne au XIIIe siècle

Au cours de fouilles menées au mois d'août 1894, l'architecte Charles Licot découvrit, dans les ruines de l'abbaye cistercienne de Villers-en-Brabant, cinq fragments d'ardoises couvertes, sur leurs deux faces, d'inscriptions latines tracées à la pointe. Elles étaient enfouies, sous le pavement du dortoir actuel restauré au XVIIIe siècle, dans l'argile apportée pour exhausser le niveau de ce pavement.

La découverte fut minutieusement examinée par un collaborateur des Archives Générales du Royaume à Bruxelles, Paul Sheridan. Celui-ci publia le résultat de ses observations dans plusieurs livraisons des *Annales de la Société archéologique de Bruxelles* (*Les inscriptions sur ardoises de l'abbaye de Villers*, t. 9 (1895), p. 359—362 et 454—459; t. 10 (1896), p. 203—215 et 404—451).

L'étude de P. Sheridan est en tous points remarquable. Elle consiste dans une édition des inscriptions dont la lecture n'est guère aisée et se complique du fait que les ardoises sont incomplètes. L'éditeur a veillé à restituer ce qui avait disparu ou était partiellement illisible, et a identifié ce qui était extrait de textes antérieurs, tout en procédant à une datation de l'inscription; il prouvait ainsi son ingéniosité et son savoir particulièrement solide en matière de chronologie et de liturgie monastique. Mais il ne s'est pas contenté de livrer, sans plus, le résultat de ses déchiffrements et de ses identifications. Car il assortit son édition d'une interprétation ingénieuse du contenu des textes relatifs à la clepsydre; ce qui donne à sa publication une valeur toute particulière. Celle-ci résulte non seulement du fait que les ardoises fournissent des informations rares et précises sur la mesure du temps monastique et sur les instruments qu'on utilisait pour le faire. Mais aussi de ce que les considérations techniques de leur éditeur permettent de cerner concrètement des aspects importants du temps vécu par la communauté qui se référait aux indications fournies par l'instrument.

L'étude de P. SHERIDAN n'a guère eu d'écho à l'époque de sa publication, ni par la suite[1]. On voudrait, ici, en reprendre l'essentiel pour mettre en lumière ses acquits et contribuer modestement à relancer l'intérêt pour un propos de recherche — la mesure du temps, et singulièrement du temps monastique, par opposition au temps urbain — qui gagnerait à être pris davantage en charge par la recherche contemporaine, car il concerne un des aspects fondateurs de la culture occidentale.

1. LES ARDOISES DE VILLERS

Les cinq ardoises découvertes par l'architecte LICOT sont en schiste d'origine vraisemblablement mosane[2]. Elles sont actuellement conser-

[1] Ce sont essentiellement les paléographes qui s'y sont intéressés. Voir notamment: E. REUSENS, *Eléments de paléographie*. Louvain 1899, 371—372; E. STIENNON, Paléographie du moyen âge (*Collection U*) Paris 1970, 147.

Les textes sur ardoises du moyen âge n'ont pas encore fait l'objet d'une étude systématique. On en a trouvé, récemment encore, lors de fouilles à l'abbaye cistercienne de Vauclair. En 1889, on en a découvert un dans les ruines de l'abbaye de Foigny (Laon), en minuscule cursive de la fin du XIIIe s. (M. PROU dans *Bibliothèque de l'Ecole des Chartes* 51 (1890), 268 et sv.). L. DELISLE, en 1894, en signalait un du XVe s., à Chenoise (*Bulletin historique et philogique du Comité des travaux historiques* 1894, 543—544).

Sur les ardoises de Villers, voir aussi E. DE MOREAU, *L'abbaye de Villers en Brabant aux XIIe et XIIIe siècles. Etude d'histoire religieuse et économique*. Bruxelles 1909, LXIX—LXX.

[2] H. D'OTREPPE DE BOUVETTE, Le schiste ardoisier d'Ardenne septentrionale, du moyen âge à l'époque contemporaine. Etude historique et archéologique (*Centre belge d'histoire rurale 44*) Louvain—Liège 1976, 46.

Sur les ardoisières mosanes: M.-L. FANCHAMPS, Les ardoisières des Ardennes et le transport des ardoises sur la Meuse (XIIe—XVIe s.) *Le Moyen Age* 78 (1972), 229 et sv.

vées à la Bibliothèque Albert I de Bruxelles (Département des manuscrits, II, 1592). Trois d'entre elles concernent la clepsydre de l'abbaye et son entretien (Ardoises I, II, III); les deux autres portent sur des textes littéraires (Ardoises IV et V).

Sur l'Ardoise IV (éd P. Sheridan, p. 445—449), on a transcrit divers extraits du livre IV du *Traité des origines* d'Isidore de Séville, traitant de la médecine. Il s'agit des chapitres 1, 2, 5 (en partie), 6, 7 (en partie) et 8.

Les textes de l'Ardoise V (éd. P. Sheridan, p. 449—451) concernent la Vierge. Il y a d'abord son *Te Deum.* Puis douze vers en son honneur (les 10e et 11e manquent) attribués par Vincent de Beauvais et Antonin de Florence à Petrus Comestor, et par le copiste de l'ardoise à la Vierge. (Deux clercs, de savoir inégal, convinrent de faire chacun une poésie en l'honneur de Marie; celle-ci apparut au moins capable et lui dicta les vers de l'autre, au fur et à mesure de leur composition). Des extraits tirés d'Isidore de Séville, Jérôme, Grégoire, Léon, Augustin, Guerric d'Igny.

Ces deux ardoises ne retiennent notre attention que parce qu'elles font partie du lot qui comporte les trois autres. L'exploitation de leurs informations sort du cadre de cette étude; elle est du ressort de la paléographie, de l'histoire de la littérature et de la spiritualité monastique.

Les trois autres ardoises, par contre, seront examinées plus longuement, quant à leur auteur, leur date, leur fonction, leur contenu, car elles portent des informations du plus haut intérêt pour la mesure du temps au moyen âge en milieu monastique.

1.1. Le texte des Ardoises I, II et III

Ardoise I Recto

Si tardaveris tem-[2] / *perare horologium*[3] / *donec sol existat in*[4] / *medietate prime*[5] / *fenestre, pones*[6] / *horologium super*[7] / *(li)tteram B.*
Si sol[8] / *(fuerit in) secundo angulo*[9] / *(prime fe)nestre, po-*[10] / *(nes super extremam partem) B.*
Si sol[11] / *(fuerit . . .), scilicet inter*[12] / *(secundum angulum pri)me fe-*[13] / *(nestre et primum) an(gulum*[14] / *secunde) fenestre, pone(s)*[15] / *super* C, *contra foramen.*
Si[16] / *sol fuerit in primo angu-*[17] / *lo secunde fenestre, pones*[18] / *inter C et D.*

[21]* / *Si sol fuerit in medietate*[22] / *secunde fenestre, pones*[23] / *super initium D, contra foramen.*

[18]*/ . . . *Si sol fuerit*[19] / *in secundo angulo secunde fe-*[20] / *nestre, pones super extremam partem D.*

[23]/ . . . *Et hoc, hyemali tempore*[24] /, *pones hoc modo:*

Semper tempe-[25] / *ra horologium, quamdiu tarda-*[26] / *veris, super A; postea fundes*[27] / *cum pottulo, quod ibi est, aquam*[28] / *(in) cacabum donec proveniat*[29] / *ad terminum prescriptum.*

Et[30] / *similiter facies, cum post comple-*[31] / *torium temperabis, ut (supra; tuncque)*[32] / *secure dormire*[33] / *poteris.*

ARDOISE I VERSO

Là où l'ardoise est utilisée en hauteur.

A. En haut.

Quando horologium[2] / *temperas super secundum*[3] / *angulum prime fenestre, si*[4] / *tardaveris temperare*[5] / *donec sol fuerit in me-*[6] / *dio muri, pones*[7] / *super initium B***.

B. En bas, à l'envers.

Jacobi apostoli[2] / *(s . . . . .) prime vel XIII. Dormi F.*

C. Là où l'ardoise est utilisée en largeur.

Post festum sancti Martini hyemalis, secunda stella equorum adherente super limin(ari)[2] / *fenestre.*

Thome apostoli, prima rota suppressa, tectum . . .[3] /

Dominica, IIa vel secundo sarculo apparente . . .[4] /

Per ebdomadam in qua festum sancti Johannis Baptiste evenerit, pulsabis vesperas super F.

Per secundam ebdomadam, super E.[5] /

Per terciam ebdomadam, super D.

Per quartam ebdomadam, super C.

Per quintam ebdomadam, super B.

ARDOISE II RECTO

. . . . *c. re* . . . .[2] / . . . . *ecto, III litteris.*

Dominica sequens, duabus.[3] /

(In Cena), una.

In Parasceve, dimidia.

In vigilia[4] / *(Pasche), una.*

---

* On rétablit l'ordre des phrases d'après les sigles de renvoi du scribe.

** P. SHERIDAN propose *C*.

In die Pasche, una et dimidia.[5] /
Quando dominica in Palmis kalendis aprilis evenerit, pulsa[6] / ..... *(secun)do sarculo remoto a cancello, quas*[7] / ....*lvis vel primo sarculo adherente*[8] / *(super) liminari fenestre.*
Verte.

Ardoise II Verso

In Cena et in Parakeve et (in vigilia Pasche), / cruce tota apparente, ...
En bas, à l'envers.
..... *igitur litteras tenet presens* ..... / ..... *festis diebus V.*

Ardoise III Recto

Dominica precedens, C tercie (vel dormi XIII litteras.[2] / *Ab) hinc (die) scit (super) M. In vigilia Nativitatis beate Marie Virginis, tempera h(orologium super)*[3] / *secundum angulum prime fenestre.*
Nativitas sancte Marie Virginis, (vigilie D)[4] / *tercie partis vel XV littere ab hora qua sacrista va(dit dormitum),*[5] / *id est super O, usque ad horam in qua horologium cadere debet* ....[6] /
Dominica sequens, E prime vel XVI.
Et notandum (quod a .... *usque ad Ex-)*[7] / *altationem sancte Crucis, diescere debet in festis diebus ad (finem secundi nocturni),*[8] / *et privatis diebus, matutinis; (tempera super)*** I prime vel II vel III (vel IV partis, secundum suas)*[9] / *differentias. Vigilie, (festis diebus quibus laboramus, tenent IX)*** vel X litteras, in quibus etiam die(scere debet ad)*[10] / *finem secundi nocturni.*
Exaltatio sancte Crucis, H prime (vel XVIII).[11] / *Si Exaltatio sancte Crucis in dominica fuerit, E prime vel XVI. Diescit super N.*
Sciendum quod ab Exaltatione sancte Crucis usque ...., *(di-)*[12] / *escere debet in festis quibus non laboramus, dum canunt* ....;[13] / *et festis quibus laboramus, in tercio nocturno* ....;[14] / *privatis diebus, ad intervallum* ....;[15] / *manduca E, vespera E prime*[a] *partis, biberes H.* ....[16] /
Octava Nativitatis sancte Marie, G tercie vel XVIII, terc(ia .....,*)*[17] / *IX D, vespere E tercie*[b], *biberes H.*
Feria V (.... *toti-)*[18] / *dem litteras; pulsabis III et IV et IXam, privatis di(ebus et festis)*[19] / *quibus laboramus.*
Lamberti, H tercie vel XVIIII.

*** Omis par le scribe.
a Il faudrait *secunde.*
b Il faudrait *quarte.*

Dominica se(quens, G prime vel)[20] / *XVIII.*
Feria II, I tercie vel XX. Ab hinc vadit dormitum super N.
Mathei ewangeliste, G tercie (vel XVIIII).[21] / *Diescit super O.*
Mauricii, H secunde vel XXI[c].
Sabbato (sequenti),[22] / *I prime vel XXI.*
Dominica sequens, F tercie vel XVIIII[d].
Feria (secunda . . . .).[23] /
Feria IIIa, L prime vel XXIII.
Feria IIII, K tercie vel XXII.
Mi(chaelis . . . .).[24] / *Ab hinc diescit super P.*
Jeronimi, Remigii, H IIe (vel XX, G prime)[25] / *vel XVIIII.*
Feria II, I tercie vel XXI.
Feria IIIa, K prime (vel XXII.
Feria IVa, I)[26] / *quarte vel XXI.*
Feria V, I IIe vel XXI.
Feria VI, K prime vel (XXII.
Sabbato, I tercie vel)[27] / *XXI.*
Dominica, F prime vel XX[e].
Dionysii, H tercie (vel XX.).[28] / *Vadit dormitum super M.*
Feria (II . . . .
Feria)[29] / *III, K prime.*
Feria IIII, I IIIIe.
Feria VI, K prime.
S(abbato . . . .)[30] / *vespera D.*
Dominica, G prime.
Feria IIa, K prime[f].
Luce, H . . . .[31] /
Feria IIII, K tercie.
Feria VI . . . .[32] / *G prime. Vadit dormitum super L.*
Sabbato, H (quarte.
Dominica), F tercie.[33] /
Feria II, I prime[g].
Feria III, K prime.
(Feria)[34] / *IIII, I tercie.*
Feria V, I prime.

---

c Il faudrait *XX*.
d Il faudrait *XVIII*.
e Il faudrait *XVIII*.
f Il faudrait *tercie*.
g Il faudrait *secunde*.

Simonis (et Jude),[35] */ H tercie.*
Sabbato, H IIII[h]*.*
Dominica, F tercie.
Vig(ilia Omni-)[36] */ um Sanctorum, feria, K prime*[i]*. Tempera primo angulo*[37] */ (pri)me fenestre. Diescit super R.*
Festum[38] */ Omnium Sanctorum, D prime vel XX*[j]*. Vadit dormi-*[39] */ tum super M*[k]*.*
Fidelium Animarum, I prime vel XXIIII[l]*.*[40] */*
Dominica sequens, G[m] *tercie.*
Feria IIa, H tercie[n]*.*
Et sic de ceteris[41] */, secundum suas differentias.*
Malachie, H prime.[42] */*
Martini, G tercie.
Ethmundi, H tercie.[43] */ Diescit super S. Vadit dormitum*[44] */ super K.*
Dominica, G prime.
Cecilie,[45] */ H tercie*[o]*.*
Clementis, I tercie.
Kathe-[46] */ rine, H IIII.*
Andree, G tercie.[47] */*
Dominica Adventus, E tercie.
Dominice[48] */ sequentes, G tercie.*
Nicho-[49] */ lai, I prime.*
Lucie virginis, H tercie.
(Tempera)[50] */ privatis diebus super H,*[51] */ secundum suas diffe-*[52] */ rentias.*
Sabbato,[53] */ G tercie. Diescit*[54] */ super S*[p]*.*

ARDOISE III VERSO

.... *quam horologium* ....[2] / *primo angulo prime fenestre.*

---

h Il faudrait *prime*.
i Il faudrait *secunde*.
j Il faudrait *XVIII*.
k Il faudrait *K*.
l Il faudrait *F tercie vel XXI*.
m Il faudrait *E*.
n Il faudrait *F prime*.
o Il faudrait *prime*.
p Il faudrait *T*.

Festum Om(nium Sanctorum, D) prime[3] / *(vel XVIII). Diescit O*[a].
Tempera C. Vade dormitum[4] / *(super K.*
Fideli)um Animarum, F tercie vel XXI.
Dominica sequens, E tercie[5] / *(vel XX).*
Feria IIa, F tercie[b]. *Diescit (R).*[6] /
........., *F tercie vel XXIII*[c]. /*. /[7]**
(In Nativitate Domi-)[8] / *ni, sic surge ut XX litteras ab hor(a*[9] / *vigiliarum usque a)d auroram vigiles.*
Primum nocturnum quinque tenet[10] / *(litteras et) dimidiam.*
Secundum nocturnum duas et dimidiam.[11] /
(Tercium nocturnum, usque) post ewangelium, tres.
Missa de nocte tres,[12] / *(post vigil)ias.*
Missa de mane cum privatis missis[13] / *(.....*
Et) notandum quod ad intervalla pulsabis ma-[14] / *(tutinas et pri)mam.*/***
(Vigilie) Y prime[d] *vel dormi decem litteras.* /****
Tercia Y tercie vel IX littere[6] / *ab aurora usque ad (sextam).*[14] /*****
Diescit O[e]. /[15]
.... *(Matutini) in die sancti Stephani tenent VII litteras et dimidiam.*[16] /
.... *(Matutini in die) sancti Johannis, VIII litteras.*[17] /
(G vel) XXII. (Matutini) in die sanctorum Innocentium, VII litteras.[18] /
.... *(Matutini in die) Thome martyris, VII litteras.*[19] /
.... *(Matutini in die) Silvestri, usque post primam, VII litteras.*[20] /
(F vel X)XI. (Matutini in die) Circumcisionis, X litteras.[21] /
E vel XXII[f]. *Dominica, IX litteras.* [22] /
(..................., C) prime vel XVIII, matutini XI litteras.[23] /
Epyphania, G prime vel XXII.[24] /
Octava Epyphanie, F prime vel XXI litteras.[25] /

a Il faudrait *R*.
b Il faudrait *prime*.
c Il faudrait *XXI*.
d Il faudrait *secunde*.
e Il faudrait *T*.
f Il faudrait *XX*.
/* Les demies lignes de 5 et 6 s'intercalent plus bas, sub /****.
/[7]** Cette ligne s'intercale plus bas, à la ligne 14, sub /*** avant /****.
/*** Ici s'intercale la ligne 7.
/**** Ici s'intercalent les demies lignes 5 et 6.
/[14]***** Ici se poursuit la ligne 14.

20. Ardoise I Recto

21. Ardoise I Verso

22. Ardoise II Recto et Verso

23. Ardoise III Recto

24. Ardoise III Verso

27. Le chœur de Villers: un cadre solaire

Fabiani, G prime vel XXII litteras.[26] /
Agnetis, F prime[g] *vel XXI litteras.*[27] /
Vincencii, G tercie vel XXII litteras.[28] / *Diescit N*[h].
Conversio Pauli, F prime vel XXI litteras.[29] /
Juliani . . . . *prime* . . . .[30] /
Dominica sequens, E tercie, vel XX litteras.[31] /
Purificatio, C prime vel XVIII litteras.[32] /
Agathe, F tercie vel XXI litteras.[33] /
Dominica (septuagesime), E prime vel XIX[i] *litteras.*[34] /
. . . . *vel XVII. Diescit M*[j].
Tempera IIo angulo.[35] /
. . . . *XVII.*
Cathedra Petri, D tercie. (Diescit M[j]*).*[36] /
. . . . *vel XVIII. (Diescit) L.*[37] /
. . . . *(vel X)V litteras. Diescit K.*[38] /
. . . . *(Diescit K.)*[39] /
. . . . *(lit)teras. (Diescit K.)*[40] /
. . . . *(ist)o lapide.*

1.2. La date des instructions: février—mars 1268

Pour dater les instructions, on dispose de plusieurs critères.

Un premier est d'ordre paléographique: l'écriture des trois ardoises est d'une même main qui recourt à une minuscule cursive de la seconde moitié du XIIIe siècle.

Un deuxième critère, fourni par le contenu de l'Ardoise III R°, donne un terminus *ante quem non*. Il y est question des fêtes de s. Lambert (ligne 19) et de s. Edmond (ligne 42) qui ne furent inscrites au calendrier liturgique cistercien qu'en 1246 pour le premier, et 1247 pour le second.

Un troisième critère, lui aussi d'ordre interne, est proprement chronologique. Sur l'Ardoise II R° (ligne 5), on évoque le dimanche des Rameaux qui tombe le premier avril. L'auteur des instructions envisage cette possibilité non pas à titre gratuit mais comme une éventualité à laquelle aura à faire face celui qui sera chargé de l'entretien et du réglage de la clepsydre de Villers.

---

g Il faudrait *quarte.*
h Il faudrait *R.*
i Il faudrait *XX.*
j Il faudrait *P.*

Cette éventualité se vérifie pour 1235, 1246, 1257, 1268 et 1319. Les deux premières dates s'excluent en raison du deuxième critère; la dernière, en raison du premier. Restent 1257 et 1268.

Les instructions de l'ardoise ont été dressées d'après une année correspondant à la lettre dominicale B: la s. Luc, qui tombe un mardi dans une année B, figure (sur l'Ardoise III R°, ligne 30) entre un lundi et un mercredi; la ss. Simon et Jude, qui tombe un vendredi dans une année de cette catégorie, y figure entre un jeudi et un samedi (Ardoise III R°, ligne 35). On peut donc supposer qu'elles furent élaborées pendant une année de cette catégorie ou au commencement de l'année suivante, soit en 1261/2, soit en 1267/8. La seconde éventualité s'impose si l'on tient compte du fait que le dimanche des Rameaux tombe un premier avril en 1268.

Les notes auraient donc été inscrites sur les ardoises en 1267/1268, avant avril 1268.

Le 3 août 1267, entre sexte et none, on plaçait une croix de fer, recouverte d'argent, sur le pignon de la façade occidentale du sanctuaire. On venait donc d'achever la construction de l'église monastique[3]. Cet événement explique probablement dans quelles circonstances l'auteur des instructions a choisi d'annoter celles-ci sur des ardoises: nombre de morceaux de schistes, destinés à la toiture et non utilisés par les couvreurs, jonchaient le sol; il lui a suffi de se baisser pour prendre ce qu'il lui fallait.

L'achèvement de l'église abbatiale pourrait expliquer aussi l'occasion qui amena la rédaction des notes: l'installation d'une clepsydre aurait fait partie du parachèvement de l'édifice désormais sous toit. S'il en est bien ainsi, on pourrait serrer davantage encore la date de rédaction des instructions, en se référant à leur contenu. Les notes traitent, en effet, la partie de l'année comprise entre septembre et février, c-à-d. les premiers mois de fonctionnement de la clepsydre qui venait d'être installée en août 1267. Les instructions dateraient donc de février/mars 1268.

1.3. L'auteur et le destinataire des instructions: deux sacristains

L'auteur des instructions est probablement celui-là même qui vint installer l'instrument. Tout en expliquant le fonctionnement de la clepsydre et son entretien à celui qui, à Villers, avait la charge de mesurer le temps, il griffonna sur ardoise quelques points de repères, des exemples concrets et des recommandations générales.

Il était doté d'une instruction remarquable et d'une intelligence vive, comme en témoignent la forme et le contenu de ses notes. Il était

[3] R. MAERE, Etude archéologique de l'église abbatiale et le monastère de Villers, dans E. DE MOREAU, *L'abbaye de Villers en Brabant* 291.

rompu au maniement de l'horloge qu'il connaissait d'autant mieux qu'il l'avait construite sur place et qu'il l'avait probablement fait fonctionner durant les six premiers mois de son installation.

Au moment de céder le relais, il rencontra, à l'endroit même où se trouvait la clepsydre, dans l'église, au fond du choeur, son confrère, un homme au courant de la mesure du temps mais novice encore dans le recours à l'instrument récemment installé et quelque peu décontenancé par ses nouveaux repères.

Ils avaient sans doute sous leurs yeux le calendrier de la partie de l'année écoulée, celle de septembre 1267 à février 1268. Ensemble ils le parcoururent, jour par jour, semaine par semaine, envisageant les variations diurnes, situant les repères solaires sur les fenêtres et la paroi du choeur, examinant concrètement les cas exceptionnels, surtout ceux qui ne tarderaient pas à se présenter. En annotant au fur et à mesure de l'entretien, l'instructeur omit des informations; par la suite il inserra certaines d'entre elles aux endroits encore disponibles et les munit de signes de renvoi. Il commit aussi des erreurs de calcul; PAUL SHERIDAN, dans son édition, les a systématiquement relevées et corrigées.

Auteur et destinataire des notes étaient sacristains dans leurs communautés respectives. C'était à eux qu'incombait de mesurer le temps de la communauté et de sonner les cloches aux heures de repas, de chapitre et des diverses parties de l'office.

● *Consuetudines*, CXIV. *De sacrista: Sacrista debet horologium temperare et ipsum in hyeme ante laudes privatis diebus, nisi dies fuerit, facere sonare. Et ante vigilias ad se excitandum quotidie.*

● IB. LXXXIII. *Qualiter se agant fratres in æstate: Quod si dies jejunii fuerit, omnibus ordine prædicto celebratis, post sextam laicis fratribus præeuntibus intrantes dormitorium pausent in lectis suis usque ad horam octavam. Et tunc sacrista ad sonitum horologii exictatus, pulset campanam sicut aliis diebus fieri solet.*

● IB. LXXIV. *Qualiter se habeant fratres in hyeme privatis diebus: Post vigilias vero vel post officium defunctorum si dicendum fuerit, accenso lumine a servitore ecclesiæ ante armarium et in capitulo, sedeant fratres in ipso capitulo et legant qui voluerint . . . Audito horologio eant quo necesse habuerint: ut dum signum pulsaverit, omnes ingredi chorum parati sint.*

● IB. LXVIII. *Qualiter se habeant fratres dominicis et festis diebus: Qui autem legerit duodecimam lectionem, lecta ea quæ in lectionario terminata est, dicat Tu autem: nisi forte cantor ei aliquid quod conveniat diei, sive aliud aliquid indixerit ad legendum. Solet enim sacrista cum se viderit temperius quam debuerat surrexisse cantorem signo præmonere, ut duodecimam lectionem faciat prolongare. Et tunc qui eam legerit non eam finiat usque ad nutum sacristæ, vel sonitum horologii.*

● IB. XXI. *Item de Cœna Domini: Vespera itaque tabula pulsetur lignea et ipsa hora alte cantetur ut aliis diebus. Abhinc non pulsetur campana in ecclesia usque ad missam in vigilia Paschœ. Sed nec in refectorio nec in horologio.*

● IB. XCVI. *De vigiliis circa defunctum: Cum agendœ sunt vigiliœ circa defunctum, si spacium suppetit, cantor designet in tabula qui vigilaturi sint. Quibus in duas partes divisis, pars prima vigilet dimidium spacium quod est a completorio usque ad nocturnos, aliis interim dormientibus et secundum quod opportunum viderit agat sibi matutinos. Circa primi spacii finem eat cui a priore injunctum est et inspecta hora in horologio secundum quod sacrista indicaverit, si tempus est eat ad lecta singulorum qui vigilare debent et excitet eos.*

Le sacristain ne dormait pas dans le dortoir commun, comme les autres moines, mais dans une maisonnette contiguë à l'église monastique où se trouvait son horloge, l'*horologium* des textes coutumiers qui parlent de *facere sonare horologium, sonitus horologii, audito horologio, horologium cadere, horologium temperare.* A partir du XIVe s. l'horloge pouvait être une mécanique fonctionnant avec un poids. Mais aux XIIe et XIIIe siècles, c'était une clepsydre comme le prouvent les instructions de Villers. L'instrument était muni d'une sonnerie. Averti par celle-ci, le sacristain allait sonner la cloche pour mettre fin au repos de la nuit (commencement des vigiles) ou de la méridienne (huitième heure) et pour indiquer l'heure des laudes ou matines en hiver, les jours non fériés, quand elles commençaient avant le jour, alors que les moines, après vigiles, étaient aller s'asseoir dans la salle capitulaire en attendant l'heure des matines.

Les instructions annotées sur les ardoises I, II et III devaient aider le sacristain de Villers dans l'accomplissement d'une tâche particulièrement importante puisque d'elle dépendait la régularité et le bon déroulement de la vie d'une communauté qui, à l'époque, comptait au moins une centaine de membres.

En sonnant trop tôt ou trop tard, le sacristain commettait une faute dont il devait faire satisfaction au chapitre suivant.

● *Consuetudines, CXIV: Quae si citius vel tardius quam debent sonuerint, vel ad collationem lumen fuerint, in sequenti capitulo satisfaciat.*

Aussi, les textes des Ardoises I et III surtout livrent-ils des informations du plus haut intérêt pour l'histoire de la mesure du temps et du rythme quotidien à Villers dans le dernier tiers du XIIIe siècle.

2. LA CLEPSYDRE DE VILLERS

On n'a pas gardé de traces matérielles de l'instrument pour lequel furent rédigées les instructions sur ardoises. Un passage de l'Ardoise

I R° (lignes 24 à 29) laisse clairement entendre qu'il s'agit d'une clepsydre, récipient en argile (*cacabus*) situé sans doute au fond du choeur de l'église, sous la fenêtre centrale inférieure.

2.1. Eléments constitutifs et fonctionnement de la clepsydre

La clepsydre de Villers était constituée d'un récipient et d'un cadran.

1. Le cadran comportait quatre parties égales: dans les instructions on parle de *prima, secunda, tercia, quarta pars.*

Chaque partie comptait 24 unités, désignées par les lettres de l'alphabet (de A à Z, sans J ni V).

Chaque lettre valait 20 minutes et était démarquée par rapport à la précédente et à la suivante par une perforation (*foramen*).

Ces lettres se rapportaient à un jour artificiel qui commençait à six heures du soir, soit au coucher du soleil à l'équinoxe.

Ce jour était divisé en trois parties de huit heures chacune et comprenant chacune 24 subdivisions, désignées par des lettres.

25. Le cadran de la clepsydre de Villers.
(Reconstitution de Paul Sheridan.)

Nos vingt quatre heures se représentaient donc comme suit:

A	6 h. du soir	2 h. du matin	10 h. du matin
B	6 h. 20	2 h. 20	10 h. 20
C	6 h. 40	2 h. 40	10 h. 40
D	7 h. du soir	3 h. du matin	11 h. du matin
E	7 h. 20	3 h. 20	11 h. 20
F	7 h. 40	3 h. 40	11 h. 40
G	8 h. du soir	4 h. du matin	12 h. ou midi
H	8 h. 20	4 h. 20	12 h. 20
I	8 h. 40	4 h. 40	12 h. 40
K	9 h. du soir	5 h. du matin	1 h. du soir
L	9 h. 20	5 h. 20	1 h. 20
M	9 h. 40	5 h. 40	1 h. 40
N	10 h. du soir	6 h. du matin	2 h. du soir
O	10 h. 20	6 h. 20	2 h. 20
P	10 h. 40	6 h. 40	2 h. 40
Q	11 h. du soir	7 h. du matin	3 h. du soir
R	11 h. 20	7 h. 20	3 h. 20
S	11 h. 40	7 h. 40	3 h. 40
T	12 h. ou minuit	8 h. du matin	4 h. du soir
U	12 h. 20	8 h. 20	4 h. 20
W	12 h. 40	8 h. 40	4 h. 40
X	1 h. du matin	9 h. du matin	5 h. du soir
Y	1 h. 20	9 h. 20	5 h. 20
Z	1 h. 40	9 h. 40	5 h. 40

2. Le cadran était parcouru par une aiguille fixée sur un axe mobile.

3. Autour de l'axe s'enroulait une chaîne.

4. A l'une des extrémités de la chaîne, un flotteur; à l'autre, un contre-poids plus léger que le flotteur.

5. Flotteur et contre-poids étaient plongés dans un récipient, en argile et percé d'un orifice par lequel l'eau s'écoulait.

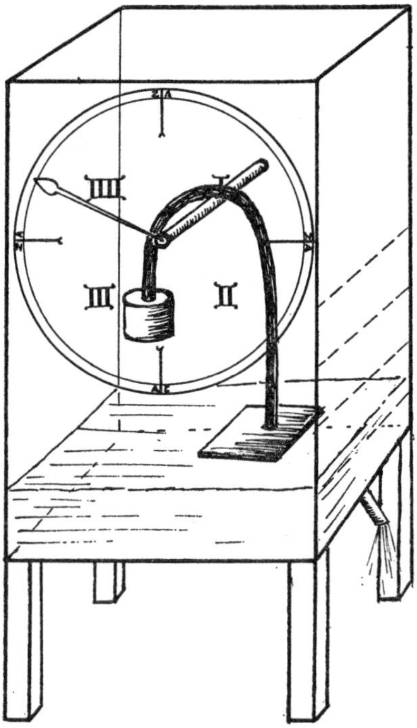

26. Structure hypothétique de la clepsydre de Villers
(Dessin de STÉPHANE LEBBE, 1978)

A mesure que le réservoir se vidait le flotteur descendait; le contre-poids, allant en sens inverse, entraînait l'axe et l'aiguille.

Le sacristain devait veiller non seulement à ce que le réservoir contienne de l'eau, mais aussi à régler l'horloge.

Pour procéder au réglage, il devait d'abord, avec le doigt, mettre l'aiguille du cadran à l'endroit voulu. Ensuite il versait, au moyen d'un pot placé près de la clepsydre (*cum pottulo quod ibi est*-Ardoise I R°, ligne 27), de l'eau dans le réservoir, jusqu'à ce que le liquide atteignit la limite voulue. Il est possible que le pot avait une capacité égale au quart du réservoir, donc à une des quatre parties du cadran.

L'horloge de Villers était, en somme, assez rudimentaire: chaque fois que l'on ajoutait de l'eau dans le récipient, le flotteur remontait et faisait tourner l'aiguille dans le sens opposé à sa marche habituelle, en proportion de la quantité de liquide ajouté.

Ainsi, le jour de l'Exaltation de la sainte Croix on versait, entre l'heure des vigiles et celle des vêpres, une quantité d'eau équivalente à deux parties du cadran, c-à-d. à la moitié du réservoir; ce qui faisait rétrograder l'aiguille de deux parties de cadran, soit d'un espace correspondant à 16 h.

Ce qui explique que la lettre E qui indique l'heure des vêpres de l'Exaltation de la sainte Croix (7 h. 20 du soir) appartient à la première partie alors que, si le renouvellement n'avait eu aucune influence sur la marche de l'aiguille, la lettre E aurait appartenu à la troisième partie (Ardoise III R°, lignes 9 à 15).

2.2. Entretien et réglage de la clepsydre.

Le remplissage du réservoir ne se faisait pas nécessairement tous les jours, ni au même moment de la journée, ni avec les mêmes quantités d'eau.

La quantité d'eau variait en effet chaque jour, de zéro à 5/4 du réservoir. Le 14 et le 15 septembre, par exemple, les renouvellements se faisaient le matin entre 10 h. et 11h 40, et le soir après complies, avant le coucher. Le matin du 14, on remplissait le réservoir à moitié; le soir, complètement (en ajoutant les 3/4); le lendemain matin entièrement, alors que le réservoir était à moitié vide seulement. (P. SHERIDAN 424—425).

Qu'on ne remplissait pas le réservoir tous les jours se constate à ceci: la lettre des vigiles étant de telle partie, celle du lendemain appartient à la partie précédente. C'était le cas le jour de s. Matthieu (Ardoise III R°, ligne 20), ou le mardi et le jeudi après s. Rémi (Ib., lignes 25—26).

Quant au mardi avant la fête des ss. Simon et Jude (Ardoise III R°, ligne 34), on procédait au remplissage deux fois par jour. (P. SHERIDAN 424—425).

Le choeur de Villers: un cadran solaire

Pourquoi ces complications? Ne pouvait-on se contenter de verser quotidiennement dans le réservoir une quantité d'eau égale aux 3/4 écoulés, ce qui aurait permis d'éviter tous les inconvénients de la division quadripartite du cadran? „Les lettres des vigiles, celles de tous les exercices de la journée, eussent toujours appartenu à la même partie, pour peu que les renouvellements se fussent faits à des heures régulières" (P. SHERIDAN 426).

P. SHERIDAN estime qu'en agissant de la sorte, le sacristain a voulu se ménager l'exclusivité de la maîtrise de l'instrument en compliquant à souhait son fonctionnement et son entretien. „On dirait vraiment que l'auteur de ces notes s'est ingénié à compliquer à plaisir une manière déjà très embrouillée de mesurer le temps. Il semble avoir voulu que personne, à Villers, sauf le sacristain, ne fût à même de constater l'heure par l'examen de la clepsydre" (p. 426).

> Pour remettre la clepsydre à l'heure, le sacristain se référait au mouvement du soleil qu'il observait sur les fenêtres et la paroi du choeur de l'église.
>
> Les indications de l'Ardoise I renvoient effectivement à deux fenêtres et une paroi, sans toutefois les situer avec précision.
>
> Ces fenêtres étaient éclairées à des intervalles différents: *in medietate prime fenestre — in secundo angulo prime fenestre — inter secundum angulum prime fenestre et primum angulum secunde fenestre — in primo angulo secunde fenestre — in medietate secunde fenestre — in secundo angulo secunde fenestre.*
>
> Ces indications impliquent que le mur, dans lequel se trouvaient ces fenêtres, était arrondi. A Villers, cela ne se vérifie que pour les fenêtres du choeur.
>
> Les murs du choeur subsistent toujours; ils font partie d'un sanctuaire qui fut achevé en août 1267 et sont percés de quatre rangées de fenêtres: celles des deux rangées intermédiaires sont rondes et petites; celles de la rangée supérieure et inférieure sont allongées et ogivales.
>
> Des observations faites par P. Sheridan le 14 juin 1896, il résulte que les deux fenêtres dont il s'agit sont les deux fenêtres inférieures du choeur, à gauche du spectateur placé dans la nef, à droite du sacristain lorsqu'il se tenait au fond du choeur, face à l'ouest.

L'argument est peu convaincant. Il y en a un autre, moins vicieux et plus technique, celui d'une préoccupation de corriger efficacement les écarts dûs à l'irrégularité du débit et de l'écoulement de l'eau. Les raisons de cette irrégularité étaient diverses. L'écoulement de l'eau de la clepsydre subissait plusieurs sortes de variations dues notamment à la pression atmosphérique, aux différences de température, et surtout à la diminution du niveau de l'eau dans le réservoir (au fur et à mesure que se vidait le réservoir, diminuait la pression et ralentissait le débit). En remplissant le récipient tous les soirs, à la même heure, on ne faisait qu'accumuler les écarts. En le remplissant à des moments variables de la journée, on parvenait, de façon empirique et dans une certaine mesure, à éliminer leur caractère cumulatif.

Toutefois, les corrections introduites par ce biais ne suffisaient pas. Le sacristain devait régulièrement intervenir pour remettre la clepsydre à l'heure. Pour le faire, il se référait au mouvement du soleil qu'il observait sur les fenêtres et la paroi du choeur de l'église: le mur du sanctuaire faisait fonction, en quelque sorte, de cadran solaire monumental.

Les notes, rectifiées par P. Sheridan, de l'Ardoise I révèlent que le sacristain réglait la clepsydre, soit le matin, entre 10 h. et 11h. 40 (sans doute à l'issue de la messe conventuelle qui suivait tierce et se terminait entre dix et onze heures), soit le soir, après complies.

Les jours nébuleux (*hyemali tempore*), lorsqu'il était impossible de rectifier la marche de la clepsydre d'après le cours du soleil, le sacristain réglait son horloge à la lettre A, c-à-d. à 10 h. du matin (Ardoise I R°, lignes 23 et sv.): après la messe conventuelle, il mettait l'aiguille sur la lettre A, peu importait la durée de la messe et le moment où elle prenait fin.

3. L'horaire suivi à Villers en 1267—1268

Les instructions du sacristain fournissent des informations particulièrement intéressantes sur l'horaire suivi par la communauté de Villers et sur certains aspects de la vie quotidienne monastique généralement mal connus.

On retiendra ici les indications relatives au lever, au coucher, à la durée du repos nocturne, à l'heure du dîner et du boire, à la durée des offices. Ces données concernent la période de l'année qui court de septembre à février et couvre un peu plus de 180 jours.

3.1. L'heure du lever

Les instructions de l'Ardoise III signalent l'heure du lever pour 81 jours.

28. Le lever des moines de Villers
(du commencement de septembre à la fin de février)
81 levers

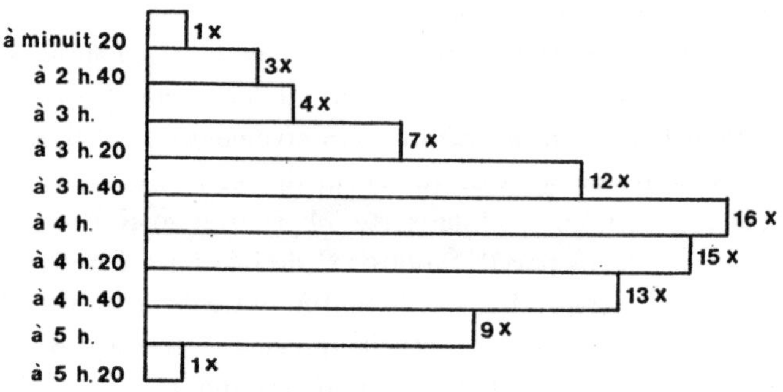

Lever à	4 h.	du matin	(G)	16 fois	
	4 h. 20		(H)	15	
	4 h. 40		(I)	13	
	3 h. 40		(F)	12	
	5 h.		(K)	9	
	3 h. 20		(E)	7	
	3 h.		(D)	4	
	2 h. 40		(C)	3	
	5 h. 20		(L)	1	(le mardi avant s. Michel)
	0 h. 20		(U)	1	(le jour de Noël).

3.2. L'heure du coucher

Les notes de l'Ardoise III signalent aussi l'heure du coucher (*dormitum*), de septembre à février.

Coucher à	10 h. 20	(O),	du début de septembre au 19 septembre (lundi après s. Lambert)
	10 h.	(N),	du 19 septembre au 9 octobre (fête de s. Denis)
	9 h. 40	(M),	du 9 octobre au 21 octobre (vendredi après s. Luc)
	9 h. 20	(L),	du 21 octobre au 1er novembre (Toussaint)
	9 h.	(K),	du 1er novembre au 5 février (fête de ste Agathe).

29. L' heure du coucher des moines de Villers
(de septembre à début février)

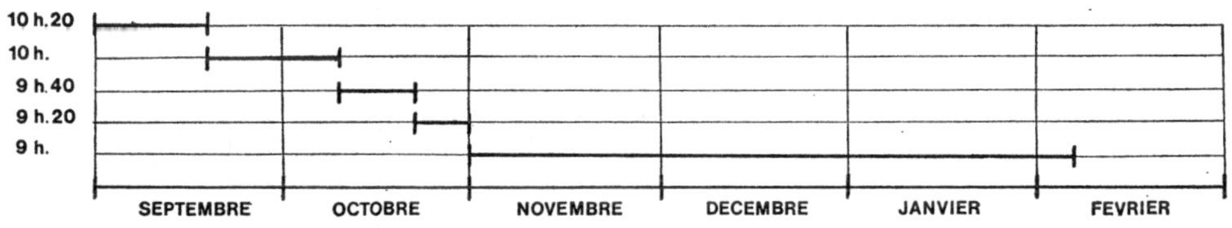

3.3. La durée du repos nocturne

L'instructeur signale sur l'Ardoise III la durée du repos nocturne en quantité de lettres (*litterae*), c-à-d. d'heures de 20 minutes. En groupant ses indications on obtient le tableau suivant:

repos nocturne de 3 h. 20	(10 lettres)	1	(la nuit de Noël)
4 h. 20	(13 lettres)	1	(la nuit du dimanche avant la Nativité de la Vierge)
4 h. 40	(14 lettres)	2	(la nuit de la Nativité de la Vierge et une nuit non désignée)
5 h.	(15 lettres)	2	(la nuit du dimanche après la Nativité de la Vierge et la nuit de l'Exaltation de la ste Croix si la fête tombe un dimanche)
5 h. 20	(16 lettres)	1	(la nuit de la Chaire de s. Pierre)
5 h. 40	(17 lettres)	7	
6 h.	(18 lettres)	6	
6 h. 20	(19 lettres)	12	
6 h. 40	(20 lettres)	14	
7 h.	(21 lettres)	18	
7 h. 20	(22 lettres)	15	
7 h. 40	(23 lettres)	5	

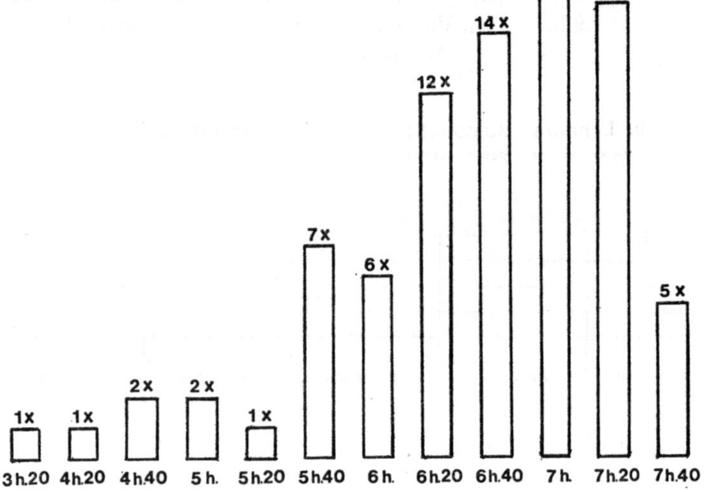

30. La durée du repos nocturne des moines de Villers
84 nuits

3.4. L'heure du dîner et du boire

Durant la période de jeûne qui, d'après la règle de s. Benoît, courait depuis l'Exaltation de la ste Croix jusqu' au mercredi des Cendres, on ne pouvait prendre qu'un seul repas et après none c-à-d. après la neuvième heure. Au XIIIe s., on continuait à respecter cette obligation tout en avançant l'heure de l'office de none, de manière à pouvoir dîner vers midi, voire à onze heures ou 11 h. 30. A Villers notamment, on rompt le jeûne à E (11 h 20 du matin) à partir du jour de l'Exaltation de la ste Croix, tandis que le lendemain, octave de la Nativité de la Vierge, on chante none à D (à 11 h.) (Ardoise III R°, lignes 15 et 17).

Par ailleurs, on retarde, également à partir du 14 septembre, l'heure des vêpres qui se situe normalement au coucher du soleil. Celle-ci est fixée à E (7 h. 20), le jour de l'Exaltation de la ste Croix et le lendemain; et à D (7 h.), le samedi après s. Denis. Les *Consuetudines* cisterciennes prévoyaient, en effet, les jours où l'on jeûnait jusqu' à none, de remplacer le souper par une boisson (*biberes*) prise immédiatement après vêpres, afin de pouvoir supporter plus facilement le jeûne du lendemain. A Villers, l'heure du boire était fixée à H (8 h. 20) à partir du jour de l'Exaltation de la ste Croix. Aussi fallait-il retarder en conséquence l'heure des vêpres (Ardoise III R°, lignes 15 et 17).

3.5. La durée des offices

Reste à signaler quelques données relatives à la durée de certains offices.

La messe de minuit de Noël durait une heure (3 lettres) (Ardoise III V°, ligne 11).

Les vêpres prenaient environ une heure aussi. Le 14 et le 15 septembre par exemple, elles commençaient à E (7 h. 20 du soir) et les boires, qui les suivaient immédiatement, à H (8 h. 20 du soir) (Ardoise III R°, ligne 15).

Les nones duraient une quinzaine de minutes. En effet, le 14 et le 15 septembre, on chantait none à D (11 h. du matin) et on dînait à E (11 h. 20 du matin). De ces 20 minutes qui séparaient les deux exercices, il fallait décompter cinq minutes pour passer de l'un à l'autre (Ardoise III R°, lignes 15 et 16).

Les vigiles des jours de fête et les dimanches duraient de trois heures à trois heures vingt minutes, si l'on en croit le texte restitué par P. Sheridan: *Vigilie . . . tenent IX vel X litteras, in quibus etiam diescere debet ad finem secundi nocturni* (Ardoise III R°, ligne 9). Quant aux vigiles du jour de Noël, elles duraient onze lettres (3 h. 40) (Ardoise III V°, lignes 10 et sv.).

*

* *

Des données telles que celles fournies par les trois ardoises de Villers sont, hélas, fort rares. Mais il est d'autres informations qu'il faudrait soumettre à un examen fouillé et ingénieux dont P. SHERIDAN nous fournit le modèle. Je songe plus particulièrement aux textes des coutumiers monastiques et des livres liturgiques.

Les matériaux qu'on rassemblerait à partir d'eux, permettraient d'élargir la portée des observations faites sur les instructions du sacristain cistercien. Ainsi, on saisirait mieux une des dimensions importantes de la vie quotidienne en milieu monastique au moyen âge: celle du temps[4] mesuré et vécu par ces communautés fondatrices d'une part essentielle de la culture et de la mentalité occidentales.

---

[4] Il est clair que le recours à la clepsydre et les indications des ardoises renvoient à une façon de concevoir le temps en milieu monastique au XIIIe siècle, qui n'est plus tellement différente de celle ayant cours en milieu urbain et industriel. Il y aurait donc à nuancer l'opposition qu'on introduit souvent entre temps monastique et temps urbain, et à prendre en considération l'introduction du temps „productif" en milieu cistercien, du moins à partir de la deuxième moitié du XIIIe siècle.

Sur le temps médiéval, voir notamment: G. BILFINGER, *Die mittelalterlichen Horen und die modernen Stunden. Ein Beitrag zur Kulturgeschichte.* Stuttgart 1892 (fondamental et non encore remplacé); J. LE GOFF, Au Moyen Age: temps de l'Eglise et temps du marchand. *Annales. Economies, Sociétés, Civilisations* 1960, 417—433; ID., Le temps du travail dans la „crise" du XIVe siècle: du temps médiéval au temps moderne. *Le Moyen Age* 1963, 597—613; PH. WOLFF, Le temps et sa mesure au moyen âge. *Annales. Economies, Sociétés, Civilisations* 1962, 1141—1145.

Horst Appuhn

MÖBEL DES HOHEN UND SPÄTEN MITTELALTERS IN DEN EHEMALIGEN FRAUENKLÖSTERN UM LÜNEBURG

Im ersten Band seines grundlegenden Werkes *Die Kunst des deutschen Möbels* hat Heinrich Kreisel bereits 1968 nachdrücklich auf das bis dahin nur den Fachleuten bekannte Reservoir mittelalterlicher Möbel in Niedersachsen hingewiesen[1]. Es ist kaum zu glauben, daß in den ehemaligen Frauenklöstern Wienhausen[2] (bei Celle), Isenhagen[3] (bei Wittingen), Ebstorf und Medingen (bei Uelzen) sowie Lüne[4] (in Lüneburg) nahezu 200 Truhen und Schränke von der 2. Hälfte des 12. bis zum Ende des 16. Jahrhunderts bis heute erhalten blieben, dazu wenige Tische und Sitzmöbel (außer den Chorstühlen). Der erstaunliche Bestand erklärt sich aus der Geschichte dieser Klöster: In der Refor-

---

[1] Heinrich Kreisel, *Die Kunst des deutschen Möbels I; Von den Anfängen bis zum Hochbarock*. München 1968. — Dank eines Stipendiums der Deutschen Forschungsgemeinschaft konnte ich in den Jahren 1957—1960 die Möbel der Klöster im ehemaligen Herzogtum Lüneburg untersuchen. Aus dem gesammelten Material stellte ich Heinrich Kreisel (1898—1975) mehrere Beispiele zur Verfügung, weil eine eigene Publikation noch in weiter Ferne lag. Er hat jeden meiner Hinweise sorgfältig zitiert. — Einige Beispiele enthielt auch die Ausstellung *Die Zeit der Staufer*, Stuttgart 1977. — In dem vorliegenden Aufsatz kann ich zum ersten Mal die eigenen Ergebnisse zusammengefaßt vorlegen. Er enthält auch die Auskünfte, die ich in der Diskussion nach meinem Vortrage in Krems 1978 von den Kongreßteilnehmern empfing. — Den ersten Hinweis auf die in den Klöstern erhaltenen Möbel publizierte Hans Schröder, Gotische Truhen (*Festblätter des Museumsvereins für das Fürstentum Lüneburg* 4) 1932.

[2] Horst Appuhn, *Kloster Wienhausen*. Hamburg 1955 (Aufnahmen Hans Grubenbecher). Die seitdem erschienene Literatur zitiert in: Horst Appuhn, Das private Andachtsbild im Mittelalter an Hand der Funde des Klosters Wienhausen. *Das Leben in der Stadt des Spätmittelalters = Veröffentlichungen des Instituts für mittelalterliche Realienkunde Österreichs* 2 (*Sb. Ak. Wien, phil.-hist. Kl.* 325) Wien 1977, 159—169.

[3] Horst Appuhn, *Kloster Isenhagen, Kunst und Kult im Mittelalter*. Lüneburg 1966.

[4] Tassilo Knauf, *Kloster Lüne* (Fotografien Ilse und Kurt Julius). Hannover 1974.

mationszeit wurden sie nicht aufgehoben, sondern in evangelische Damenstifte umgewandelt. Dabei hat man die Zahl ihrer Konventsmitglieder von weit mehr als 100 auf zwölf reduziert. Das hatte zur Folge, daß die plötzlich kleinen Konvente viele ihrer Gebäude nicht mehr benötigten. Seit sie im 18. Jahrhundert neue Wohnungen erhielten, konnten die Damen ihre ehemaligen Zellen als Abstellkammern benutzen. Dadurch blieben diese mit ihrem Inhalt nahezu unverändert bewahrt — eine Situation, die wir sonst nicht kennen, vor allem nicht in Süddeutschland, wo prunkvolle Neubauten des Barocks alle älteren verdrängten.

Freilich, die Möbel entsprechen nur zu einem geringen Teil den reich geschnitzten, wie man sie in den Museen von Hannover, Lüneburg oder Hamburg findet. Es sind durchweg schlichte Stollentruhen oder Kästen aus Eichenholz, sowie einfache Schränke, durchwegs mit ungewöhnlich sparsamem Eisenbeschlag und nur in seltenen Ausnahmefällen mit geschnitzten Ornamenten, wie z. B. eine mit Rundbogen-Arkaden verzierte Kiste in Kloster Wienhausen im Stil der Spätromanik[5] (Abb. 32). In der Mehrheit sperren sie sich gegen den Versuch, sie mit Hilfe der üblichen kunstgeschichtlichen Methode, der Stilkritik, zu datieren. Man kann sie höchstens typologisch zu ordnen versuchen. Und dafür bieten sie sich tatsächlich an: Die in Zimmermannstechnik verspundeten Bretter einer Dachtruhe sind roh mit dem Beil geglättete Bohlen, die aus einem radial gespaltenen Baumstamm gewonnen wurden (Abb. 31). Der Deckel hängt an einem Zapfenscharnier; man sieht deutlich, wie die Bretter auf dem Truhenkörper zusammengesetzt und (mit Holznägeln) geschlossen oder mit Keilen verpflöckt werden mußten. Das System der Nuten, in denen ihr Boden liegt, oder der Stollen, die die Ecken und zugleich die Füße bilden, ist so raffiniert ausgetüftelt, daß man es gerne glaubt, daß diese Technik in Jahrhunderten wuchs. Dagegen wirken die Wangenkisten (Abb. 33, bisher Seitstollen-Truhen genannt[6]) und erst recht die aus einem Stamm gehöhlten sogenannten Einbaum-Truhen (die in den Klöstern allerdings nicht vorkommen) so urtümlich, daß man sie gern für die älteren Typen ansah, sofern nicht

---

[5] *Die Zeit der Staufer.* Ausstellung Stuttgart 1977. Katalog I Nr. 515, II Abb. 308.

[6] So nach Otto Bramm, Truhentypen. *Volkswerk, Jahrbuch des Staatlichen Museums für Deutsche Volkskunde* (1941) 154—186. — Die neue Bezeichnung übernehme ich von Walter Trachsler, Schweizerisches Landesmuseum Zürich.

ihr Eisen-Beschlag für eine jüngere Entstehung sprach[7]. Die relative Chronologie auf Grund solcher typologischer Merkmale geriet jedoch ins Wanken, als die neue Wissenschaft der Dendrochronologie die ersten Möbel dieser Klöster fest datierte.

Die Dendrochronologie untersucht die Jahresringe. Wenn mindestens einhundert von ihnen an einem Brett abzulesen sind — und diese Bedingung wird zur Sicherheit gefordert —, lassen sie sich mit der Standardkurve der niedersächsischen Eichen-Chronologie vergleichen. Daraus ist zu entnehmen, wann das Holz wuchs. Wenn die Waldkante oder zumindest das unter der Rinde wachsende Splintholz vorhanden sind, läßt sich das Jahr der Fällung recht genau erschließen. Und da entgegen einer weit verbreiteten Meinung frisches Holz verwendet wurde — denn abgelagerte Eiche ist für die damals gebräuchlichen Werkzeuge viel zu hart —, hat man damit auch schon das Entstehungsdatum des Möbels. Die ersten Untersuchungen in den Klöstern um Lüneburg führten Dr. D. ECKSTEIN und H. FRISSE vom Ordinariat für Holzbiologie der Universität Hamburg aus[8]. Weitere sollen folgen.

Nach den vorläufigen Ergebnissen dieser noch relativ jungen Datierungsmethode sind nicht in jedem Fall die urtümlich wirkenden Einbaum- und Dach-Truhen die ältesten, sondern sorgfältig ausgearbeitete und deswegen technisch so vollkommen aussehende Truhen und Laden, wie z. B. ein Archivkasten in Kloster Ebstorf um 1180[9] (Abb. 34). Die altertumskundliche Überlegung macht das klar: In Archivkästen bargen Kirchen und Klöster ihren wertvollen Urkundenbestand. Dafür war der Aufwand einer Sonderanfertigung gerechtfertigt. In Ebstorf sind nicht weniger als vier solcher Archivkästen erhalten, alle niedrig, ohne Füße, mit dem starken Eisenbeschlag, der die Festigkeit eines Tresors vortäuscht und Tragringen an den Schmalseiten für leichteren Transport bei Gefahr. Der jüngste stammt aus der Zeit um 1500. Die schlichten Einbaum- (auch: Baumsarg-)Truhen scheinen ebenso bis ins 14. Jahrhundert hinein als Archivkisten hergestellt worden zu sein. Der dendrochronologisch um 1172 datierten in

[7] Sehr genau unterschied OSKAR MOSER, Mittelalterliche Kirchentruhen. Zur Geschichte und Entwicklung der Land- und Bauernmöbel in Kärnten. *Die Kärntner Landsmannschaft* (1978) H. 6, 1—8.

[8] JOSEF BAUCH und DIETER ECKSTEIN, Holzdatierungen im Kloster Wienhausen (Celle). Ein Beitrag zu seiner Baugeschichte. *Niedersächsische Denkmalpflege* 9 (Hannover 1978) 77—92.

[9] *Die Zeit der Staufer* (wie Anm. 5) I Nr. 512, II Abb. 305.

der kleinen Kapelle Drüggelte südlich von Soest[10] steht ein geradezu primitiver Kasten, nämlich der „Landesblock" von Fehmarn gegenüber, der aus historischen Gründen wahrscheinlich um 1330 entstand[11]. Beide werden durch überaus starken Eisenbeschlag und zwei bzw. drei Schlösser gesichert[12]. Das bedeutet, daß sie nur in Anwesenheit aller Schlüsselinhaber geöffnet werden konnten. Auf Fehmarn geschah das in Form einer feierlichen Handlung ähnlich wie bei den Morgensprachen der Zünfte und Gilden. Die Archivkiste, mochte sie auch noch so primitiv aussehen, galt als ein ehrwürdiges Heiligtum, zumal sie in der Kirche stand. Sie repräsentierte Macht und Besitz — eben das, was die in ihr enthaltenen Urkunden zusicherten.

Die Dachtruhen (Abb. 31) und die anderen Stollentruhen dagegen bewahrten die Aussteuer der in die Klöster eintretenden Novizen. Sie waren die Hausmöbel der Zeit und bildeten den Durchschnitt. Nach dem einmal erfundenen Prinzip wurden sie Jahrhunderte hindurch gebaut. In der Regel befindet sich im Innern dicht unter dem Deckel an einer der Schmalseiten eine sogenannte Beilade, gelegentlich auch mit doppeltem Boden als Geheimfach. Darin wurden Geld und Kostbarkeiten aufbewahrt, weshalb in Niedersachsen die Redeanwendung „wie aus der Beilade genommen" etwas besonders Kostbares auszeichnet.

Die Proportionen der Stollentruhen ändern sich vom 13. bis zum 16. Jahrhundert erheblich: Aus der kurzen gedrungenen Kiste mit breiten Stollen (Abb. 32 und 35) wird um 1500 eine Langtruhe, die zwei Meter Breite erreicht (Abb. 48). Es hat also eine gewisse Berechtigung, wenn von einer „Mannslänge" gesprochen wird. Die Mehrzahl der Truhen ist unverziert, dafür aber mit einer vorzüglich geglätteten Oberfläche versehen. Unter den sparsam mit Schnitzerei dekorierten fällt eine Gruppe auf, deren Stollenfüße auf der Innenseite im Halbkreis oder in Form eines von Zackenfriesen eingefaßten Rechtecks durchbrochen sind (Abb. 35). Darin stehen ein bzw. drei niedrige Baluster. Dieses Ornament erinnert an die aus gedrechselten Docken zusammengesetzten Möbel des Frühmittelalters, von denen ein Beispiel in Kloster

[10] Ebd. I Nr. 511, II Abb. 304. — E. Hollstein, Jahrringchronologie der Baumlade von Drüggelte, mit einer baugeschichtlichen Bemerkung von U. Lobbedey. *Westfalen* 50 (1972) 95—101.

[11] Horst Appuhn, Der Landesblock von Fehmarn. *Nordelbingen* 28/29, (o. J.) 46—52. — Kreisel (wie Anm. 1) Abb. 13.

[12] Drei Schlösser an der Archivkiste lautete die Vorschrift für die sog. glaubwürdigen Klöster in Ungarn, d. h. die vom König mit dem öffentlichen Urkundenwesen betrauten Klöster, vgl. in diesem Band den Beitrag von Géza Érszegi, S. 195—215.

Isenhagen erhalten blieb (Abb. 49). Damit versuche ich dieses Ornament aus der Tradition der Holzmöbel zu erklären. Die Rundbogen-Arkaden (Abb. 32) dagegen sind ebenso wie die Spitzbogenreihen, Rosetten und Maßwerke der folgenden Möbel (Abb. 36—40) architektonischen Vorbildern entlehnt.

Einer früh verwitweten Prinzessin aus dem herzoglichen Hause Lüneburg blieb es vorbehalten, eine ganze Garnitur hervorragend geschnitzter Möbel mitzubringen, als sie im Jahre 1292 im Kloster Wienhausen Wohnung nahm, nämlich eine große und eine kleine Truhe, einen großen und einen kleinen Schrank (Abb. 36—39). Diese vier Möbel des 13. Jahrhunderts mit nahezu einheitlichem Dekor bilden eine einmalige Gruppe. Deshalb bin ich der Ansicht, sie der Prinzessin Mechthild zuschreiben zu dürfen, die das Kloster in den Jahren um 1300 durch erhebliche Geldmittel in die Lage versetzte, den Westflügel (in dem sie selbst ein „Gemach für die fürstlichen Damen" erhielt) prachtvoll neu zu errichten[13]. Während sich die beiden unterschiedlich großen Truhen in Typ und Konstruktion gleichen, unterscheiden sich die beiden Schränke sehr. Der kleinere von ihnen (Abb. 39) ist schmal, eintürig und hat einen spitzen Giebel. Der große (Abb. 38) ähnelt dem heute üblichen zweitürigen Kleiderschrank; nur ist er im Innern durch Borde unterteilt, also nicht für hängende Kleider bestimmt. Der Dekor der Spitzbogenarkaden mit eingelegten Rosetten ist ganz vorzüglich in flachem, scharfkantigem Relief ausgestemmt, eine Frühform des Kerbschnitts. Wie der Bildhauer das Ornament im Rahmen dieses Schemas bei jedem der Möbel variierte, ist höchster Bewunderung wert. Die Arkadenreihen bildeten von da an bis ins 16. Jahrhundert das wichtigste Ornament der lüneburgischen Möbel, so z. B. an einer Truhe des 14. Jahrhunderts in Kloster Ebstorf (Abb. 40), die D. ECKSTEIN um 1338 datiert, weiter an den schon von OTTO VON FALKE publizierten Truhen aus dem höheren Norden[14]. Daran läßt sich verfolgen, wie die Arkaden immer schmaler und schlanker dicht aneinander gereiht werden, sodaß ihre Entstehung aus durchsteckten Rundbogenfriesen kaum noch zu ahnen ist. Phantastische Tiere, später auch Wappen und zuletzt Menschen kommen hinzu. Sie sind die zunächst schüchternen Vorboten der

[13] Konstruktion und Ornamentik dieser Möbel legen die Datierung gegen Ende des 13. Jahrhunderts nahe. D. ECKSTEIN schlägt nach seiner dendrochronologischen Untersuchung des großen Schrankes bereits um 1259 vor (wie Anm. 8, S. 89).

[14] OTTO VON FALKE, *Deutsche Möbel des Mittelalters und der Renaissance*. Stuttgart 1924, 40—51.

herrlichen figürlich geschnitzten Vorderwände, die das Lüneburger Patriziat im 16. Jahrhundert zu Hochzeiten in Auftrag gab[15]. Diese Repräsentationsstücke gelangten freilich nicht in die Klöster, obgleich auch im ganzen 16. Jahrhundert noch laufend Töchter aus denselben patrizischen Familien in die Konvente von Ebstorf und Lüne eintraten. Aber die große Zeit der Klöster brach mit der gewaltsam eingeführten lutherischen Reform in den Jahren um 1528 ab.

Für die Schränke gilt ähnliches. Einzelne Sonderanfertigungen, wie ein großer viertüriger Paramentenschrank in Kloster Wienhausen (innen mit Schiebeborden, Abb. 41), konnten um 1400 vornehm mit Schnitzerei verziert werden. Die große Zahl der Schränke stammt jedoch aus dem 15. und 16. Jahrhundert und ist schlicht, mitunter sogar derb volkstümlich. Auch hierbei würde die typologische Methode den einfachsten Schrank an den Anfang der ,,Entwicklungs"-Reihe stellen, wenn nicht die hervorragend geschnitzten Schränke der Prinzessin Mechthild (Abb. 38 und 39) bereits im 13. Jahrhundert entstanden wären. Hinzu kommen ein zweitüriger Sakristeischrank mit Zinnenkranz in Kloster Wienhausen (Abb. 42) sowie in Kloster Medingen ein dort so genannter Topfschrank (Abb. 44). Beide stammen aus der Zeit um 1300 und sind nicht geschnitzt, sondern auf den glatten Flächen bemalt, der Sakristeischrank sogar figürlich mit Majestas Domini und Kreuzigung Christi. Dadurch wird offenbar, daß das figürlich bemalte Möbel zur Ausstattung der Kirche gehörte. Das gilt erst recht für einen spätgotischen Figurenschrank im Nonnenchor von Wienhausen[16]. Die Innenseiten seiner Türen sind wie die Flügel eines Altarschreins bemalt. Der Zweck hat also die künstlerische Ausschmückung der Möbel bestimmt. Und diese war es wiederum, welche die kirchlichen Möbel auch für nachfolgende Geschlechter so wertvoll machte, daß sie bis heute bewahrt worden sind. Die vielfach abgebildeten Reliquien-Schränke in Halberstadt und Doberan[17], die bisher für einsame Vorläufer des Gebrauchsmöbels ,,Schrank" angesehen werden mußten, stehen somit am Anfang einer respektablen Reihe. Da es von der Art des Sakristei-

[15] Truhe mit der Geschichte des Tobias und den Wappen der Lüneburger Patrizierfamilien Töbing und Semmelbecker, datiert 1545, im Museum für Kunst und Gewerbe, Hamburg. KREISEL (wie Anm. 1) Abb. 281. Das Fragment einer ähnlichen Truhenfront befand sich 1978 im Kunsthandel in Düsseldorf.

[16] *Die Kunstdenkmale des Landes Niedersachsen, Landkreis Celle.* Bildband, Hannover 1970, Abb. 137—139.

[17] KREISEL (wie Anm. 1) Abb. 27 und 24.

schrankes in Wienhausen (Abb. 42) auch ein kleines eintüriges, unverziertes Schränkchen gibt (Abb. 43), darf ich behaupten, daß die Grundform der Schränke für profane oder sakrale Verwendung um 1300 gleich war. Sie unterschieden sich nur durch den Aufwand des Dekores, d. h. durch Schnitzerei oder Malerei.

Erst in der Zeit um 1500 erhielten die Schränke für profanen Gebrauch regelmäßig einen Kranz aus profilierten Zinnen und einen feingliedrigen Eisenbeschlag als Zier (Abb. 47). Wie üblich waren ihre Eisenteile silbrig verzinnt und die durchbrochenen gotischen Blätter mit rotem Leinen oder Pergament unterlegt. Damit setzte sich der dekorative Möbelstil der süddeutschen Spätgotik auch in Norddeutschland durch. Trotzdem behielt man das häufig sehr schlanke Hochformat bei. Geschnitzten und gemalten Zierat gab es nur bei Sonderanfertigungen, wie an den Schenkschieven im Saal des Lüneburger Rathauses[18]. Hierfür wurden offensichtlich Bildschnitzer, Faß- und Tafelmaler herangezogen. Sofern Möbel für den alltäglichen Gebrauch überhaupt bemalt wurden, tragen sie Spuren eines roten Anstrichs. Allerdings haben viele Generationen fleißiger Frauen die Reste der Farben so sauber entfernt, daß ich nicht zu entscheiden wage, wie weit ein solcher Anstrich die Regel gewesen ist. Die einzige Ausnahme, eine 2,15 m lange glatte Stollen-Truhe aus der Zeit um 1500, steht in Kloster Isenhagen (Abb. 48). Ihre Vorderseite war ehemals über Kreidegrund mit grünen Ranken auf Gold sowie Wappen bemalt. Aber diese Ausnahme erklärt sich aus der Überlieferung: Diese Truhe wird als der Reisekoffer der Äbtissin ausgegeben. Was sich zunächst wie ein Scherz anhört, bestätigt die Chronik des Klosters. Die letzte katholische Äbtissin, Margarete von Boldensen, flüchtete nämlich im Jahre 1540 vor dem Herzog und seinen Reformatoren nach Halberstadt und blieb dort bis kurz vor ihrem Tode 1554. Auf die Flucht nahm sie alle Urkunden des Klosterarchivs mit[19] — vermutlich in dieser Truhe, die also als eine besonders große Archivtruhe die Auszeichnung durch eine kostbare Fassung verdiente.

Kloster Isenhagen wurde zwischen 1345 und 1350 an seinem jetzigen Ort völlig neu erbaut. Wenn auch drei Viertel der Gebäude 1723 abgerissen und in einem schlichten norddeutschen Barockstil wieder errichtet worden sind, so blieben doch das letzte Viertel und vor allem die Kirche in der ursprünglichen Form bewahrt. Die Backsteinbauten enthalten

[18] Ebd. Abb. 62.

[19] Appuhn, *Isenhagen* (wie Anm. 3) 77.

im Innern zahllose schlanke Nischen, wie man sie ähnlich auch in Wienhausen, Ebstorf oder Lüne findet, denn als sogenannte Entlastungsnischen sollten sie zunächst helfen, Backsteine und lastendes Gewicht zu sparen. Sie wurden jedoch ausgenutzt, um Lichter hineinzustellen, Holzborde einzusetzen, durch davor angeschlagene Türen Wandschränke daraus zu machen oder Schrankmöbel hineinzurücken. Im unteren Kreuzgang von Isenhagen gibt es zweitürige Wandschränke (Abb. 45). Im Obergeschoß, dem dort so genannten Chorgang (d. h. dem Kreuzgangflügel, der zum Nonnenchor führt), stehen in entsprechenden Nischen mächtige Giebelschränke. Der erste von ihnen (Abb. 46) dürfte die liturgischen Geräte enthalten haben. Er wird durch flach geschnitzte Weinblätter auf den Giebelschrägen und eine große Rosette auf der Spitze ausgezeichnet, Ornamente, die sich ähnlich an den Wangen des Chorgestühls finden[20]. Diese Schränke waren gewiß von Anfang an für diesen Ort gedacht, und deswegen haben sie die schlanken Proportionen von den Nischen übernommen. Es ist möglich, daß noch viele der jüngeren großen und kleinen Schränke in solche Nischen gestellt worden sind, doch in der Zeit um 1500 setzte sich der Brauch durch, das in Zinnen oder Zähnen geschnittene Stirnbrett, das anfänglich nur die Vorderseite schmückte (weil die Schmalseiten von den Nischen verdeckt wurden), auch über die Seitenwände zu setzen, wodurch ein an drei Seiten des Möbels umlaufendes Gesims entstand (Abb. 47). Entsprechend ersetzte unten ein geschlossener Sockel die vorher üblichen Kufen.

Die geschnitzten Ornamente bildeten,wie gesagt, anfänglich Rundbogen-Arkaden (Abb. 32) ab, Maßwerk, sowie Friese durchsteckter Rundbogen, die wie Spitzbogen-Arkaden wirken (Abb. 36, 38 und 40). Dazu traten Rosetten der verschiedensten Art und im 14. Jahrhundert Weinblätter. In den der Architektur entlehnten Motiven wage ich keinen besonderen Inhalt zu erkennen, es sei denn ein allgemeines Zeichen der Hoheit, wie sie auch jede wirkliche derart verzierte Architektur für sich beansprucht. Die Weinblätter erklärt man im Nonnenchor von Wienhausen, wo sie um 1335 vielfach in Friesen auf die Wände und Gewölbe gemalt sind, als ein Symbol des Klosters, weil dessen Name etymologisch von „Wein“ abgeleitet wurde (niederdeutsch: *Winhusen*). Doch scheint mir im 14. Jahrhundert die Weinranke zunächst auf das Blut des Herrn zu verweisen. Deshalb erscheinen die Weinblätter an dem Sakristeischrank in Isenhagen sinnvoll (Abb. 46). Lediglich die Rosetten, gleich welcher Art, sei es Blüten, Sonnen oder Zirkelschläge, dürften einen

---

[20] Ebd. Abb. S. 39 und 72.

spezifischen Sinn haben, zumal sie auf vielen Möbeln mitunter primitiv eingeritzt worden sind und häufig die lang ausgeschmiedeten Angelbänder der Schränke verzieren. Sie sollen symbolisch den Inhalt des Kastenmöbels vor bösem Zugriff schützen. Das ließ sich an sogenannten Briefladen des frühen 14. Jahrhunderts aus dem Dortmunder Rathaus nachweisen[21].

Für wie wertvoll alle Möbel in den Klöstern angesehen wurden, erhellt daraus, daß man sie summarisch erwähnte, als z. B. der Konvent von Medingen 1336 in seine neu errichteten Gebäude einzog[22] oder daran, daß einzelne im Totenbuch von Wienhausen unter den Stiftungen für das Seelenheil eingetragen worden sind, nämlich ein Bücherschrank im Archiv, ein Schrank vor dem Chor oder ein bemalter Tisch[23]. Freilich waren das kaum übliche Gebrauchsmöbel, sondern Sonderanfertigungen. Der bemalte Tisch, den eine Elyzabeth de Vreden schenkte, mag gar eine Kostbarkeit gewesen sein[24]. Hinzu kommen u. a. mit Seide bestickte Tischdecken; eine solche ist aus der Zeit um 1300 in Kloster Isenhagen erhalten und ohne Frage ein hochbedeutendes Denkmal adliger Tischsitten[25].

Das wichtigste Möbel, das in diesem Zusammenhang genannt werden muß, befindet sich ebenfalls in Isenhagen[26]. Die Urkunde, die sich m. E. hierauf bezieht, stellte im Jahre 1247 die Gründerin dieses Klosters aus, Herzogin Agnes,die Witwe des Pfalzgrafen Heinrich und damit

---

[21] Horst Appuhn, „Rosa" und die anderen Briefladen aus dem Rathaus in Dortmund, Zur Bedeutung der Sterne und Rosetten an mittelalterlichen Möbeln. *Aachener Kunstblätter 41* (*FS Werner Krönig*) (1971) 267—274.

[22] Johann Ludolph Lyssmann, *Historische Nachricht von dem Ursprunge, Anwachs und Schicksalen des im Lüneburgischen gelegenen Closters Meding* usw. Halle 1772, Taf. 12.

[23] Chronik des Kloster Wienhausen, eingeleitet und erläutert von Horst Appuhn. 2. Aufl. erweitert um das Totenbuch des Klosters Wienhausen und ein Register der Personennamen (*Bomann-Archiv* 3/4) Celle 1968 unter dem 18. Mai, 17. Juli und 16. Oktober.

[24] Vielleicht im Musée de Cluny in Paris erhalten, s. Helmut Reinecke, Zwei bemalte Falttische der Gotik. *Lüneburger Blätter* 1 (1950) 7—14. Vgl. den Falttisch im Lüneburger Rathaus, s. Kreisel (wie Anm. 1), Abb. 47 und Taf. 3. Gerhard Jaritz (Krems) verdanke ich den Hinweis, daß auch das Anniversarium aus der 1. Hälfte des 15. Jahrhunderts des Schottenklosters in Wien eine *mensa valde bona* als Geschenk verzeichnet: vgl. Liber oblationum et anniversariorum monasterii Scotorum Vindobonensis, in: *MG Necr.* V (Berlin 1913) 315.

[25] Appuhn, *Isenhagen* (wie Anm. 3) Taf. 22.

[26] Ebd. 68—69.

Schwiegertochter Herzog Heinrichs des Löwen. Darin sichert sie dem Kloster Isenhagen den Besitz der diesem geschenkten beweglichen Habe und der Kleinodien zu, über die sie bis dahin noch nicht verfügt hatte[27]. Näheres wird nicht beschrieben. *De rebus meis mobilibus sive clenodiis* lauten die entscheidenden Worte. Das läßt Besonderes erwarten. In der Tat befindet sich auf dem Nonnenchor ein mehrfach umgebauter Pultschrank, dessen älteste Teile aus gedrechselten Pfosten, Sprossen und Docken bestehen (Abb. 49). In diesem Zusammenhang ist es nicht möglich, die ausführliche Untersuchung des Möbels zu wiederholen, die bereits vor zwanzig Jahren zu der zeichnerischen Rekonstruktion als Sitz führte (Abb. 50). Leider ist eine Datierung mit Hilfe der Dendrochronologie wegen der zu geringen Zahl der Jahresringe an den ca. 10 cm starken Eichenpfosten nicht möglich. Die Geschichte des Drechselwerks, die in Deutschland mit den Bänken des Klosters Alpirsbach zu Anfang des 12. Jahrhunderts und einer wesentlich einfacheren Bank des 13. Jahrhunderts in Berlin beginnt[28] und danach nur an vielen Abbildungen (Gemälden und Reliefs) verfolgt werden kann[29], erlaubt es, dieses heute einmalige Stück in die Jahrzehnte um 1200 zu setzen. Die Verbindung mit den von der Herzogin Agnes vermachten Möbeln wird durch ihr Siegel gesichert, denn darauf ist sie auf einem derartigen Pfostenstuhl thronend dargestellt (Abb. 51)!

Mit diesem Fragment blieb uns in Norddeutschland das einzige Beispiel gedrechselter Möbel des Mittelalters erhalten. Im Rahmen der europäischen Möbelkunst stellt es lokal und zeitlich das notwendige Bindeglied dar zwischen den Bänken von Alpirsbach und Berlin und den Stühlen und Bänken des 13. und 14. Jahrhunderts in Schweden[30]. Ein Abschnitt der Geschichte des europäischen Möbels im Mittelalter läßt sich damit neu fassen.

Abb. 48 Foto Otto Steinhöfel, Hankensbüttel, Abb. 50 Zeichnung A. Brebbermann, Lüneburg. Alle übrigen Fotos vom Verf.

---

[27] Horst Appuhn, Das Chorpult des Klosters Isenhagen — ein romanischer Thron. *Lüneburger Blätter* 9 (1958) 39—50.

[28] Kreisel (wie Anm. 1) Abb. 3, 4.

[29] Z. B. Reliefs am Lettner des Doms in Naumburg und über dem Paradiesportal am Dom zu Münster, oder Miniatur im Speyrer Evangelistar um 1200 (Edith Holm, *Stühle von der Antike bis zur Moderne*. München 1978, Abb. 50). Vgl. ferner Sigrid Hinz, *Innenraum und Möbel von der Antike bis zur Gegenwart*. Berlin 1976, Abb. 49—56.

[30] William Karlson, *Studier i Sveriges medeltida Möbelkonst*. Lund 1928, Fig. 21—33.

31. Kleine Stollentruhe mit Dachdeckel und Zirkelornamenten.
Dendrochronologisch datiert um oder nach 1320.
Eiche, H. 65, B. 65, T. 50 cm. Kloster Wienhausen

32. Truhe mit Rundbogenarkaden. Dendrochronologisch datiert um oder nach 1230.
Eiche, H. 90, B. 119, T. 71 cm. Kloster Wienhausen

33. Wangentruhe (Seitstollentruhe).
Dendrochronologisch datiert um oder nach 1179.
Eiche, H. 92, B. 199,5, T. 71 cm. Kloster Ebstorf

34. Archivkasten. Dendrochronologisch datiert zwischen 1177 und 1182.
Eiche, H. 48, B. 108, T. 50,5 cm. Kloster Ebstorf

35. Stollentruhe mit ausgestemmten Säulchen an den Füßen 14. Jahrhundert.
Eiche, H. 96, B. 139, T. 75 cm. Kloster Wienhausen

36. Große Stollentruhe mit geschnitzter Front,
wahrscheinlich der Prinzessin Mechthild gegen 1291.
Eiche, H. 84,5, B. 117, T. 64 cm. Kloster Wienhausen

37. Kleine Stollentruhe mit geschnitzter Front, wahrscheinlich der Prinzessin Mechthild gegen 1291. Eiche, H. 67, B. 84, T. 58 cm. Stollenfüße ergänzt. Kloster Wienhausen

38. Zweitüriger Schrank mit geschnitzten Türen, wahrscheinlich der Prinzessin Mechthild gegen 1291. Eiche, H. 197, B. 120, T. 52 cm. Kloster Wienhausen

39. Kleiner Schrank mit geschnitztem Giebel,
wahrscheinlich der Prinzessin Mechthild gegen 1291.
Eiche, H. 154,5, B. 49, T. 35 cm. Kloster Wienhausen

40. Stollentruhe mit geschnitzter Front. Dendrochronologisch datiert um 1338.
Eiche, H. 86, B. 125,5, T. 71 cm. Kloster Ebstorf

41. Viertüriger Paramentenschrank um 1400.
Eiche, H. 203, B. 177, T. 63 cm. Kloster Wienhausen

42. Zweitüriger Sakristeischrank um 1300. Figürlich bemalt. Eiche, H. 156,5, B. 117, T. 56 cm. Kloster Wienhausen

43. Schränkchen mit Zinnenkranz um 1300. Eiche, H. 129, B. 74, T. 35 cm. Kloster Wienhausen

44. Zweitüriger „Topfschrank“ um 1300.
Mit Resten spätgotischer Rankenmalerei.
Eiche, H. 205, B. 171, T. 62 cm. Kloster Medingen

45. Zweitüriger Wandschrank um 1350.
Eiche, H. 265, B. 131 cm.
Kloster Isenhagen, unterer Kreuzgang

46. Sakristeischrank um 1350.
Eiche, H. 262, B. 98,5, T. 51,5 cm.
Kloster Isenhagen, in einer Nische des Chorgangs

47. Zinnenschrank um 1500.
Eiche, H. 205, B. 98, T. 52 cm.
Kloster Wienhausen

48. Stollentruhe, Langform um 1500. Eiche, B. 215 cm, ehemals gefaßt, als Archivtruhe benützt. Kloster Isenhagen

49. Chorpult.
Eiche und Esche gedrechselt, mit Ergänzungen des 14.—17. Jhdts.
H. 142,5, B. 100, T. 77 cm. Kloster Isenhagen

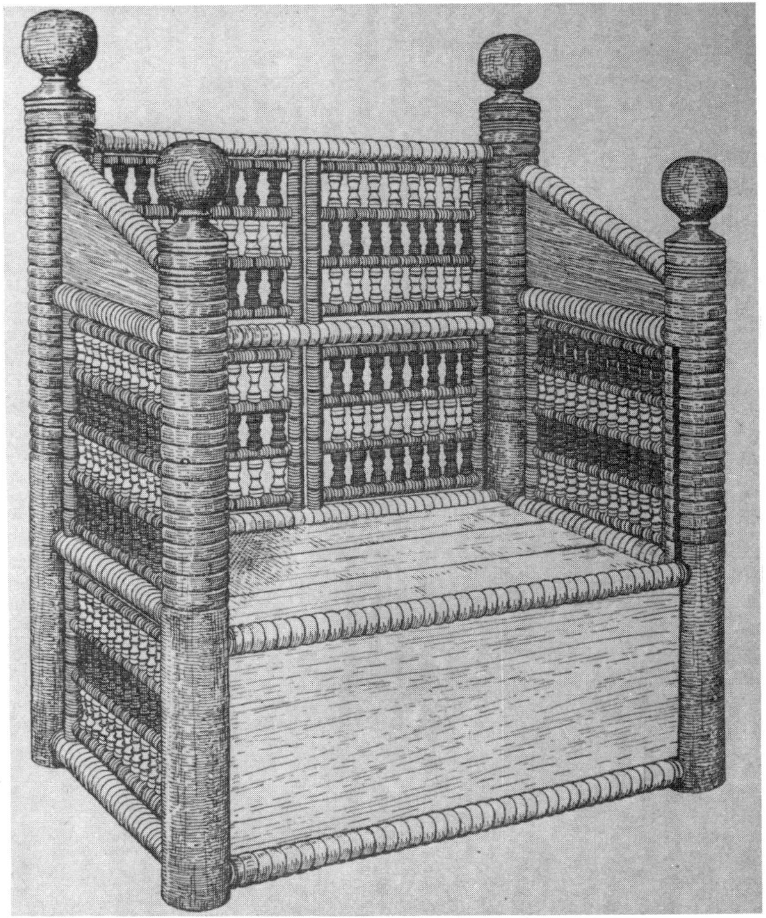

50. Rekonstruktion des Chorpultes Abb. 19 als Thronsitz.
2. Hälfte 12. Jhdt.

51. Herzogin Agnes auf dem Thron.
Siegel an einer ihrer Urkunden um 1241 (auf das Doppelte vergrößert).
Archiv des Klosters Wienhausen

Herbert Hunger

ZUM BADEWESEN IN BYZANTINISCHEN KLÖSTERN*

Wenn ich im Rahmen dieses Symposiums über die klösterliche Sachkultur des Spätmittelalters ein kurzes Referat zum Badewesen in den byzantinischen Klöstern halte, muß ich eine doppelte *captatio benevolentiae* vorausschicken. Zunächst beschränke ich mich angesichts des spärlichen zur Verfügung stehenden Materials nicht auf das Spätmittelalter, sondern muß im Gegenteil die spätantiken, d. h. frühbyzantinischen Jahrhunderte mit einbeziehen. Ferner verstehe ich den Begriff der Realienkunde in dem weiteren Sinn, der die Einschränkung auf Gegenstände des täglichen Lebens nicht anerkennt, sondern den Lebensweg des Menschen von der Wiege bis zur Bahre als wesentlichen Bestandteil der Realienkunde sieht. Es wird also mehr als von den Gegenständen von dem Verständnis des Badens im byzantinischen Kloster und von dessen Folgen die Rede sein.

Griechen und Römer der Antike legten, wie allseits bekannt, auf das Baden großes Gewicht und entwickelten eine hochstehende Badekultur. Die großartigen Ruinen von Thermen in Rom und vielen Städten des alten Imperium Romanum legen noch heute Zeugnis ab für die soziale Bedeutung dieses Phänomens. Das Baden in der Öffentlichkeit, wie es uns aus der Antike überliefert ist, könnte auch für die Sozialwissenschaft und für die Verhaltensforschung ein dankbares Studienobjekt sein.

Die Kirchenväter nahmen wiederholt gegen das öffentliche Baden Stellung. Dabei lassen sich verschiedene Angriffspunkte unterscheiden. Im Grunde geht es immer wieder um die τρυφή, das Sich-gehen-lassen, die Verweichlichung in verschiedener Hinsicht, die nun einmal irgendwie zum Baden gehört. Die zwanglose Nacktheit widersprach dem christlichen Grundsatz der Keuschheit, da sie zu unsittlichen Gedanken und Handlungen verleiten konnte. Was sich die Christen allgemein zu Herzen

* Nach dem Satz des vorliegenden Artikels wurde dem Autor die folgende Publikation bekannt: A. Lumpe, Zur Kulturgeschichte des Bades in der byzantinischen Ära, *Byzantinische Forschungen* 6 (1979) 151—166. Verschiedene Überschneidungen liegen in der Natur der Sache.

nehmen sollten, galt insbesondere für die Mönche. So heißt es in der Regel des heiligen Pachomios, also im 4. Jahrhundert, in der lateinischen Übersetzung des heiligen Hieronymus (cap. 92): *totum autem corpus nemo perunget nisi causa infirmitatis; nec lavabitur nec aqua omnino nudo corpore perfundetur, nisi languor perspicuus sit.* Niemand soll seinen ganzen Körper salben, außer im Krankheitsfall; noch soll er sich nackt waschen, außer bei eindeutiger Schwäche (Krankheit). Ferner (cap. 93): *nullus lavare alterum poterit aut ungere, nisi ei fuerit imperatum.* Niemand soll einen anderen waschen oder salben, außer wenn es ihm aufgetragen wird[1]. Diese Auffassung lebte in strengen Regeln der mittelbyzantinischen Zeit fort. So sah Theodoros Studites († 826) Strafen für Mönche vor, die sich im Bad salbten: „Wenn sich ein Mönch im Bad salbt, soll er 300 Kniebeugen (zur Buße) machen, der Laie 100. Beide sollen für eine Woche von der Eucharistie ausgeschlossen sein[2].“ Immerhin ist hier vorausgesetzt, daß der Mönch überhaupt baden geht. Daß das Betreten des Bades als eine nicht ganz harmlose Unternehmung angesehen wurde, ersieht man daraus, daß man beim Überschreiten der Türschwelle ein Kreuzzeichen machte[3]. Mönche machten vor dem Bad zur Buße Kniebeugen (μετανοίας), so im Mamaskloster in Konstantinopel[4].

Klemens von Alexandreia (3. Jahrhundert) hat in seinen Paidagogos zwei Kapitel über das Baden aufgenommen. Im ersten (III 5) bringt er zwei gewichtige Gründe gegen den Besuch öffentlicher Bäder vor. Hier treffe man einen geschmacklosen (ἀπειροκάλως) Badeluxus an. Zahllose Gold- und Silbergeschirre würden zu Schmausereien verwendet; man ißt und trinkt im Bad und stellt in übler Protzerei seinen Reichtum zur Schau (ἀλαζονεία περιττή). Es zeugt von Unerzogenheit (ἀπαιδευσία), daß man als reicher Mann gegenüber den Armen, die zugleich ins Bad kommen, mit seinem Reichtum auftrumpft. Zum zweiten aber führt das öffentliche Baden zur Zuchtlosigkeit, da beide Geschlechter gemeinsam baden. Frauen, die sich zuhause züchtig verhüllen, ziehen sich im Bad

---

[1] Griechischer Text in: A. BOON [Hrsg.], *Pachomiana Latina.* Louvain 1932, 179, Nr. 35. 36; lateinischer Text: a. O. 39.

[2] *PG* 99, 1756, Nr. 59: εἴ τις μοναχὸς ἐν βαλανείῳ χρῖσμα ποιήσει, ποιείτω μετανοίας τ', ὁ δὲ κοσμικὸς ρ'. ἔστωσαν δὲ ἀμφότεροι ἀφωρισμένοι ἑβδομάδα μίαν.

[3] Joh. Chrysostom., Homil. in *Act. Apost.* 10, 5 = *PG* 60, 91: οἷόν εἰσι πολλοί, οἳ ἐν βαλανείοις εἰσιόντες, ἅμα τῷ τὰς θύρας ὑπερβῆναι σφραγίζονται.

[4] S. EUSTRATIADES, Τυπικὸν τῆς ἐν Κωνσταντινουπόλει Μονῆς τοῦ ἁγίου μεγαλομάρτυρος Μάμαντος. Ἑλληνικά 1 (1928) 245—314, Text 256—311, hier 280, 34f.: ὡσαύτως μήτε εἰς λουτρὸν ἀπιέτω χωρὶς μετανοίας κτλ.

vor fremden Männern aus, was nur zur Unmoral führen könne (Hinweis auf Matth. 5, 28)[5]. Im zweiten Kapitel (III 9) warnt Klemens wiederum vor dem Badeluxus in Gegenwart von Armen und wettert gegen das dauernde Baden, das manche mehrmals am Tage wiederholen (συνεχῶς καὶ πολλάκις τῆς ἡμέρας). Er stellt dann dem körperlichen Bad das geistige Bad gegenüber[6]: ,,Das beste Bad reinigt die Seele von ihrem Schmutz; es ist ein geistiges Bad[7].“ Dieser Versuch einer Ablenkung ins Spirituelle dürfte keine besonderen Erfolge erzielt haben. Wohl aber vertrat man in Mönchskreisen kategorisch den Grundsatz, überhaupt nicht zu baden. Man versuchte aus dem Nicht-Baden, der ἀλουσία, eine besondere Tugend zu machen. Wenn Gregor von Nazianz (or. 43) die asketische Selbstbeherrschung Basileios' des Großen preist, so erscheint die ἀλουσία in der Liste der rühmlichen Eigenschaften bzw. Tätigkeiten: ,,So hatte er nur ein Hemd und einen Mantel, schlief auf dem bloßen Boden, durchwachte die Nacht und vermied das Baden (Waschen)[8].“

Um 1100 verfaßte der Patriarch Nikolaos III. Grammatikos ein umfangreiches Fastengedicht (in 423 Fünfzehnsilbern), das für die Athosmönche bestimmt war. Als Kernstück der mönchischen Askese führt er an: vollkommene Besitzlosigkeit, besondere Jungfräulichkeit, Enthaltsamkeit von Leidenschaften und Speisen, Zügelung der Gefühle, nichts Böses tun mit den Sinnen: Gesichts-, Geruchs-, Tast-, Gehör- und Geschmacksinn; immerwährender Psalmengesang, viele Nachtwachen, auf dem bloßen Boden schlafen, auf einem Lager von Streu, Enthaltung vom Baden (Waschen)[9]. — Das Typikon des Euergetidos-Klosters in Konstantinopel von ca. 1050 erklärt, daß das Bad im Kloster für Kranke gebaut wurde und nicht für ein bequemes, angenehmes Leben der Mönche (ζῆν θρυπτικῶς, das zu τρυφή gehörige Adjektiv!): ,,Und ihr sollt gänzlich ohne Bad leben“ (καὶ ἄλουτοι δὲ τὸ παράπαν διάγοιτε)[10].

---

[5] O. STÄHLIN, [Hrsg.], *Clemens Alexandrinus 1: Protrepticus und Paedagogus*. 3. Aufl. von U. TREU, Berlin 1972, S. 254f.

[6] A. O. 264, 9f.: τὸ μὲν οὖν ἄριστον λουτρὸν τῆς ψυχῆς ἀποσμήχει τὸν ῥύπον καί ἐστι πνευματικόν.

[7] Vgl. auch a. O. 263, 31f.: λούειν δὲ δεῖ μάλιστα μὲν τὴν ψυχὴν καθαρσίῳ λόγῳ.

[8] *PG* 36, 576 B: ἐντεῦθεν αὐτῷ τὸ ἓν χιτώνιον καὶ τριβώνιον καὶ ἡ χαμευνία καὶ ἡ ἀγρυπνία καὶ ἡ ἀλουσία.

[9] J. KODER, Das Fastengedicht des Patriarchen Nikolaos III. Grammatikos. *JÖB* 19 (1970) 203—241, Text 208—234, hier V. 137—142, S. 214—216.

[10] A. DMITRIJEVSKIJ, *Opisanie liturgičeskich rukopisej 1: Typika*. Kiev 1895 (ND Hildesheim 1965). Typikon des Euergetidos-Klosters: 615—655, hier 643.

Das ist die strengste Form solcher Klostervorschriften, die sich eben an das Ideal der ἀλουσία hält. Diese ἀλουσία als ἀρετή gehört in das Kapitel der Umfunktionierung alter Wörter und Begriffe, die den frühen Kirchenvätern auf breiter Basis gelungen war. Wie die Realität allgemein und besonders in den Klöstern aussah, dafür gibt es eine Reihe, allerdings einander oft widersprechender Zeugnisse.

Daß die spätantiken Badesitten auch im christlichen Milieu noch lange nachwirkten, scheint außer Zweifel zu stehen. Zwar meint Epiphanios von Kypros († 403) einmal, die meisten Mönche hielten sich vom Baden fern[11]. Aber der Kirchenhistoriker Sokrates (5. Jahrhundert) erzählt von Sisinnios I. (Patriarch von Konstantinopel 426—427), man habe ihn gefragt, warum er zweimal am Tage bade, obwohl er doch Bischof sei. Seine Antwort sei gewesen, weil er nicht dreimal baden könne[12]. Hier ist allerdings die beabsichtigte Wirkung des Bonmots einzurechnen. Zur selben Zeit betont Neilos († 430) in einem Brief, schon die Jünger Christi hätten das gemeinsame Baden der beiden Geschlechter verboten, weil es für Christen unpassend und schädlich sei[13]. Aber von Euagrios (6. Jahrhundert) erfahren wir, daß die Mönche in Palästina häufig mit Frauen gemeinsam badeten[14]. Und noch im 12. Jahrhundert hält es Eustathios von Thessalonike für notwendig, in seiner Schrift *De emendanda vita monastica* einzuschärfen: „Denn das häufige Sich-gehen-lassen und die vielen Bäder, die übermäßige Gefolgschaft und Dienerschaft und was damit zusammenhängt, sind Beweise der Verweichlichung und Angeberei[15]."

Schon die frühen Kirchenväter warnten vor allem die Frauen vor dem Bad und ließen nur die Krankheit als Entschuldigung für den Besuch von Bädern gelten. So sagt der heilige Athanasios (4. Jahrhundert): „Wenn du gesund bist, geh nicht ins Bad außer unter Zwang, tauche nicht deinen ganzen Körper ins Wasser, weil du Gott dem Herrn geweiht

---

[11] *PG* 42, 829: οἱ πλείους δὲ βαλανείου ἀπέχονται.

[12] Sokrates, Hist. eccl. VI 22.

[13] Neilos, epist. II 211 = *PG* 79, 312: ὡς ἀνάρμοστον καὶ ἀσύμφορον ὑπάρχον χριστιανοῖς.

[14] J. BIDEZ und L. PARMENTIER [Hrsg.], *The Ecclesiastical History of Euagrius*. London 1898 (ND Amsterdam 1964) I 21, S. 31, 10ff.: καὶ βαλανείοις δὲ συχνοῖς ὁμιλοῦσι, τὰ πολλὰ γυναιξὶ συναλιζόμενοι καὶ συλλουόμενοι κτλ.

[15] TH. L. F. TAFEL [Hrsg.], *Eustathii metropolitae Thessalonicensis Opuscula*. Frankfurt 1832 (ND Amsterdam 1964) S. 228, 48ff.: τὸ συχνὸν γὰρ τῆς τρυφῆς καὶ τὰ πυκινὰ λοετρὰ καὶ οἱ πέρα τοῦ προσήκοντος προάγοντες καὶ ἀκολουθοῦντες καὶ τὰ τούτοις ἑπόμενα βλακείας εἰσὶν ἐνδείξεις, δι' αὐτὸ δὲ καὶ περπερείας.

bist[16]." Nur das Waschen von Gesicht, Händen und Füßen sei zulässig. Der heilige Johannes Chrysostomos wiederum meint, eine Frau gehe nur auf die Gasse, wenn sie die Kirche oder das Bad besuchen wolle, letzteres zur Heilung einer Krankheit[17]. In der Vita des Chrysostomos von Palladios heißt es über die Witwen, sie sollten sich im Fasten üben, auf Bäder und modische Kleidung verzichten[18]. Und für Chrysostomos ist die unchristliche, unsittlich lebende Frau jene, die sich in Bädern aufhält, sich salbt (parfumiert) und mit Männern abgibt[19].

Die Badesitten hinterließen ihre Spuren auch in der Gesetzgebung und im Kirchenrecht. Schon auf der Synode von Laodikeia (unsichere Datierung zwischen 325 und 381) wurde Geistlichen und Mönchen das Baden mit Frauen verboten[20]. Kaiser Justinian I. erklärte das gemeinsame Baden von Frauen mit fremden Männern als einen Scheidungsgrund für den Ehemann[21]. Aber noch das Quinisextum (Trullanum) vom Jahr 692, das die im 5. und 6. oikumenischen Konzil nicht berücksichtigten disziplinären Kanones nachtrug, wiederholt im Kanon 77 das alte Verbot des gemeinsamen Badens: „Priester, niedere Kleriker und Mönche dürfen nicht gemeinsam mit Frauen baden; aber auch alle Laienchristen dürfen es nicht. Denn das ist der erste Verurteilungsgrund bei den Heiden[22]." Aus dem Schlußsatz ersehen wir, daß das gemeinsame Baden noch durchaus in Übung gewesen sein muß. Die Heiden sind hier nicht mehr die alten Griechen und Römer, sondern die rings um das byzantinische Reich wohnenden Nicht-Christen, vor allem die Araber, aber auch die damals noch nicht christianisierten Slawen. Der Jurist Theodoros Balsamon (12. Jahrhundert) gibt kommentierende Bemerkungen zu dem Kanon 77 und führt divergierende Meinungen über das gemeinsame Baden der Ehegatten im Hause an. Man möchte aus dem Tenor bei Balsamon schließen, daß das gemeinsame Baden beider Geschlechter in der Öffentlichkeit damals in Byzanz nicht mehr üblich war.

---

[16] *PG* 28, 264: οὐ πορεύσῃ εἰς βαλανεῖον ὑγιαίνουσα ἄνευ πάσης ἀνάγκης, οὐ μὴ βάψῃς ὅλον τὸ σῶμα σου εἰς ὕδωρ, ὅτι ἁγία εἶ Κυρίῳ τῷ Θεῷ.

[17] *PG* 59, 340: ἡνίκα ἂν τὸ σῶμα λουτρῷ θεραπευθῆναι δέῃ.

[18] *PG* 47, 20: νηστείας ἀναλαβεῖν, ἀπεχομένας βαλανείων καὶ περιέργων ἱματίων.

[19] *PG* 52, 437: ἡ λουτροῖς καὶ μυρίσμασι καὶ μετ' ἀνδρὸς περιπλεκομένη.

[20] RHALLES — POTLES III 197, Kap. 30.

[21] Justinian. Nov. 117, 8, 4: S. 558, 18f.

[22] RHALLES — POTLES II 483f.: ὅτι οὐ δεῖ ἱερατικοὺς ἢ κληρικοὺς ἢ ἀσκητὰς ἐν βαλανείῳ μετὰ γυναικῶν ἀπολούεσθαι· οὐδὲ πάντα χριστιανὸν λαϊκόν. αὕτη γὰρ πρώτη κατάγνωσις παρὰ τοῖς ἔθνεσιν. εἰ δέ τις ἐπὶ τούτῳ φωραθείη, εἰ μὲν κληρικὸς εἴη, καθαιρείσθω· εἰ δὲ λαϊκός, ἀφοριζέσθω.

Es seien nun einige Beispiele aus byzantinischen Kloster-Typika angeführt, welche die ungleichmäßige Behandlung des Badeverbotes beweisen und auf eine gewisse Unsicherheit in diesem Punkt schließen lassen. Theorie und Praxis scheinen manchmal — wie auch sonst im Leben — nicht übereingestimmt zu haben. In dem oben erwähnten Euergetidos-Kloster, das in seinem Typikon das strenge Gebot der ἀλουσία enthält, wird doch dreimaliges Baden im Jahr, und zwar an den hohen Feiertagen — Weihnachten, Ostern und Koimesis (15. August) — erlaubt. Ja, mit besonderer Genehmigung von seiten des Abtes war auch häufigeres Baden zulässig[23]. Im Nonnenkloster Μονὴ τοῦ Λιβός (Lips in Konstantinopel) war viermaliges Baden im Jahr für die jungen Nonnen gestattet[24]. Für die alten und kranken Nonnen richtete sich die Häufigkeit des Badens nach den Anordnungen des Arztes. In dem kurz nach 1100 von der Kaiserin Eirene Dukas und deren Tocher, der Geschichtsschreiberin Anna Komnene, gemeinsam gegründeten Kloster der Theotokos Kecharitomene (der Gottesmutter ,,voller Gnaden") galt für gesunde Nonnen das Gebot, einmal im Monat, also zwölfmal im Jahr, zu baden; kranke hatten sich an die Weisungen des Arztes zu halten[25]. Mit demselben Ausmaß von Badegelegenheit rechnet das Typikon des Mamas-Klosters in Konstantinopel vom Jahr 1158. Dort heißt es: ,,Wenn mit dem Kloster kein Bad verbunden ist, soll allen Brüdern allmonatlich für je ein Bad ein ausreichender Betrag für Seife und Badegeld (Eintrittsgeld) erstattet werden[26]." Wir entnehmen aus dem Text, daß man Seife verwendete und daß in der Regel ein Bad in unmittelbarer Nähe des Klosters, jedoch in einem eigenen Gebäude, untergebracht war. Wir kommen später darauf zurück.

In dem von Kaiser Johannes II. Komnenos 1136 als Grablege für die Komnenenkaiser errichteten Pantokratoros-Kloster in Konstantinopel

---

[23] DMITRIJEVSKIJ a. O. 643.

[24] H. DELEHAYE, *Deux Typica byzantins*. Brüssel 1921, 106—136, hier 125, 11—20: τετράκις δὲ ἄλλως τοῦ ἐνιαυτοῦ χρῆσθαι τῷ βαλανείῳ τὰς μοναχὰς βούλομαι καὶ μᾶλλον εἰ τυγχάνοιεν τὴν ἡλικίαν νεάζουσαι κτλ.; und zwar am Sonntag Apokreo vor der großen Fastenzeit, am Fasttag vor dem Fest der Apostelfürsten, am Vorabend der Koimesis und an der Vigil von Weihnachten.

[25] MIKLOSICH — MÜLLER, *Acta et diplomata graeca medii aevi* V (1887) 327—391, hier 369.

[26] S. EUSTRATIADES, Ἑλληνικά 1 (1928) 245—314, hier Kap. 28, S. 283, 35—37: ἑκάστῳ δὲ μηνὶ ὀφείλει δίδοσθαι τοῖς ὅλοις ἀδελφοῖς λόγῳ λουτροῦ ἑνὸς ὑπέρ τε σαπωνίου καὶ βαλανικοῦ ποσὸν τὸ ἀρκοῦν, εἴ γε μὴ πρόσεστι τῇ μονῇ λουτρόν.

52. Bad des Klosters Παναγία Ζωοδόχου Πηγῆς

53. Bad des Klosters Παναγία Ζωοδόχου Πηγῆς

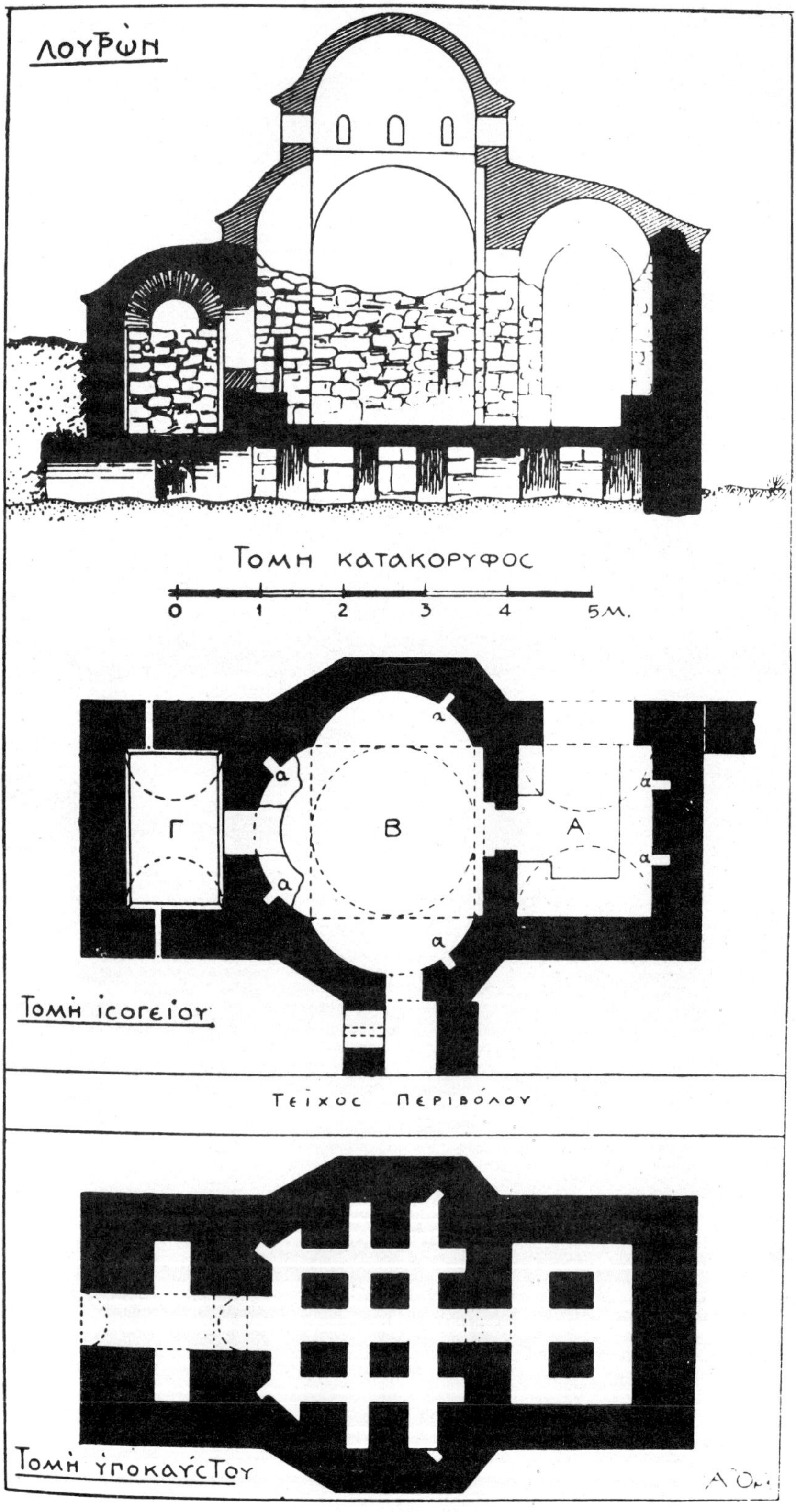

54. Bad des Klosters Παναγία Ζωοδόχου Πηγῆς (Rekonstruktion)

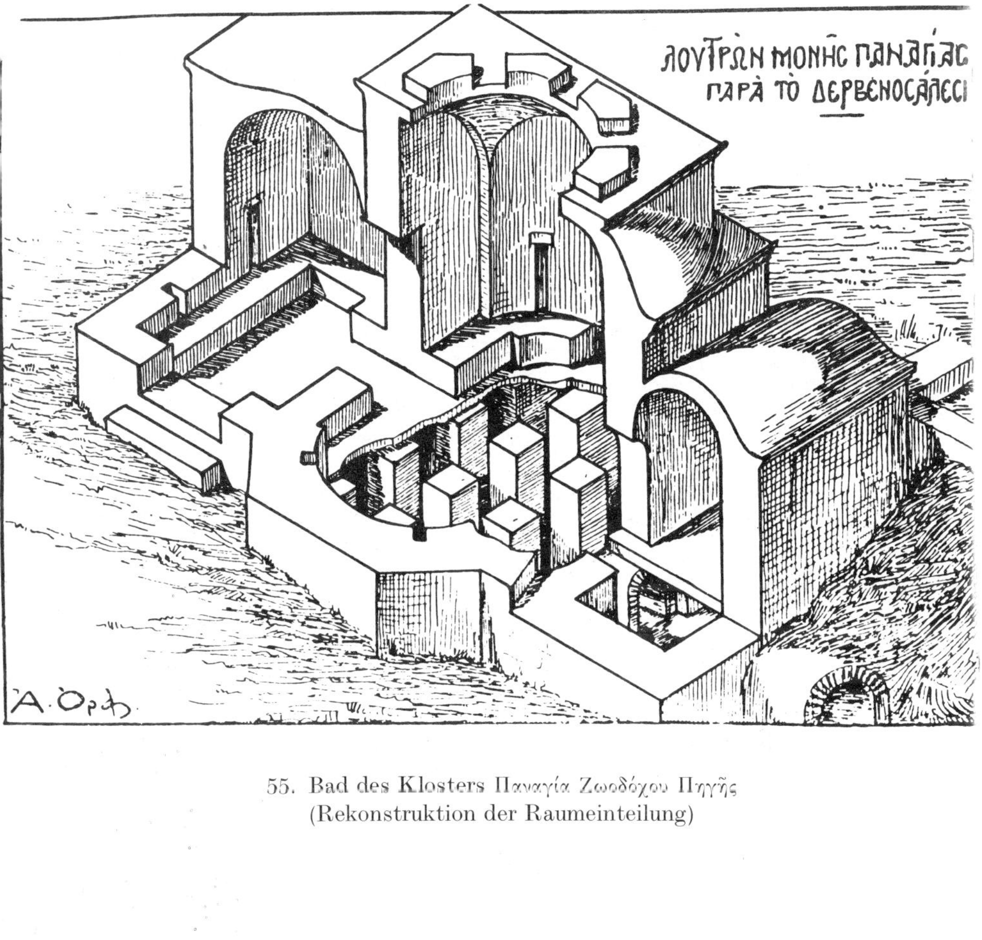

55. Bad des Klosters Παναγία Ζωοδόχου Πηγῆς
(Rekonstruktion der Raumeinteilung)

56. Bad des Kaisariane-Klosters bei Athen

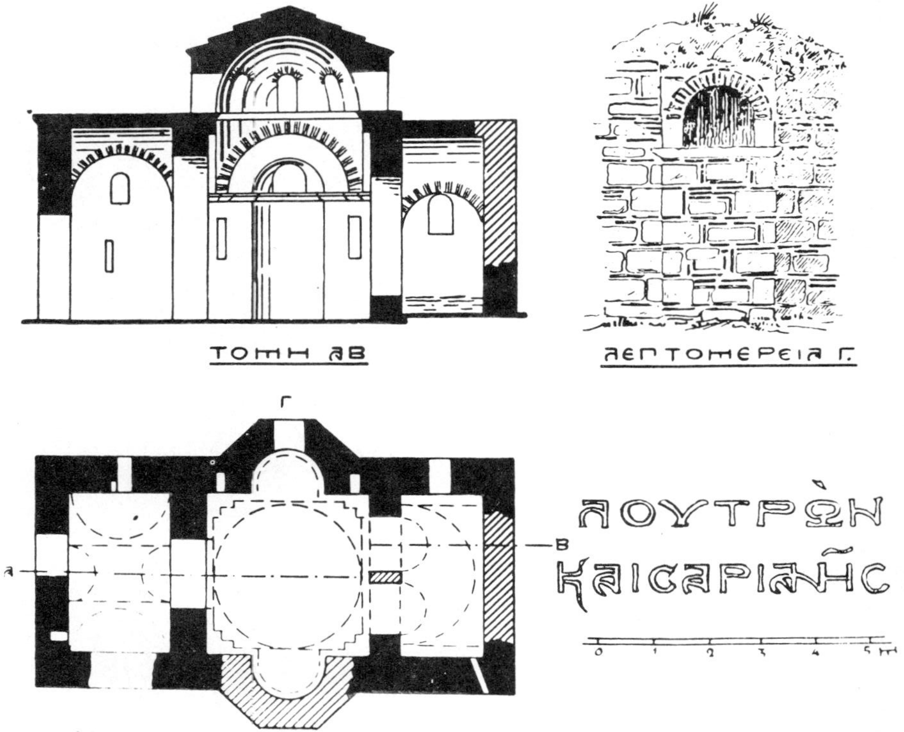

57. Bad des Kaisariane-Klosters bei Athen (Rekonstruktion)

galten folgende Bestimmungen: In der großen Fastenzeit war dem Mönch das Baden verboten, es sei denn, daß er krank war[27]. In den anderen Fastenzeiten waren ein Bad im Monat, sonst bis zu zwei (Einzel-)Bäder im Monat erlaubt (a. O. Z. 513—516). In dem berühmten und hervorragend eingerichteten Spital, das mit dem Kloster verbunden war, badete man zweimal in der Woche (Z. 1051 ff.), im Altersheim zweimal im Monat (Z. 1377 f.).

Die größte Freizügigkeit in bezug auf das Baden spricht aus dem Typikon des Theotokos-Klosters in Areia (Argos) von ca. 1143, wo die Mönche jeden Samstag, außer während der großen Fastenzeit, baden durften. Hier gab es allerdings die Ausnahme am Samstag des heiligen Lazarus, an dem alle, auch der Abt — wie es ausdrücklich heißt —, baden sollten[28]. Ich nehme an, daß dies mit dem Gestank zusammenhängt, den der aus dem Grab kommende Lazarus verbreitete, wie dies aus der Ikonographie des Lazarus-Bildes allgemein bekannt ist und natürlich auch den Byzantinern stets bewußt war. In diesem Kloster ist man also auf fast 50 Bäder im Jahr gekommen. Während in dem strengen Euergetidos-Kloster die drei höchsten Feiertage für Bäder vorbehalten waren, herrscht sonst eher die Vorstellung, daß man an Feiertagen nicht baden soll. Ein solches Verbot lesen wir in mehreren Briefen des für seine strenge Askese bekannten Patriarchen von Konstantinopel Athanasios I. (frühes 14. Jahrhundert), und zwar für Ostern und Weihnachten[29]. Daß für die Fastenzeit das Baden strenger verboten war als für die übrige Zeit des Jahres, zeigen die Bestimmungen einiger Typika (Pantokratoros, Areia); anderseits werden aber auch Bäder gerade für die Fastenzeit gestattet (Lips-Kloster).

Daß die byzantinischen Klöster in der Regel mit einem Bad verbunden waren, geht aus den genannten und anderen Quellen hervor. Die Anlage des Bades war allerdings von dem Katholikon, der Klosterkirche, und von den Mönchszellen baulich abgesetzt. Phaidon Kukules meint, das Bad habe sich außerhalb der Umgrenzung (περίβολον) des Klosters befunden[30]. Die Ruine eines byzantinischen Klosterbades hat

[27] P. Gautier, Le Typikon du Christ Sauveur Pantocrator. *REB* 32 (1974) 1—145, hier Z. 498f.

[28] Miklosich — Müller a. O. 185.

[29] A.-M. Maffry Talbot [Hrsg.], The Correspondence of Athanasius I Patriarch of Constantinople (*CFHB* 7) (Washington 1975) S. 86, 18—22; 90, 36—39; 92, 22—26.

[30] Ph. Kukules, Βυζαντινῶν βίος καὶ πολιτισμός VI. Athen 1955, 77. Anderer Meinung ist A. K. Orlandos, Μοναστηριακὴ ἀρχιτεκτονική. Athen ²1958, 95. 98f.

A. K. ORLANDOS vor zwei Jahrzehnten untersucht. Es handelt sich um das Kloster der Παναγία Ζωοδόχου Πηγῆς (der lebenspendenden Quelle), einer Erscheinungsform der Mutter Gottes, deren Nachwirkungen in Legende und Brauchtum L. KRETZENBACHER erst kürzlich eine interessante Studie gewidmet hat[31]. Das Kloster stand einst auf dem Kithairongebirge westlich von Athen, unfern dem heutigen Derbenosalesi[32]. Das Bad lag — 10 m vom Katholikon abgesetzt — wegen der Senkung des Geländes etwa 2 m tiefer als die Kirche (Abb. 52 und 53). Die Identifizierung der Ruine ist als sicher anzusehen. Abgesehen von einer Hypokaustenanlage konnte man feststellen, daß die Leitungsrohre für das Badewasser durch die Mauern geführt waren. Das Badehaus bestand aus drei Räumen, die zusammen auf einem Rechteck von ca. 8 × 3 m Platz hatten (Abb. 54). Der mittlere, quadratische Raum war mit einer Kuppel gedeckt, der äußere Raum hatte ein Gewölbe aufzuweisen; der dritte Raum enthielt das Bassin. Es waren also ein Auskleideraum (*apodyterium*, zugleich *tepidarium*), ein Warmbad bzw. Schwitzbad (*caldarium* und *sudatorium*, über der Heizung) und das Bassin vorgesehen (Abb. 55). Nach ORLANDOS kann man die Anlage aufgrund der Keramik nicht später als das 13. Jahrhundert ansetzen. Der Autor denkt mit Vorbehalt an eine Stiftung des Hosios Meletios unter Kaiser Alexios I., also an die Zeit um 1100. — Als ältere Parallele aus dem 11./12. Jahrhundert zieht ORLANDOS die im Verband des Kaisariane-Klosters bei Athen erhaltene, früher für ein Parekklesion angesehene Anlage heran[33] (Abb. 56 und 57).

Von Bädern in der Nähe von Klosterkirchen berichten unsere Quellen auch sonst. Ich erwähne das von Kaiser Michael IV. (1034—1041) großzügig angelegte Bad beim Kosmidion-Kloster in Konstantinopel[34], ferner das ebenfalls von Michael Psellos gerühmte Bad beim Manganen-Kloster im Osten der Hauptstadt (in der Gegend des späteren Serails); der Philosoph spricht vom „unbeschreiblichen Reiz“ (λουτροῦ χάρις

[31] T. VELMANS, L'iconographie de la „Fontaine de vie“ dans la tradition byzantine à la fin du moyen âge. *Synthronon* (Paris 1968) 119—134. — L. KRETZENBACHER, *Bilder und Legenden*. Klagenfurt 1971, 112—128. — DERS., „Lebensspendender Quell“. Blindenheilung und Prophetie der Kaiserwürde. *Fabula* 16 (1975) 209—226.

[32] A. K. ORLANDOS, Ἡ ἐπὶ τοῦ Κιθαιρῶνος Μονὴ τῆς Παναγίας — Ζωοδόχου Πηγῆς. Ἀρχεῖον τῶν Βυζαντινῶν Μνημείων τῆς Ἑλλάδος 1 (1955) 161—178. — DERS., Μοναστηριακὴ ἀρχιτεκτονική, Athen ²1958, 100—103. — *TIB* I, Wien 1976, 284.

[33] A. K. ORLANDOS, Μοναστηριακὴ ἀρχιτεκτονική 103f.

[34] Mich. Psell., Chron. I 72f.

ἀμύθητος) dieser besonders weitläufigen Anlage[35]. Vielleicht war das Bad für die Zwecke des Kaisers und seiner Familie bestimmt. Ein kaiserliches Bad befand sich auch unfern der Blachernenkirche im Nordwesten der Hauptstadt. Über das Protokoll beim Besuch dieses Bades durch den Kaiser erfahren wir Näheres aus dem Zeremonienbuch Kaiser Konstantins VII. Porphyrogennetos[36]. Daß das berühmte Hodegon-Kloster in Konstantinopel mit einem Bad verbunden war, haben Ausgrabungen bestätigt[37].

Aus Urkunden von Athosklöstern entnehmen wir, daß es auch in unmittelbarer Nähe von deren Metochia (Dependancen) Bäder gab. Das gilt für Iberon[38], für Dionysiu[39] und für die Megiste Lavra[40], aber auch für das Lembiotissa-Kloster bei Smyrna[41] und für das Theotokoskloster τῆς Λυκουσάδος[42]. Diese Bäder scheinen aber nicht für die Mönche, sondern für die Bauern bzw. die Paröken im Dienste des Klosters bestimmt gewesen zu sein[43]. Vielleicht kann man diese Bäder auch mit einer Stelle des bereits mehrfach zitierten Typikon des Mamas-Klosters in Zusammenhang bringen. Dort heißt es, daß das Bad einerseits im Interesse, zur Annehmlichkeit der Mönche erbaut wurde, anderseits aber auch in der Absicht, dem Kloster Einkünfte zu verschaffen[44]. Es ist anzunehmen, daß die Klosterfremden für das Bad ein Eintrittsgeld zu bezahlen hatten[45]. Eustathios weiß zu berichten, daß in den Klöstern

---

[35] Mich. Psell. Chron. II 63. Das οὗ (Z. 21) beziehe ich nicht mit RENAULD auf die Kirche, sondern auf das Bad.

[36] De cer. II 12, bes. S. 554—556 Bonn. — P. DE LAGARDE [Hrsg.], *Joh. Mauropus* S. 37, Nr. 69.

[37] R. JANIN, *Géogr. eccl.* 206f. — Ein Gedicht des Theodoros Balsamon auf dieses Bad bei K. HORNA [Hrsg.], in: *Wr. Stud.* 35 (1903) 200 (Nr. XLII).

[38] Das Metochion Prodromos in der Stadt Hierissos „mit dem Bad": F. DÖLGER, *Aus den Schatzkammern des Hl. Berges.* München 1948, Nr. 35, 66 (a. 1079); vgl. a. O. Nr. 37, 67 (a. 1310). „Unmittelbar neben der Andreas-Kirche das sog. Alte Bad" (σύνεγγυς τοῦ ναοῦ τοῦ ἁγίου Ἀνδρέου τὸ λεγόμενον Παλαιὸν Λουτρόν): a. O. Nr. 66/7, 431; 68/9, 573; 70/1, 561.

[39] Metochia auf Lemnos: a. O. Nr. 21, 99f.; 25, 124. 126 (14. Jh.).

[40] A. O. Nr. 58, 33. 43 (a. 1109).

[41] MIKLOSICH — MÜLLER a. O. IV 33.

[42] MIKLOSICH — MÜLLER a. O. V 255. — *TIB* I, Wien 1976, 208f.

[43] So DÖLGER a. O. Bemerkungen zu Nr. 37, 67.

[44] A. DMITRIJEVSKIJ a. O. 712 = Ἑλληνικά 1 (1928) 306, 39f.: λουτρὸν ἐπῳκοδομήθη εἴς τε τὴν τῶν μοναχῶν παρηγορίαν, ἀλλὰ καὶ πρόσοδον τῇ μονῇ περιποιούμενον.

[45] Vgl. die oben genannte Stelle aus dem Mamas-Typikon: Ἑλληνικά 1 (1928) 283, 35—37.

seiner Zeit (12. Jahrhundert) Gäste mit warmen Bädern und einer gedeckten Tafel begrüßt wurden, insbesondere wenn man sie wegen ihres Reichtums zum Klostereintritt bewegen wollte[46].

Daß die Häufigkeit des Badens der Mönche auch mit ihrer sozialen Einstufung zusammenhing, geht aus einem satirischen Gedicht des sogenannten Ptochoprodromos hervor, über dessen Autor die Byzantinisten bis heute keinen Konsens gefunden haben. Der Dichter des 12. Jahrhunderts, wahrscheinlich doch Theodoros Prodromos selbst, schildert drastisch die „Leiden" eines aus der Unterschicht stammenden Klosterbruders, dem brüsk gesagt wird, daß er höchstens einmal im Jahr, nämlich zu Ostern, baden dürfe, während Angehörige der Oberschicht im selben Kloster jede Woche baden könnten[47]. „Die vielen Bäder lasse sein, du bist nur Klosterbruder!" d. h. du hast keine Funktion innerhalb der Hierarchie des Koinobions. „Der leistet sich's, in einem Mond viermal ins Bad zu gehen, du aber siehst von Osterfest zu Osterfest nicht ein Bad." Das Gegenstück ist irgendein reicher Mann, der dem Kloster mit seinem Eintritt Geld gebracht hat, vielleicht ein Charistikarier, der im Kloster auch seine früheren Allüren — Reiten, vornehme Kleidung und luxuriöse Bettdecken, üppige Verpflegung — beibehalten darf[48]. Mit dem armen Klosterbruder aber wird herumkommandiert, daß die Funken stieben (Übersetzung von G. SOYTER):

„Nun fort und mach' das Wasser heiß zum Bad für unsre Väter! Beeile dich doch mehr, mach schnell, zur Mühle spring' hinunter und im Vorbeigehn frage noch bei den Venezianern, wie hoch der Käs' zu stehen kommt, wieviel der Zentner kostet! Vorwärts und wasche noch geschwind den Großen Oikonomen, wasch' auch den Abt und sei bereit zum Dienst für beide Herren!" — Auf einer Seite ruft der Abt, der Oikonom zur andern. Der eine schreit: „He! reib' mich! den Seifenschaum verrühre!" Der andre wieder: „Füll' den Krug! Begieß mich, daß ich rauskomm!" Da kommt zu ihnen noch hinzu als dritter unser — Küster[49].

---

[46] TAFEL [Hrsg.], *Eustathii Opuscula* 242, 83 — 243, 13.

[47] D.-C. HESSELING und H. PERNOT [Hrsg.], *Poèmes Prodromiques en grec vulgaire* 3. Amsterdam 1910 (ND Wiesbaden 1968) S. 48—71, hier S. 52, V. 80f.

[48] *Poèmes Prodromiques* 3, S. 50—52, V. 57—86. Vgl. die Übersetzung der einschlägigen Partien bei G. SOYTER, *Byzantinische Dichtung*. Athen 1938, S. 59—61, V. 32—116; abgedruckt bei H. HUNGER, *Byzantinische Geisteswelt*. Amsterdam ²1967, 140—144.

[49] *Poèmes Prodromiques* 3, S. 53, V. 107—116. Wenn der Arme einmal im Jahr badet, wird ihm der Wein entzogen (V. 123f.), wenn er nach Seife fragt,

Mit dieser Genreszene berühren wir nun auch das Gebiet der eigentlichen Realien. Daß Seife in den Klosterbädern verwendet wurde, konnten wir bereits in anderem Zusammenhang feststellen[50]. Während dort das in den europäischen Sprachen weitverbreitete σαπώνιον gebraucht wird, steht bei Prodromos σκάμμα (das „Eingegrabene", der trockene Seifenschaum ?). Vor dem Verlassen des Bades, d. h. hier einer Wanne oder eines Zubers, ließ man sich abgießen, um den Seifenschaum zu entfernen. Der hiefür verwendete Krug gehört zu den wichtigen Bade-Utensilien, über die wir sonst, soviel ich sehe, nur aus dem Typikon des Pantokratoros-Klosters unterrichtet werden. In der Aufzählung dieses Textes ist zweimal von ἐπιχυτάρια die Rede (Z. 390.1059). Schon die Etymologie — „etwas zum Draufgießen" — sichert die Bedeutung dieses terminus. DU CANGE setzt ἐπιχύτης (*vas quo aqua funditur*) mit *situla* gleich, das in byzantinischen Texten in der Form σίτλα erscheint. Wir hören ferner von der λεκάνη, soviel wie Wanne — von hier leitete sich eine Form der Mantik, die Lekanomantie, her — oder Zuber (ganz verschiedener Größe), und vom καδδάριον, Waschbecken, Lavoir (a. O. Z. 1058). Es gab σάβανα, Badetücher (Z. 391.1057), λέντια, Handtücher aus Leinen (lat. *lintea*), κομοεκμάγια, Tücher zum Haartrocknen und σαπωνάρια, Seifenbehälter. Im Typikon wird ausdrücklich betont, daß diese Gegenstände nicht nur für die Kranken, sondern auch für die übrigen badenden Mönche vorgesehen waren (a. O. Z. 392f.).

Zum Abschluß weise ich auf ein kurioses Stück byzantinischer Rhetorik hin, das von dem schon mehrfach genannten Erzbischof Eustathios von Thessalonike stammt. Der hochgelehrte Kirchenfürst, der sich für die Disziplin in seiner Diözese, vor allem auch im Mönchtum, energisch einsetzte, bediente sich einer Ethopoiie, um den Badeluxus anzuprangern. Die Ethopiie, ein Progymnasma, d. h. ein Schulstück der antiken Rhetorik, versucht die Gedanken und Worte einer mythologischen oder historischen Person in einer extremen, fiktiven Lage aufgrund des Charakters des oder der Betreffenden wiederzugeben. Der stereotype Titel solcher Stücke lautet: „Was wohl der (oder die) NN gesagt haben mag, als . . ." z. B. Odysseus in der Höhle Polyphems, Niobe beim Anblick ihrer getöteten Kinder, der Flötenspieler Ismenias, der von Alexander d. Gr. gezwungen wird, nach dem Zusammenbruch

---

wird er auf heißes Wasser verwiesen (V. 133). Im ganzen richten sich die Beschwerden besonders ausführlich gegen die Benachteiligung in der Verpflegung und gegen vielfache Freiheitsbeschränkungen, alles im Vergleich zu den bevorzugten Angehörigen der Oberschicht.

[50] S. oben Anm. 26.

Thebens zu spielen u. ä. In unserem Beispiel handelt es sich um den Metropoliten von Mokissos, der als Mitglied der ständigen Synode (der σύνοδος ἐνδημοῦσα) in der Hauptstadt, ferne seiner Diözese in Anatolien, ein bequemes Leben führte und auf seinen Badeluxus nicht einmal am Tag nach dem Tod des Patriarchen Michael III. verzichten wollte. Nun gab der oberste Verwaltungsbeamte des Patriarchats, der Megas Oikonomos, den Auftrag, dem Metropoliten während seines Bades seine prunkvolle Bettdecke, Badetücher und alle übrigen Utensilien zu entwenden und an Arme zu verteilen. Die Ethopoiie bestand aus der rhetorischen Reaktion des Gefoppten[51].

An Bade-Realien lernen wir in der Ethopoiie kennen: einen Teppich mit Blumenmuster, eine Daunendecke, ein Leintuch, feinste Seidentücher in Krokus- und Purpurfarbe, Spiegel (über einem Badetisch?), ein Gefäß mit Myrrhe, Frottiertücher und Badetücher in einem Schrank. Die moralische Tendenz der rhetorisch glänzend ausgeführten Ethopoiie läuft darauf hinaus, daß der Metropolit sein falsches Verhalten einsieht, um für die Zeit der Trauer auf den Luxus zu verzichten. Er tut dies — nachdem er sich von dem ersten Schock erholt hat — mit dem bezeichnenden Satz: καὶ ἡμεῖς μὲν ἐν τρυφαῖς (a. O. 329, 75). Wir kehren damit an den Ausgangspunkt unseres kurzen Referats zurück: Die τρυφή, das Sich-gehen-lassen, die Verweichlichung, der Luxus sind der Ansatzpunkt christlicher Kritik am Badewesen in Byzanz[52].

---

[51] TAFEL, *Eustathii Opuscula* 328—332. — Zur Charakteristik des Stückes vgl. H. HUNGER, *Die hochsprachliche profane Literatur der Byzantiner*. München 1978, I 114f.

[52] Selbst der verwöhnte Michael Psellos warnt in seinem kurzen Gedicht über das Bad (περὶ λουτροῦ) vor Badeluxus: J. IDELER [Hrsg.], *Physici et medici graeci minores* 2. Leipzig 1842, 193; L. STERNBACH, [Hrsg.] in: *České Museum filologické* 6 (1900) 317.

Richard Pittioni

ZISTERZIENSISCHE SACHKULTUR AM BEISPIEL ARCHÄOLOGISCHER FUNDE AUS DER ABTEI HEILIGENKREUZ BEI BADEN, NÖ.

Archäologische Untersuchungen im Bereiche abgekommener oder noch bestehender Klosteranlagen haben in größerem Umfang — soweit mir die einschlägige Literatur geläufig ist — erst nach dem ersten Weltkrieg eingesetzt. Hiebei überwiegen solche Arbeiten im Bereiche der ehemaligen Zisterzienserabteien[1] gegenüber denen in ehemaligen Häu-

[1] Zisterzienser:

a) England

J. R. Richardson, A thirteenth-century tile kiln at North Berwick, East Lothian, and Scottish mediaeval ornamented floor tiles. *Proceedings of the Society of Antiquaries of Scotland* 63, 6. Serie 3 (1928/29) 281ff. — J. W. Ward Perkins, English mediaeval embossed tiles. *The Archaeological Journal* 94 (1938) 128ff. — E. Eames, The products of a mediaeval tile kiln at Bawsey, King's Linn. *The Antiquaries Journal* 35 (1955) 162ff. — E. S. Eames, A thirteenth-century tile kiln site at North Grange, Meaux, Beverley, Yorkshire. *Mediaeval Archaeology* 5 (1961) 137ff. — P. Mayers und E. J. E. Piné, A cistercian ware kiln of the early 16th century at Potterton, Yorks. *The Antiquaries Journal* 46 (1966) 255ff. — P. C. D. Brears, Excavations at Potovens, near Wakefield. *Post-Mediaeval Archaeology* 1 (1967) 3ff. — L. de Paor, Excavations at Mellifont Abbay, Co. Louth. *Proceedings of the Royal Irish Academy* 68, Section C no. 2 (1969) 109ff. — K. J. Woodrow, Cistercian ware from Silcoates School, near Wakefield. *Post-Mediaeval Archaeology* 5 (1971) 185ff.

b) Ungarn

M. Zlinskyné Sternegg, Adatok a Szentgotthárdi volt ciszterci apátság építéstörténetétez [Beiträge zur Baugeschichte der ehemaligen Zisterzienser Abtei St. Gotthard (Szentgotthárd)] *Savaria* 3 (1965) 283ff. (310ff.). — J. Valter, A Bélapátfalvi monostor faltárási munkkálatai 1964ben [Les fouilles du monastère de Bélapátfalva, compte-rendu des travaux éxécutés au cour de 1964] *A Herman Otto Muzeum Evkönyve* 6 (1966) 199ff. (224ff.). — J. Valter, Elözetes beszámoló a Szentgotthárdi Ciszterci monostor ásatásáról [Rapport préliminiaire des fouilles du monastère Cistercien à Szentgotthárd] *Archaeologiai Értesitő* 102 (1975) 88ff. (100). — G. Duma und Cs. Ravasz, Über die Prüfung der Mörtelstoffe bei einem mittelalter-

sern der Benediktiner[2], Dominikaner[3], Franziskaner[4], Pauliner[5] sowie Augustiner- und Prämonstratenser-Chorherren[6]. Bei den meisten Untersuchungen standen architekturgeschichtliche und kunsthistorische Fra-

---

lichen Kirchenbau in Ungarn. *Mitteilungen der Kommission für Burgenforschung und Mittelalter-Archäologie* 19, in: Anz. Ak. Wien. Phil.-hist. Kl. 113 (1976) 465ff. — L. GEREVICH, Pilis abbey, a cultural center. *Acta Archaeologica Academiae Scientiarum Hungaricae* 29 (1977) 155ff.

c) Schweden

I. SWARTLING, Roman Abbey church in the middle ages (*Antikvarisk Arkiv* 32) 1967. — K. MADSEN, Bispegrave på Øm kloster. *Hikuin* 3 (1977) 137ff. — R. EDENHEIM und H. A. LIDÉN, Julitakloster. (*Antikvarisk Arkiv* 62) 1978.

d) Niederlande

H. PRAAMSTRA und J. W. BOERSMA, Die archäologischen Untersuchungen der Zisterzienserabteien Clarus Campus (Klaarkamp) bei Rinsumageest (FR) und St. Bernardus in Aduard (GR). *Palaeohistoria* 19 (1977) 173ff.

e) Bundesrepublik Deutschland

W. SCHWARZ, Ergebnisse der archäologischen Untersuchungen auf dem Gelände des Zisterzienserklosters Ihlow, Lkr. Aurich. *Archäologische Mitteilungen aus Nordwestdeutschland* 2 (1979) 27ff.

f) Österreich

G. MOSSLER, Die romanische Kreuzkapelle zu Heiligenkreuz, p. B. Baden, NÖ. *Archaeologia Austriaca* 40 (1966) 211ff. — F. GAUMANN-MÜLLER, *Die mittelalterliche Klosteranlage der Abtei Heiligenkreuz*. 1967. — R. PITTIONI, Von der Industrie-Archäologie zur Stiftsarchäologie. Anz. Ak. Wien, phil.-hist. Kl. 105 (1968) 269ff. — F. VONGREY, Ornamentierte mittelalterliche Bodenfliesen in Stift Lilienfeld. *Österr. Zeitschr. für Kunst und Denkmalpflege* 26 (1972) 9ff.

[2] Benediktiner:

R. ROBERTSON-MACKAY, Recent excavations at the Cluniac priory of St. Mary, Thatford, Norfolk. *Mediaeval Archaeology* 1 (1957) 96ff. — E. NAGY, Elözetes jelentés es Kaposszentjakabi apátság feltárásáról [Rapport préliminaire sur les fouilles de l'Abbaye de Kaposszentjakab] *Somogyi Múzeumok Közleményei* 1 (1973) 335ff. (339). — K. BAKAY, Elözetes jelentés a Somogyvári bencés apátság 1970—1973, évi feltárásáról [Rapport préliminaire sur les fouilles de l'Abbaye Bénédictin de Somogyvár]. A. a. O. 341ff. (348). — DERS., Második jelentés a Somogyvári bencés apátság feltárásáról [Zweiter Bericht über die Freilegung der Benediktinerabtei von Somogyvár] *Somogyi Múzeumok Közleményei* 2 (1975) 191ff. (207). — I. HOLL, Zur Verbreitung romanischer Tonfliesen in Ungarn. *Mitteilungen d. Archäol. Institutes d. ung. Akad. d. Wiss.* 4/1973 (1975) 105ff. (Benediktinerkloster Bakonybél!). — G. und I. MAAG, Die Gebäude des Klosterbezirkes des ehemaligen Klosters Brunnenburg a. d. Lahn. 1. Teil. *Nassauische Annalen* 87 (1976) 47ff. — B. K. YOUNG, Archaeology in urban setting: Excavations at Saint-Pierre-de Montmartre, Paris 1975—1977. *Journal of Field Archaeology* 5 (1978) 319ff.

gen im Vordergrund, nur in vereinzelten Fällen, wie in Deutschland und England, hat man sein Augenmerk auch anderen, aus dem Kleinfundbestand sich ergebenden Fragen zugewandt. Die aus den schottischen

---

Klarissen:

G. MAAG, Die Klausurgebäude und die Kirche des Klarissenklosters Wiesbaden-Klarenthal. *Nassauische Annalen* 83 (1972) 23ff.

[3] Dominikaner:

K. HOLL-GYÜRKY, Elözetes jelentés a Budai domonkos kolostor ásatásáröl [Rapport préliminaire sur les fouilles du couvent des Dominicains de Buda] *Archaeologiai Értesitő* 96 (1969) 99ff. (104). — DIES., Glasfunde aus dem 13.—14. Jahrhundert im mittelalterlichen Dominikanerkloster von Buda. *Acta Archaeologica Academiae Scientiarum Hungaricae* 23 (1971) 207ff. — O. RACKHAM — W. J. BLAIR — J. T. MUNBY, The thirteenth-century roofs and floor of the Blackfriars priory at Gloucester. *Mediaeval Archaeology* 22 (1978) 105ff.

[4] Franziskaner:

E. NAGY, A Ozorai ferences kolostor [Le convent Franciscain d'Ozora]. *Folia Archaeologica* 20 (1969) 135ff. (152f.). — E. LÓCSY, Elözetes jelentés a Margitszigeti ferences kolostor területén végzeit feltárásárol [Rapport préliminaire sur l'exploration de l'emplacement du couvent des Franciscains de l'Ile Marguerite] *Archaeologiai Értesitő* 98 (1971) 92ff. (99).

[5] Pauliner:

L. ZSIRAY und J. SCH. PUSZTAI, A Salföldi Mária-Magdolnáról elnevezett pálos kolostor [Das Maria Magdalena- und Pauliner Kloster von Salföld] *Veszprém Megyei Múzeumok Közlemenyei* 6 (1967) 247ff. (157). — T. JOÓ und D. SÓLYOM, A Orósgóri palós kolostor [Das Orósgyörer Paulinen-Kloster] *A Herman Otto Muzeum Evkönyve* 12 (1973) 87ff. (120).

[6] Augustiner- und Prämonstratenser-Chorherren:

N. PÁMER, A gyulafirátóti közepkori premontrei monostor faltáráse [Die Freilegung des mittelalterlichen Prämonstratenser Klosters von Gyulafiártot] *Veszprém Megyei Muzeumok Közlemenyei* 6 (1967) 239ff. (245). — P. J. HUGGINS, The excavation of an 11th-century Viking hall and 14th-century rooms at Walkam Abbey, Essex, 1969—1971. *Mediaeval Archaeology* 20 (1976) 75ff. (Bodenfliesen!). — C. HEIGHWAY et al., Excavations at Gloucester, fourth interim report: St. Oswald's priory, Gloucester, 1975—1976. *The Antiquaries Journal* 58 (1978) 103ff. — B. SCHOLKMANN, Archäologische Untersuchungen in der ehemaligen Stiftskirche St. Martin in Sindelfingen. *Forschungen und Berichte der Archäologie des Mittelalters in Baden-Württemberg* 4 (1977) 7ff. — Anzuschließen sind hier auch die von Herrn Ambros (Dozent Dr. J. A. PFIFFIG) im Stift Geras seit einigen Jahren durchgeführten Untersuchungen.

Sonstiges:

R. CRAMP, Excavations at the Saxon monastic sites of Wearmouth and Jarrow, co. Durham: an interim report. *Mediaeval Archaeology* 13 (1969) 21ff. — G. P. FEHRING, Unterregenbach, Kirche — Herrensitz — Siedlungs-

Zisterzienser-Häusern stammenden verzierten Bodenfliesen dürfen diesbezüglich als ein aufschlußreiches Beispiel genannt werden.

Demgegenüber stellen die aus dem Bereich der Heiligenkreuzer Abtei stammenden Kleinfunde in zweifacher Hinsicht eine Ausnahme dar: einmal wegen ihres Umfanges, durch den die einschlägigen Aufschlüsse zum größten Fundbestand aus der Zeit des spätmittelalterlich-frühneuzeitlichen Überganges werden, dann aber auch dadurch, daß durch sie auf Einzelheiten hingewiesen wird, über die man aus schriftlichen Quellen keinen Aufschluß erhält. Damit sind sie eine willkommene Ergänzung zu einer an sich recht bescheidenen historischen Überlieferung.

Das Fundgut aus Heiligenkreuz ist forschungsgeschichtlich mit zwei hauseigenen Arbeiten verbunden: erstens mit dem Entfernen der Obstbäume im Konventgarten sowie den dazugehörigen Erdbewegungen, und zweitens einerseits mit den Adaptierungsarbeiten bei der Bernhardi-Kapelle sowie andererseits mit jenen für die Einrichtung der Zentralheizung im gesamten Abteibaubestand. Die Arbeiten im Konventgarten waren der Anlaß für die 1967—1969 erfolgte Erforschung der hier befindlichen Eisenverhüttungsanlage[7], jene 1969 und 1970 durchgeführten bei der Bernhardi-Kapelle und im Konventgebäude für die Untersuchung der in beiden Bereichen aufgedeckten keramischen Reste[8]. Sozusagen als ein „Nebenprodukt" der Geländearbeiten zur Freilegung der Verhüttungsanlage konnten die von P. ALBERT URBAN schon früher festgestellten Bodenfliesen 1968 für eine wissenschaftliche Bearbeitung geborgen und präpariert werden.

G. ZIMMERMANN hat in seinem schönen Buch ein wertvolles und auch viele Einsichten vermittelndes Material zur *cura corporis* der Mönche

---

bereiche, die Untersuchungen der Jahre 1960—1963, mit einem Vorbericht über die Grabungen 1964—1968 (*Forschungen und Berichte der Archäologie des Mittelalters in Baden-Württemberg* 1) 1972.

[7] R. PITTIONI, Eine spätmittelalterliche Eisenschmelze in Heiligenkreuz bei Baden, Niederösterreich. *Jahrb. f. Landeskunde von Niederösterreich* N. F. 37 (1965—1967) 112ff. — DERS., Über die Grabungen im Stiftsgarten, September 1967, *Sancta Crux* 29/3 (1967) 8ff. — DERS., Neue Ergebnisse der Grabungen im Stiftsgarten, Juli 1968, A. a. O. 30 (1968) 23ff. — DERS., Die dritte Grabung im Stiftsgarten von Heiligenkreuz im September 1969. A. a. O., 32 (1970) 15ff.

[8] R. PITTIONI, Schwarzhafnerei aus dem Stift Heiligenkreuz bei Baden, NÖ. I: die Funde von der Bernhardi-Kapelle 1969. *Archaeologia Austriaca* 56 (1974) 37ff. — DERS., Schwarzhafnerei etc. II: die Funde aus dem Konventgebäude 1970. A. a. O. 59/60 (1976) 175ff.

zusammengestellt[9]. Wenn ich mir erlauben darf, diese Formulierung auch für andere Bereiche des mönchischen Lebens anzuwenden, dann schiene es statthaft, in Verbindung mit dem objektmäßig erhaltenen Quellenbestand parallele Formulierungen zu versuchen: so *cura animae* für den aus den figural verzierten Bodenfliesen abzuleitenden religiösen Bereich, und *cura productionis* für alle jene Aufgaben und Arbeiten, die die Voraussetzungen für jegliche werkkulturliche Tätigkeit zu schaffen haben. Dem archäologischen Quellengut entsprechend kann es sich jedoch in diesen Belangen nur um sehr eingeschränkte Einsichten handeln, um ein bloß bruchstückhaftes Erkennen im wahrsten Sinne dieses Wortes.

Mit der *cura animae* beginnend ist auf die 1968 innerhalb des Konventgebäudes geborgenen figural verzierten Bodenfliesen hinzuweisen[10]. Zu den vier ganz erhaltenen kommt noch ein fünftes Bruchstück, die alle im Verbande unverzierter Fliesen in sekundärer Verwendung angetroffen wurden. Auf Grund englischer Aufschlüsse ist anzunehmen, daß die Heiligenkreuzer Fliesen primär gleichfalls im Chor-Bereich gelegen waren[11], weshalb ja auch ihre Oberfläche deutliche Abscheuerungsspuren erkennen läßt. Sie sind zeitlich dem späten 12. und dem 13. Jahrhundert zuzuweisen, wie sich aus dem Vergleich der floralen Ziermotive mit jenen im Heiligenkreuzer Scriptorium verwendeten erkennen läßt[12].

Die figuralen Motive der Fliesen lassen sich — vor allem mit Hilfe der Physiologus-Überlieferung — vier Themenbereichen zuordnen: Christus (Löwe), Maria (Einhorn), dem Teufel (Basilisk) und der Auferstehung (Mönch als Jonas), also jenen religiösen Grundfragen, die für jeden Christen entscheidend sind, für den Mönch und seinen geistlichen Bruder (*conversus*) aber den gesamten Lebensinhalt darstellen, hinter dem alles andere zurückzustehen hat. Die Bodenfliesen mit ihren Darstellungen waren zweifellos in großer Anzahl vorhanden, wenn sie die Fläche des Chors zu bedecken hatten. Sie waren aber gleichzeitig eine Art *biblia monachorum*, vielleicht aber noch mehr eine *biblia conversorum*, die des Lebens und Schreibens unkundig durch das Bild immer von neuem auf ihre Jenseitsorientierung hinzuführen waren.

[9] G. Zimmermann, Ordensleben und Lebensstandard. Die cura corporis in den Ordensvorschriften des abendländischen Hochmittelalters (*Beiträge zur Geschichte des Alten Mönchstums und des Benediktinerordens* 32) 1973.

[10] R. Pittioni, Figural verzierte Bodenfliesen aus dem Stift Heiligenkreuz, Niederösterreich, ein Beitrag der Mittelalter-Archäologie zur Physiologus-Forschung. *Anz. Ak. Wien, phil.-hist. Kl.* 107 (1970) 74ff.

[11] A. a. O. 81.

[12] A. a. O. Anm. 8.

Ob noch andere, dem religiösen Bereich angehörige Symbolfiguren für solche Bodenfliesen verwendet wurden, kann bloß vermutet, aber nicht erwiesen werden. Vermutet deshalb, weil die Kenntnis des religiösen Gedankengutes, wie es im Physiologus formuliert erscheint, in Westeuropa durch die Bestiarien verbreitet wurde, womit die Verwendung einer größeren Zahl an Symbolfiguren für die religiöse Belehrung schriftunkundiger Gläubiger direkt angeboten wurde. Bedauerlicherweise hat sich von dem ursprünglichen Bestand an Fliesen bloß ein so minimaler Rest erhalten, daß über diese Frage nicht geurteilt werden kann, selbst wenn man annimmt, die für die Anfertigung der Fliesenreliefs notwendigen Holzmodel wären auf ein in Heiligenkreuz einmal vorhanden gewesenes Bestiarium zu beziehen, das sogar gleich jenem von Bern (aus dem 9. Jahrhundert) mit dem entsprechenden figuralen Schmuck versehen gewesen ist. Die aus der Kirche von Heiligenkreuz entfernten Fliesen sind nach 1683 als Baumaterial verwendet worden. So findet man sie heute nicht bloß in die Konventgarten-Mauer eingesetzt, sondern auch in der Umfassungsmauer des früheren Friedhofes und sogar in der Schutzmauer des Hradschin zwischen den Steinen. Hier sind sie sowohl am trapezförmigen Querschnitt wie auch an dem ausgesprochen feinen und hart gebrannten Material leicht zu erkennen und so von den anderen Bauziegeln einwandfrei zu unterscheiden. Bis jetzt konnten in diesen Mauern an die 30 Fliesen diagnostiziert werden, unter denen sich sogar solche mit Oberflächenglasur befinden. Da die bis jetzt geborgenen Figuralfliesen unglasiert sind, könnte eine Glasur auf eine heikle, also schonungsbedürftige Oberfläche hinweisen. Es liegt nahe, dabei an ein figurales Motiv zu denken. So schiene es der Mühe wert, alle noch festgestellten Fliesen aus deren jetzigem Verband zu lösen. Dies wäre auch aus einem anderen Grund noch zu begrüßen. Wenn nämlich auf einer glasierten Fliese ein florales Muster angebracht wäre, das man gleichfalls mit denen des Heiligenkreuzer Scriptorium vergleichen könnte, dann ergäbe sich daraus unter Umständen ein wertvoller Anhaltspunkt für die zeitliche Bestimmung der frühen, vor dem 15. Jahrhundert verwendeten Glasur.

Zum Thema der *cura corporis* übergehend kann auf Grund archäologischen Fundgutes, also Resten der Werkkultur, nur auf wenige Teilgebiete eingegangen werden. Von den durch G. ZIMMERMANN zusammengestellten Bereichen Ernährung, Bekleidung, Hygiene, Erholung, Krankheit und Schwäche gelingen bloß für den Bereich „Ernährung" einige Interpretationen einschlägigen Materials. So erweisen die anläßlich der Grabungen im Industrie-Gelände des Konventgartens gefundenen zahlreichen Knochenreste die Verwendung von Rind- und Schweinefleisch im späten 15. und im frühen 16. Jahrhundert, während Wild für die gleiche Zeit durch den Knochenrest eines Bären und die Fischnahrung durch wenige Reste von Karpfen nachgewiesen sind.

Über die Speisenzubereitung sind nur Vermutungen möglich. Daß dies am offenen Feuer geschah, ergibt sich aus den damaligen Herdanlagen. Flüssige Speisen (wie Milch, Suppen, Brei-Arten) werden in großen, feuerwiderstandsfähigen Töpfen gekocht worden sein. Hiefür ist die graphitversetzte Tonware, über die später noch zu sprechen sein wird, am besten geeignet. Doch hat sich an ihnen kein verkohlter Speiserest erhalten, durch dessen Untersuchung ein Hinweis auf die Art solcher flüssiger Speisen hätte gewonnen werden können. Man wird aber an Mehlbrei und an breiig zubereitete Hülsenfrüchte denken dürfen, ohne Fleischsuppen mit entsprechenden Einlagen oder Zutaten auszuschließen. Allerdings muß betont werden, daß der reiche keramische Fundbestand aus Heiligenkreuz kaum Gefäßreste ergeben hat, die als zu Schüsseln gehörig bezeichnet werden könnten. Solches Material gibt es hingegen unter den Funden aus Thallern[13]. Die hier mehrfach belegten Randstücke von Gefäßen mit etwas eingezogenem Rand sind am ehesten als Reste von Schüsseln zu interpretieren, die groß genug waren, um eine ausreichende Menge einer solchen Brei-Nahrung bzw. einer Suppe mit sättigender Einlage aufnehmen zu können. Aus dem Fundort selbst ist auf die Verwendung solchen Eßgeschirrs durch die hier beschäftigten Konversen zu schließen. Solche Eß-Schüsseln sind auf Grund ihres Tonmateriales am ehesten dem 15. und dem frühen 16. Jahrhundert zuzuteilen.

Aus dem Heiligenkreuzer Fundbestand gibt es einiges Material, das auf Tischsitten der Mönche bezogen werden könnte. Es handelt sich hiebei um verhältnismäßig zahlreiche Bruchstücke von Tellern verschiedener Größe. Sie zeigen aber nicht wie die heutigen Teller eine schwach schalenartige Vertiefung und breiten Rand, sondern sind ähnlich den üblichen Speisetellern ganz flach und nur mit einem niederen, schwach konisch abstehenden Rand versehen. Sie sind also bloß für feste Speisen verwendbar. Doch ist ihre Größe beachtlichen Schwankungen unterworfen: neben Tellern mit $\pm$ 20 cm gibt es auch solche mit $\pm$ 40 cm Durchmesser. Man kann daher deutlich zwischen Speise- und

---

13 R. Pittioni, Mittelalterliche Keramik aus Thallern. *Unsere Heimat* 49 (1978) ff.

Anrichte-Teller unterscheiden[14], die wohl vornehmlich für Fleisch und Fische verwendet werden konnten. Ob auch Brot auf solchen Tonuntersätzen serviert wurde, muß fraglich bleiben, da hiefür auch Behälter aus organischer Substanz zur Verfügung gestanden sein werden (Holz, geflochtene Stroh-Körbe). Reste von kleineren Ton-Trinkgefäßen sind nicht nachweisbar, es gibt nur Bruchstücke der bekannten hochfüßigen Becher mit schwach ausgebogenem Rand und einem kleinen schnabelartigen Ausguß; sie dürften etwa einen Fassungsraum von einem halben Liter gehabt haben. Ob für Abt und Prior Glasgefäße, etwa „Krautstrünke", zur Verfügung standen, ist nicht nachweisbar, aber möglich, mindestens bei den hohen Festtagen. Daß Steinzeug-Gefäße aus Westdeutschland bezogen wurden, erhellt aus dem Bruchstück eines Fußbechers bzw. einer Fußschale[15]. Westerwälder oder Siegburger Ware ist bis jetzt noch nicht nachgewiesen worden.

Zu den Aufgaben der *cura corporis* gehören auch das Wohnwesen im allgemeinen und die Wohnhygiene im besonderen. Dazu aus dem Fundgut etwas beizutragen ist nur in sehr eingeschränktem Umfang möglich. Zur Wohnhygiene bzw. zur Frage der Raumtemperaturen ergibt sich ein Hinweis aus einigen Resten von Ofenkacheln[16], deren älteste Belege durch Bruchstücke von Schüsselkacheln des späten 14. und des frühen 15. Jahrhunderts gegeben sind. In die gleiche Zeit gehören auch die Reste von Nischenkacheln, die ja vorwiegend für eine dekorative Ausgestaltung der Ofen-Ecken verwendet wurden. Ältere Kachelformen (des 13. oder gar des 12. Jahrhunderts) sind noch nicht gefunden worden, sie sind wahrscheinlich auch gar nicht zu erwarten, da es damals wesentlich wärmer als im späten Mittelalter und in der frühen Neuzeit gewesen ist. Von der Ausstattung des Calefactoriums dürfte nichts erhalten geblieben sein. Außerdem wird auch anzunehmen sein, daß den aus Morimond gekommenen Mönchen nur die dort üblichen offenen Kamine geläufig gewesen sein werden. Erst die im Laufe des 15. Jahrhunderts spürbar werdende Klima-Verschlechterung dürfte die Aufstellung von größeren Heizkörpern — eben von Kachelöfen — notwendig gemacht haben. Das Bruchstück einer farbig verzierten Figurenkachel, das man in Anlehnung an die Datierung des berühmten Kachelofens auf der Festung Hohensalzburg dem Übergang vom 15. zum 16. Jahrhundert zuteilen kann, läßt die Vermutung aufkommen, daß

---

[14] R. PITTIONI 1976 (wie Anm. 8) Abb. 21.

[15] A. a. O. Abb. 7/2.

[16] PITTIONI 1974 (wie Anm. 8) Abb. 5.

vielleicht im Refectorium ein ähnlicher Prunkofen aufgestellt gewesen ist[17].

Die Lage des Abtritts ist nur indirekt zu erschließen, und zwar am Südende der gotischen Klosteranlage im Anschluß an Fraterie/Dormitorium und Refectorium im Bereiche des heutigen SO-Ecks des Prioratstraktes. Diese Position ergibt sich aus einem Aufschluß, der um 1968 anläßlich einer Erdbewegung im Konventgarten durchgeführt wurde. Hiebei zeigte sich, daß ein großer, aus Ziegeln gebauter Kanal in der Richtung vom Bodenberg zu dem genannten SO-Eck hinführte, wo er in ein Sammelbecken eingemündet haben muß. Von hier zog ein fast mannshoher, gleichfalls aus Ziegeln gemauerter Kanal in einer sanften Biegung vorbei am Turm des Klerikates, jetzt Internates, zum Sattelbach. Es ist anzunehmen, daß das Wasser der etwa nordöstlich des Stiftes gelegenen Fischteiche anläßlich deren Reinigung abgelassen und zum Kanal geleitet wurde, wobei die frei werdende Wassermenge das Abtritt- und Abfall-Becken entleert und rein gespült haben wird. Hinweise auf ein offen fließendes Wasser — etwa in Parallele zum Kamp in Zwettl — sind bis jetzt nicht bekannt geworden[18], da auch nicht festzustellen ist, ob der heute zwischen Bodenberg-Basis und Konventgartenmauer fließende Bach schon im späten Mittelalter und in der frühen Neuzeit — etwa als Überwasser vom Fischteich — vorhanden war. Wenn er jetzt so gefaßt ist, daß er an der Südfront des Klerikat/Konvikt-Gebäudes vorbei in den Sattelbach fließt, so dürfte er wahrscheinlich erst anläßlich der Errichtung dieses Gebäudes so angelegt worden sein.

Gegenüber den Aufschlüssen zur *cura animae* sowie zur *cura corporis* sind jene aus dem Bereiche der *cura productionis* zur Zeit am umfangreichsten vertreten. Ihre Verbindung mit den für die *cura animae* so bemerkenswerten verzierten Bodenfliesen ergibt sich insoferne bereits aus der Frage nach deren Anfertigung, als diese an mehrere Voraussetzungen gebunden ist: so einmal an die Gewinnung des für die Fliesen verwendeten Rohstoffes Lehm, dessen Aufbereitung und Zurichtung zu einem brauchbaren, aber auch widerstandsfähigen Material. Damit in Zusammenhang steht die Anlage von geeigneten Brennöfen sowie von Arbeitsstätten zum „Ziegelschlagen“, denen aber noch zwei weitere

---

[17] Pittioni 1976 (wie Anm. 8) Abb. 18/53.

[18] Die 1967 von P. F. Gaumannmüller (wie Anm. 1, d) angenommene Wasserführung erklärt sich daraus, daß damals der gemauerte Ziegelkanal noch nicht bekannt war.

Arbeitsvorgänge vorauszugehen hatten: die Anfertigung der Bildmodel durch einen Holzschnitzer sowie des hölzernen Modelkastens durch den Tischler. Wo die dafür notwendigen Werkstätten gestanden sind, ist ebenso unbekannt wie die Örtlichkeit, an der man den Lehm gewonnen hat. Bei der Fülle an Ziegeln, die für die Dächer benötigt wurden, muß es sich um eine Großwerkstatt gehandelt haben. Sie dürfte weit außerhalb des Stiftes, etwa im Bereich der Talsenke Richtung Grub, gelegen sein, wenn sie nicht vielleicht sogar im Gebiet der alten Ziegeleien längs der Südbahnstrecke, wie etwa bei Guntramsdorf, gestanden ist[19]. Demgegenüber wird man aber die Steinmetz-Werkstätte in der Nähe der Abtei-Gebäude anzunehmen haben, etwa im Bereiche des heutigen, vom Gästetrakt eingeschlossenen Hofes.

Ein weiterer Fragenkreis ist — um vorerst auf dem keramischen Sektor zu verweilen — mit der hauseigenen Töpferei[20] gegeben. Unter dem bei den früher genannten Gelegenheiten gehobenen Fundgut stellt die Keramik den umfangreichsten Bestand dar. Aus ihm ergeben sich mehrfache Aufschlüsse zur Formenkunde, jedoch auch zur Frage der Bezugsquellen der einzelnen Topfgattungen, die auf Grund des für sie verwendeten Rohstoffes unterschieden werden können. Ganz allgemein handelt es sich um jene Ware, die mit dem wenig aussagekräftigen Terminus „Eisentonkeramik" bezeichnet wird. Darunter sind sehr feste, meist auch recht widerstandsfähige Erzeugnisse zu verstehen, deren Farbe verschiedene Grautöne aufweist, soweit es sich um die Gefäßoberfläche handelt. In den Bruchflächen sind die Farben jedoch variabel. Das hängt davon ab, welcher Rohstoff verwendet wurde und ob man, bzw. wie man ihn für den Brand zugerichtet, d. h. mit einem Zusatz versehen hat, um durch diesen die Härte und damit auch die Güte der erzeugten Topfwaren zu verbessern. Tone hingegen, die einen natürlichen und auch entsprechend ausreichenden Kaolinit-Gehalt besaßen, brauchte man nicht mit einem solchen Zusatz (dem Magerungsmittel) zu versehen. Gefäße aus solchem Rohstoff zeigen hellgraue bis fast weißliche Bruchflächen, in denen keine Zusätze festzustellen sind. Die Erfahrung hat gezeigt, daß man eine derartige Ware nur im niederösterreichischen

---

[19] Zur Konstruktion der Fliesen-Öfen vgl. die Angaben bei E. S. EAMES (wie Anm. 1, a) *Mediaeval Archaeology* 5 (1961) 137ff. — Weitere wertvolle Hinweise zu diesem komplizierten Arbeitsprozeß bei P. J. DRURY und G. D. PATT, A late 13th and early 14th-century tile factory at Danubry, Essex. *Mediaeval Archaeology* 19 (1975) 92ff.

[20] Diese ist keine Heiligenkreuzer Spezialität, wie parallele Aufschlüsse aus England zeigen. Vgl. dazu die Zitate Anm. 1, a: England.

Voralpenland anfertigen konnte, da dort auch die entsprechenden Tonvorkommen anzutreffen sind. Wenn nun Reste solcher Erzeugnisse im Fundbestand von Heiligenkreuz vorliegen, dann sind sie durch Kauf hieher gekommen. Im Gegensatz zu diesem und anderem in gleicher Weise erworbenen Gefäßbestand, auf den hier nicht näher eingegangen werden kann, gibt es aber noch Gefäßreste, die eine völlig andere Eigenart aufweisen. Nicht nur daß es sich dabei um Überreste von hohen mächtigen Töpfen handelt, zeigen diese vorwiegend in Randstücken erhalten gebliebenen Gefäße auch eine spezifische Materialzusammensetzung: in den Ton sind unzerkleinerte, also in ihrem natürlichen Zustand verbliebene, verschieden große Graphitstückchen eingemengt worden, zu denen auch noch ein gut erkennbarer Quarzitgrus hinzukommt. Das heißt also, daß dieser Graphitzusatz so, wie er in seinem natürlichen Vorkommen gesammelt werden konnte, in den Ton eingemengt wurde, um die Feuerfestigkeit dieser Großtöpfe zu erhöhen. Viele der von ihnen erhalten gebliebenen Randstücke sind mit einer Marke versehen, die aus einem gleichschenkeligen Kreuz und einem darunter befindlichen Querbalken besteht. Man wird diese Kreuzmarke mit gutem Recht auf Heiligenkreuz selbst beziehen dürfen, obwohl sie in fast identer Form auch von den Passauer Töpfern verwendet wurde. Die Erzeugnisse dieser beiden Produktionsbereiche sind aber leicht voneinander zu trennen, da man in Passau den im Bayerischen Wald gebrochenen Graphit planmäßig gereinigt und zerkleinert hat, bevor er dem Ton beigemengt wurde. Ob die in oder für Heiligenkreuz arbeitenden Töpfer von Passau zur Graphitbeimengung und zum markenmäßigen Kennzeichnen ihrer Erzeugnisse angeregt wurden, oder ob es sich um einen echten Konvergenzvorgang handelt, wird man kaum mehr endgültig entscheiden können[21]. Für wen aber trotz der verschiedenen Manufaktur der keramischen Erzeugnisse die Heiligenkreuzer Produktion[22] fraglich bleibt, für den muß doch noch ein ganz besonders interessantes Stück eigens genannt werden: ein etwa zur Hälfte erhaltener

---

[21] Zu dieser Frage auch noch R. Pittioni, Spätmittelalterliche Schwarzhafnerei aus Schönau a. d. Triesting, p. B. Baden, NÖ. *Unsere Heimat* 48 (1977) 83ff. — Ders., Über wirtschafts- und handelsgeschichtliche Aussagen der Heiligenkreuzer Kloster-Archäologie. *Sancta Crux* 39 (1977) 8ff.

[22] Diese ist neuerdings außerhalb des Stiftsbereiches in Biedermannsdorf durch das Randstück eines sehr großen, faßförmigen Gefäßes nachgewiesen worden. Ich verdanke die Kenntnis dieses neuen Fundes Herrn H. Augustin (Münchendorf), der ihn mir in liebenswürdigem Entgegenkommen gezeigt hat.

hoher mächtiger Topf mit breitem Wulstrand, auf dem eine einwandfrei Heiligenkreuz zuzuordnende Marke angebracht ist. Es ist das gleichschenkelige Kreuz im Kreis, das dann im 17. bzw. 18. Jahrhundert mit einem langen Senkrechtbalken ausgeführt und deshalb in eine ovale Umrahmung eingefügt wurde. Dieser Topf erweist sich aber nicht allein durch die Marke als ein Heiligenkreuzer Erzeugnis, sondern noch mehr durch die Beimengung von kleinen Eisenkörnern, die man nur im Bereich der Eisenverhüttungsanlage in Heiligenkreuz selbst erhalten konnte.

Aufmerksam auf sie wurde man durch einige, bei den Arbeiten im Konventgartenbereich herausgekommene Eisenschlacken, die gemeinsam mit Resten mittelalterlicher Keramik an die Oberfläche gebracht worden waren[23]. Damals allerdings hatte man den Eindruck, daß sie aus einer geringen Tiefe gekommen wären, weshalb auch angenommen wurde, die zugehörige Ofenanlage wäre leicht und schnell zu finden. Es hat aber dreier Grabungsperioden bedurft, um das Ofenfundament bzw. den aus Stein errichteten Mantel des Feuerungsraumes festzustellen[24]. Dieser Unterbau hatte eine Gesamthöhe von rund 1,6 m und umgibt einen aus Ziegeln gebauten, langrechteckigen Feuerungsraum, dessen Längswand durch vorstehende Ziegelrippen in je vier seichte Seitenkammern gegliedert sind. Beim Aufdecken dieses Unterbaus zeigte es sich, daß der gesamte, aus Ziegeln angefertigte Oberbau systematisch abgeräumt und damit die Ofenanlage eingeebnet wurde; anschließend hat man sie mit dem Abraum aus dem Klosterbereich und mit Erde überdeckt. An der Ofen-Vorderfront waren links und rechts je eine kurze Seitenwand angesetzt worden, an der vorderen Ecke der linken Wand lag eine dünne Schicht Eisengrus und schief links dahinter befand sich eine zur Aufnahme von Asche und Holzkohle und anderem Abfallmaterial bestimmte Grube. Rings um den Ofenunterbau, besonders aber vor ihm, lag zur Zeit der Grabung eine große Zahl an Eisenschlacken-Kuchen. Viele von ihnen waren mit einer dünnen Kalksinterschicht bedeckt, da man nach dem Abräumen des Ofens zum Einebnen des Geländes Steinmaterial aus der nächsten Umgebung zugeführt hatte. Die seither wirksamen Niederschläge haben zur Auflösung des Kalkgehaltes geführt.

Vom Oberbau des Ofens haben sich zahlreiche Ziegelbruchstücke erhalten. Sie sind nicht bloß durch eine mächtige Hitze-Einwirkung

---

[23] Vgl. dazu PITTIONI (wie Anm. 7) *Jahrb. f. Landeskunde von Niederösterreich* N. F. 37 (1965—1967) 112ff.

[24] Vgl. PITTIONI (wie Anm. 7) *Sancta Crux* 32 (1970).

verfärbt und sogar deformiert, sondern auch an der in das Ofeninnere zugewandten Seite verschlackt worden. Wie jedoch dieser Oberbau ausgesehen hat, d. h. welche Konstruktion ihm zugrunde gelegt worden war, und vor allem, welche Höhe er besaß, kann aus den erhaltenen Ziegelresten nicht erschlossen werden. Nur die Tatsache, daß beim Eisenverhüttungswesen die Höhe des Oberbaues einen entscheidenden Einfluß auf die Wirksamkeit des Prozesses ausübt, wird in Verbindung mit den gefundenen Schlacken einen Hinweis auf diese Höhe vermitteln können. Da die Schlacken durch einen geringen Eisengehalt ausgezeichnet sind, wird man an einen hohen Oberbau zu denken haben. Als theoretischer Interpretationsvergleich bietet sich die Verhüttungsanlage an, die J. Patenier (1485—1524) plastisch, aber viel zu wenig detailreich darstellte, und die gleichfalls durch einen hohen, aus Ziegeln errichteten Oberbau ausgezeichnet gewesen ist[25]. Um von der Gicht aus den Ofen beschicken zu können, muß der Schmelzer mit dem Schmelzgut auf einer an den Ofen angebauten Stiege hinaufsteigen. In Heiligenkreuz haben es leider die Umstände verhindert, die nächste Umgebung des Ofen-Unterbaus zu untersuchen, obwohl dies für das Gewinnen weiterer bautechnischer Einzelheiten von größtem Vorteil gewesen wäre. Eine so mächtige Ofenanlage setzt auch noch zusätzliche Gebäude voraus, wie eines für den Erzvorrat und die für die Verhüttung notwendige Holzkohle, aber auch für das sonstige Gerät und Werkzeug, ganz abgesehen davon, daß ja an den Ofen angeschlossen noch ein Anbau für den Blasbalg notwendig gewesen ist.

J. Patenier hat uns zwar ein eindrucksvolles Bild der gesamten Anlage vermittelt, er hat auch gezeigt, daß diese für die Anfertigung von Floßeisen gedient hat, sein Bild bringt aber keine Hinweise auf jene Landschaft, in der er diese Hüttenanlage gesehen hat. Bloß die Annahme liegt nahe, daß dies im Bereich der südlichen lothringischen Minette gewesen sein kann, wo ja die Zisterzienser im Gebiet von Langres Eisenbergbau und Verhüttung betrieben haben[26]. Daraus wird man dann

---

[25] J. R. MARÉCHAL, *Zur Frühgeschichte der Metallurgie* [*Considérations sur la métallurgie préhistorique*]. Aachen 1962, Farbbild S. 121.

[26] Dazu sowie allgemein zur Bedeutung der Zisterzienser für die Eisenproduktion hat R. SPRANDEL, *Das Eisengewerbe im Mittelalter*. 1968, 43ff. (Die Wandlungen des Mittelalters — der Beitrag der Zisterzienser) ausführliche Stellung genommen. Hervorzuheben sind seine Hinweise auf die Tätigkeit dieses Ordens zwischen 1180 und 1250 in Nord- und Ostfrankreich sowie die nach 1100 erfolgte Ausdehnung einerseits nach England, andererseits in Mitteleuropa. So ist 1238 Erzabbau und Verhüttung für das Kloster

auch vielleicht ableiten dürfen, daß die Heiligenkreuzer Zisterzienser ihre Kenntnisse im Bau von Eisen-Verhüttungsanlagen sowie im Hüttenprozeß selbst von ihren Confratres aus Morimond erhalten haben werden, wenn nicht überhaupt solcher Aufgaben kundige Konversen von dort nach Niederösterreich gekommen sind. Urteilt man bloß nach dem Bild von J. Patenier, dann hatten sie einen mindestens 4—5 m hohen Bau zu errichten, um die Verhüttung durchzuführen zu können. Als geeigneter Bauplatz ergab sich das Gelände außerhalb der romanischen Klostermauer im Süden der Abtei in jenem Bereich, der von der Badener Straße her leicht zugänglich war. So konnte man das gesamte Baumaterial ohne besondere Schwierigkeiten zuführen, aber auch Erz und Holzkohle herbeischaffen. Die Heiligenkreuz am nächsten gelegene Eisenerzlagerstätte ist bei Pitten, ihr Abbau für das 17. und 18. Jahrhundert ist bekannt. Die spektrographische Untersuchung von Eisenschlacken aus Heiligenkreuz und von Erzproben aus Pitten konnte eine deutliche Übereinstimmung in der Zusammensetzung der dem mitvererzten Kupfer beigemengten Verunreinigungen feststellen. Dadurch wird auch angedeutet, daß das in Heiligenkreuz verhüttete Erz von der Pittener Lagerstätte stammt und von dort kontinuierlich zugeführt wurde. Ungeklärt dabei ist nur die Frage, ob das Erz von der Abtei gekauft werden mußte oder ob sogar Heiligenkreuzer Konversen in den Pittener Gruben arbeiteten. Wenn man weiß, daß sich die Zisterzienser nicht bloß in Frankreich, sondern in allen Bereichen, in denen Bodenschätze zu gewinnen waren, erfolgreich als Bergleute betätigten, wird man auch im vorliegenden Falle an einen stiftseigenen Bergbaubetrieb in der Pittener Lagerstättenzone — zumindest theoretisch — denken können.

Ein solcher Bergbau- und Hüttenbetrieb wird vor allem deshalb notwendig gewesen sein, um den zweifellos riesigen Bedarf an Eisen-Werkzeugen und Geräten für alle in den Grangien des Stiftes zu erledigenden Arbeiten — wenigstens teilweise — decken zu können[27]. Denn was nicht in Eigenregie erzeugt wurde, mußte gekauft werden, wobei es allerdings unbekannt sein dürfte, welche Bezugsquellen bzw. Märkte hiefür in Betracht kämen. Daß die Produktion der Eisenwurzen

---

in Velehrad in Mähren bezeugt, während 1269 für die Prämonstratenser (angeregt von Zisterziensern ?) des Klosters Hradisch in Damasow (Mähren) die gleiche Tätigkeit belegt ist.

[27] H. O'Neill, Monastic archaeology and metallurgy. *Metals and Materials* (July 1972) 295ff., hebt die Zisterzienser-Tätigkeit auf metallurgischem Gebiet eindringlich hervor.

hiebei eine Bedeutung gehabt haben könnte, ist eine naheliegende, aber nicht beweisbare Vermutung.

Zum Leben im spätmittelalterlich-frühneuzeitlichen Heiligenkreuz gehört aber nicht bloß das benediktinische *ora et labora*, es gehört auch das Leid durch Krieg, Brand und Vernichtung dazu. Die Jahre 1529 und 1532 haben dies in reichem Maße gebracht. Nicht nur die schriftliche Überlieferung bestätigt dies, auch der archäologische Befund deutet darauf hin, wenn im allernächsten Umkreis der Ofenanlage die letzten Reste von Buchschließen jener Codices liegen geblieben sind, die von den Türken in dem Eisenverhüttungsofen eingeäschert worden sind. So ahnt man dann auch, welches Schicksal damals so manches mühevoll geschaffene Werk klösterlichen Geisteslebens zu erleiden hatte ...[28].

---

[28] Auf alle hier angeschnittenen Fragen wird bei der Veröffentlichung des Fundbestandes aus dem Heiligenkreuzer Verhüttungsareal noch näher einzugehen sein.